Peter Braun

DICHTERLEBEN
DICHTERHÄUSER

Mit 61 Schwarzweißabbildungen

Deutscher Taschenbuch Verlag

Von Peter Braun ist im Deutschen Taschenbuch Verlag
erschienen: Dichterhäuser (24362)

Für Ulrike

Originalausgabe
Juni 2005
© Deutscher Taschenbuch Verlag GmbH & Co. KG,
München
www.dtv.de
Das Werk ist urheberrechtlich geschützt.
Sämtliche, auch auszugsweise Verwertungen bleiben vorbehalten.
Umschlagkonzept: Balk & Brumshagen
Umschlagfoto: © Thomas Bernhard Nachlaßverwaltung
Satz: Greiner & Reichel, Köln
Gesetzt aus der Janson Text 10/13˙
Druck und Bindung: Kösel, Krugzell
Gedruckt auf säurefreiem, chlorfrei gebleichtem Papier
Printed in Germany · ISBN 3-423-24481-X

Inhalt

Die Schreibweise der Zitate wurde behutsam
heutiger Rechtschreibung angepaßt.

Wer das Dichten will verstehen,
Muß ins Land der Dichtung gehen.

Johann Wolfgang von Goethe

Mein Haus ist eigentlich
ein riesiger Kerker
Thomas Bernhard in Ohlsdorf

Selbst Hand anlegen! Schreinern, Fliesen legen, er mauerte mit, er verputzte, beschnitt die Obstbäume im weitläufigen Garten. Er hatte eine der ersten Motorsägen, um im Wald Bäume selbst zu fällen. Als er sie ungeschickt benutzte, fuhr ihm die Kette ins Bein. Im Vierkanthof parkt noch sein Mercedes, der alle zwei Wochen angelassen wird, um ihn fahrbereit zu halten, in der Scheune steht der Traktorhänger, mit dem er über die Feldwege fuhr, um sich im ersten Überschwang als »Bauer zu Nathal« von den Ohlsdorfern grüßen zu lassen, als sie ihn noch nicht so recht kannten. Selbst die Lampen im Kuhstall entwarf er nach der Vorlage einer alten Laterne, die er auf dem Hof fand. Die schweren Tische im Haus stammen aus einem Wirtshaus, die Stühle ebenso. Sie sind aus Hartholz, damit sie bei den Dorfprügeleien mehr aushielten. Der Vierkanthof sollte so werden, wie er sich ein Landhaus vorstellte. Vor dem Maurer versteckte er die Wasserwaage, damit die neuen Wände nicht zu gerade wurden, die Böden wurden aus Lärchenbrettern gemacht, die unbehandelt bleiben können. Kehren genügt.

»Ich hab' gedacht, ich werd' mir zwei Kühe halten und in den Stall gehen und melken und werd' mir Gummistiefel anziehn und eine Schlosserhose, möglichst verdreckt, stinkert und speckig, und werd' mich acht Wochen nicht waschen, damit ich möglichst so ausschau' wie die Leut' hier.« Beliebt war Thomas Bernhard in Ohlsdorf nicht. Bei Regen ging er mit Lodenmantel und Schirm spazieren, im entkernten alten Stall fuhr er aus Lust am gelungenen Umbau mit seinem Fahrrad im Kreis. »Ich renn' halt im Haus herum oder mach' irgendwas, ich weiß nicht, irgendeine blöde Beschäftigung.« Mit den Dörflern gemein machte er sich nicht. Viele, nicht alle im Dorf, hielten ihn für ei-

Thomas Bernhards Vierkanthof in Obernathal

nen Spinner, einen Verrückten. Thomas Bernhard, ›Ja‹: »Davon abgesehen, daß einem die Landschaft und die Menschen und also die ganze Natur fremd sind, sind sie einem Neuen hier

Teezimmer

absolut abweisend, ja im Grunde sogar feindlich gesinnt und diese Abweisung und diese feindliche Gesinnung drohen jeden, der sich hier niederlassen will, zu ersticken.« Der Nachbar, der den Vierkanter wollte, um einen Schweinestall zu bauen, und ihn nicht bekam, machte ihm das Leben schwer, so gut das ging. »Wenn hier einer krepiert, dann du!« Nach Thomas Bernhards Tod am 12. Februar 1989 bietet er Thomas-Bernhard-Schnaps an, um am Namen zu verdienen. Thomas Bernhard hellsichtig: »Ihr werdet noch erleben, daß hier die Busse halten.« Er behielt recht. Im ›Asamer‹, dem Dorfwirtshaus, in dem er ab und zu saß, wird ein »Thomas-Bernhard-Pfandl« verkauft. Thomas Bernhard, ›Korrektur‹: »Das Bauwerk als Kunstwerk ist erst vollendet, indem der Tod eingetreten ist dessen, für den es gebaut und vollendet worden ist.«

Uneheliches, ungewolltes Kind, arme Verhältnisse, ein Vater, den er nie kennenlernte, der sich davongemacht hatte, ihn nie anerkannte: Thomas Bernhard wurde am 9. Februar 1931 in Heerlen geboren. Herta Bernhard brachte ihn in Holland zur Welt, um im salzburgischen Henndorf nicht zur Dorfschande zu werden. Monatelang lebten sie in einer von Ordensschwestern geführten Hebammenschule, an die eine Entbindungsanstalt für gefallene Mädchen angeschlossen war. Danach arbeitete sie als Haushaltshilfe von morgens acht bis abends zehn, vor lauter Schuften hatte sie kaum Zeit für das Kind. Thomas Bernhard fühlte sich allein gelassen. Schmerz, Verlassenheit, Einsamkeit, Trauer brannten sich ihm ein, wie die Vorwürfe der Mutter, die sie ihm überfordert von Arbeit und Sorgen machte: »Du bist mein ganzes Unglück, Dich soll der Teufel holen! Du hast mein Leben zerstört! Du bist an allem schuld! Du bist mein Tod! Du bist ein Nichts, ich schäme mich Deiner! Du bist so ein Nichtsnutz wie Dein Vater! Du bist nichts wert!« Im Herbst 1931 gab sie ihn zu ihren Eltern, Anna Bernhard und Johannes Freumbichler, nach Wien. Sie waren arm. Die Großmutter ernährte die Familie als Köchin, Haushälterin, Hebamme, Kinderpflegerin. Der Großvater schrieb. Zum Leben reichte das nicht. Er arbeitete als Aushilfe, Schreiber, Schneeschaufler. Als Schriftsteller war er zu unausgegoren für einen breiten Erfolg, doch der befreundete Carl Zuckmayer setzte sich für ihn ein. Als Freumbichler 1937 den Österreichischen Staatspreis bekam, half das eine Weile. 1935 aber war die Lage unhaltbar. Sie zogen aufs Land nach Seekirchen.

Seekirchen: Thomas Bernhards einzige unbeschwerte Kinderzeit. Er hatte ein Paar Schuhe für den Winter. Im Sommer trug er keine, doch das machte nichts. Er arbeitete ausgelassen im Heu, auf dem Feld, im Stall bei den Schweinen, Pferden, Kühen. In seinem ersten Schuljahr 1936 lernte er übereifrig, las und schrieb, bis ihm die Augen zufielen. Der Großvater nahm ihn auf weite Spaziergänge mit, erzählte Geschichten, sprach über Philosophie, Mathematik, Naturgeschichte. Johannes Freumbichler wurde sein Ersatzvater. Dann der Einschnitt. Seine Mutter hatte den Friseurgehilfen Emil Fabjan geheiratet. Er wurde sein Vormund und Thomas Bernhard mußte zu ihnen nach Traunstein ziehen. »Die Katastrophe bedeutete, Abschied zu nehmen von allem, das zusammen tatsächlich mein Paradies gewesen war.« Als zwei Geschwister geboren wurden, fühlte er sich als fünftes Rad am Wagen.

Traunstein, die deutsche, erzkatholische, nationalsozialistische Grenzkleinstadt, und Thomas Bernhard, der zugereiste, dahergelaufene Österreicher, der keine anständigen Kleider hatte. Die gutbetuchten Bürgersöhne verspotteten ihn, die Lehrer halfen ihm nicht. Im Gegenteil. Er wurde vor der Klasse bloßgestellt, gedemütigt, geschlagen. Thomas Bernhard ging zitternd in die Schule, kam weinend zurück. Er wurde schlecht und schlechter. In der engen Wohnung in der Schaumburgerstraße 4 wurde er zum Lernen eingesperrt. Die entnervte Mutter schimpfte, sie wußte nicht, wie mit ihm fertig werden. Er schwänzte die Schule, belog darüber die Eltern. Wieder Vorwürfe. Ein Teufelskreis. Thomas Bernhard, sieben Jahre alt, dachte an Selbstmord. Als er sich später wirklich erhängen wollte, riß der Strick.

Seine Großeltern waren seine Rettung. Sie zogen in das nahe Ettendorf, und fast täglich floh er zu ihnen. Der Großvater verteidigte ihn gegen die Mutter und gegen die Nazilehrer, die 1938 den Anschluß Österreichs an das Reich feierten. Johannes Freumbichler verachtete Nazideutschland und die willfährig auf dem Wiener Heldenplatz jubelnden Österreicher, die sich nach dem Krieg ganz unschuldig gaben. Das braune Nachkriegsösterreich wurde eines der großen Schreibfelder Thomas Bernhards. »In Österreich reden doch fast alle Leut', ohne sich viel zu denken, immer vom Vergasen. ›Der ist dem Hitler durch'n Rost g'fallen‹, und ›die g'hörn vergast‹. Und wenn wer ein' falschen Stöckelschuh anhat oder nicht ganz so geht, wie sie sich's einbilden, g'hört er schon vergast.« Dafür wurde er gehaßt. Oft genug wurde er von den Angegriffenen auf die Anklagebank gesetzt. Sein Stück ›Heldenplatz‹ wurde noch 1988 ein Skandal. Thomas Bernhard, der Nestbeschmutzer.

1941, Thomas Bernhards Vorhölle. Die Gereiztheit zu Hause zeigte Wirkung. Thomas Bernhard, der Bettnässer, wurde zur Erholung geschickt. Er kam in das Nazischülerheim Saalfeld in Thüringen. Zwei Tage dauerte die Fahrt, zu essen hatte er nichts dabei. Das Heim war kein Erholungsheim, wie seine Mutter glaubte, sondern eines für schwer Erziehbare. Wer nicht gehorchte, wurde bestraft. Sein gelbbeflecktes Leintuch wurde beim Frühstück an die Wand gespannt. Er kannte das. Seine Mutter hing sein nasses Bettuch für alle sichtbar unbedacht aus dem Fenster.

»Tortur«, »Quälmaschine«, »Erziehungskerker«, »Geistvernichtungsanstalt«, »Verstümmelungsmaschinerie« nannte er auch seine nächste Schule, die Andräschule in Salzburg. Er wohnte im Naziinternat Johanneum in der Schrannengasse. Auch über den »erzbischöflich-stumpfsinnig-nationalsozialistisch-katholischen Todesboden« Salzburg schrieb er. 1975, ›Die Ursache‹, eines von fünf Büchern, in denen er sein Leben nachzeichnete. Thomas Bernhard war unerbittlich. Dem Buch wurde der Landesrekord an österreichischer Selbstzerfleischung zuerkannt. In Salzburg holte ihn der Krieg ein. Das Entsetzen der Luftangriffe, die Leichen, die Schreie der Überlebenden vergaß er nie. Er lebte in Angst. Nach der dritten Bombardierung Salzburgs holte ihn die Großmutter nach Hause. Die letzten Kriegsmonate konnte er kaum noch in das zerstörte Salzburg fahren. Statt in die Schule zu gehen, arbeitete er als Aushilfsgärtner. Er erkannte gewöhnliche Arbeit als Gegenwelt zur Lernquälerei der Schule, genauso wie das Mauern, Sägen, Verputzen in Ohlsdorf der Ausgleich zur Selbstquälerei des Schreibens wurde.

1945 unternahm Thomas Bernhard einen Selbstmordversuch, 1946 zog die gesamte Familie nach Salzburg in die Radetzkystraße 10, 1947 brach Thomas Bernhard auf Anraten seines Stiefvaters die Schule ab. Großeltern, Eltern, ein Onkel, die beiden Geschwister wohnten so beengt, daß Thomas Bernhard im

Vorraum schlafen mußte. Seine Kaufmannslehre machte er auf eigenen Wunsch in der heruntergekommenen Schönhauserfeldsiedlung, einem Viertel für Besitzlose, Gescheiterte, und inmitten des Elends entdeckte Thomas Bernhard die Kunst. Wieder eine Gegenwelt. Diesmal umgekehrt. Die Kunst als Ausgleich zur Arbeit. Auf Drängen des Großvaters nahm er Musikunterricht und Gesangsstunden. Er träumte von einer Sängerlaufbahn, doch beim Abladen einer Fuhre Kartoffeln erkältete er sich im Schneetreiben. Er verschleppte die Erkältung, die sich zur Rippenfellentzündung auswuchs. Am 17. Januar 1949 wurde Thomas Bernhard bewußtlos ins Krankenhaus gebracht. Die Lage war ernst. Er war aus dem Zimmer der Todkranken in ein Badezimmer geschoben worden, um dort abgesondert zu sterben, bekam die Letzte Ölung, wurde allein gelassen. Thomas Bernhard, ›Der Atem‹: »Plötzlich fällt die nasse und schwere Wäsche, die die ganze Zeit an einem quer durch das Badezimmer und gerade über mir gespannten Strick aufgehängt gewesen war, auf mich. Zehn Zentimeter, und die Wäsche wäre auf mein Gesicht gefallen, und ich wäre erstickt.« Ab und an schaute eine Schwester herein, ob er schon tot war, doch Thomas Bernhard starb nicht. »Ich wollte *leben*, alles andere bedeutete nichts. Leben, und zwar *mein* Leben, *wie und solange ich es will*.« Er wurde ins Zimmer der Todgeweihten zurückgebracht, lag dort wochenlang. Im selben Krankenhaus war zugleich sein Großvater. Johannes Freumbichler starb am 11. Februar 1949. Noch eine Erschütterung. Thomas Bernhards Zustand aber besserte sich. Er wurde in das Erholungsheim nach Großgmain verlegt, in das ehemalige Hotel Vötterl. Sein Zimmer ging auf den Friedhof. Im »Todeshotel« verschlimmerte sich alles. Tuberkulose. Eine neue Leidensgeschichte begann.

Thomas Bernhard wurde zunächst nach Hause geschickt. Noch ein Schlag: Die von den Jahren der Sorge abgearbeitete Mutter litt an Gebärmutterkrebs. Hoffnung bestand keine. Thomas Bernhard wachte an ihrem Bett. Sie redeten stundenlang, schlossen ihren Frieden, dann mußte Thomas Bernhard sie verlassen. Er war in eine weitere »Todesproduktionsstätte« überwiesen worden. Lungenheilanstalt Grafenhof, St. Veit im Pongau: Zwei Jahre tiefster Schwermut. Zimmer mit zwölf Betten, zwei Aborte und ein Waschraum für achtzig Männer. Kein Zauberberg. Eher Strafanstalt als Heilanstalt für Arme. Mit Spuckflasche und Fiebertafel wurde Thomas Bernhard in die »Todesgemeinschaft« aufgenommen. Die Musik hielt ihn über Wasser und das Lesen. Thomas Bernhard, ›Die Kälte‹: »Ich hatte mich schon zu dieser Zeit in das Schreiben geflüchtet, ich schrieb und schrieb, ich weiß nicht mehr, Hunderte, Aberhunderte Gedichte, ich existierte nur, wenn ich schrieb, mein Großvater, der Dichter, war tot, jetzt durfte *ich* schreiben.« Eine Lesung im kleinen Kreis wurde beklatscht. Das gab ihm Auftrieb. Dazwischen immer wieder schmerzhafte Eingriffe in die Lunge. Schnitt auf Schnitt. Thomas Bernhard wurde als geheilt entlassen, dann erneut eingeliefert. Er schrieb weiter, er sang weiter, um die Lunge zu kräftigen, und bei einer Singstunde in der Pfarrkirche von Großgmain traf er Hedwig Stavianicek, seine »Lebensfreundin«. Am 11. Januar 1951 kam Thomas Bernhard als vermeintlich Gesunder frei. Ein Fehler. Er quälte sich lebenslang mit seiner Atemnot herum. Die steilen Stiegen im Ohlsdorfer Hof konnte er oft kaum gehen, manchmal wurde der Weg von der Haustür zum Hoftor lang. In Wien oder Salzburg tat er so, als ob er Schaufenster betrachten würde, nur um unauffällig zu Atem zu kommen.

Aus St. Veit heraus, schwankte er zwischen einem Leben als Sänger oder als Schriftsteller, und die Entscheidung ließ auf sich warten. 1954, bei einem Vorsingen im Salzburger Landestheater, wurde ihm empfohlen, lieber Fleischer zu werden. Seine Stimme war zu unausgebildet. Im Jahr darauf sang er als Bass im Mozarteum. Höhepunkt und Ende der Sängerkarriere. Statt dessen wurde er Schauspielschüler im Mozarteum. Er war begabt. Rollen lernen, Dramaturgie, Regie: Thomas Bernhard, der achtzehn Theaterstücke insgesamt schrieb, lernte sein Rüstzeug. Nach zwei Jahren bestand er die Bühnenreifeprüfung, doch wichtiger war die Vermittlung Carl Zuckmayers, dank derer er bei der Zeitung unterkam. Er schrieb sich vom Gerichtsbeobachter über das Lokale zum Feuilleton hoch. Als er Ende 1955 über das Salzburger Landestheater als Rummelplatz der Stümperei herzog, fing er sich seine erste Beleidigungsklage ein.

Thomas Bernhards Sekretär

Seine Beschimpfungen des »alpenländischen Exklusivschwachsinns« deuteten sich an.

Alles entscheidend aber war Hedwig Stavianicek, siebenunddreißig Jahre älter als er, mütterlich, Witwe. Ihre kleine Wohnung in der Obkirchergasse 3, in der er im »Besenkammerl« schlief, war zeitweise sein einziger Unterschlupf. In Ohlsdorf durfte allein sie jederzeit bei ihm wohnen, und zeitlebens stellte Thomas Bernhard sie als seine »Tante« vor. »Ich hab' fünfzehn Jahre praktisch von meiner Tante gelebt. Die hat mir jeden Tag als Taschengeld eine bestimmte Summe gegeben.« Als sie 1984 starb, war das für Thomas Bernhard ein bitterer Verlust. Sie unterstützte ihn mit guten Verbindungen, machte ihn mit Künstlern bekannt. Seine Gedichte wurden veröffentlicht, er begann an sich zu glauben. Mit den Gedichten, Kurzopern, Erzählungen, Einaktern erschrieb sich Thomas Bernhard seinen Stil. Karg, knapp, auf den Punkt, ständige Satzwiederholungen, Selbstgespräche. Kunstwelten aus tiefem Ekel, eigenem Schmerz, Weltzorn, Weltleid, Wahnsinn, Verachtung, Gleichgültigkeit, Tod, Krankheit. Aber nicht nur Hedwig Stavianicek förderte ihn, sondern ebenso der angesehene Komponist Gerhard Lampersberg, der ihn in seinem »Tonhof« in Maria Saal willkommen hieß. Bei ihm verkehrte, was in Kunst, Adel, Wiener Gesellschaft Rang und Namen hatte. Dauernd pendelte Thomas Bernhard zwischen Wien und dem Lampersbergerhof hin und her. Er war begeistert, beschwingt, beflügelt, und doch: In der Rückschau seines Romans ›Holzfällen‹ von 1984 ließ Thomas Bernhard kein gutes Haar an Lampersberg, den er Auersberg nannte. Zwar bekannte Thomas Bernhard als Erzähler, daß er ihm die Kehrtwendung zur künstlerischen Welt verdanke, doch wie Auersberg als gutbürgerlicher Künstler in der gutbürgerlichen Welt zu leben, verachtete er als Verrat an der Kunst. Auersbergs Musik verspottete er als verabscheuungswürdige Staatsanbiederungskunst, ihn selbst als versoffenen, lächerlichen Musiker. Lampersberg zeigte ihn an. Am 29. August 1984 wurde ›Holzfällen‹ in den österreichischen Buchhandlungen beschlagnahmt. Im Gegenzug verbot Thomas Bernhard den Verkauf aller seiner Bücher in Österreich. Für Thomas Bernhard ein gutes Geschäft. ›Holzfällen‹ ging unter der Ladentheke weg wie nichts. Im Jahr darauf zog Gerhard Lampersberg seine Klage zurück, Thomas Bernhard hob das Auslieferungsverbot auf. Den Aufenthalten im Tonhof verdankte Thomas Bernhard dennoch viel, denn das Leben im Tonhof spornte ihn an.

Im Sommer 1962 hatte Thomas Bernhard angedeutet, binnen vier Wochen einen Roman zu schreiben. Sieben Wochen später hatte er ihn fertig. Er schrieb ihn zuletzt in der Wohnung Hedwig Stavianiceks, zwischendurch ging er ins »Krapfenwadelbad«

in den nahen Weinbergen. In der Hitze des Hochsommers schrieb er in der Badehose, alle zwei Stunden duschte er. Titel des Romans: ›Frost‹. Keine feschen Bauernbuben, keine heiratsversessenen Mädel, keine Kitschalpen. ›Frost‹ ist finster, voll gnadenloser Kälte, dumpf, gewalttätig, hundselende Gauner, fette, aufgequollene, durchtriebene Dörfler, die ein Medizinstudent kennenlernt, nachdem er vom Assistenzarzt den Auftrag erhält, dessen Bruder, den wahnsinnigen Maler Strauch, im Dorf Weng aufzusuchen und seinen Zustand festzuhalten. Die Tage in Weng werden zum Abgrund. ›Frost‹: Antiheimatliteratur. Der Bürgermeister von Weng beschwerte sich über die fremdenverkehrsschädigende Geschichte, doch er verkannte, daß Thomas Bernhards Bücher nicht in einem bestimmten Dorf spielen. Weng ist überall. Das Buch erschien im Frühjahr 1963, und am 21. Juni 1963 lobte Carl Zuckmayer ›Frost‹ in den höchsten Tönen. Thomas Bernhards Durchbruch. Er galt als vielversprechender Schriftsteller, und er legte nach. Im Jahr darauf erschien ›Amras‹. Für ›Frost‹ erhielt er den Julius-Campe-Literaturpreis, ein Jahr später den Bremer Literaturpreis. Endlich Geld, doch noch immer machte ihm die Lunge schwer zu schaffen. Er war erschöpft, versprach sich Erholung von Einsamkeit und guter Luft, und weil ihm geraten wurde, aufs Land zu ziehen, suchte Thomas Bernhard ein Haus für sich. Den Traum, ein eigenes Haus auf dem Land zu besitzen, hegte er schon lange. Tonhof und Kindheitsparadies wirkten nach. Nachdem er eine Anzeige gelesen hatte, in der ein Bauernhof angeboten wurde, fuhr er hin.

Am 6. Januar 1965, 11 Uhr, kam Thomas Bernhard mit Hedwig Stavianicek, seinem »Lebensmenschen«, nach Ohlsdorf, um den Hof zu besichtigen. Um 13 Uhr war der Kaufvertrag unterschrieben. Kaufpreis 200 000 Schilling. Allerdings mußte der Hof hergerichtet werden. Er war eine Ruine. Heizung, Wasser, Abwasser, alles mußte gemacht werden. Das meiste war gestohlen, Steckdosen und Türstöcke herausgerissen, der Hof stand zum Abriß bereit. Der Vierkanthof war groß und teuer. Zu groß und zu teuer. Hedwig Stavianicek lieh 70 000 Schilling, obwohl sie gegen den Kauf war, 30 000 gab der Staat zinsfrei, 10 000 Mark hatte er für den Julius-Campe-Preis in Hamburg bekommen, aus Bremen kam das Preisgeld von noch mal 10 000 Mark. Fehlte immer noch mehr als genug. Zur Rettung seines »Ohlsdorfer Narrenhauses« ging Thomas Bernhard daher seinen Verleger Siegfried Unseld um einen Vorschuß auf Bücher an, die er noch nicht geschrieben hatte. Mehr Erpressung als Forderung, verlangte er zwei Jahre nach dem Erscheinen von ›Frost‹ und zwei Jahre vor dem Erscheinen von ›Verstörung‹ ungeheure 40 000 Mark. Zwanzig Minuten gab er ihm, um sich zu entscheiden. Angeblich hatte Unseld, wie seine Frau neunzehn Jahre später Thomas Bernhard versicherte, vierzig Grad Fieber. Er sagte zu. Doch auch das reichte nicht. Die Umbauten verschlangen so viel Geld und so viel Zeit, daß Thomas Bernhard den Hof wieder loswerden wollte. Ein halbes Jahr lang kam er nur noch zum Umbauen, aber nicht mehr zum Schreiben, doch er behielt den Hof. Kühl im Sommer, im Winter in der Nähe der Ziegel- und Kachelöfen mollig warm, die Wände weiß, die Türen grün, die Böden aus Lärchenbrettern – er brauchte das Haus. »Allein mit den weißen Wänden, den grünen Türen, den Lärchenbrettern, gelingt es mir jetzt, mich auf die beste Weise zu konzentrieren. Ich mache mir, nach und nach einer Spekulation nach der andern folgend, die fürchterliche Landeinsamkeit gefügig.« Mehr aber noch brauchte er die Schulden. Sie trieben ihn an, seine Schreibhemmung zu überwinden. Immer noch ein Honorar und immer noch ein Vorschuß. Nichts zwang ihn mehr zum Schreiben als Schulden. Hatte er sie im Griff, machte er neue. Er kaufte die angrenzende Wiese mit dem alten Feuerwehrhaus, dann einen Wald, dann ein altes Gehöft, die »Krucka« auf dem Grasberg bei Gmunden, das Haus in Niederpuchheim bei Ottnang mit Blick auf Burg Wolfsegg, in dem sein letztes Stück, ›Heldenplatz‹, entstand, die Eigentumswohnung in Gmunden, in der er starb. Schulden, Schreiben, Abbezahlen, Schulden, so drehte sich das Rad. Eigentlich sei das Haus ein Gefängnis, so Thomas Bernhard, und doch die einzig mögliche Zuflucht. »Ich bin am liebsten allein. Im Grunde ist das ein Idealzustand. Mein

Haus ist eigentlich ein riesiger Kerker. Ich habe das sehr gern; möglichst kahle Wände. Es ist kahl und kalt. Das wirkt sich auf meine Arbeit sehr gut aus. Die Bücher, oder was ich schreib', sind wie das, worin ich hause.« Wie sein Leben, so sein Schreiben. Der Roman ›Korrektur‹ dreht sich ganz und gar um das Bauen. Rudolf im Landhaus in ›Beton‹, Wertheimer im Jagdhaus in ›Der Untergeher‹, der Fürst in Hochgobernitz in ›Verstörung‹, Roithamer in ›Korrektur‹ – die Figuren seiner Bücher werden von Häusern, von Schloß, Baracke, Kalkwerk, Strafanstalt, Turm beherrscht. Sie leben in und mit ihnen und werden durch sie zerstört. »Denkkerker«, »Selbstgesprächskerker«, »Falle«, »Gruft«. In der Abgeschiedenheit lauert der Wahnsinn. Was als Fluchtburg gedacht war, wird zur Zelle.

Thomas Bernhard und Ohlsdorf. Widersprüche. Die gute Seite des Hofs: Der Stolz, »Bauer zu Nathal« zu sein. Thomas Bernhard sah sich nicht als Schriftsteller, schon gar nicht als Dichter. Er war einer, der schrieb. Punkt. Nachdem er den Hof gekauft hatte, ließ er Schilder mit dem Hofnamen »Bauer zu Nathal« für Hänger und Traktor machen. Als Beruf gab er oft »Landwirt« an. Aus dem unehelichen Kind war was Handfestes geworden. Der Hof milderte die Abstürze nach fertigen Büchern. Zwei Zimmer auf dem Scheunendachboden einzubauen, der Umbau des alten Stalls, der Ausbau eines gebrauchsfertigen Stalls für drei Kühe, die Mostkammer und Selchkammer zu nutzen, war sein Heilmittel. »Acht, neun gänzlich trockene Zimmer, Küche und Bad angeschlossen an die Ortswasserleitung, sämtliche im Laufe der Zeit von mir mit der nötigen Mobiliar- und Gerätschaft auszustatten, ein gutes Mittel gegen die geistige Schwindsucht.« Die Vorstellung, sich bei Schreibflaute selbst mit Obst, Gemüse, Milch, Kartoffeln, Getreide versorgen zu können, beruhigte ihn. Schrieb er, half die Abgeschiedenheit. Der Hof als Festung. Thomas Bernhard, der Verrammelungsfanatiker. »Mein Hof verbirgt, was ich tue. Ich habe ihn zugemauert, ich habe mich eingemauert. Mit Recht. Mein Hof schützt mich. Ist er mir unerträglich, laufe ich, fahre ich weg, denn die Welt steht mir offen.« In Sichtweite des Hofs: die Autobahn.

Die andere Seite: Thomas Bernhard baute sich mit dem Hof eine Traumwelt. An den Wänden hängen Portraits Unbekannter, als ob er sich die weit zurückreichende Vergangenheit einer Familie schaffen wollte, die er nicht hatte. Jahr für Jahr ließ er Most einlagern, der nur selten getrunken wurde. Im neuen Stall standen nie Kühe. In der Küche ein erstklassiger Herd, der nicht eingeschaltet wurde. Die Küche benutzte er fast nur zum Kaffeekochen, Töpfe, Tassen, Krüge, Pfannen dienten als Schmuck. Sonst zog er Kargheit vor. Weniger ist mehr. Er hatte ausreichend Silberbesteck für große Gesellschaften, die er nicht gab, ein üppiges Tafelservice, das im Schrank blieb. Besucher durften meist nur bis zur Küche gleich neben dem Eingang. Falls überhaupt, bekamen sie ein Glas Most, dann mußten sie wieder gehen. Meistens behauptete Bernhard, er habe nichts im Haus. Nur nicht zu gastfreundlich sein. Die Besucher könnten ja bleiben. Zigaretten und Schnaps hielt er auf Vorrat. Geraucht und getrunken wurde nicht. Im ersten Stock richtete er ein Schlafzimmer für Gäste ein. Geschlafen wurde darin fast nie. Auf dem Tisch neben seinem Bett stand eine Glocke, um Bedienstete zu rufen, die er nicht hatte. Sein Bett, ein Doppelbett. Sein Badezimmer hat zwei Waschbecken, obwohl er Junggeselle war. Thomas Bernhard sah sich als Gutsherr. Der Junge aus armen Verhältnissen kaufte und ersteigerte Antiquitäten. Einige Zimmer gleichen der einstigen Wohnung Hedwig Stavianiceks aufs Haar. In den Kleiderschränken hängen Aberdutzende von Anzügen, ständig kaufte er neue Schuhe, Hüte, Stadtmäntel, Landmäntel, Sommermäntel, Wintermäntel, Hosen, Hemden, Krawatten. Ging er bei rauhem Wetter hinaus, zog er sich passend zünftig an, obwohl dem Lungenkranken Loden und Hirschlederne zu schwer waren. Bei Regen sog sich alles voll.

Und noch eine Seite: Je länger er mit Österreich im Streit lag, desto ärger fühlte sich Thomas Bernhard bedroht. Die einstige Burg wurde sein Verlies. Aus Besuchern wurden Feinde, aus Neugierigen Belagerer. »Die Überfälle sind unerträglich. Es ist so, daß die Leute, wenn ich nicht gleich öffne, bösartig werden und die Fenster einschlagen. Zuerst klopfen sie, dann rufen sie, dann schreien sie und dann hauen sie die Fenster ein.« Hinter der Küchentür hängt ein Totschläger, an den Gardinenstangen Gewehre. Munition ist nicht da. Auf Tischen liegen Hirschfänger im Haus verteilt.»Schon früh, wenn ich aus dem Tor hinaus will, sitzen Leute auf der Mauer. Oder die Leute gehen am Wochenende, wie sie früher Affen schauen gegangen sind, jetzt Dichter schauen. Sie fahren nach Ohlsdorf und umstellen mein Haus.« Thomas Bernhard beobachtete sie dann hinter dem Vorhang, versteckt wie ein Sträfling oder ein Verrückter hinter Gittern.»Unerträglich.« Er floh immer öfter aus Ohlsdorf, nicht nur, weil der Vierkanter im Winter viel zu anstrengend zu heizen war. Ganz am Ende begeisterte sich Thomas Bernhard an der Vorstellung, daß der Hof nach seinem Tod niedergebrannt würde. Sein gesamter Nachlaß sollte vernichtet werden. Thomas Bernhard wollte völlig aus dem Leben verschwinden. Sein literarisches Testament, sein letzter großer Roman heißt ›Auslöschung. Ein Zerfall‹. Dann wieder dachte er darüber nach, wie der Hof weiter zu nutzen sei. Doch die zwei Gästezimmer, die ganz aus Holz in die Scheune eingebaut worden waren, wurden nie benutzt. Zu groß die Furcht vor Feuer. Das Haus, in dem er anfangs stolz Gäste empfing, wurde abweisend, kalt. Es gab Sessel, in die sich keiner setzen, Geschirr, das niemand berühren durfte, als ob Thomas Bernhard sein eigenes Museum eingerichtet hätte.

Die ersten Ohlsdorfer Jahre brachten Thomas Bernhard zu beeindruckender Schreibfülle, trotz Tumoroperation und Immunerkrankung. Bei seinen Schreibanfällen drosch er oft so auf die Tasten seiner Schreibmaschinen, daß sie danach nicht mehr zu gebrauchen waren. ›Verstörung‹ erschien, ›Ungenach‹, ›Kalkwerk‹, ›Watten‹, weitere Ehrungen kamen dazu, doch 1968 geriet Thomas Bernhards Dankesrede für den Kleinen Österreichischen Staatspreis zum Skandal. In seiner am Tag der Preisverleihung flüchtig aufgesetzten Rede würdigte Thomas Bernhard Österreich auf seine Art. Der Unterrichtsminister, sämtliche Schriftsteller und Kulturfunktionäre verließen den Saal. Den bereits verliehenen Anton-Wildgans-Preis bekam er darauf in einer Papprolle zugesandt. 1970 nahm er noch den Georg-Büchner-Preis entgegen, 1972 den Grillparzer-Preis, danach lehnte er fast alle Ehrungen ab. Als Thomas Bernhard für

Schlafraum

den Nobelpreis vorgeschlagen wurde, äußerte er schon im Vorfeld, er werde ihn nicht annehmen.

Thomas Bernhard erregte nicht nur mit seinen Romanen Aufmerksamkeit. In Ohlsdorf erschloß er sich endgültig das Theater. Thomas Bernhard wurde mit ›Der Theatermacher‹, ›Der Präsident‹, ›Ritter, Dene, Voss‹, ›Minetti‹, ›Die Jagdgesellschaft‹ oder ›Der Ignorant und der Wahnsinnige‹ einer der meistgespielten Theaterautoren. Am 29. Juni 1970 hatte ›Ein Fest für Boris‹ Premiere, danach kam bis ›Heldenplatz‹ jedes Jahr ein weiteres Stück, manche wurden hunderte Male vor aus-

23

verkauftem Haus gegeben. Alle an den großen Bühnen, alle hervorragend besetzt, alle außerordentlich inszeniert, besonders von Claus Peymann, der Thomas Bernhard in Stuttgart, Bochum und am Wiener Burgtheater brachte. Viele der Stücke waren gezielte Provokationen. Ging eines seiner Bücher nicht gut, sorgte Thomas Bernhard schlitzohrig für einen neuen Skandal. Schon ›Ein Fest für Boris‹, in dem sich Beinlose, im Rollstuhl gefesselt, bewegungslos quälen, sollte in München wegen Verunglimpfung Behinderter abgesetzt werden. Die Stuttgarter deutsche Erstaufführung des Stückes ›Der Präsident‹, einer Komödie über Anarchie, wurde auf den 21. Mai 1975 gelegt, den Tag des Beginns des Baader-Meinhof-Prozesses in Stuttgart-Stammheim. Das Stück ›Vor dem Ruhestand‹, in dem ein Gerichtspräsident in SS-Uniform jedes Jahr Himmlers Geburtstag feiert, dessen an den Rollstuhl gefesselte Schwester eine KZ-Häftlingsjacke dazu tragen muß, der sich an Kriegsfotos mit Hingerichteten und Gefangenen ergötzt, griff den baden-württembergischen Ministerpräsidenten Hans Filbinger an, der noch in den letzten Kriegstagen als Marine-Richter Todesurteile vollstrecken ließ. Der größte Aufschrei in Österreich: ›Heldenplatz‹ von 1988. Vor der Aufführung war das Stück Verschlußsache, danach erhielt Thomas Bernhard Morddrohungen. »Es gibt jetzt mehr Nazis in Wien als achtunddreißig.« So heftig Thomas Bernhards Ausfälle in dem Stück gegen Österreich sind, die Beschimpfungen gegen ihn waren bei weitem übler. Nach den Angriffen verbot Thomas Bernhard während der urheberrechtlichen Schutzsperre von siebzig Jahren jede Aufführung seiner Stücke in Österreich. Die Verfügung stand in seinem Testament. Nach der Premiere von ›Heldenplatz‹ lebte Thomas Bernhard nur noch drei Monate.

Die jahrelange Schreibquälerei hatte ihn mitgenommen, die Auseinandersetzungen um seine Stücke und Romane mürbe gemacht, denn so kampfeslustig Thomas Bernhard war, so sehr litt er unter den wüsten Beleidigungen, die ihn verletzten. Um überhaupt noch in Ruhe schreiben zu können, hatte sich Thomas Bernhard aus Ohlsdorf zurückgezogen. Zumeist flüchtete er nach Niederpuchheim. Seine letzte Station: die Eigentumswohnung in Gmunden. Nur noch sein Wille hielt ihn aufrecht. Das Gehen fiel ihm immer schwerer, das Herz machte nicht mehr mit. Um sich nach ›Heldenplatz‹ zu schonen, war er wie so oft in seinem Leben in den Süden gereist, um sich in der trokkenen warmen Luft vom naßkalten Österreich zu erholen. Nur mühsam schaffte er den kurzen Weg zum Strand. In Spanien wurde er von seiner Schwester gepflegt, kurz vor Weihnachten löste sie sein Bruder Peter Fabjan ab, der ihn als Arzt seit langem betreute. Im Januar dann mußte Thomas Bernhard nach Österreich zurückgebracht werden. Bruder und Schwester versorgten ihn in der Gmundener Eigentumswohnung weiter. Telefonisch verabschiedete er sich von Freunden, am 5. Februar ein letztes Mittagessen im Wolfsegger Brandlhof. Er wurde noch einmal zu seinen Häusern gefahren, das Auto aber konnte er kaum noch verlassen. 9. Februar: sein letzter Geburtstag. Als ihm seine Schwester die ersten Schneerosen vom Berg gegenüber brachte, war er zutiefst bewegt. Thomas Bernhard war achtundfünfzig Jahre alt. Am Tag danach unterschrieb er sein Testament. Am Morgen des 11. Februar, auf den Tag 40 Jahre, nachdem sein Großvater Johannes Freumbichler gestorben war, er selbst im Salzburger Krankenhaus mit dem Tod gerungen hatte, ließ er sich ins Gmundener Rathauscafé bringen, um einen letzten Blick über den Traunsee auf die Berge zu werfen. Die Zeitung zitterte in seinen Händen. In der Nacht ein letztes langes Gespräch mit Peter Fabjan. Am 12. Februar 1989, einem Sonntag, starb Thomas Bernhard um sieben Uhr morgens in seiner Wohnung in der Lerchenfeldgasse 11 an Herzversagen. Er hatte angeordnet, seinen Leichnam in ein weißes Leintuch einzuschlagen, ihn in einen unbehandelten Sarg zu legen. Am frühen Morgen des 16. Februar wurde er auf dem Grinzinger Friedhof in Wien in das Grab Hedwig Stavianiceks gebettet.

Sein oder Nichtsein, das ist mir jetzt so ziemlich egal
Christoph Martin Wieland in Oßmannstedt

Johann Wolfgang Goethe:»Eine unwiderstehliche Lust nach dem Land- und Gartenleben hatte damals die Menschen ergriffen. Schiller kaufte einen Garten bei Jena und zog hinaus; Wieland hatte sich in Oßmannstedt angesiedelt. Eine Stunde davon, am rechten Ufer der Ilm, ward in Oberroßla ein kleines Gut verkäuflich, ich hatte Absichten darauf.« Goethe kaufte 1798 und verkaufte fünf Jahre später, Schiller kaufte 1797 und verkaufte 1802, Christoph Martin Wieland kaufte ebenfalls 1797 und verkaufte 1803. Mit 22 000 Reichstalern für den »poetischen Kauf« war er über den Tisch gezogen worden. Er hatte sich für das Gut Oßmannstedt übernommen, um sich die Sehnsucht nach dem Landleben erfüllen zu können. Jean-Jacques Rousseau: Zurück zur Natur. Doch der Traum war ein Hirngespinst.»Ich hätte dies Gut wohl eigentlich nie kaufen sollen. Die Reise in die Schweiz, der ländliche Aufenthalt am reizenden Zürcher-See hatten den längst im Stillen genährten Wunsch, ein Landmann zu werden, zu lebhaft in mir aufgeregt. Die Fee Fantasie oder Mab spielte mir einen ihrer bösen Koboldstreiche. Ich hatte vor 40 Jahren den poetischen Landjunker belacht. Nun ward ich's selbst.« Das Scherzen war ihm rasch vergangen.

Christoph Martin Wieland: Erster Übersetzer Shakespeares ins Deutsche, erstes deutsches Trauerspiel in Blankversen, erster deutscher Entwicklungsroman, erstes deutschsprachiges Opernlibretto, Herausgeber der ersten erfolgreichen Literaturzeitung in Deutschland, erster deutscher Dichter, zu dessen Lebzeiten die Gesamtausgabe seiner Werke mit 36 Bänden und 6 Ergänzungsbänden erstellt wurde, Freund Goethes, Kleists, Jean Pauls – Grabschaufel oder Hacke lagen ihm weniger. Er war gekommen, um zu schreiben, Frau und Kinder arbeiteten auf dem

27

Gut. Sechsunddreißig Jahre war er schon mit Anna Dorothea verheiratet, als er mit ihr, zwei Söhnen, vier Töchtern, vier Enkeln in den Oßmannstedter Wirtschaftshof einzog. »Ich habe dermalen, mich selbst eingeschlossen, 17 Personen (12 zur Familie gehörig), 3 Mägde und zwei Knechte, 14 Stück Rindvieh, alt und jung, etlich und achtzig Stück Schafvieh, vier Pferde und 5 Schweine zu ernähren. Das sind viele menschliche und tierische Mäuler.«

Die Gerichtsbarkeit über die Bauern und die Kirchenaufsicht waren dem Gut entzogen worden, die Terrassen des einst barocken Lustgartens waren Gemüsebeete, das Heckentheater war verfallen, die Karussells, die Wasserspiele, die Orangenbäume waren an den herzoglichen Hof geschafft worden, nur das Brunnenhaus mit Becken und Wasserspeier am Wirtschaftshof war noch geblieben. Der weitläufige Park war verwildert. 300 Obstbäume pflanzte Wieland und schuf nach und nach einen englischen Landschaftspark, er las regalweise Bücher über Landwirtschaft, erkundigte sich über das Setzen von Reben. Das sogenannte Schloß sei unstreitig die schönste, bequemste und solideste Wohnung, die er sich auf dem Lande nur wünschen könne, und allein die Hälfte dessen wert, was er für das ganze Gut bezahle, schrieb Wieland und machte sich was vor. Umbauen, Ausbauen, die Landwirtschaft nach oben bringen, die Kosten dafür fraßen die Gewinne auf. Der Kaufpreis zu hoch, zu viele Schulden, zu viele Rückschläge, zu wenig Ertrag und – zu viele Maulwürfe. Karl August Böttiger: »Er zerschlug im Weitergehen mit seinem Gartenstock einen Maulwurfs-Hügel. Stundenlang, sagte er, hab' ich diese Maulwurfs-Hügel geebnet und Steine weggelesen, so, daß ich oft ganz durchnäßt von Schweiß Wäsche wechseln mußte, und von meiner Frau tüchtig ausgescholten wurde.« Neunzig Seelen hatte das Dorf, 150 Hektar hatte das Gut. 56 Hektar waren Ackerland, 10 Hektar Wald, gut 5 Hektar Wiesen. Das Jagdrecht gehörte nicht dazu. Der Herzog gönnte ihm nur 12 Hasen und 24 Feldhühner das Jahr.

Der Gutshof war umgeben von Hügeln und Wald. Einen niedriger gelegenen, so Wieland, wollte er nicht geschenkt. Goethe dagegen meinte, das Gut liege in der traurigsten Weltgegend, vor allem wenn Regen oder Schnee die Wege so aufweichten, daß der Hof abgeschnitten war. Wieland aber wollte keinen anderen.»1. Weil ich hier in Oßmannstedt von aller Abhänglichkeit frei u. ganz mein eigner Herr bin, 2. weil das Leben auf dem Land mein wahres Element ist, worin ich mich in jeder Jahrszeit wohl befinde, 3. weil ich sehr viel, aber größtenteils mit lauter selbst gewählten Arbeiten beschäftiget gewesen bin; überdies an keine Zeit, keine Stunde gebunden, was ein sehr wichtiger Punkt ist.« Im Frühjahr 1797 war Wieland dreiundsechzig Jahre alt. Geboren wurde er am 5. September 1733 in Oberholzheim bei Biberach. Ein schwäbischer Pfarrerssohn, ein Wunderkind. Der Vater tränkte ihn mit Latein, Griechisch und Gottesfürchtigkeit, und Wieland saugte alles willig auf. Mit dreizehn wurde er nach Kloster Berge bei Magdeburg geschickt. Bibel, Bibel, nochmal Bibel, tagaus, tagein. Ein Gutteil seiner ersten Schriften trieft vor Frömmigkeit. Wer anders dachte, den bekämpfte er, obwohl er trotz strengstem Verbot an der Schule die Werke der Aufklärung las. Über seinen Philosophielehrer an der Universität Erfurt, der ihm nebenbei Cervantes nahebrachte, weil er in Wieland den gewitzten Kopf erkannte, entrüstete er sich. Erst Jahre später wandelte sich Wieland vom Frömmler zum Mann von Welt und Dichtung, der von da an stets für die Freiheit der Meinung, der Presse, der Bürger eintrat, doch als seine erste Liebe zerbrach, sah er das noch als Strafe des Herrn für seine Freigeisterei an.

1750 hatte er seine drei Jahre ältere Cousine Sophie Gutermann im Elternhaus getroffen. Geistreich war sie und gerade frisch entlobt. Wieland kam ihr recht. Einen Sommer lang dauerte beider Glück. Danach schrieb ihr Wieland schwärmerische Briefe, Verse, Gedichte. Er ging nach Tübingen, die Rechtswissenschaft zu studieren, um möglichst bald seine Sophie heiraten zu können, doch weil er die Rechte verabscheute, sich vor der Medizin ekelte, für das Predigen eine zu schwache Brust hatte, schleppte sich sein Fortkommen hin. Sie löste die Verlobung 1753. Sophie Gutermann heiratete eine bessere Partie: den Kurmainzer Rat Georg Michael Frank von La Roche. Eine Vernunftehe, doch La Roche war klug, angenehm, beliebt. Er führte sie bei Hof ein, gab ihr ungewöhnliche Freiheiten. Auch die zu schreiben. Ihr Roman ›Geschichte des Fräuleins von Sternheim‹, für den Wieland das Vorwort schrieb und den er 1771 herausgab, machte sie berühmt. Ihre Tochter Maximiliane von La Roche heiratete Peter Anton Brentano. Sophie von La Roche wurde die Großmutter von Clemens und Bettine Brentano, und obwohl sie ihn sitzengelassen hatte, blieb Wieland ihr sein Leben lang zugetan. 1753 war die Trennung für ihn ein Schock und doch verdankte er Sophie von La Roche viel. »Nichts ist wohl gewisser, als daß ich, wofern uns das Schicksal nicht im Jahre 1750 zusammengebracht hätte, kein Dichter geworden wäre.«

1753 war Christoph Martin Wieland in der Schweiz bei Johann Jakob Bodmer. Er hatte zu lange gezögert, sein Studium zu sehr schleifen lassen, Sophie von La Roche war verloren. »Ich folgte in meinen Studien bloß meinem Geschmacke.« Und der galt den Büchern, dem Schreiben, der Literatur. Gegen den ausdrücklichen Wunsch des Vaters strebte er danach, Schriftsteller zu werden. Die deutsche Literatur aber war gespalten. Zwei Lager bekämpften sich unerbittlich: Um die deutsche Sprache von allem barocken Schwulst zu befreien, eine eigenständige Dichtung auszubilden, stand Johann Christoph Gottsched für feste Regeln und Nachahmung französischer Vorbilder. Johann Jakob Bodmer dagegen trat für das Wunderbare in der Dichtung ein, für die schöpferische Freiheit des Künstlers. Sein Vorbild war England. Für ihn hatte sich Wieland entschieden. Geschrieben hatte er schon lange, und weil das Lehrgedicht ›Die Natur der Dinge‹ gedruckt und gelobt worden war, hatte er eilfertig ein weitschweifiges Heldengedicht gedrechselt, dessen vier Gesänge er Bodmer schickte. Auch der lobte ihn, und so schrieb Wieland sprudelnd weiter und drängte Bodmer, ihn zu sich zu bitten. Ohne Unterstützung der Familie für sein Schreiben, ohne Beruf, ohne Geld, die Aussichten ungewiß, suchte Wieland dringend einen Förderer. Die Einladung kam 1752.

Wieland in der Schweiz: Bodmer und er schrieben im selben Zimmer, saßen an einem Tisch, aßen aus einer Schüssel. Wieland war in Haus und Familie aufgenommen worden. Der Preis dafür war bedingungslose Gefolgschaft. Bodmer war der Stern am literarischen Himmel, und der unbekannte, mittellose, ehrgeizige Wieland gehorchte eingeschüchtert. »Ich werde bemüht sein, die Gegenwart meines Körpers so wenig als möglich ist, merklich zu machen.« Der Spott ließ nicht auf sich warten. Salomon Geßner: »Wieland sitzt bei Bodmern bei einem Schreibe Pult, sitzt da mit stolzer Zufriedenheit und überdenkt seine Hoheit und Tugend, sitzt da und wartet auf Anbeter und Bewunderer, sie mit gnädig segnendem Blick anzulächeln, aber es kommt kein Anbeter.« Viele andere sahen ihn genauso: Er sei ein junger Löffel, dünn wie ein Rebstecken, pockennarbig, sitze beständig im Haus, trinke keinen Wein, gehe brav um acht mit einem Milchsüppchen zu Bett, sei ein Erzschmeichler, wisse alles besser. Wieland verdiente sich sein Essen. Er huldigte Bodmer, schrieb an dessen Büchern mit und eiferte gegen die Parteigänger Gottscheds. Doch auf die Länge war Wieland zu klug, um nicht zu sehen, daß Johann Jakob Bodmers Schriften nicht erstrangig waren. Mühsam, aber bestimmt löste er sich von ihm.

Christoph Martin Wieland wurde Hauslehrer in Zürich, und als Hofmeister atmete er freier. Er entdeckte die Damen für sich, besuchte ihre gelehrsamen Kränzchen. Alle über vierzig, schrieb er geringschätzig, keine je eine Schönheit gewesen, alle überaus tugendhaft. »Ich bin in der Tat gewissermaßen der Großtürk unter ihnen.« In Zürich brachte er sich selbst Englisch bei, und sein eigenes Schreiben ging voran, vor allem mit ›Lady Johanna Gray‹, dem ersten deutschen Trauerspiel in Blankversen. Das Versmaß Shakespeares wurde durch Wieland Jahre darauf das Versmaß der Weimarer Klassik. Sein Ruf begann sich zu verbreiten. Er schwamm sich frei.

1759 zog er weiter nach Bern. Wieder Hauslehrer, wieder gelehrte Damen, die er als Leserinnen schätzte. Schöngeistige Bücher wurden fast nur von Damen gekauft. Eine regte ihn besonders auf. »Das ist ein schreckliches Mädchen, diese Mademoiselle Bondeli. Sie redete mir in Einem Zuge von Platon und Plinius, Cicero und Leibniz, Pfaff, Aristoteles und Locke, von rechtwinklichten, gleichschenklichten Dreiecken und was weiß ich sonst; sie redete von Allem.« Es gebe kein Mädchen, meinte Wieland, das er dieser gelehrten Julie von Bondeli nicht vorziehen würde. 1759 verlobte er sich mit ihr. Zwei Jahre hielt das Heiratsversprechen. 1760 kehrte er nach Biberach zurück. Sein Versuch, als freier Schriftsteller zu leben, war gescheitert. Ein durchschlagender Erfolg war ausgeblieben. Als die Gemeinde ihn zum Senator und Kanzleiverwalter wählte, nahm er an. Ein sicheres Einkommen, eine feste Stelle, doch eine, die mit Schwierigkeiten verbunden war. Gut acht Jahre Schweiz waren vorbei, gut acht Jahre Biberacher Unglück warteten.

Die Freie Reichsstadt Biberach war religiös gespalten. Seit dem Ende des dreißigjährigen Glaubenskrieges mit dem Westfälischen Frieden von 1648 mußten alle wichtigen Ämter doppelt besetzt werden. Am 24. Juli 1760 trat Wieland seinen Dienst an. Da die Mehrheit der evangelischen Ratsmitglieder seinem katholischen Gegenspieler jedoch nicht das gleiche Gehalt zuerkannte, forderten die Katholiken, der neue Kanzleiverwalter müsse dann wenigstens wie ihr Vertreter, der Ratsadvokat, einen Doktor haben, um die Gleichheit herzustellen. Der Streit führte zum Prozeß, der vier Jahre dauerte, in denen Wieland kein Gehalt bekam. Er lebte auf Pump, war dennoch fleißig und verzweifelte zugleich niedergeschlagen ob der Armut Biberachs. Die Stadt verfiel, die Verwaltung war zerrüttet, von 3200 Einwohnern waren neun Zehntel besitzlos. Die wenigsten Bürger zahlten Steuern. Biberach nannte Wieland ein Totenaas eines an der Sonne modernden, stinkenden Reichsstädtchens. Um nicht vollends nur von Akten begraben zu werden, brauchte Wieland ein Gegenmittel. Er begann, Shakespeares Stücke zu übersetzen, und wurde Leiter der evangelischen Komödiantengesellschaft. ›The Tempest‹ kam Ende 1761 als ›Der erstaunliche Schiffbruch‹ im Theatersaal der städtischen Schlachtmetzgerei auf die Bühne. Die »Bürgerliche Komödiantengesellschaft«, der älteste Theaterverein Deutschlands, war 1686 gegründet worden. Schon Wielands Urgroßvater hatte ihn geleitet. Weiteres Unglück kam auf ihn zu. Christine Hogel, die einzige leidenschaftliche Liebe seines Lebens. Jung, von ihm schwanger, aber katholisch, und dazu nicht standesgemäß. Ihre Heirat wurde hintertrieben. Sowohl die Katholischen als auch die Evangelischen duldeten sie nicht. Der evangelische Amtsvorsteher durfte nicht katholisch heiraten, Christine Hogels Eltern verboten eine evangelische Trauung. Wieland kämpfte, doch er verlor. Keine Heirat. Beider Kind starb kurz nach der Geburt. Um das Aufsehen zu mildern, suchten Wielands Eltern eine Braut für ihn aus und Wieland fügte sich. Am 21. Oktober 1765 heiratete Christoph Martin Wieland Anna Dorothea von Hillenbrand. Eine liebenswerte Gattin, die in den langen Jahren ihrer Ehe fest zu ihm stand und ihm ein beständiges, ruhiges Glück schenkte. Nicht einmal die Halsbinde, so Wieland, könne er sich ohne sie umlegen. Von allen seinen Werken las sie nur ein einziges: ›Oberon‹. Nicht nur die Schulden, auch ihr Tod in Oßmannstedt verleidete ihm das Gut.

Die Schweiz, die Biberacher Erschütterungen hatten Wieland verwandelt. Aus ihm war der Wegbereiter der Klassik geworden. Seine Übersetzungen Shakespeares brachen den Dichtern des Sturm und Drang die Bahn, die es ihm nicht dankten. Seine in Biberach geschriebene ›Geschichte des Agathon‹, die Wieland endlich bekannt machte, wurde der erste deutsche Erziehungsroman, nach dessen Vorbild die Weimarer Klassik das Ideal der aus Kunst und Bildung erwachsenden Menschlichkeit in der Vergangenheit des antiken Griechenland suchte. Daß Wielands Schreiben vor Geist, Witz und gepfefferter Sinnlichkeit strotzte, half ihm, berühmt zu werden. Später verbot er seinen Töchtern, seine Werke zu lesen, solange sie nicht verheiratet waren. Die Liebschaft mit Christine Hogel und ein Verhältnis mit der Frau des Bürgermeisters hatten ihn endgültig von seiner Verklemmtheit befreit. Die Amtsknechtschaft aber blieb. Wieland suchte eine Zuflucht. Er fand sie in der Stille seines Biberacher Gartenhauses und im nahen Schloß Warthausen.

Der Schloßherr Graf Stadion, Großhofmeister des Kurfürstentums Mainz, hatte einen Sekretär: Georg Michael Frank von La Roche. Und so traf Wieland Sophie von La Roche wieder. Ihre Freundschaft gab ihm Halt, und Graf Stadion wurde sein Gönner. Wieland genoß das adelige Salonleben, das von der aufgeklärten französischen Kultur geprägt war, und nutzte die Bibliothek des Grafen. ›Comische Erzählungen‹ entstanden und ›Musarion oder die Philosophie der Grazien‹, doch je häufiger er an den galanten Vergnügungen teilnahm, desto sinnloser kamen sie ihm vor. Wieland war durch und durch bürgerlich. 1766 entschied er in einem Rechtsstreit des Grafen mit Biberach zugunsten der Stadt. Der Bruch war da, doch Wieland hatte erkannt, daß nur ein aufgeklärter Fürst ihm einen Weg heraus aus dem elenden Alltag hin zur ersehnten freien Schriftstellerei bieten konnte. 1768 versöhnten sich beide, und als kurz darauf Graf Stadion starb, berief sein Nachfolger Christoph Martin Wieland an die Universität von Erfurt, die zum Kurfürstentum Mainz gehörte. 550 Reichstaler im Jahr, auf die nochmals 100 Taler draufgelegt wurden, dazu 2 Malter Korn und Gerste, 4 Klafter Holz. Wieland sagte zu. Er räumte sein Gartenhaus und kam im späten Frühjahr 1769 mit seiner Frau, seinem ersten Kind sowie mit Fritz von La Roche, dem Sohn Sophies, einem Gehilfen und einer schwäbischen Köchin in Erfurt an. Er hatte sich mit seinen Büchern einen Namen gemacht. Schritt für Schritt wurde er zum meistgelesenen deutschen Dichter. Wieland war stolz, von sich eingenommen, lobte sich selbst über den grünen Klee. »Kurz ein Mensch, der sich bei jeder Haustür zusammenbückt, weil er sich für alle zu groß erscheint.« Einfach war Wieland nicht, doch er hatte immer so viel Witz, sich nicht gar zu ernst zu nehmen.

Erfurt, 1769 bis 1772. Wieder Schwierigkeiten. Wieland, der Professor für Philosophie, hatte keinen Universitätsabschluß. Neid, die Empörung über sein freizügiges Schreiben und sein bedingungsloses Eintreten für die Gedanken der Aufklärung machten ihm das Leben schwer. Er war nach Erfurt berufen worden, um der erstarrten, glanzlosen Lehranstalt Schwung zu geben. Er sprach über Philosophie, griechische, lateinische, französische, englische, italienische Literatur, Kunsttheorie, Geschichte. Sein Hörsaal war überfüllt. Seine Hörer versprachen sich saftige Vorlesungen, denn Wielands Bücher waren gut gewürzt, um seinen Forderungen nach Schönheit, Menschlichkeit, Bildung ein verlockendes Kleid zu geben. In ›Der Neue Amadis‹ spielen fünf Ritter mit fünf Prinzessinnen Bäumchenwechseldich, in ›Sokrates Mainómenos oder Die Dialogen des Diogenes von Sinope‹ poltert er mit der Satire vom Mann im Mond gegen Gelehrte, die nichts wissen, aber bei allem mitreden, er nahm die Gedankenlosigkeit aufs Korn und trieb den Leserinnen eine angenehme Röte ins Gesicht, weil er eine freie Inselrepublik entwarf, die durch hunderttausend junge Mädchen und hunderttausend junge Burschen gegründet wird. Sein Vorschlag bei späterem Frauenüberschuß: ein Mann, zwei Frauen. Dieser ›Diogenes‹, schrieb Wieland, sei eines seiner besten Werke. Er zweifelte, ob er je ein besseres geliefert habe. Das Buch fand reißenden Absatz. Die Tugendwächter waren empört, auch die Erfurter, und ihm dämmerte, daß er hier nicht weiterkam. »Niemals, niemals«, schrieb er, »haben die Grazien dieses freudleere Chaos von alten Steinhaufen, winkligen Gassen, verfallenen Kirchen, großen Gemüsgärten und kleinen Leimhäusern, welches die Hauptstadt des edlen Thüringen vorstellt, angeblickt.« Nichts wie weg. Eine seiner Leserinnen: die Herzogin Anna Amalia. Nachdem sie Wielands ›Der goldne Spiegel‹ gelesen hatte, machte sie ihm das Angebot, als Prinzenerzieher ins nahe Weimar zu kommen. Wieland verhandelte zäh. Beim Gebot von 1000 Talern im Jahr, Zahlung der Umzugskosten, Ernennung zum Hofrat auf Lebenszeit, Zusicherung einer lebenslangen jährlichen Pension von 600 Talern nach Vertragsende in drei Jahren ohne Bindung an den Hof, schlug Wieland ein. 31. August 1772: Wieland, Sack und Pack, Frau und drei Kinder auf dem Weg nach Weimar. »Ich bin ein sehr glücklicher Mensch; wie viele vortreffliche Männer, Weiber, Knaben und Mädchen lieben mich!«

Wie vereinbart, lebte er am Hof, und wie zu erwarten war, stieß ihn das Hofleben wie schon in Warthausen ab. Er nahm sich das Recht heraus, den Eid auf das Herzogtum zu verweigern. Wieland lehnte sein Leben lang ab, geadelt zu werden. Seine Erziehung des künftigen Herzogs Carl August aber sah er als die

Blick vom Park auf das Gutshaus

Gelegenheit, ihn zu einem gerechten Fürsten zu bilden, der nicht nur für die Macht des Adels, sondern auch für die Freiheit der Bürger eintreten sollte, und um die Gedanken der Aufklärung voranzubringen, gründete er die Zeitschrift ›Der Teutsche Merkur‹. Ein gewagtes, geldverschlingendes Unternehmen, das Erfolg hatte. Allein schon Wielands Name zog. ›Der Teutsche Merkur‹ wurde die bedeutendste Monatsschrift ihrer Zeit. Wieland stand für sie mit allen führenden Geistern im Briefwechsel, die besten Schriftsteller schrieben im Laufe der Jahre für den ›Merkur‹ über schier alles. Bücher wurden besprochen oder vorab gedruckt, Briefe und Gedichte veröffentlicht, über die Amerikanische Unabhängigkeitserklärung und die Französische Revolution gestritten. Christoph Martin Wieland stand auf dem Gipfel, doch die jungen Wilden des Sturm und Drang wetzten schon die Messer, allen voran Goethe mit seiner Posse ›Götter, Helden und Wieland‹. Wieland zeigte Größe: Er lobte die Geschichte und empfahl seinen Lesern Goethes ›Götz von Berlichingen‹. Als Goethe von 1775 an in Weimar lebte, waren sie herzlich miteinander verbunden. Erst Goethes Schreibfreundschaft mit Schiller drängte Wieland ins Abseits. Beider Gehässigkeiten gegen ihn enttäuschten Wieland zutiefst. Gegner hatte er auch sonst genug. Die Dichter des Göttinger Hains, für die Wieland bloß ein »Wollustsänger« war, zerrissen seinen ›Idris‹, um sich mit den Seiten die Pfeifen anzuzünden, die Brüder Schlegel, für deren Schriften sich Wieland einsetzte, warfen ihm vor, er schreibe doch nur ab. Der Neid auf ihn trieb Blüten, besonders nachdem die Gesamtausgabe seiner Werke begonnen worden war, die zeitgleich in vier verschiedenen Aufmachungen herauskam.

Christoph Martin Wieland nahm das hin. Er reichte den Lorbeer ohne Haß, doch nicht kampflos weiter. Er litt unter dem Vorwurf, der Vergangenheit anzugehören. »Die meisten Kritikaster leben von ihrem Handwerk, und die hündische Art, womit sie Schriftsteller anfallen ist das einzige was ihnen noch Leser verschafft, weil die literarischen Hatzen dem gelehrten Pöbel ungefähr ein eben so angenehmes Schauspiel geben als die Bären- und Wildochsenhatzen.« Mit ›Die Abderiten‹ griff er 1774 die Deutschtümelei der Stürmer und Dränger offen an, ihre rüpelhaften Kraftmeiereien geißelte er als barbarisch, doch nachdem Anna Amalia zugunsten des jungen Herzogs zurückgetreten war, erlosch Wielands Erzieheramt. Goethe war zur lautesten Stimme in Weimar geworden, Wielands Bedeutung am Hof schwand. Schon die Werthermode mit gelber Weste und blauem Rock war dem »Alten« vom Herzog gnädig erlassen worden. Wieland war gut 40 Jahre alt. Er kümmerte sich nur noch um sein Schreiben. Fast Jahr auf Jahr kam ein weiteres

Buch heraus. Die ›Geheime Geschichte des Philosophen Peregrinus Proteus‹ entstand, und nachdem Wieland mit ›Alceste‹ das erste deutsche Singspiel geschaffen hatte, kam sein zweites, ›Rosamund‹, 1779 auf die Bühne, dessen Probe sich Mozart anhörte. Was beide noch nicht ahnten: Das Märchen ›Lulu oder die Zauberflöte‹ aus Wielands ›Dschinnistan oder auserlesene Feen- und Geistermärchen‹ nutzte Emanuel Schikaneder als Vorlage für Mozarts ›Zauberflöte‹. Doch bei allem Ruhm, allem Erfolg, aller Anerkennung – Wielands große Tage waren vorbei, und um dem Hoftrubel zu entkommen, kaufte er sich sein Landgut: Oßmannstedt, das er nach dem Sabinum des Horaz sein »Osmantinum« nannte. »Ich muß aufs Land! Hier in Weimar wird mein Geist durch den Hof, mein Körper durch das fatale Klima gemordet.« Weimar war teuer, die Familie war weiter gewachsen.

»Hier in Meinem Hause zu Oßmannstedt befinde ich mich ununterbrochen wohl und munter, arbeite an meinem Schreibtische mit Sukzeß, habe, ungeachtet ich wenig vor die Tür komme, guten Appetit, und schlafe weit besser als ehmals. Alles dies entscheidet, wenigstens was *mich* betrifft, den Vorzug des Landlebens vor dem Stadtleben; nichts von den übrigen negativen und positiven Vorzügen des erstern zu gedenken, welche die Landmaus beim Horaz gegen ihre Freundin, die Stadtmaus, geltend macht.« Eigenes Brot, Gemüse, Kartoffeln, eigene Butter, eigener Käse schmecken eben noch mal so gut, auch wenn der Genuß, so Wieland, von der Täuschung begleitet sei, er würde nichts kosten. Alles sei freilich teuer genug, doch die Götter hätten mehr für ihn getan, als er einst zu wünschen gewagt. Er hoffe, im Schoß der Natur und der Ruhe mit den Seinigen und den Musen den Rest seiner Tage glücklich zu verleben. »Zu *bauen* habe ich nichts als noch einige Ställe in das große Seitengebäude und eine *Scheune*.« Um das Gut anzuzahlen, hatte Wieland seinen Verleger um 9000 Taler gebeten. 3000 Taler bekam er. Wieland verkaufte ihm sämtliche Rechte an allen seinen noch kommenden Werken, und Wieland war fleißig. Er übersetzte Aristophanes, Xenophon, Euripides, vollendete in Oßmannstedt den Roman ›Agathodämon‹ und schrieb an seinem unvollendeten Alterswerk ›Aristipp und einige seiner Zeitgenossen‹. Er gab noch eine Zeitschrift heraus, ›Attisches Museum‹, eine weitere, ›Oßmannstedter Unterhaltungen‹, unterblieb. »Ich habe diesem Oßmannstedt doch auch viele selige Stunden zu verdanken.« Anfangs war das Landleben ein Genuß. Johann Daniel Falk erinnerte sich: »Mitten im Dorf, unter einer großen Linde wurde getanzt. Wielands Töchter und meine Frau mit wurden von den rüstigen Bauernburschen wacker auf dem grünen Rasen herumgeschwenkt. Es tat mir wohl, den ehrwürdigen Wieland zu sehen, wie der edle Greis im hundertjährigen Schatten der Linde dasaß und mit ruhigem Mut als Gutsherr den muntern Burschen Bescheid tat, die ihm mit vielen Kratzfüßen einen Stuhl setzten und nach Herkommen ein Glas reichten.« Wieland hatte die Bauern von der Fron befreit, obwohl sie ihm die Birken für Birkenreiser zuschanden schnitten und das junge Buschholz aus dem Wald stahlen. Glücklich war er dennoch, zumindest am Anfang. Die Landschaft des Gutes, vor allem der Park, fanden Eingang in sein Werk. Immer wieder schrieb Wieland vom Glück, unter vernünftigen Menschen in den Gärten eines Landhauses zu weilen. Selbst die Dorflinde und das Glas, das ihm die Bauern beim Tanz gereicht hatten, findet sich in seinen Schriften. »Dieser reinen Natur- und Genuß-Fülle entkeimte die schönste Blüte meines Alters, mein Aristipp, der ohne diesen stillen Selbstgenuß, ohne dies heitere Land- und Gartenleben nie empfangen und geboren worden wäre.« Am liebsten hätte er Oßmannstedt zu einer freien Republik von guten und glücklichen Menschen gemacht, wie er schrieb.

Wieland war überaus gastfreundlich, und so kamen Besucher in Scharen. Goethe, Clemens Brentano, Johann Gottfried Seume, Herder oder Jean Paul, der schnellstens wieder verschwand. Wieland gedachte, eine seiner Töchter mit ihm zu verkuppeln. Allein das ginge nicht, schob Jean Paul vor, weil zwei Dichter nicht unter ein Hausdach paßten. Den wahren Grund verschwieg er Wieland. In seinen Töchtern lägen gute Herzen, meinte Jean Paul, aber mit den Gesichtern wolle es nicht recht fort. Andere blieben länger als er. Wieland war ein großzügiger Gastgeber.

Als einziger in Weimar unterstützte Wieland den jungen Heinrich von Kleist, der in Oßmannstedt an seinem ›Robert Guiskard‹ schrieb. Schon um Jakob Michael Reinhold Lenz, den Goethe aus Weimar hinausekelte, hatte er sich freundlich gekümmert, und als Matthias Claudius in Geldnot kam, bot er ihm sofort die Mitarbeit am ›Merkur‹ an und so viel an Freundschaft, wie er brauchen, fassen, genießen könne. Sophie Brentano, die sich nach unglücklicher Liebe zu ihm flüchtete, nahm Wieland wie eine Tochter auf. Schon bald wurden zartere Bande daraus. Gekommen war sie mit Sophie von La Roche, ihrer Großmutter. Eine heikle Begegnung zwischen Frau und Jugendfreundin, doch auch sie wurde gern aufgenommen, obwohl ihre Neugierde Wieland dann doch bald lästig wurde. »Wieland und sein ältester Sohn legten bald dieses bald jenes neue Werk auf meinen Tisch, worüber gesprochen wurde; dann kam eine Tochter mit Gläsern voll köstlicher Buttermilch – die gute Julie mit einem Korb voll Rosen. – Dann sah ich sie auch unter der Leitung der besten Mutter, mit Sorge für die Wäsche, für die Küche und den Keller, mit Bereitung des Flachses, mit der Milchkammer und Leinwandbleiche beschäftigt. Es würde jeden klugen Mann gefreut haben, uns zu begleiten, als Wieland mich in den Wirtschaftshof führte, mir Scheunen und Stallungen zeigte, und wir mit ihm seinen Schafen entgegen gingen; ich aber bei jedem Schritt seine Liebe zum Feldbau und seine Einsichten darin bewunderte.« Doch Liebe zum Feldbau genügte nicht, das Gut zu halten. Die Schulden drängten immer mehr. Am 8. November 1801 starb Wielands Frau, im Jahr zuvor war Sophie Brentano in Oßmannstedt gestorben. Beide waren im Gutspark an der Ilm begraben worden. Wieland hatte genug. Er schlug das Gut ohne Verlust für 30 000 Taler los, dazu 1899 Taler für Einrichtung und Möbel. Wieland zu Karl August Böttiger bei dessen letztem Besuch in Oßmannstedt am 11. April 1803: »Dem wackern Käufer meines Gutes traue ich aber zu, daß ihm die Stätte, wo ich auch neben meiner Gattin einmal noch begraben zu sein wünsche, stets heilig sein werde.« Von 1803 an lebte Christoph Martin Wieland wieder in Weimar.

Wieland war siebzig Jahre alt, der Hof nahm ihn freundlich auf, auch wenn er mit Samtkäppchen und Tuchstiefeln erschien. Seine Tochter Luise sorgte für ihn, doch er war der Prophet im eigenen Land. Wieland wurde überall geehrt, nur nicht in Weimar. Bereits 1801 war er Ehrenbürger der Schweiz geworden, der russische Zar, der 1805 Weimar besuchte, schätzte ihn, nach der Schlacht von Jena und Auerstedt bewachten französische Offiziere im besetzten Weimar sein Haus nahe dem Wittumspalais, um ihn vor plündernden Soldaten zu schützen, auf dem Erfurter Fürstentag von 1808 wurde ihm der Orden der Ehrenlegion und der russische Annen-Orden verliehen. Er traf Madame de Staël, Napoleon ließ eigens nach ihm schicken. Geschrieben hat Wieland bis zuletzt. Er übersetzte weiter, saß mit weißem Schlafmützchen am Cicero; ›Hexameron von Rosenhain‹, ›Krates und Hipparchia‹, ›Menander und

Wielands Grab

Glycerion‹ entstanden. Wielands Ende kam schnell. Er starb mit fast achtzig Jahren. Drei Wochen lag er mit Fieber und Krämpfen. Noch an seinem Todestag, dem 20. Januar 1813, machte ihm der Arzt Hoffnung. Wieland: »Sein oder Nichtsein, das ist mir jetzt so ziemlich egal.« Begraben wurde er ganz nach seinem Wunsch in Oßmannstedt bei seiner Frau und Sophie Brentano. Im Oßmannstedter Park steht ihr Gedenkstein. »Liebe und Freundschaft umschlang die verwandten Seelen im Leben, | Und ihr Sterbliches deckt dieser gemeinsame Stein.«

Der frühe Tod ist jetzt mein großes Los
Novalis in Oberwiederstedt und Weißenfels

ie war zwölf, als der zweiundzwanzigjährige Novalis sie im November 1794 in Grüningen kennenlernte: Sophie von Kühn. Kindlich war sie, sie fürchtete sich vor Spinnen und Mäusen, ihre Rechtschreibung war abenteuerlich, bald schon trank sie gern Wein, rauchte. Eine Viertelstunde, sagte er, habe genügt, ihn für sie einzunehmen. Zwei Tage vor ihrem dreizehnten Geburtstag, am 15. März 1795, verlobten sie sich. »Sophia sey mein Schuz Geist« ließ er in seinen Ring eingraben. Im Jahr darauf war sie schwer erkrankt, ein Jahr später, 1797, starb sie. »Grüningen, die Wiege meines bessern Selbst, ist mir zur Grabstätte geworden – das einsame Grab auf dem kleinen Kirchhofe – die drei Ellen Erde auf dieser himmelvollen Brust – das ist, was meine Phantasie erfüllt, die sonst in Paradiesen schwebte.« Novalis war erschüttert. Oft und oft schrieb er davon, Ihr bald in den Tod folgen zu wollen. Nur vier weitere Jahre, und sein Wunsch war erfüllt. 25. März 1801: Novalis' Todestag.

»Wie selig war die Zeit der Knabenspiele | Als Kummer noch nicht nächtlich mich umschlang«: Eine Sonnenfinsternis verdunkelte Sachsen am 2. Mai 1772, dem Tag der Geburt von Georg Philipp Friedrich von Hardenberg, genannt Novalis, auf Schloß Oberwiederstedt, einem ehemaligen Kloster der Dominikanerinnen. Elf Kinder brachte Auguste Bernhardine von Hardenberg zur Welt. Sie war fünfundvierzig, als das jüngste geboren wurde. Zehn der Kinder starben vor ihr. Sie wollte ihren Tod nicht miterleben. Bei keinem ihrer Kinder saß sie am Sterbebett, auch bei Novalis nicht. Sie strich ihm nicht über den Kopf, hielt nicht seine Hand. Die meisten wurden keine dreißig. Novalis war der älteste Sohn. Auch er starb früh mit achtundzwanzig. Die Lindenallee im Park des Schlosses, der Kräuter-

Schloß Oberwiederstedt

garten, die Kirche gegenüber, in der er getauft wurde, der nahe
Hexentanzplatz von Thale, Novalis' Geburtszimmer mit dem
gemauerten Ofen, der Speisesaal: Fast die Hälfte seines Lebens

Ansicht vom Schloß aus dem 18. Jahrhundert

verbrachte Novalis auf Schloß Oberwiederstedt. Sein Vater,
Heinrich Ulrich Erasmus Freiherr von Hardenberg, mußte hin-
zuverdienen. Er war Berghauptmann der Grafschaft Mansfeld,
denn das Gut, das zum Schloß gehörte, brachte zu wenig ein. Sie
lebten einfach und zurückgezogen. Oberwiederstedt lag abseits
genug dafür.»Das alte Haus in Wiederstedt war aber ebenso-
wohl geeignet, Träumereien zu befördern, wie auch als Tummel-
platz fröhlicher Kinder zu dienen. Wie schön spielte es sich in
dem dämmerigen großen Hausflur, in den langen Gängen, auf
der steinernen Wendeltreppe mit den kleinen runden Fenster-

scheiben, durch welche das Licht so seltsam gebrochen herein-
fiel, und welche vom Turm herab durch die kleine verborgene
Tür in den engen Hof geleitete, wo eine Menge alter hochstäm-
miger Fliederbäume im Frühling so köstlich blühten. Dann das
eigentliche alte Kloster, freilich jetzt in eine Scheune verwandelt, mit den schönen Fensterbogen, von Weinranken umzogen,
und Haus und Hof belebt von den Spukgeschichten, die die alte
Kinderfrau so schön zu erzählen wußte! Fürwahr, es war eine
fröhliche Kinderzeit, ein glückliches Leben; und das war ganz
der Ort, auf die Phantasie des Knaben einzuwirken.«
    Mit derlei aber konnte der Vater wenig anfangen. Er mußte
aufs Geld achten, die Familie wuchs schnell. In Schloß Oberwiederstedt herrschte er streng, sittlich, überfromm. Mit Gott hatte
er ein schriftliches Bündnis geschlossen, sich durch ernsten
Wandel stets zu bessern. Er fühlte sich sündenbeladen und erzog die Kinder streng im Glauben, hielt sie zu Andachten an.
Eine von ihnen erlebte auch Ludwig Tieck später in Weißenfels.
Er wartete im Nebenzimmer, hörte den alten Hardenberg zornig schelten. Seine Andachtsstunden waren mitunter stürmisch.
»Was ist vorgefallen, fragte er besorgt einen eintretenden Bedienten. Nichts, erwiderte dieser trocken. Der Herr hält Reli-
gionsstunde.« Novalis hat seinen Vater immer geachtet, seine
Mutter aber hat er geliebt. Sie war fein empfindend, verständ-
nisvoll. Novalis war ihr Sorgenkind. Er war schwächlich und
anfällig und blieb bis zu seinem neunten Lebensjahr hinter den
anderen Kindern zurück. Dann erkrankte er an Ruhr. Eine Ma-
genschwäche kam dazu. Monatelang mußte Novalis liegen, er
wurde nur mühsam geheilt, die Krankheit aber veränderte das
stille, verträumte Kind. »Jetzt schien sein Geist auf einmal zu
erwachen.« Zurück blieben Anfälligkeit und Kränklichkeit,
doch zugleich wurde Novalis lebhaft und neugierig, aber ebenso
getrieben und rastlos. Unruhe war seine Geißel, die er sein Leben lang bekämpfte. Nur mit ständiger Zucht hielt er sie in
Schranken.
    Novalis wurde lernbegierig, und der Vater, der ihn zuerst we-
nig beachtet hatte, fand seine Freude daran. Er nahm ihn auf

Reisen mit, zeigte ihm den Bergbau. Auch seine Hofmeister, die Hauslehrer, waren mit ihm zufrieden. »Er war sehr fleißig in seinen Stunden, und Lateinisch und Griechisch kannte er schon mit einer gewissen Fertigkeit im 12ten Jahre; auch finden sich mehrere Gedichte aus dieser Zeit; – in seinen Erholungsstunden war seine Lieblingslektüre Gedichte und Märchen, deren letztere er auch seinen Geschwistern gern erzählte«, so sein Bruder Carl von Hardenberg, »seine Hofmeister hatten nie nötig ihn zum Fleiß anzutreiben.« Sonntagabends erzählte er den Geschwistern die Märchen, die er sich ausgedacht hatte. Drei Brüder und zwei Schwestern wurden nach ihm in Oberwiederstedt geboren, und um die große Familie zu ernähren, bewarb sich Heinrich Ulrich Erasmus von Hardenberg als Direktor der Salinen von Artern, Kösen und Dürrenberg. 1785 waren damit für Novalis die Jahre in Oberwiederstedt vorbei. Die Familie zog nach Weißenfels in die Klostergasse. Das Haus, Sitz des Salinenamtes, mit Hof, Scheune, Ställen, Garten und Gartenhaus, gehörte einst zum herzoglichen Hof, und war, anders als Oberwiederstedt, prächtig eingerichtet. Weißenfels wurde für Novalis, der über Sachsen und Thüringen nicht hinauskam, zum Mittelpunkt seines Lebens.

Das hochgebaute Haus ist schmucklos bis auf das Portal mit der Freitreppe zur Straße hin. Es hieß »Am Kloster«, steht auf dem Grund einer abgerissenen Klosterscheune. Im Kloster gegenüber lebten Klarissinnen. Zu ihren Gebetsstunden und Messen schallte das Geläut durch das Haus, zu dem ein Stammplatz in der Kirche gehörte. Drei Stockwerke. Im Erdgeschoß waren die Amtsräume, die Familie lebte im zweiten und dritten Stock. Im zweiten lagen die Wohnräume, im dritten die Schlafzimmer. Novalis war Frühaufsteher, er liebte die Morgensonne. Eine geräumige Diele, ein kleiner Saal mit geflochtenen Lorbeerkränzen als Stuck an der bemalten Decke. Geblieben ist so gut wie nichts, weder in Oberwiederstedt noch in Weißenfels. In Oberwiederstedt seine Wiege, sein Taufkäppchen, ein Bild von ihm, in Weißenfels sein Verlobungsring im nahen Stadtschloß. Der Ring ist unerwartet groß. Novalis hatte keine zarte Hand. Sein

Grab auf dem Friedhof ist verschüttet, das Sterbezimmer wirkt leer und kahl. Die Zimmer sind untereinander verbunden. Als Novalis starb, drang leises Klavierspiel von nebenan durch die Tür. Zwei Fenster hatte es, eines ist zugemauert. Der Blick ging auf Klostergasse und Saalgasse. Die Eltern, die vielen Kinder, Dienstboten, Köchin, das Kommen und Gehen in den Amtsstuben – das Leben im Haus war laut. Novalis schrieb in Weißenfels umgeben vom Trubel. Im ummauerten Garten ein Pavillon. Der einzig ruhige Ort. Im Winter lagerten darin die Pflanzen. Das Haus war amtssässig, unterstand daher nicht der Stadt. Ein Vorteil. Keine Einquartierungen von Soldaten, Befreiung vom Spundgeld, fremde Weine und Bier durften steuerfrei eingelagert werden. Niemand beschrieb das Leben im Haus. Die Gedanken können schweifen. Die Phantasie ersetzt die Wirklichkeit. Das hätte ihm gefallen.

In Weißenfels lebte die Familie wie schon in Oberwiederstedt bescheiden für sich. Leipzig war nah, doch er fühle sich, klagte Novalis, an den Ufern der Saale wie in Böotien fern von den Musen und ihren Tempeln. Arkadien war für ihn anderswo. Novalis fand das Traumland bei den Schriftstellern seiner Zeit. Als einer von ihnen, Gottfried August Bürger, in Langendorf bei Weißenfels durchkam, schrieb er ihm, und als Bürger ihm antwortete, jubelte Novalis. In Weißenfels versuchte er sich in Drama, Fabel, Verserzählung, er beschäftigte sich mit der Geschichte des Mittelalters, mit Goethe, Schiller, Wieland, Klopstock, übersetzte Horaz, schrieb Gedichte voll von Schäferinnen und Schäfern, Wein und unschuldigen Küssen. Der Vater hatte ihn zum nüchternen Staatsdienst in Sachsen bestimmt – er neigte dem Schönen zu.» Und wenn ich auch im Gefühl dieser Lächerlichkeit mich wohl in Acht nahm meine Vorliebe blicken zu lassen, so konnte ich doch im Stillen nicht unterlassen diese reizenden Beschäftigungen zu verfolgen.« Die Spannung zwischen Pflicht und Kunst prägte sein Leben.

Im Sommer 1790 wurde Novalis auf das Luther-Gymnasium in Eisleben geschickt, im Herbst trug er sich folgsam für die Rechtswissenschaften in Jena ein, und einer in Jena beeindruckte den achtzehnjährigen Novalis tief und nachhaltig: Friedrich Schiller. Novalis hörte bei ihm Geschichte, und, als Schiller im Januar 1791 schwer erkrankte, saß er an dessen Bett. Er hörte ihm zu, pflegte ihn, hielt Nachtwachen, gewann sein Vertrauen. Novalis erstes veröffentlichtes Gedicht, ›Klagen eines Jünglings‹, widmete er 1791 dem leidenden Schiller. Von Rechtswissenschaften war für Novalis in Jena wenig die Rede. Er beschäftigte sich lieber mit Philosophie und Dichtung. Das Studium aber war teuer. Sein Vater wandte sich daher an Schiller, Novalis ins Gebet zu nehmen – zu dessen eigenem Bestem und zur Beförderung des Wohls der Familie, die in Novalis eine Stütze erhoffte. Schiller sprach mit Novalis und das Gespräch fruchtete. »Ein Wort von Ihnen wirkte mehr auf mich als die wiederholtesten Ermahnungen und Belehrungen Anderer.« Er schrieb so gut wie nichts mehr. Erst Jahre später wurde er in Grüningen zum Dichter Novalis.

Knapp ein Jahr blieb er in Jena, dann wechselte er im Herbst 1791 nach Leipzig, die erste große Stadt, die er betrat. »Jurisprudenz, Mathematik und Philosophie sollen die 3 Wissenschaften sein, denen ich diesen Winter mich mit Leib und Seele ergeben will und im strengsten Sinne ergeben. Ich muß mehr Festigkeit, mehr Bestimmtheit, mehr Plan, mehr Zweck mir zu erringen suchen und dies kann ich am leichtesten durch ein strenges Studium dieser Wissenschaften erlangen. Seelenfasten in Absicht der schönen Wissenschaften und gewissenhafte Enthaltsamkeit von allem zweckwidrigen hab ich mir zum strengsten Gesetz gemacht.« Doch das Unstete in ihm plagte ihn weiter. Schlank, feingeschnittenes Gesicht, schwarze Augen, feurig, wenn er von Schönem spreche, fröhlich, so wurde Novalis beschrieben. Ein frühverglühter, nur vergeistigter Jüngling war er nicht. Er war weder weltabgewandt noch schwermütig in sich gekehrt. In Leipzig wohnte Novalis in der Grimmaischen Gasse über der Löwenapotheke. Auerbachs Keller, die Messe, die Kaffeehäuser, das Gewandhaus, Konzerte und Theater: Im galanten Leipzig genoß er das Studentenleben ganz und gar. In Jena hatte er sich auf dem Fechtboden geschlagen, in Leipzig stieg er den Mädchen nach und verliebte sich in Julie Eisenstuck. Eine Leidenschaft, für die er gleich alles liegen ließ. Zwei Jahre Studium, die Ermahnungen, das Geld schienen für nichts. Doch sie war eine

Novalis-Pavillon in Weißenfels

Bürgerliche, noch dazu ohne Vermögen, die sich der Vater strengstens verbat. Er wetterte noch, als die Glut in Novalis längst erloschen war. Um seiner Unruhe Fesseln anzulegen, dachte Novalis daran, unter die Soldaten zu gehen, denn Sachsen stand im Krieg gegen das revolutionäre Frankreich, doch für den seinem Adel angemessenen Dienst bei Kavallerie oder Kurfürstkürassieren fehlten die Mittel. Novalis blieb in Leipzig. »Ich muß noch erzogen werden, vielleicht muß ich mich bis an mein Ende erziehn.« Er wurde erzogen, und von einem besonders: Friedrich Schlegel. Er sei sehr weich, meinte Schlegel, und nehme noch jede Form an, die ihm aufgedrückt werde.»Es kann alles aus ihm werden – aber auch nichts.«Novalis war offen, begeisterungsfähig bis zum Überschwang, lebenslustig bis zum Unsinn, doch Schlegel sah ebenso das Dunkle in ihm, die grenzenlose Eigenliebe. Seine Seele sei nichts als Eigennutz und Phantasterei. Und doch: Beide waren gleich alt, beide wurden Freunde, und beide waren Wegbereiter der Romantik. Abendelang »symphilosophierten« sie gemeinsam über die Welt und wie sie zu verändern sei.

Zunächst aber strebte Novalis danach, sein Studium zu beenden. Er ging nach Wittenberg, versicherte seinem Vater einmal mehr, sich nicht mehr ablenken zu lassen.»Mich treibt eine Sehnsucht nach einer Anstellung, wo ich bald von Deinem Beutel unabhängig bin.« Bürgerlichkeit, Lohn und Brot – was er dem Vater schrieb, meinte er ernst, doch das war nur das eine. Das andere war der ihm unerfüllbar erscheinende Wunsch, Dichter und Philosoph zu sein, der an ihm nagte. Friedrich Schlegel aber machte ihm Mut, sich ins bürgerliche Leben zu fügen, doch dabei die Kunst nicht aufzugeben, und er folgte seinem Rat. Am 14. Juni 1794 legte Novalis sein juristisches Examen ab, mit der ersten Zensur, wie er anmerkte, und kehrte nach Weißenfels zurück.

Ungebundene Wochen. Billard, Trinken, Tanzen.»Drückt fester die Mädchen ans klopfende Herz.« Bei einem Besuch in Wittenberg musterte er mit seinem Bruder Carl die Schönheiten. Sie hielten sich gegenseitig Vorlesungen über deren Busen und Figur, und in Weißenfels stellten Novalis und Carl dem gleichen Mädchen nach. Der Bruder litt, er nicht. Als sie Novalis entgegenkam, gab er sie auf.»Mit der zarten Blüte meiner Neigung ist es vorbei, sobald ich gemeine Gunstbezeugungen erhalte.« Aufgewachsen mit empfindsamen Gedichten, liebte Novalis das Schwärmerische an der Liebe, nicht die Sinnlichkeit, obwohl ihn, gestand er, der Wollustteufel schikaniere, der mit lüsternen Bildern vor ihm auf dem Papier herumtanze. Was er suchte, war Unschuld, und er fand sie in Grüningen. Die Wende seines Lebens.

»Ohne dich wär ich noch lange | Rastlos auf und abgeschwankt«: Im Herbst 1794 versuchte sein Vater ihn im Staatsdienst unterzubringen. Da sich die Anstellung hinzog, vermittelte er Novalis an das Kreisamt in Tennstedt, damit er die Verwaltungsarbeit kennenlerne. Novalis wurde Aktuarius. Er wohnte beim Amtshauptmann August Coelestin Just und hatte ihm über Rechtsstreitigkeiten zu berichten, die er als Schreiber festhielt. »Meine Praxis raubt mir hier 3/4tel des Tags. Das übrige Viertel ist so eingeteilt, daß Freunden und Büchern sehr wenig bleibt.« Novalis war fleißig, denn er wollte zur Ruhe kommen, arbeiten, unabhängig sein. Just und Novalis verbrachten auch die Abende gemeinsam. Sie sprachen über Philosophie, Wissenschaft, Literatur. Sonst hatte das abgelegene Tennstedt nichts zu bieten. Abwechslung brachten Novalis die Amtsreisen, und eine von ihnen führte ihn auf das Gut Grüningen. Novalis schrieb bald danach seinem Bruder Erasmus von Hardenberg über Sophie von Kühn, eine Viertelstunde habe genügt, ihn für sie einzunehmen, der aber hielt seine Verzückung für überspannt. Ein Vierteljahr, um sich so recht zu verlieben, gut, aber eine Viertelstunde? »Selbst, wenn Du sie heiraten willst, solltest Du die Sache aus einem leichtsinnigern Gesichtspunkte ansehen.« Für den Bruder war sie ein Mädchen wie alle andern auch, Novalis aber begeisterte das Kindliche an Sophie von Kühn. Und sie war ein Kind. Zwölf Jahre alt. Für gemeine Gunstbezeugungen war sie zu jung, und schon deshalb erhoffte sich Novalis von ihr Brautnacht, Ehe, Kinder, bürgerliches Familienglück, um sich nun endlich von der eigenen Unrast zu befreien und einen festen Platz im Leben zu finden. Erasmus von Hardenberg tadelte Novalis für seine selbstsüchtige, fast kalte Entschlossenheit zur Leidenschaft, denn Novalis liebte mehr seine Vorstellung von Liebe als Sophie von Kühn, die er himmelhoch erhob, um sie desto unbedingter anbeten zu können. »Ich habe zu Söfchen Religion – nicht Liebe.«

Seit Grüningen begann Novalis wieder zu schreiben. Kleine Gedichte entstanden, vor allem aber beschäftigte ihn die Philosophie. »Mein Lieblingsstudium heißt im Grunde, wie meine

Braut. Sofie heißt sie – Filosofie ist die Seele meines Lebens und der Schlüssel zu meinem eigensten Selbst.« Noch herrschte in Deutschland das Denken der Aufklärung. Sie lehrte, die Vernunft bestimme das Handeln, der Verstand vermag alles zu bessern, er beurteile, was richtig, was falsch ist, vernünftige Entscheidungen würden zu einem vollkommenen, freiheitlichen, menschenwürdigen Leben für alle führen, nicht nur für den Adel. Das wirkliche Leben jedoch sah anders aus. Die Hungersnöte waren nicht beseitigt, die Armut nicht besiegt, die Seuchen nicht verhindert, die Willkür der Fürsten nicht gebrochen, und zugleich stand noch immer das Grauen der Fallbeile der Revolution von 1789 vor aller Augen. Die bürgerlich Gesinnten im zersplitterten Deutschland versuchten daher keinen blutigen, sondern einen geistigen Umbruch. Anders als die Aufklärung glaubten Goethe und Schiller, nicht nur die Vernunft, sondern auch das erhaben Sittliche, das Wahre, das edle Schöne der griechischen Antike werde den Menschen zur Freiheit erziehen. Langsam ändern statt gewaltsam umstürzen, das werde ein goldenes Zeitalter herbeiführen. Die aufkommende Romantik glaubte das nicht. Sie suchte das goldene Zeitalter in der eigenen Vergangenheit, verherrlichte das Mittelalter, verschrieb sich dem katholischen Glauben bis zur Frömmelei, sammelte Sagen, entdeckte das Märchen wieder. Die Gegenwart aus Krieg, Armut und bürgerlicher Ohnmacht gebar die Sehnsucht nach dem Vergangenen. Goethe, Schiller und die Romantik aber hatten eines gemeinsam: Sie glaubten, die Kunst vermöge den Alltag zu än-

Verlobungsring – Vorderseite mit dem Portrait von Sophie von Kühn

dern, Poesie und Philosophie könnten alles Schreckliche überwinden, und das glaubte auch Novalis.

1795 richtete sein Vater ein Gesuch an den sächsischen Kurfürsten, Novalis als Akzessist, als Anwärter im Verwaltungsdienst der Weißenfelser Salinendirektion anzustellen. Am 30. Dezember 1795 wurde dem stattgegeben, und Novalis arbeitete im Haus des Vaters, unten in den Amtsräumen. »Meine Bestimmung ist nun fixiert.« Die wenigen Jahre, die er noch hatte, betrachtete er seinen Beruf als seine Hauptaufgabe, die er gewissenhaft erfüllte. Als er seine Stelle als Salinenbeamter antrat, war Sophie von Kühn lange schon krank. Seit dem November 1795 war ihre Leber entzündet, sie hatte heftige Schmerzen und Fieber. Sie wurde zur Ader gelassen, doch das half nicht. Erst nach und nach trat eine Besserung ein. Im Sommer 1796 dann ein Rückfall. Sie wurde nach Jena gebracht und operiert. Die Wunde aber schloß sich

Verlobungsring – Innenseite mit Widmung

nicht. Sie eiterte und mußte zweimal am Tag unter Schmerzen gereinigt werden. »Unsere Sophie beträgt sich trefflich. Sie ist immer heiter und tröstend. Ich liebe sie fast mehr ihrer Krankheit wegen.« Novalis besuchte sie, so oft das ging, sein Vater bot an, sie in Weißenfels zu pflegen, doch sie blieb in Jena. Die Schmerzen dauerten an, Husten kam dazu. Weihnachten 1796 wurde sie nach Grüningen zurückgebracht, die Wunde schloß sich endlich, dann brach sie erneut auf. Am 14. März 1797 schrieb Novalis an Schlegel, er glaube, daß sie nur noch wenige Tage zu leben habe. Novalis verließ Grüningen, er ertrug ihr Sterben nicht. Am 19. März 1797, früh neun Uhr, zwei Tage nach ihrem fünfzehnten Geburtstag war sie tot. Alles in ihm sei wüst, taub und versteinert, es sei Abend und Herbst um ihn geworden, schrieb Novalis, er habe sich selbst nicht mehr, er lebe in Ruinen. Sein Traum eines ruhigen Glücks war zerbrochen. Am 18. April 1797 begann er ein Tagebuch, sein ›Journal‹, das im Juli endete. Zu jedem Datum darin fügte er die Zahl der Tage an, die Sophie von Kühn schon tot war. Der 18. April war der einunddreißigste. Novalis wollte sterben, doch er starb nicht – er schrieb.

»Meine alte Jugendlieb' erwacht«: 1797 vertiefte sich Novalis noch mehr als bisher in die Dichtung und Philosophie seiner Zeit, aus der er lernte, daß der Abgrund zwischen besserer Welt und grausamer Wirklichkeit überwunden werden könne. Die Brücke zwischen beiden seien Wissenschaft und Philosophie, besonders aber die Poesie. Novalis glaubte daran, daß Sophie von Kühn in die bessere, in die göttliche Welt eingegangen war, mit der ihn die Poesie verbinde. Ihm wurde klar, daß ihr Tod für ihn ein Schlüssel war, alles Überirdische zu verstehen. Indem er schrieb, war er ihr nah. »Mein Geist ist jetzt fruchtbarer, vielleicht glücklicher, als je.« Ihr Tod war sein Weg zur Dichtung. An ihrem Grab empfand er eine wilde Freude.

Doch auch der Alltag ging weiter. Novalis entschloß sich, an die angesehene Bergakademie in Freiberg zu gehen, um sich für seinen künftigen Beruf besser auszubilden. Am 1. Dezember 1797 reiste er von Weißenfels ab, doch Geologie, Mineralogie, Chemie, Physik, Mathematik, Bergrecht und die Grubeneinfahrten, um die Arbeit unter Tage zu sehen, füllten Novalis nicht aus. Er lerne und arbeite, bedürfe aber geistiger Würze, schrieb er. Das Jahr 1798 jagte für ihn dahin. So oft er irgend konnte, besuchte er Freunde und Bekannte in Dresden, er war zu Gast auf Schloß Siebeneichen bei Meißen oder auf Schloß Batzdorf, in dessen Gartenhaus, dem »Todeshäuschen«, er sich gern aufhielt. Seinen Namen hat das Todeshäuschen von der Sage, der Kopf eines Hingerichteten sei so lange erschienen, bis seine Unschuld erwiesen war und sein Schädel zur Erinnerung an das Unrecht in eine Nische des Gartenhauses gestellt wurde.

In Jena sah Novalis Schiller wieder, er traf Goethe. Sein Vater schenkte ihm ein Pferd, und das Reiten tat Novalis gut. Im Sommer 1798 war er in Teplitz zur Kur. Nie von bester Gesundheit, zeigten sich erste Anzeichen der zehrenden Krankheit, an der er starb. Auf den langen Ritten und den Reisen verlor sich die Trauer um Sophie von Kühn, und Freiberg hielt für ihn wenigstens eine Zuneigung bereit: Im Haus des Berghauptmanns lernte Novalis dessen Tochter Julie von Charpentier kennen. Novalis nannte sie ein schleichendes Gift.»Man findet sie, eh man sich versieht, überall in sich und es ist um so gefährlicher, je angenehmer es uns deucht.« Eine Liebe wurde für Novalis nicht daraus, aber sie wurde ihm dennoch unentbehrlich. Seit dem Tod Sophies fühlte sich Novalis abgestumpft und gealtert, Julie von Charpentier jedoch gab ihm zumindest Wärme. Ende 1798 verlobte er sich mit ihr.»Ein sehr interessantes Leben scheint auf mich zu warten – indes aufrichtig wär ich doch lieber tot.«

In Freiberg begann Novalis' eigentliches Schreiben. Sein erstes bedeutendes Gedicht entstand, ›Der Fremdling‹.»Traurige Stunden sind | Ihm geworden – es neigte | Früh der fröhliche Tag sich ihm.« Novalis stand am Anfang der romantischen Dichtung, die nicht nach reiner Harmonie strebte, sondern das Leiden an der zerrütteten Wirklichkeit durch die Phantasie zu überwinden suchte. Die Phantasie kann die Wirklichkeit ersetzen.»Die Welt muß romantisiert werden. So findet man den ursprünglichen Sinn wieder«, forderte Novalis.»Indem ich dem Gemeinen einen hohen Sinn, dem Gewöhnlichen ein geheimnisvolles Ansehn, dem Bekannten die Würde des Unbekannten, dem Endlichen einen unendlichen Schein gebe so romantisiere ich es.« Eines seiner Gedichte faßt seine Gedanken besser als alle übrigen zusammen:»Wenn nicht mehr Zahlen und Figuren | Sind Schlüssel aller Kreaturen, | Wenn die, so singen oder küssen, | Mehr als die Tiefgelehrten wissen, | Wenn sich die Welt in's freie Leben | Und in die Welt wird zurück begeben, | Wenn dann sich wieder Licht und Schatten | Zu echter Klarheit werden gatten, | Und man in Märchen und Gedichten | Erkennt die ewgen Weltgeschichten, | Dann fliegt vor Einem geheimen Wort | Das ganze verkehrte Wesen fort.«

In Freiberg entwickelte Novalis seine Philosophie der Welterkenntnis durch Selbstfindung. Wer sich und der Kraft seines Geistes vertraue, der streife die Fesseln des Alltags, der Geschichte, der Gesellschaft ab. Die Revolution fand im Inneren statt. Was er dachte, hielt er in Skizzen und Fragmenten fest. Am 24. Februar 1798 schickte er sie August Wilhelm Schlegel nach Jena. »Hätten Sie Lust öffentlichen Gebrauch davon zu machen, so würde ich um die Unterschrift Novalis bitten.« August Wilhelm Schlegel hatte mit seinem Bruder Friedrich die Zeitschrift ›Athenaeum‹ gegründet, um ihren Ansichten von Philosophie und Literatur eine Heimat zu geben. In der ersten Ausgabe im Frühjahr 1798 erschienen darin Novalis' Fragmente unter dem Titel ›Blütenstaub‹. Und er schrieb weiter. ›Glauben und Liebe‹ entstanden, dazu die ›Freiberger naturwissenschaftlichen Studien‹, in vermischten Schriften, die er ›Das Allgemeine Brouillon‹ nannte, versuchte er auf Hunderten von Seiten die Erkenntnisse aller Wissenschaften zusammenzufassen, und das Märchen ›Hyacinth und Rosenblütchen‹ fügte er in seinen Roman ›Die Lehrlinge zu Sais‹ ein, der die Suche nach einer Jungfrau beschreibt, deren verschleiertes Bild im Tempel zu Sais verehrt wird. Die Suche führt den Lehrling von der Ahnung eines geheimen Wissens über die verwirrenden Lehren seiner Zeit hin zu der reinen Welt in ihm, die das Geheimnis des göttlichen Paradieses birgt, das nur durch die Liebe gefunden werden kann. Alles andere sind Fallgruben des Verstandes. Novalis schloß den Roman wie das meiste nicht ab. Für die Romantik war die Suche das Entscheidende, nicht das Ankommen. Novalis verstand sein Schreiben als »literarische Sämereien«, und die Saat ging auf.

Pfingsten 1799 war Novalis wieder in Weißenfels. Weißenfels war sein Lebensmittelpunkt, zu Hause aber war er nirgends. 1799 war noch einmal ein ruheloses Reisejahr. Er ging als Protokollführer auf eine Inspektion der Salinen von Kösen, Dürrenberg und Artern und bat um eine feste Stelle, damit er eine Familie gründen, vom Vater ganz unabhängig werden, seine Nebenstunden aber, wie er schrieb, zu einträglichen literarischen Arbeiten nutzen könne. Beruf und Berufung schlossen sich für Novalis nicht aus. Für ihn ergänzte sich beides. Zurück von der Salinenreise, lernte Novalis den Schriftsteller Ludwig Tieck kennen. Wie Novalis trat Tieck in seinen ›Phantasien über die Kunst, für Freunde der Kunst‹ für die Wiederentdeckung der mittelalterlichen Literatur und Kunst ein, und forderte, wahres Künstlerleben müsse in religiöse Kunstandacht münden. Doch nicht nur die Kunst war Novalis' Religion. Er schrieb ›Geistliche Lieder‹ und verehrte die Muttergottes. Novalis war gläubig. Den Sommer 1799 verbrachten Tieck und er gemeinsam. Sie besuchten Goethe und reisten zur Burg Giebichenstein bei Halle. Danach fuhr Novalis allein weiter: In Freiberg traf er Julie von Charpentier, auf Schloß Schlöben bei Jena feierte er die Hochzeit seiner Schwester Caroline. Das Schreiben aber war bei all dem nicht vergessen. ›Die Christenheit oder Europa‹ und weitere ›Geistliche Lieder‹ entstanden. 11. bis 14. November 1799: Entscheidende Tage. Das Romantikertreffen.

In Jena, Unterm Markt, im einstigen Wohnhaus des Philosophen Johann Gottlieb Fichte, trafen sich Ludwig Tieck und dessen Frau Amalie, August Wilhelm Schlegel und seine Frau Caroline, Friedrich Schlegel und seine spätere Frau Dorothea Veit, der Philosoph August Wilhelm Schelling, der Physiker Johann Wilhelm Ritter und Novalis. Die Frauen betrachteten sie als gleichberechtigt, gemeinsam arbeiteten sie am Bekenntnis der frühen Romantik: Wissenschaft, Philosophie und Poesie sollten sich zu einer alles durchdringenden Religion verbinden, mit der das goldene Zeitalter heranbrechen werde.»Mit dieser Religion fängt sich eine neue Weltgeschichte an.« Jena war der Aufbruch zu einer Reise, die Novalis nicht mehr erlebte, die Sehnsucht nach der besseren Welt aber umschrieb Novalis noch als Blaue Blume, dem Symbol der Romantik schlechthin, in seinem Roman ›Heinrich von Ofterdingen‹, den er wenige Tage nach dem Treffen begann.

Von Jena aus ging Novalis nach Artern. In den Salzquellen suchte er Heilung für sein immer schlimmeres Lungenleiden, und am 7. Dezember 1799 wurde die Anstellung gewährt, um die er gebeten hatte. Novalis war Salinenassessor. Die 400 Taler, die er bekam, brachten ihn der Heirat näher, er stürzte sich in seine Arbeit, zugleich entstanden 1799 auf 1800 die ›Hymnen an die Nacht‹, und er begann den Roman ›Heinrich von Ofterdingen‹. Wie Novalis, so ist auch Heinrich von Unruhe ergriffen. Die Sehnsucht nach einer Welt treibt ihn um, in der Mensch und Natur in Einklang sind. Im Traum sieht er eine blaue Blume. Sie neigt sich ihm entgegen, und als ihr Blütenkelch sich öffnet, erblickt er darin das Gesicht eines Mädchens. Auf einer Reise trifft Heinrich Mathilde, die tiefe Liebe in ihm erweckt. Im Traum erkennt er, daß Mathilde das Mädchen im Blütenkelch ist. Mathilde jedoch stirbt. Heinrich begreift, daß die Heimat der blauen Blume bei Gott im ewigwährenden Paradies ist, daß nur dort sich das Glück seiner Liebe erfüllen wird, nur dort Verlust und Abschied überwunden sind. Eine Ahnung vom Paradies aber kann allein die Dichtung geben. Um die blaue Blume zu finden, wird Heinrich zum Dichter.

Novalis konnte den Roman nicht beenden. Zu rasch schritt seine Krankheit fort. Um dennoch Julie von Charpentier heiraten zu können, bewarb sich Novalis auf die freie Stelle eines kursächsischen Amtshauptmanns. Mit dem Auftrag, die Braunkohlevorkommen zwischen Leipzig, Zeitz und Borna zu erfassen, sollte er sich dafür bewähren. Am 1. Juni 1800 brach er auf, drei Wochen später war er zurück. Im Sommer besuchte ihn Ludwig Tieck. Sein letzter Besuch. Novalis schrieb sein letztes großes Gedicht, ›Das Lied der Toten‹: »Zauber der Erinnerungen, | Heilger Wehmut süße Schauer | Haben innig uns durchklungen | Kühlen unsre Glut. | Wunden gibts, die ewig schmerzen | Eine göttlich tiefe Trauer | Wohnt in unser aller Herzen | Löst uns auf in Eine Flut.« Er sprach von peinvollen Nächten, ängstlichen Stunden. »Der frühe Tod ist jetzt mein großes Los.« Er hustete Blut. Schwindsucht. In Meißen ließ er sich behandeln und in Dresden, doch der Herbst brachte keine Besserung. Am 6. Dezember 1800 wurde Novalis zum Amtshauptmann ernannt, aber er war zu geschwächt, das Amt anzutreten. Im Januar 1801 drängte sein Vater darauf, daß Novalis nach Weißenfels komme. Am 24. Januar traf er dort mit seiner Braut ein. »Wenn ich erst wieder besser bin, dann sollt ihr erst erfahren, was Poesie ist, ich habe herrliche Gedichte und Lieder im Kopfe.« Es war das letzte Aufflackern seines Lebenslichtes. Novalis lag in seinem Sterbezimmer. Am 23. März 1801 kam Friedrich Schlegel nach Weißenfels. Er saß an Novalis' Totenbett. Seine Verlobte war bei ihm, seine Mutter nicht. Wieder verlor sie eines ihrer Kinder. Im Haus war es still. Am Abend des 24. bat Novalis, ihm auf dem Klavier vorzuspielen, dann schlief er ein. Friedrich von Hardenberg, genannt Novalis, starb am 25. März 1801 kurz nach Mitternacht sanft und ohne alle Schmerzen. »Selig sind allein die Toten.«

Ich bin wirklich Old Shatterhand
Karl May in Ernstthal und Radebeul

ie kümmerte sich nicht um das Haus, gab statt dessen großzügig sein Geld aus, klatschte gern, redete schlecht über ihn, lud in seine Villa ein und machte anderen schöne Augen: Emma Pollmer. Er saß unterdessen am Schreibtisch, Blätterstapel vor sich, Zigarren, eine Kanne Kaffee, die ihn wach hielt, neben ihm ein ausgestopfter Löwe. Tagelang schrieb er, nächtelang, jahrelang. Er hatte Phantasie. Sehr viel Phantasie. Besuchern drückte er eine Visitenkarte in die Hand: Dr. Karl May, genannt Old Shatterhand, Radebeul-Dresden, Villa »Shatterhand«. In Frankreich habe er den Doktorhut bekommen, sagte er, ein andermal war es China oder Amerika. »Ich spreche und schreibe: französisch, englisch, italienisch, spanisch, griechisch, lateinisch, hebräisch, rumänisch, arabisch 6 Dialekte, persisch, kurdisch 2 Dialekte, chinesisch 6 Dialekte, malayisch, Namaqua, einige Sunda-Idiome, Suaheli, hindustanisch, türkisch, und die Indianersprachen der Sioux, Apatschen, Komantschen, Snakes, Uthas, Kiowas, nebst dem Ketschumany 3 südamerikanische Dialekte. Lappländisch will ich nicht mitzählen.« Karl May hatte mit Emma Pollmer sein Unglück geheiratet. Er sprach seine Frau mit »Sie« an, und manchmal glaubte er, sie werde ihn vergiften. Dann rührte er nichts an, was sie gekocht hatte, oder die Dienstboten mußten vorkosten. »Das Band, das Band, das man die Ehe nennt | Verhaßt, verhaßt, mir fürchterlich verhaßt.« Emma Pollmer hatte im Haus das Sagen, denn sie wußte alles über ihn. Daß er keinen Doktor hatte, daß seine lebensgefährlichen Abenteuer erlogen waren, daß er fast nie aus Sachsen hinausgekommen war, daß sein Wissen über Länder und Sprachen aus den Nachschlagewerken, Wörterbüchern und Karten seiner Bibliothek stammte, daß er die drei berühmtesten Gewehre des Westens

61

Villa »Shatterhand«, um 1900

von einem Büchsenmacher in Dresden bekommen hatte, daß
Winnetous schwarze Haare, die er verschickte, Pferdehaar waren.

Karl May in seinem Arbeitszimmer

Villa »Shatterhand« prangt am Haus Nummer 5 in der Kirchstraße von Radebeul, das er am 14. Januar 1896 bezog und mit
allem anfüllte, was von einem erwartet werden durfte, der
›Durchs wilde Kurdistan‹, zum ›Schatz im Silbersee‹, ›Durch
das Land der Skipetaren‹, ›Im Lande des Mahdi‹ gereist war,
›Unter Geiern‹ gelebt hatte, mit Winnetou und Hadschi Halef
Omar befreundet gewesen war, mit dem Schut gekämpft, und
die Abenteuer, die er auf abertausenden Seiten überbordend beschrieben hatte, selbst bestanden haben wollte. »Ich bin wirklich
Old Shatterhand resp. Kara ben Nemsi und habe erlebt, was ich

erzähle.« Krummdolche an den Wänden, fein geknüpfte Teppiche auf dem Boden, das Fell eines Bären, das eines Löwen, Möbel aus dem Morgenland, ein Paschasattel, der Henrystutzen, die Silberbüchse, der Bärentöter, Fez und Bärenklauenkette, Revolver und Messer, Kriegskeule und Friedenspfeife aber waren eine Gaukelei, die er brauchte. Karl May schrieb in der Villa »Shatterhand« ganz eingesponnen in ein Leben, das er sich selbst zurechtgeschneidert hatte, um sein eigenes zu verbergen.

Die Villa war teuer, doch er hatte Geld, denn seine Bücher wurden in aller Herren Länder gelesen, und die Postkarten, auf denen er als Kara ben Nemsi oder Old Shatterhand verkleidet war, verkauften sich gut, weil seine Leser ihm glaubten. Wurde er ertappt, war er um eine Ausrede nie verlegen. Als eine Bewunderin ihn fragte, wie er denn die Silberbüchse besitzen könne, sie sei doch mit dem edlen Winnetou begraben worden, schilderte er seinen Kampf mit feindlichen Sioux, die sie aus dem Grab hatten stehlen wollen. Er habe sie vertrieben und das silberbeschlagene Gewehr mitgenommen. Deshalb hänge es in der Villa neben seinem Schreibtisch. Doch erst vier Jahre nach dem Erwerb des Grundstücks der Villa »Shatterhand« brach Karl May 1899 auf, um wenigstens einmal Länder zu sehen, in denen seine Geschichten spielen. Er reiste über Italien nach Ägypten, Palästina, Ceylon, Sumatra, in den Libanon, nach Syrien, in die Türkei und nach Griechenland. Die Reise war kein wildes Abenteuer, eher die gemütliche Fahrt eines vermögenden Herren, der Postkarten an alle und jeden schickte, um endlich zu beweisen, daß er schon immer all die Länder in all seinen Büchern selbst gesehen hatte. Als er im Jahr darauf von der Reise zurückkehrte, war sein Gespinst aus Wahrheit und Lüge zerrissen. Karl Mays erfundene Vergangenheit wurde Zug um Zug entlarvt, die eigene holte ihn unerbittlich ein.

25. Februar 1842. Karl Friedrich May wurde in der Niedergasse in Ernstthal in Sachsen geboren. Der Vater war Weber. Vierzehn Kinder brachte die Mutter zur Welt, von denen neun früh starben. Sie hatte ein Haus geerbt, doch sie waren so arm wie alle, die in engen Stuben noch am klappernden Webstuhl sa-

ßen. Im nahen Chemnitz standen längst die großen Maschinen. Mit Weben war kaum das tägliche Brot zu verdienen. Nebenbei nähten sie daher Leichenhandschuhe. Karl May erkrankte vor Hunger und Mangel. Er sah sehr schlecht, die Augen entzündeten sich, er konnte die Lider nicht mehr öffnen. Seine Großmutter kümmerte sich um ihn. Sie erzählte ihm Märchen, und die Welt, die er nicht sah, erstand in ihm, Erfundenes wurde seine Wirklichkeit. Das blinde Kind erschuf seine eigenen Länder, denn auch der Schmied, sein Pate, saß bei ihm, der als Wanderbursche in der Ferne herumgekommen war. Er fügte den Märchen die weite Welt hinzu, die Karl May nicht mehr losließ.

1845 mußten sie das Haus verkaufen. Sie zogen zum Webermeister Knobloch am Markt, und die Mutter ging nach Dresden, um Hebamme zu werden. Sie bestand »vorzüglich gut«, und die Ärzte am Krankenhaus vermittelten den Eingriff, der ih-

*Karl Mays Geburtshaus
in Hohenstein-Ernstthal*

rem Kind das Augenlicht wiedergab. Karl May erinnerte sich an Christiane Wilhelmine May als still, unendlich fleißig, opferbereit. Der Vater war anders. Er schlug seine Kinder so lange, bis er nicht mehr konnte. »Am Webstuhl hing ein dreifach geflochtener Strick, der blaue Striemen hinterließ, und hinter dem Ofen steckte der wohlbekannte ›birkene Hans‹, vor dem wir Kinder uns besonders scheuten, weil Vater es liebte, ihn vor der Züchtigung im großen ›Ofentopfe‹ einzuweichen, um ihn elastischer und also eindringlicher zu machen.« Heinrich August

May drängte es nach Größerem. War in Ernstthal ein Ehrenamt zu vergeben, bewarb er sich. Er schwärmte für König und Vaterland, im Wald ließ er den Sohn exerzieren und strammstehen. Mit fünf war seine Kindheit vorbei. 1848 bis 1856: Schule in Ernstthal. Kinder jeden Alters in einem Klassenzimmer. Der Vater wollte, daß aus ihm was wird. Karl May mußte wahllos Berge von Büchern abschreiben, Geige, Orgel, Klavier lernen. Das Geld dafür mußte er selbst verdienen. In einer Schänke im benachbarten Hohenstein stellte er die Kegel auf, trank die Branntweinreste aus den Gläsern, hörte den Besoffenen zu und nahm sich aus der Leihbibliothek der Wirtin allen Schund, um sich nur aus der Quälerei wegzuträumen. Als er ›Rinaldo Rinaldini‹ las, war er überzeugt, daß der Räuberhauptmann auch in Ernstthal für Gerechtigkeit sorgen würde. Er machte sich auf, um ihn zu suchen. Die Wanderung endete in Zwickau. Der wütende Vater holte ihn ab.

Weil der Sohn die Schule gut bestand, schickte ihn der Vater nach Waldenburg ins Lehrerseminar, doch Waldenburg war nicht, wie Karl May sich das erhoffte. Nach den Barrikadenkämpfen von 1848 stand Gehorsam ganz oben an. »Der Unterricht war kalt, streng, hart. Es fehlte ihm jede Spur von Poesie. Anstatt zu beglücken, zu begeistern, stieß er ab.« Vor allem Religion wurde gelehrt. Poesie oder Philosophie standen im Verdacht, nur aufständische Gedanken zu schüren. Karl May, eigentlich sanft und freundlich, wurde ein »Durchschnittsrüpel«, ein Angeber, der für seine Lügen gescholten wurde. Er war bei seinen Aufsehern unten durch, und als er beim Stehlen erwischt wurde, kam ihre Stunde. Als »Lichtwochner« hatte er für die Talglichter im Klassenzimmer zu sorgen und sechs davon eingesteckt, weil er mit ihnen die Ernstthaler Weberstube wenigstens zu Weihnachten in flackerndes Licht tauchen wollte. Am 28. Januar 1860 war das Urteil gesprochen: Er flog. »Meine roten Wangen wurden blaß; ich magerte ab und wurde wortkarg wie eine Stimmgabel, die auch nur dann erklingt, wenn man ihr einen Stoß versetzt. Es war eine schwere, eine schlimme Zeit!« Tief beschämt schrieb er ein Gnadengesuch, das angenommen wurde. Er durfte in das Lehrerseminar nach Plauen. Karl May verhielt sich ruhig. Nach einem Jahr bestand er. Zwei Jahre als Hilfslehrer lagen vor ihm, dann hatte er Aussicht, angestellt zu werden. Karl May war neunzehn Jahre alt.

In der Armenschule in Glauchau kam er unter. Dienstbeginn: 7. Oktober 1861. Zwei Wochen später: Entlassung. Die Frau seines angesehenen Zimmerwirts war ebenfalls neunzehn. Karl May habe sich, so die Anzeige des Kaufmanns, durch Lügen bemüht, sie seinen schändlichen Absichten geneigt zu machen. Doch er hatte Glück. Die Fabrikschule in Altchemnitz suchte einen Hilfslehrer, und Karl May bekam die Stelle, wenn auch mit dem Hinweis der Kirchenaufsicht, bei der geringsten Verfehlung werde ihm aufgekündigt – und die ließ nicht auf sich warten. Karl May hauste mit dem Fabrikbuchhalter in einer Kammer, der ihm seine Taschenuhr für den Unterricht lieh. Karl May hängte sie jeden Abend an einen Nagel in der Wand. Am letzten Tag vor Weihnachten aber kam Karl May nicht mehr in die Stube, sondern fuhr gleich nach Ernstthal. Die Taschenuhr, eine Zigarettenspitze und eine Tabakspfeife des Buchhalters hatte er eingesteckt, um den Eltern zu zeigen, wie weit er es schon gebracht hatte. Am zweiten Weihnachtsfeiertag wurde Karl May wegen Diebstahls im »Drei Schwanen« in Hohenstein vom Billard weg festgenommen. Er bekam sechs Wochen Haft, die er im Brett-Turm, dem Stadtgefängnis von Chemnitz, vom 8. September bis zum 20. Oktober 1862 absaß. »Ich brach zusammen! Ich stand zwar wieder auf, doch nur äußerlich; innerlich blieb ich in dumpfer Betäubung liegen; wochenlang, monatelang.« Die Haft hatte ihn erschüttert. Er litt: »Ich war seelenkrank.« Als er seine Wiederaufnahme in den Schuldienst beantragte, war er bereits für immer aus der Liste der Schulamtskandidaten gestrichen.

Zurück in Ernstthal saß er auf der Ofenbank – in Gedanken war er auf Reisen. Jahre später behauptete Karl May, er sei damals in Amerika gewesen, sei von den Apachen aus den Händen der Kiowas gerettet worden, aus denen der Sioux habe er sich selbst befreit. Blanke Aufschneiderei, die half, der Erbärmlichkeit seiner Vergangenheit standzuhalten, denn Karl May war nicht in Amerika. Er wurde am 6. Dezember 1862 in Glauchau gemustert: untauglich. Seine Kurzsichtigkeit rettete ihn vor acht Jahren Militärdienst. Daß er in dieser Zeit zu schriftstellern begann, erst Humoresken, dann erzgebirgische Dorfgeschichten schrieb, und nicht die geringste Not gehabt hatte, Verleger zu finden, war eine seiner Hochstapeleien. Eine von vielen.»Ich vernahm unausgesetzt den inneren Befehl, an der menschlichen Gesellschaft Rache zu nehmen, und zwar dadurch Rache, daß ich mich an ihren Gesetzen vergriff.« In Penig trat er als Augenarzt Dr. Heilig auf, ließ sich neue Kleider machen, behandelte den Hausgenossen des Schneiders und verschwand, in Chemnitz mietete er sich als Seminarlehrer Lohse im Gasthof ›Zum Anker‹ ein, bestellte kostspielige Pelze, mit denen er sich aus dem Staub machte, in Leipzig erschwindelte er sich noch einen Pelz. Weil er ihn im Pfandhaus versetzte, wurde er geschnappt. 8. Juni 1865: Karl May zu vier Jahren Arbeitshaus verurteilt. Strafanstalt Osterstein in Zwickau, Gefangenennummer 171.

Er fertigte Geld- und Zigarrentaschen an und verwaltete die Gefangenenbücherei. Daß er über den Büchern brütete und Geschichten schrieb, die er nach der Haft für gutes Geld verkaufte – seine Erfindung. Am 2. November 1868 wurde er vorzeitig entlassen. Geläutert war er nicht, nur dreister. Ostern 1869 trat er im Dorf Wiederau auf, gab sich beim Krämer Carl Reimann als Polizeileutnant Wolframsdorf aus und forderte ihn auf, die Kasse vorzuweisen. Er stehe im Verdacht der Falschmünzerei. Karl May beschlagnahmte 10 Taler und gleich noch Reimanns goldene Taschenuhr als Diebesgut, nahm ihn zur Vernehmung ins nahe Clausnitz mit, setzte ihn ins Gasthaus und befahl ihm, auf die Gendarmen zu warten. Reimann saß und wartete umsonst. Dann, in Ponitz bei Meerane, dasselbe noch mal als Geheimpolizist. 30 Taler strich er beim Seilermeister Krause als Falschgeld ein. Ihn nahm er mit nach Crimmitschau. Diesmal schlug sich Karl May auf dem Weg in die Büsche, Krause rannte hinterdrein, er warf die Beute weg, doch der Seiler setzte ihm weiter nach, bis Karl May eine Taschenpistole zog, ein ungeladenes Terzerol mit zwei Läufen. Karl May entkam. Und immer so weiter und immer lausiger. In Ernstthal rüstete ihn der Schmied, sein Pate, für sein Räuberleben aus, doch weil sie beobachtet wurden, mußte er Karl May anzeigen, um nicht selbst verhaftet zu werden. Der Schmied wartete damit eine Woche. Wieder war er weg. In der Höhle bei Hohenstein, in der Karl May untergekrochen war, fanden sich ein Kinderwagen, eine Lampe, eine Brille, eine Börse, Geld, Seife, Dietriche. In Limbach klaute er Billardkugeln, die er für 5 Taler verhökerte, in Bräunsdorf ein Pferd, das er dem Pferdeschlächter in Höckendorf andrehte, doch er mußte ohne die 15 Taler für das Pferd fliehen, weil ihm Verfolger auf den Fersen waren, beim Bäckermeister Wappler in Mülsen machte er 28 Taler mit dem Falschgelddreh, in Hohenstein stieg er ins Kegelhaus ein. Er erbeutete ein Handtuch und ein Zigarrenpfeifchen und wurde verhaftet, doch bei Kuhschnappel gelang ihm die Flucht. Er zerbrach die Handschellen. Am 4. Januar 1870 aber wurde er in einer Scheune aufgegriffen. 13. April 1870: Verurteilung zu vier Jahren Zuchthaus. Waldheim, Gefangenennummer 402. Vier Jahre des Schreibens, wie er danach ausstreute, vier Jahre, die Karl May veränderten. Am 2. Mai 1874 wurde er freigelassen. Er kehrte zu den Eltern zurück, die in das Selbmannhaus am Hohensteiner Markt gezogen waren, und schrieb – tatsächlich. Lohnschreibereien, doch auch eine erste Erzählung, ›Die Rose von Ernstthal‹.

Vorhang auf für Heinrich Gotthold Münchmeyer, gelernter Zimmermann, ehemaliger Tanzmusiker, Verleger von Unterhaltungsromanen und Besitzer einer eigenen dampfbetriebenen Druckerei in Dresden, der Hochburg für Kalender, Groschenhefte und seichte Romane, die er massenweise unter die Leute brachte. Münchmeyer war überaus erfolgreich, doch ihm fehlte ein Redakteur. Er bot Karl May an, für ihn zu arbeiten. Das war die Gelegenheit. Hand drauf, abgemacht. Am 8. März 1875 reiste Karl May nach Dresden – am 24. März 1875 wurde er als Vorbestrafter wieder ausgewiesen. Im Sommer zog Karl May dann doch ins Hintergebäude von Münchmeyers Druckerei.

1876 besiegte Sitting Bull General Custer am Little Bighorn, 1877 starb Crazy Horse, und Karl May bearbeitete Geschichte um Geschichte für die Wochenblätter ›Schacht und Hütte‹ und

Bibliothek

›Deutsches Familienblatt‹ und reiste als Zeitungswerber umher, selbstredend wie immer mit unglaublich sagenhaftem Erfolg. Karl May der Prahlhans. Doch nicht nur, denn er schrieb ›Aus der Mappe eines Vielgereisten‹, und auf den Häuptling ›Inn-nu-woh‹ folgte ›Old Firehand‹, der einem Apachen begegnete: Winnetou. Der Anfang war gemacht. Sein Leben änderte sich.

1876 hatte er bei einem Besuch in Hohenstein Emma Lina Pollmer kennengelernt. Sie war hübsch und sie wußte das. An-beter hatte sie genug, die sie verwöhnten, aber sie warf ihr Netz nach Karl May aus, der so schön redete, etwas Besseres war als

69

die Dorfburschen, ein Schriftsteller immerhin, und weil er nur noch Augen für sie hatte, kündigte er, nachdem Münchmeyer versucht hatte, ihn mit der Schwester seiner Frau zu verkuppeln. Karl May mietete sich in der Pillnitzer Straße ein, doch als er Emma Pollmer überredete, zu ihm nach Dresden zu kommen, tobte ihr Großvater, ein Bader, Barbier und Losverkäufer, bei dem sie lebte, und warf Karl May hinaus. Emma Pollmer scherte das nicht. Sie fuhr Karl May hinterher und zog zur Pastorenwitwe Petzold, um angeblich Hauswirtschaft zu erlernen, was ihr freilich nicht behagte. Sie machte sich bald davon und schlüpfte bei Karl May unter, der ganz ordentlich verdiente, weil er in Dresden längst einen einschlägigen Namen als schneller Erfolgsschreiber hatte. Angestellt beim Wochenblatt ›Frohe Stunden‹, strickte er endlos fleißig Geschichten wie den Fortsetzungskrimi ›Auf der See gefangen‹, der ›Weltspiegel‹ in Dresden brachte seine Geschichten, der ›Bote‹ in Glogau, die ›Deutsche Gewerbeschau‹, und in Peter Roseggers ›Heimgarten‹ erschien ›Die Rose von Kahira‹. Rosegger war überzeugt, daß nur ein Reisender, der lange im Morgenland gelebt hatte, so erfahren schreiben könne. Karl May hörte das gern. Er war im Aufwind, doch einmal noch stach ihn der Hafer.

Am 26. Januar 1878 war der ständig betrunkene Emil Pollmer, Sohn von Großvater Pollmer, in eine Wirtshausschlägerei geraten. Der Wirt der Schänke ›Zum braven Bergmann‹ in Niederwürschnitz hatte ihn vor die Tür geworfen, und Emil Pollmer war unter die Räder eines Pferdefuhrwerks gekommen. Verletzt hatte er sich noch in den Pferdestall des Gasthauses geschleppt. Emil Pollmer war tot. Niemand kümmerte sich weiter um den Vorfall, außer Karl May, den Emma Pollmer und der Großvater darum baten. Am 25. April 1878 tauchte er beim Wirt auf, gab sich als Redakteur einer Leipziger Zeitung aus, und weil ihn seine Fragen nicht weiterbrachten, versuchte er in der ›Guten Quelle‹ im nahen Neu-Oelsnitz sein Glück. Doch auch seine Behauptung, noch Höheres als ein Staatsanwalt zu sein, brachte nichts zutage. Für ihn war damit der Fall erledigt, nicht aber für den Oelsnitzer Gendarmen, der wegen Amtsanmaßung Anzeige bei der Staatsanwaltschaft erstattete. Am 9. Januar 1879 wurde Karl May zu drei Wochen Haft verurteilt, die er am 1. September 1879 im Gerichtsgefängnis von Hohenstein-Ernstthal antrat. Karl Mays letzte Strafe.

Doch ganz übel verlief das Jahr für Karl May dennoch nicht. ›Im fernen Westen‹ kam heraus, sein erstes Jugendbuch, in der Erzählung ›Unter Würgern‹ tauchte erstmals Old Shatterhand auf, und er hatte einen Vertrag in der Tasche. Die Zeitschrift ›Deutscher Hausschatz‹ hatte angeboten, alles zu erwerben, was Karl May künftig brachte, denn er schrieb, was die Leute gern lasen. Eine Mark brachte ihm die Seite, lächerlich wenig, doch er brauchte Geld: »Im Jahre 1880, kurz nach dem Tode ihres Großvaters, habe ich dann meinem Versprechen gemäß die Emma Pollmer aus Mitleid, Gerechtigkeitsgefühl und in der Hoffnung, daß ich mit ihr glücklich werden würde, geheiratet.« Sie hätten unendlich glücklich leben können, merkte Karl May bitter an, wenn ihnen ein solches Glück beschieden gewesen wäre. War es nicht. Er schuf in den beiden kommenden Jahren zwar Hadschi Halef Omar und Kara ben Nemsi und hatte mit ihnen nun alle beisammen, die er später für seinen gewaltigen Erfolg brauchte, doch 1882 kam es zu einer folgenschweren Begegnung.

Hohenstein war für Emma Pollmer ein langweiliges Kaff. Karl May reiste daher mit ihr nach Dresden, und im ›Rengerschen Gartenrestaurant‹ sah er Münchmeyer wieder. Die Zeitschriften waren eingestellt, die Heftreihen verkauften sich schlecht. Münchmeyer, den Kopf auf die Hände gestützt, war ein Haufen Elend, aber immer noch gewieft. Er umgarnte Emma Pollmer, die sich das nur zu gern gefallen ließ, lobte den erfolgreichen Schriftsteller, der sich geschmeichelt fühlte, und erinnerte ihn daran, daß er ihn einst gerettet hatte. Gleich am nächsten Morgen besuchte er Karl May, den er beschwatzte, für ihn einen Roman zu schreiben. Hundert Folgen in hundert Heften für 35 Mark die Folge. Karl May schlug ein. Nichts schwarz auf weiß, nur Münchmeyers Versprechen, daß nach einer Auflage von 20 000 alle Rechte an ihn zurückfallen würden, und 500 Mark Vorschuß. Für Münchmeyer ein goldener Handschlag, mit dem er über die Jahre Millionen machte. Münchmeyer wurde reich, Karl May bekam für den Roman 3500 Mark.

›Das Waldröschen oder Die Verfolgung rund um die Erde‹ schrieb Karl May als Capitain Roman Diaz de la Escosura, danach wurde noch ein Kuhhandel geschlossen, wieder ein Vorschuß gezahlt, wieder das Versprechen gemacht, die Rechte am Ende zurückzugeben und immer so fort. In fünf Jahren schrieb Karl May für Münchmeyer ›Die Liebe des Ulanen‹ in 108 Lieferungen, ›Der verlorene Sohn oder Der Fürst des Elends‹ in 101 Lieferungen, ›Deutsche Herzen, deutsche Helden‹ in 109 Lieferungen, ›Der Weg zum Glück‹, wieder 109 Lieferungen. Meterware, allesamt. 12 000 Heftseiten, 10 Seiten pro Tag, eine reißerischer als die andere, und dazu noch die Geschichten für den ›Deutschen Hausschatz‹ und andere. Alle verdienten an Karl May, doch das, was er verdiente, verjuxte Emma Pollmer für schöne Kleider, schönes Leben.

1883 hatten sie sich in Dresden-Blasewitz in der Sommerstraße 7 eingemietet, danach zogen sie andauernd um. Nichts war ihr fein genug. Sie begann Einladungen zu verschicken, feierte fröhlich, lebte in Saus und Braus, Jubel und Trubel in allen Häusern, die sie in den nächsten Jahren bezogen. Überall dasselbe: Sie genoß ihr Leben, er schrieb ruhelos, oft genug auch die Nächte hindurch. »Sie saß täglich bei ihren Klatschbasen fest oder brachte sie mir, was noch schlimmer war, ins Haus. Ich fand nach der Arbeit weder Ruhe noch Erholung daheim.« Die Villa »Idylle« in Kötzschenbroda, das Haus in Nieder-Lößnitz, die Villa »Agnes« in Ober-Lößnitz und dann die Villa »Shatterhand« in Radebeul waren ein Taubenschlag. »Ihr Ideal war ein immerwährend offenes Haus, ein Staarkasten für schwatzhafte Meisen und lockere Vögel aller Art, besonders aber jener Gattung, die weder arbeiten noch spinnen, und euer himmlischer Vater, nämlich ich, ernähret sie doch! Schauspieler, Sänger, lustige Künstler, allerlei fahrendes Volk sollte bei mir verkehren. Da wollte sie herrschen; da wollte sie als Königin gelten, da wollte sie geliebt sein und wiederlieben.« Besonders Münchmeyer machte ihr den Hof, und als ihm die Besuche am Sonntag nicht mehr reichten, mietete er sich in Blasewitz eine Wohnung, um sie öfter zu sehen. Karl May gab zu, er habe zwar ein Haus, aber kein Heim.

1887 ritt Buffalo Bill Cody mit seiner Wildwestschau durch Europa, 1887 hatte Karl May genug von der Plackerei. Anfang des Jahres war in ›Der gute Kamerad. Spemanns Illustrierte Knaben-Zeitung‹ eine Geschichte erschienen, die alles änderte. Mit ›Der Sohn des Bärenjägers‹ und der Fortsetzung ›Der Geist der Llano estakata‹ war Karl May in den Wilden Westen zurückgekehrt, in dem er blieb. Er eroberte sich mit Old Shatterhand, Winnetou, dem Henrystutzen, dem Bärentöter, der Silberbüchse endgültig seine Leser, die den großen Abenteurer anhimmelten, als der er sich ausgab. Zuerst die Jugendlichen mit ›Die Helden des Westens‹, ›Der Karawanenwürger‹, ›Aus fernen Zonen‹, dann die Erwachsenen dazu, denn Karl May fand den Verleger seines Lebens: Friedrich Ernst Fehsenfeld. Von 1892 an brachte er Karl Mays gesammelte Reiseerzählungen. Auch Fehsenfeld glaubte, Karl May beschreibe seine eigenen Reisen. ›Durch Wüste und Harem‹, ›Von Bagdad nach Stambul‹, ›In den Schluchten des Balkan‹, ›Der Schut‹, die Winnetoubände, die Geschichten um Old Surehand entstanden. Karl May hatte den Sprung vom Schund zu wirklich guten Büchern geschafft, und er verdiente nun überaus anständig. So anständig, daß er den Weihnachtsbaum mit Goldmünzen schmückte. Armen Studenten und jungen Künstlern gab er großzügig, und 1896 ging mit der Villa »Shatterhand« sein Traum eines eigenen Hauses in Erfüllung. Karl May hatte zufriedene Jahre, obwohl ihm Emma Pollmer zunehmend fremder wurde. Er beantwortete Hunderte von Briefen seiner Bewunderer, verschickte Postkarten, die er mit Kara ben Nemsi oder Old Shatterhand unterschrieb, Winnetou verkaufte sich immer besser, seine Bücher wurden von einem Bischof für »sittlich rein« gehalten, und in Richard Plöhn fand er in Radebeul einen echten Freund. Das Glück aber hielt nicht an. 1899 brach Karl May zu seiner einzigen Reise in den Orient auf, als er zurückkehrte, stürzte seine mühsam gezimmerte Welt zusammen.

Schon auf der Reise hatten ihn beunruhigende Nachrichten erreicht. Nach Münchmeyers Tod hatte dessen Witwe den Verlag an Adalbert Fischer verkauft, der ankündigte, alle bei Münchmeyer einst erschienenen Geschichten noch einmal herauszubringen, diesmal unter Karl Mays richtigem Namen, denn der versprach unterdessen noch weit mehr Gewinn. Karl May drohte mit Klage auf Schadensersatz, sollte der Verleger seinen Namen preisgeben. Die Romane für Münchmeyer waren Vergangenheit, die seinem guten Ruf und dem Ansehen seiner Abenteuerbücher schaden konnten. Sie lagen in der Schublade, und dort sollten sie bleiben. Zudem bestritt Karl May das Recht der Veröffentlichung überhaupt, denn alle Rechte waren laut Verabredung mit Münchmeyer an ihn zurückgefallen. Briefe, die das bestätigten, hatte Karl May in der Villa »Shatterhand« liegen. Als er sie nach der Reise suchte, waren sie weg. »Die alten Wische?« Emma Pollmer hatte die Briefe achtlos vernichtet. »Sie leugnete erst, war aber den Tatsachen gegenüber denn doch gezwungen, die Sache einzugestehen. Ein Anderer hätte sie totgeschlagen; ich habe sie nicht angerührt.« Was folgte, waren jahrelange Prozesse, die in eine Schlammschlacht ausarteten, die Stück für Stück Karl Mays zwielichtige Vergangenheit hervorbrachte und zutage förderte, daß er ein Betrüger und Zuchthäusler und keineswegs der große Wildwestmann und Wüstenreisende war, daß er seine Leser belogen hatte. Ein gefundenes Fressen für die Zeitungen, die sich über ihn hermachten. Seine Neider kippten kübelweise Häme über ihn aus, er wurde erpreßt, die Villa »Shatterhand« durchsucht, und obwohl Karl May nach Jahren vor Gericht gewann, war er so gut wie vernichtet.

Die Reise in den Orient aber hatte ihn abermals verwandelt. Zu viele Heftromane, zu viele billige Geschichten. Karl May wollte mehr. Die Schundhefte waren abgetan, seinen Abenteuerbüchern war bestätigt worden, daß sie wertvoll seien, erzieherisch wirkten. Die Wilden edel, die Westmänner aufrecht tapfer, treu, gerecht, das Gute über das Böse siegend, das war die Botschaft des Karl May in einer kriegerischen Welt, in der das Deutsche Reich aufrüstete, Flotten baute, sich Land in Afrika eroberte, Großmachtsträumen nachhing. Karl May hingegen versuchte mehr denn je den Frieden zu predigen. Er trat an, die Welt zu bessern. Er fing bei sich an. Er beendete das zermür-

Salon mit Sascha Schneiders Gemälde ›Das Gewissen‹

bende Leben mit Emma Pollmer, ließ sich scheiden und heiratete am 30. März 1903 Klara Plöhn, von der er anfangs nicht sonderlich beeindruckt war. »Ein Gänschen, nicht ganz so groß wie meine eigene Gans, doch geistig unbedeutend.« Richard Plöhn war gestorben, Klara Plöhn arbeitete seit längerem für Karl May und hatte Emma Pollmer gekonnt verdrängt. Entscheidend aber war, daß Karl May sein Schreiben änderte. ›Himmelsgedanken‹, ›Im Reich des silbernen Löwen‹, ›Und Friede auf Erden‹, ›Ardistan und Dschinnistan‹ beschrieben zwar weiter ferne Länder, doch sie dienten als Seelenlandschaften, in

75

denen der Mensch sich weiterentwickelt, das Niedrige überwindet, zu höherem, weiserem Leben gelangt. Auch die Aufmachung seiner sämtlichen Werke wechselte. Karl May hatte den Maler Sascha Schneider kennengelernt. Eines seiner Bilder, ›Das Gewissen‹, hatte er gekauft und in den Empfangssalon der Villa »Shatterhand« gehängt. Schneider gestaltete die neuen Umschläge. Nicht mehr rauhe, wettergegerbte Gesellen zierten die Einbände, sondern schöne, vergeistigte, oft genug nackte Kerle. Emma Pollmer verbreitete, Karl May habe eben schon immer mehr die Männer als die Frauen geliebt. Die Leser aber, die nach weiteren Abenteuern gierten, folgten ihm nicht. Der alte Karl May war ihnen lieb, der neue war ihnen nicht geheuer. Frieden, Versöhnung, Gleichberechtigung der Völker, danach stand ihnen nicht der Sinn, eher nach Old Shatterhand, ein Weißer, ein Deutscher dazu, der die Bösen der Welt niederstreckte. Zu sehr berauschte sich Deutschland an der Überlegenheit der deutschen Waffen, des deutschen Volkes. Am deutschen Wesen soll die Welt genesen. Karl May schrieb vergeblich dagegen an. Er wurde nicht gehört. Seinen Lesern wurde er zu hochgestochen. Das Werk seines Alters blieb unverstanden.

Die Prozesse, die Verleumdungen, das Schweigen der Leser setzten Karl May zu. Am 5. September 1908 reiste er ab: nach Amerika. Doch wie schon auf seiner Reise ins Morgenland, besuchte Karl May nur Sehenswürdigkeiten. Ein Photo wenigstens zeigte ihn vor einem Rindentipi der Tuscarora. Noch ein Beweis für alle Welt: Karl May war bei den Indianern. Doch nichts von Abenteuern. Ende 1908 war er wieder in Radebeul. Er vergrub sich und schrieb einen weiteren Winnetouband. Noch immer kamen treue Anhänger an die Tür der Villa »Shatterhand«, sonst aber war Karl May ein Verfemter. Auch seine Lebensbeschreibung ›Mein Leben und Streben‹ von 1910, die er zu seiner Rechtfertigung schrieb, änderte daran nichts. Sie erschien erst nach seinem Tod. Die aufreibenden Jahre der Streitereien zeigten Wirkung, einen großen Auftritt aber hatte er noch. Am 25. Februar 1912, seinem siebzigsten Geburtstag, war Karl May nach Wien eingeladen worden. Er hatte zugesagt und hielt am 22. März 1912 seinen letzten Vortrag: ›Empor ins Reich der Edelmenschen‹. Zweitausend hörten ihm zu. Unter ihnen ein arbeitsloser Anstreicher, der sich eigens dafür Schuhe geliehen hatte: Adolf Hitler. Karl May sprach über Frieden, über Sterben und Jenseits, und darüber, daß er sein Hauptwerk erst noch schreiben werde. Am Ende wurde er gefeiert wie nie in seinem Leben. Als er durch einen Seiteneingang das Haus verließ, wurde er von seinen Verehrern entdeckt. Ohne Hut, in der kalten Luft, drückte er Hände mit Tränen in den Augen, doch er erkältete sich dabei und kehrte fiebrig nach Radebeul zurück. Am 30. März ging Karl May abends um sieben zu Bett. Eine Stunde später war er tot.

Manchmal könnte ich
mich fast beneiden
Erich Kästner in Dresden

resdner Neustadt, zwischen Albertplatz im Süden und Mietskasernen im Norden: die Königsbrückerstraße. Bäcker, Gemüsehändler, Fleischer, kleine Kneipen, ein Fahrradverkäufer, Papierläden, ein Uhrengeschäft. Die Mieten waren niedrig. Das Haus Nummer 66 hatte vier Stockwerke wie die meisten anderen Häuser auch. In der Mansardenwohnung nähte Ida Kästner Leibbinden in Heimarbeit. Tag für Tag das einförmige Rattern der Nähmaschine. Eine Schinderei für Pfennige, doch sie brauchte das Geld, denn sie bekam ein Kind. Vor Jahren hatte sie den Sattlermeister Emil Richard Kästner geheiratet, doch das Geschäft, das sie eröffneten, hielt sich nicht lange. Koffer, Taschen und Schuhe wurden in den Fabriken schneller und billiger gemacht. Sie nähte, um dazuzuverdienen und ihre Schulden aus der Pleite abzuzahlen, er arbeitete in der Kofferfabrik Lippold in der Trinitatisstraße. Ida Kästner war eine ernste Frau, aber es war nicht das Armeleuteleben, das ihr zu schaffen machte. Es war der Abstieg. Drei ihrer Brüder, die Augustins, waren als Metzger und Pferdehändler reich geworden. Als sie jung war, hatte sie erst als Stubenmädchen, dann als Gesellschafterin gearbeitet, und sich viel erhofft. Zu Hause wurde sie spöttisch »Frau Gräfin« genannt. Vom Leben enttäuscht, lag jetzt ein bitterer Zug um ihren Mund. Am 23. Februar 1899, morgens gegen vier, kam das Kind in der Mansarde zur Welt. Goldblonde Locken. Ein hübsches Kind, sagte die Hebamme. Am nächsten Tag meldete Emil Kästner die Geburt des Kindes auf dem Standesamt. Taufe in der Dreikönigskirche auf der Hauptstraße. Doch Emil Erich Kästner war nicht sein Sohn. Er wußte das. Emil Zimmermann war ihr Hausarzt, und er war Jude. Erich Kästner überlebte das Dritte Reich, weil die Familie das Geheimnis wahrte.

Kästners Geburtshaus in der Königsbrücker Straße 66 in Dresden

Erich Kästner, 1899 bis 1913. Eine Kindheit in Dresden: Ida Kästner gab nicht auf. Wenigstens ihr Sohn mußte nach oben. Erdrückend ehrgeizig setzte sie alles auf ihn. »Ihr Einsatz hieß: ihr Leben, mit Haut und Haar! Die Spielkarte war ich. Deshalb durfte ich sie nicht enttäuschen. Deshalb wurde ich der beste Schüler und der bravste Sohn.« Er versäumte keinen Schultag, lernte gern, las beim Schein der blakenden Petroleumlampe. »Ich las und las und las. Kein Buchstabe war vor mir sicher.« Für ihn schuftete sie. Im Schlafzimmer richtete sie einen Frisiersalon ein. Erich kaufte ein und half dazu. Er erledigte Botengänge für seinen Onkel Franz Augustin und die Tante Lina. In der Königs-brückerstraße ging es voran. Ihre Wohnungen wurden besser, Schritt für Schritt. »Die drei Häuser meiner Kindheit. Mit den Hausnummern 66, 48 und 38. Geboren wurde ich in einer vier-ten Etage. In der 48 wohnten wir im dritten und in der 38 im zweiten Stock. Wir zogen tiefer, weil es mit uns bergauf ging. Wir näherten uns den Häusern mit den Vorgärten, ohne sie zu erreichen.« Erich turnte an den Teppichstangen, spielte in den Hinterhöfen, auf der Straße oder im Treppenaufgang. Wollte ei-ner die Treppe hinauf, mußte er wie ein Storch über Ritterburg und Zinnsoldaten steigen. Bei schönem Wetter besuchten sie die Augustins. Der reiche Pferdehändler konnte sich eine Villa am Albertplatz mit Garten und Gartenmauer leisten, von der Königsbrückerstraße 48 zur Antonstraße 1 am Albertplatz war es nur ein Katzensprung. Die Villa war Erichs zweites Zuhause. Kam er nachmittags, gehörten Villa und Garten ihm. Er hockte sich auf die Gartenmauer und schaute dem Treiben auf dem Albertplatz zu. Die Fahrgäste der Straßenbahnen, Lastwagen, Autos und Fußgänger, die zwei Springbrunnen, die Feuerwehr, die glockenläutend vorbeiraste, Grenadiere, die singend im Gleichschritt in ihre Kaserne marschierten, die königliche Kut-sche, Eisverkäufer, die in weißer Uniform Waffeln für fünf und für zehn Pfennige verkauften, ein Bierwagen, der ein Faß verlor. »Der Albertplatz war die Bühne. Ich saß, zwischen Jasmin und Bäumen, in der Loge und konnte mich nicht satt sehen.« Im Sommer döste er in der schattigen, gußeisernen Laube, die sein

Reich war, er zupfte Johannisbeeren und Kirschen, im Herbst schlug er mit einer langen Wäschestange Nüsse vom Baum. Seiner Tante Lina ging er zur Hand. Nach großen Pferdeverkäufen

Villa Augustin, Dresden

brachte er das Geld zur Bank, ging zum Schalter, stellte die dicke Aktenmappe darauf, packte die Geldbündel aus. Fünftausend, zehntausend, vierzigtausend Mark. Die übrigen Kunden vergaßen vor Staunen ungeduldig zu werden. Zählte der Kassierer eine andere Summe als Erich, hatte sich immer der Kassierer verrechnet. Stolz kam Erich dann mit Quittung und leerer Aktenmappe zurück. »Die Tante lobte mich, schloß die Quittung im Schreibtisch ein und schenkte mir fünf Mark. Oder sogar zehn Mark. Und auch sonst griff sie gelegentlich ins Portemonnaie. Sie war eine liebe, gute Frau. Nicht nur, wenn sie mir Geld schenkte.«

Die Tante war froh über jeden Besuch. Der Onkel trieb sich in Kneipen und Weinlokalen herum, verkaufte Pferde und poussierte mit den Kellnerinnen. Er war der gefürchtete Herr im Haus. Die Tante und die Cousinen Frieda und Dora bedienten ihn, reichten ihm die Zigarre, zogen ihm unterwürfig scharwenzelnd die Stiefel aus. Schauten Kästners abends vorbei, setzte die Tante sie vorsichtshalber in die Küche, auch wenn er nicht da war, weil sie fürchtete, er könnte früher nach Hause kommen und sich durch die Verwandten gestört fühlen. Dann saß sie lauschend mit am Tisch. Er könnte ja auftauchen. Eines Abends geschah's: Der Onkel kam heim und fragte, wer sonst noch im Haus sei. Als die Tante schwieg, war das auch eine Antwort. Er fuhr sie an, und sie gab zu, Kästners seien in der Küche. Er geriet außer Rand und Band. »›In der Küche?‹ brüllte er. ›Es sind nur Kästners? Du versteckst unsre Verwandten in der Küche? Ihr seid wohl alle miteinander blödsinnig geworden, wie?‹« Er schmiß die Zigarre hin, ging wütend zur Küche, riß die Tür auf, musterte sie von oben bis unten und schnauzte sie an, warum sie sich das gefallen ließen. Er befahl sie ins Wohnzimmer, sie trotteten hinterdrein, und die Tante mußte springen und Wein, Zigarren und Wurstbrote für sie holen. Kindheitserinnerungen. Eine von vielen. Die Geschichten von Cousine Friedas verlockenden Wurstbroten, vom Gärtner, der so gern vom Sterben sprach, weil er Friedhofsgärtner war, vom Onkel mit der rauhen Schale – Erich Kästner hat sie aufgeschrieben: ›Als ich ein kleiner Junge war‹.

In der Königsbrückerstraße herrschte ein anderes Leben. Keine Zigarren, kein Wein. Ida Kästner vermietete erst eins, dann zwei der drei Zimmer ihrer Wohnung. Ein Lehrer zog ein. Nach ihm kam eine Lehrerin, dann wieder ein Lehrer. Ida Kästner wählte mit Bedacht. Aus dem Jungen sollte was werden. Der stöberte auch fleißig in ihren Büchern und den Heften, die herumlagen, er klimperte auf deren Klavier, machte Ausflüge mit den Zimmerherren. Wirklich beeindruckt aber war er vom Abendbrot, das Ida Kästner nur ihnen und nicht ihm machte. »Ich bringe ihnen, auf vorgewärmten Tellern, brutzelnde Spiegeleier in unsere Gute Stube, die gar nicht unsere, sondern ihre Gute Stube ist. ›Wenn ich groß bin‹, denk ich, ›werd ich Lehrer. Dann les ich alle Bücher und eß alle Spiegeleier, die es gibt!‹« Erich Kästners Schule, seine »Kinderkaserne«, war gleich zwei Ecken weiter in der Tieckstraße. Weil er blitzgescheit alles viel zu rasch begriff, langweilte er sich, er schwätzte, machte Unsinn. Erich Kästner lernte ganz woanders. Er las alles, was ihm in die Finger kam. Bücher, Hefte, Plakate, Firmenschilder, Namensschilder, Prospekte, Gebrauchsanweisungen, Grabinschriften, Tierschutzkalender, Speisekarten, Kochbuch, Ansichtskarten, vom eingewickelten Kopfsalat durchgeweichte Zeitungsseiten. »Ich las, als wär es Atemholen.«

Ida Kästner förderte ihren Sohn, wo sie konnte. Sie legte Geld zurück für Klavierstunden, die er nicht mochte, ging mit ihm ins Theater, das er liebte. Er ging, so oft er konnte. Von den Untermietern ließ sie sich Kinderbücher empfehlen, versuchte sogar Fahrradfahren und Schwimmen zu lernen, was ihr nicht gelang. An den Wochenenden und in den Ferien wanderte sie mit ihm. Emil Kästner war nicht dabei. Sie hielt ihn für einen Verlierer und schloß ihn aus. Sie machte herrisch klar, daß Erich Kästner ihr Sohn war, nicht seiner. Der Vater, der mit Sattlerarbeiten für ein Zubrot sorgte, mußte zum Arbeiten in den Keller gehen, um den Untermietern Platz zu schaffen, ins Theater durfte er nicht mit. Er nahm das ruhig, gelassen, geduldig hin. Waren sie fort, machte er sich nach dem langen Arbeitstag sein Abendbrot, aß allein, räumte auf, putzte. Doch auch er warb um den Sohn, bastelte Spielzeug für ihn. Zwischen Mutter und Vater herrschte ein ständiger, verbissener, stiller Wettstreit. Besonders schlimm war Weihnachten in der Königsbrückerstraße. Erich fürchtete den Tag. Der Gabentisch mit ihren Geschenken war genau zweigeteilt. Die rechte Seite gehörte der Mutter, die linke dem Vater. »Ich stand am Tisch und freute mich im Pendelverkehr.« Er lief nach links zum Pferdestall, den ihm der Vater gebaut hatte, dann nach rechts zum Rodelschlitten der Mutter, dann wieder nach links, dann wieder nach rechts. »Ich freute mich ehrlich und mußte meine Freude zerlegen und zerlügen.« Ida

Kästner gewann den Wettkampf um den Sohn, doch ihr Einsatz zehrte an ihrer Kraft. Manchmal kam Erich aus der Schule und fand Zettel von ihr auf dem Tisch. »›Ich kann nicht mehr!‹ stand darauf. ›Sucht mich nicht!‹ stand darauf. ›Leb wohl, mein lieber Junge!‹ stand darauf. Und die Wohnung war leer und tot.« Mit hämmernden Schläfen rannte er dann los, suchte nach ihr, und fand sie meist auf den Elbbrücken, wie sie auf das Wasser starrte. Er packte sie, zerrte und rüttelte an ihr, schrie und weinte, bis sie wie aus einem Traum erwachte. »Jetzt erst konnte sie weinen und mich fest an sich drücken und mühsam und heiser sagen: ›Komm, mein Junge, bring mich nach Hause!‹« Erich liebte seinen Vater, doch sie liebte er mehr. Wenn Erich Kästner nicht vor dem Dritten Reich ins Exil floh, dann auch ihretwegen. »Muttchen« nannte er sie. Sein Leben lang schrieb er ihr Briefe, oft jeden Tag, und wenn er Geld hatte, legte er ein paar Scheine bei. In der Königsbrückerstraße saß Erich Kästner zwischen den Stühlen. Er dachte, es sei seine Schuld, daß sie stritten, daß der Vater einsam war, daß die Mutter tot sein wollte, und um es beiden nur recht zu machen, war er immer Klassenerster.

1913: Die Kindheit war vorbei. Das »Kleinmaleins des Lebens« hatte er gelernt, jetzt kam das große. Das Schulgeld für eine höhere Schule konnten sie nicht aufbringen. So blieb für ihn nur das günstige Lehrerseminar, und Lehrer wollte er ja werden. Mit dreizehn bestand er die Aufnahmeprüfung, und nach einem Jahr Übergangszeit trat Erich Kästner in das Dresdner Seminar ein. Die Mutter war zufrieden, aus ihm würde was Besseres werden. Mit Mütze, Anzug und Krawatte sah er fast aus wie ein Student, aber eben nur fast. Um Volksschullehrer zu werden, brauchte er kein Abitur, kein Studium. In der Schule herrschte strenger Drill, den er verachtete, doch er war so gut wie immer. Den Sommer 1914 verbrachte er mit der Mutter an der Ostsee. Bezahlt hatte den Urlaub Tante Lina. Als er wieder auf der Schulbank saß, herrschte Krieg, und Monat für Monat wurden die Totenlisten länger. Im Kriegswinter 1916 auf 1917 wurden Kartoffeln und Kohlen knapp, eine Hungersnot brach

aus. Das Schlimmste aber war die Angst. Immer mehr ältere
Schüler wurden an die Front geschickt, um sinnlos zu verbluten.
Erich Kästner wurde 1917 eingezogen.

Ida und Erich Kästner

»Wer ihn gekannt hat, vergißt ihn nie. | Den legt man sich auf
Eis! | Er war ein Tier. Und er spie und schrie. | Und Sergeant
Waurich hieß das Vieh, | damit es jeder weiß.« Wie Abertau-
sende wurde Erich Kästner geschliffen. Von der Schinderei
blieb ihm eine Herzschwäche, die sich bei Angst und Überforderung zeigte. Und noch eins blieb: Er wurde zum Kriegsgegner
und verabscheute das Militär. Unterdrückung und Gewalt begegnete er mit scharfem Haß. In seinen Gedichtbänden machte
er sich Jahre später Luft. »Einst haben die Kerls auf den Bäumen
gehockt, | behaart und mit böser Visage. | Dann hat man sie aus

dem Urwald gelockt | und die Welt asphaltiert und aufgestockt, | bis zur dreißigsten Etage«: Kästner schrieb die Sätze mit der ganz spitzen Feder.

An die Front mußte er nicht mehr. 1918 war der Krieg aus, und Erich Kästner wieder in Dresden. Eine Prüfung nur fehlte noch, die er lässig leicht bestanden hätte, aber ihm war längst klar, daß er kein Lehrer mehr werden konnte. Erich Kästner drückte sich schuldbewußt im großen Zimmer der Wohnung herum, dann platzte er damit heraus: er wollte studieren. Das Sparen und Schuften sah man Ida Kästner an, doch jetzt war sie wirklich stolz. »Meine Mutter dachte einen Augenblick nach. Dann lächelte sie, nickte und sagte: ›Gut, mein Junge! Studiere!‹« Er holte den Stoff rasch nach, bestand das Abitur mit Auszeichnung und erhielt das Goldene Stipendium der Stadt Dresden. Eine Entlastung für die Eltern. 29. September 1919: Beginn des Studiums in Leipzig. Er belegte Germanistik und Theaterwissenschaft, um Regisseur zu werden. Die Theaterbesuche und das dauernde Lesen zahlten sich nun aus. Drei seiner Gedichte wurden veröffentlicht und gelobt, durch Lessings Schriften lernte er Theaterkritiken zu machen. Doch so kurz nach Kriegsende herrschten immer noch Not und Mangel, das Geld wurde entwertet, das Stipendium schmolz dahin. Erich Kästner wechselte nach Rostock, dann nach Berlin und begann eine Doktorarbeit über Lessings ›Hamburgische Dramaturgie‹, die er nicht beendete. Lessings Streben nach Vernunft, Freiheit, Menschlichkeit, Gerechtigkeit aber eiferte Kästner sein Leben lang nach.

1922 war er wieder in Leipzig. Erich Kästner zog in eine zweifelhafte Absteige am Hauptbahnhof, die Artistenpension in Czermaks Garten. An der Universität arbeitete er als Hilfskraft, und weil das Geld nicht reichte, übte er in seiner Bude kellnern, bis die Zimmerwirtin das übriggebliebene Porzellan wegsperrte. Er dachte daran, als lebendes Werbeschild herumzulaufen, Portier, Feuerwehrmann, Laufjunge zu werden, bis er dann doch eine Arbeit als Hilfsbuchhalter fand. An einem Freitisch durfte er zu Mittag essen. Erich Kästner aber hatte das Glück des

Tüchtigen. Er schickte eine Glosse über die Geldentwertung an das ›Leipziger Tageblatt‹, die so gut war, daß er dort angestellt wurde. Für die verschiedensten Blätter des Verlags schrieb er Erzählungen und Bänkellieder und gab den Kummerkastenonkel. In der satirischen Wochenzeitung ›Der Drache‹ erschienen Gedichte von ihm und politische Parodien. Erich Kästner begann sich einzumischen. 1923: Währungsreform. Es ging aufwärts, auch mit Kästner. Er war Redakteur, studierte nur noch nebenbei, wollte aber auf jeden Fall eine Doktorarbeit schreiben. Er überließ seine Stelle vier Monate einem Kumpel für den halben Lohn, ging nach Dresden, saß in der Königsbrückerstraße und schrieb über Friedrich den Großen. Für die Arbeit wurde ihm eine »in jeder Hinsicht ausgezeichnete Leistung« bestätigt. Am 4. August 1925 war er Doktor der Philosophie. Er arbeite wie ein Heupferd im Geschirr, sagte er, denn auch die Schreibaufträge kamen ins Rollen.

Bald verdiente er genug, um in Leipzig zwei Zimmer in der Hohen Straße bei einer Anwaltswitwe zu mieten, die er »Spinatwachtel« nannte. Er schlief gern und lang. Meist tauchte Kästner erst gegen elf in der Zeitung auf, was ihm böse Blicke einbrachte. Überhaupt arbeitete er lieber im Kaffeehaus. Das ›Merkur‹ bei der Thomaskirche oder das ›Felsche‹ am Augustusplatz betrat er fast täglich Punkt halb fünf, und stets im Anzug. Bei Kaffee und Cognac warf er seine Besprechungen von Büchern, Ausstellungen und Stücken mit dem Bleistift auf die karierten Blätter seines Blocks. Kästner war achtundzwanzig und träumte, daß spätestens mit dreißig sein Name bekannt sei. Mit fünfunddreißig wollte er anerkannt, mit vierzig ein bißchen berühmt sein. Dafür ackerte er unermüdlich. Hatte er keinen Spätdienst, ging er abends zu Lesungen oder ins Theater. Er lachte und feierte gern bei Bowle und Grammophonmusik und galt als frecher, unwiderstehlicher Verführer. Über die Jahre hatte er Geliebte zuhauf, die er eine wie die andre mit schlechtem Gewissen verließ. Sie waren vernarrt, er nicht, denn seit seiner großen Liebe war er ernüchtert. 1919 hatte er Ilse Julius in Dresden kennengelernt. An den Wochenenden fuhr sie zu ihm nach Leipzig oder er zu ihr nach Dresden. Doch alles endete mit Vorwürfen. Am 14. November 1926, am Totensonntag, kam der tränenreiche Bruch. Er glaubte, sie habe einen anderen, sie glaubte, sie diene ihm nur als »Gattin auf Kommando«. Vergessen hat er sie nie. Die einzige Liebe, die ihn nie enttäuschte, war die zu seiner Mutter.

Silvester 1926 mietete sich Kästner im vornehmen Berliner Excelsior ein Zimmer, badete ausgiebig, ging dann ins Kranzler und bummelte die Neujahrsnacht durch die Straßen und Kneipen. Er war öfter in Berlin, denn dort war was los. Bubikopf und Zigarettenspitze – Berlin war schick. Er bekam Aufträge von Berliner Zeitungen, der Leipziger Zeitung aber war er viel zu weit links. »Komm wie ein Cello zwischen meine Knie, | und laß mich zart in deine Seiten greifen!«: Als in der ›Plauener Volkszeitung‹ zu Fasching sein anzüglicher ›Nachtgesang des Kammervirtuosen‹ erschien, war das der Vorwand, ihm die Kündigung nahezulegen. Am 1. April 1927 stand Kästner auf der Straße, durfte aber weiter als Freier für die Zeitung schreiben. Er arbeitete noch mehr als bisher, brachte über den Sommer 900 Mark zusammen und packte seine Siebensachen.

Berlin, 1927 bis 1933: Aufstieg und Fall. Hans Fallada, Bert Brecht, Marieluise Fleißer – alle waren sie da. Tanzpaläste, Jazzkeller, Boxkämpfe, Automobile, Straßenbahnen, über 30 Theater, 342 Kinos, der Kurfürstendamm, quirlig und laut, und mittendrin Erich Kästner, der alles gierig aufsog und wie besessen Kunst-, Buch-, Theater-, Kinokritiken verschickte. Er schrieb für den ›Simplicissimus‹, die ›Vossische Zeitung‹, das ›Prager Tagblatt‹, die ›Dresdner Neuesten Nachrichten‹, die ›Neue Leipziger Zeitung‹ und und und. Im ›Montag Morgen‹ erschien jede Woche ein Gedicht von ihm, und für ›Die Weltbühne‹ schrieb er bald so viele Gedichte wie Kurt Tucholsky. Seine »Versfabrik« brummte. Dazu Abend für Abend die Veranstaltungen, über die er berichtete oder auch nicht. Erich Kästner war aus den führenden linken Zeitungen bald nicht mehr wegzudenken, denn er hatte den Blick für die am Rand, denen die zwanziger Jahre nicht golden waren. Er sah hinter dem Glanz das Elend, das er in seinen Artikeln beschrieb.

Berlin taumelte quietschvergnügt, doch Berlin taumelte vom Aufschwung in den Abgrund. »Was man auch baut – es werden stets Kasernen. | Kennst Du das Land, wo die Kanonen blühn? | Du kennst es nicht? Du wirst es kennenlernen!« Der schwarze Freitag 1929 war der Anfang vom Ende. Weltwirtschaftskrise, Arbeitslosigkeit, Verelendung, Bettler auf den Straßen. Die Weimarer Republik wankte. Linke Brigaden und rechte Freikorps gaben ihr über die Jahre den Rest. Doch es waren diese Jahre, bevor auch Kästner das Kanonenland kennenlernte, die seine besten waren. »Die Zeit ist schwarz, ich mach euch nichts weis.« Anders als die hochgestochenen Gedichteschreiber, die er als »Lyriker mit dem lockig im Winde wallenden Gehirn« verspottete, wandte er sich an die kleinen Leute. Seine »Gebrauchslyrik« sollte jedermann lesen oder hören, ohne dabei einzuschlafen. Schnoddrig nahm er mit ihr die Dummheit aufs Korn, die Spießbürgereien, die dickwanstigen Herrenmenschen, und immer wieder das Säbelrasseln. Kästner wollte aufrütteln. »Verlaßt Euch nie auf Gott und seine Leute! | Verdammt, wenn Ihr das je vergeßt.« Kästner war einer, der ahnte, was kam. 1928 war sein erster Gedichtband ›Herz auf Taille‹ erschienen, 1929 folgte ›Lärm im Spiegel‹, im Jahr darauf ›Ein Mann gibt Auskunft‹, zwei Jahre danach ›Gesang zwischen den Stühlen‹. Er rückte damit vor in die erste Reihe, doch so sehr er mit ihnen ins Leben eingreifen wollte, er wußte, daß sie nichts wirklich änderten, und daran litt er. »Du liebst die Menschen nicht. Du hast es leicht.« Doch die Gedichte zeigten durchaus Wirkung. Die Rechten griffen ihn an. Sie beschimpften ihn als Schmierfink, seine Bücher als volksvergiftend. Die Bände verkauften sich dennoch blendend. Erich Kästner konnte sich seine erste eigene Wohnung leisten, deren Grundriß er auf ein Blatt Papier zeichnete. Am 1. Oktober 1929 zog er in das Gartenhaus in der Roscherstraße 16. Drei Zimmer, Morgensonne, Balkon, Abort, Küche, Mädchenkammer, kleine Diele, Speisekammer, Zentralheizung, Telefon, zwei Einbauschränke. Drei Wochen nachdem er sich eingemietet hatte, lag überall sein neues Buch aus. 4000 Stück waren nach vier Wochen verkauft, noch ein halbes Jahr, und die zweiten 20 000 waren gedruckt: ›Emil und die Detektive‹.

Keine Cowboys, keine Indianer, keine Spielzeugwelt, kein Prinz, kein Drache. Emil Tischbein, der im Zug nach Berlin von einem Herrn mit steifem Hut bestohlen wird, ist ein Kind, wie Kinder sein möchten. Obwohl er sich fürchtet, handelt er schlau, er findet Freunde, besteht ein richtiges Abenteuer, und die Stadt, durch die er mit seiner Bande den Dieb jagt und stellt, ist kein Es-war-einmal-Märchenland. Die Kinder sind aufmüpfig, quicklebendig und keß, und pfiffiger als die Erwachsenen. Emil ist so, wie sich Kinder das erträumen. Er ist einer von ihnen. Das war neu und das kam an, und weil das Buch wegging wie warme Semmeln, lieferte Kästner Jahr für Jahr ein weiteres. 1930 die Bilderbücher ›Das verhexte Telefon‹ und ›Arthur mit dem langen Arm‹, 1931 ›Pünktchen und Anton‹, 1932 ›Der 35. Mai oder Konrad reitet in die Südsee‹, 1933 ›Das fliegende Klassenzimmer‹. Die Kinder liebten Kästner, weil er sie verstand. Er war auf ihrer Seite, und er hatte einen reichen Schatz, aus dem er schöpfte: Dresden, die Villa Augustin, die Königsbrückerstraße. »Diese Straße und ich kamen voneinander nicht los!«

Mit ›Emil und die Detektive‹ reiste Kästner herum und gab Autogrammstunden, er schrieb für Kabarett, Revue und Varieté, aus den Büchern wurden Theaterstücke, Hörspiele, später Filme, aus den Gedichten Lieder, seine Kurzgeschichten arbeitete er in Romane ein und umgekehrt. Kästner hetzte von Auftrag zu Auftrag, stellte eine Sekretärin ein. Kästner war alles andere als ein Dachkammerpoet. Er genoß das gute Leben in Berlin und in Kitzbühel. Arm war er lang genug gewesen, und auch die Eltern sollten endlich etwas haben. Er wollte verkaufen und zog dafür alle Register: Zeitung, Buch, Hörfunk und vor allem den Film. In Berlin entstanden die größten Kinopaläste Europas, die Studios in Babelsberg traten gegen Hollywood an, die Ufa suchte händeringend Drehbuchautoren, zu den Filmpremieren liefen die Stars umjubelt über den roten Teppich. 1930 unterschrieb Kästner bei der Ufa für ›Emil und die Detektive‹.

90

Billy Wilder arbeitete seinen Drehbuchentwurf mehrmals um, doch der Film gefiel Kästner nicht. Die Zuschauer aber sahen das anders. Der Erfolg der Premiere im Dezember 1931 war sagenhaft. Erich Kästner wurde wohlhabend. Die »Scheinchen« an seine Mutter flossen häufiger. Er kaufte sich seinen ersten Frack, nahm sich eine neue, teure Wohnung, im Skiurlaub stieg er in den besten Häusern ab. Er brauchte die Cafés und Bars, und oft saß Ida Kästner mit dabei. Alle nannten sie wie er nur »Muttchen«. Daß Kästner reichlich Trinkgeld gab, seine Freundinnen großzügig beschenkte und zu Taxifahrern und Bettlern freigebig war, gefiel ihr weniger. Kästner spendete viel. Die Armut ging um, und die einfachen Arbeiter und kleinen Angestellten wußten in der Wirtschaftskrise nicht ein noch aus. Doch sie hatten eine Stimme, und sie gaben sie ab. Am 30. Januar 1933 wurde Adolf Hitler Reichskanzler, durch das Brandenburger Tor marschierte ein Fackelzug, am 27. Februar brannte der Reichstag. Bert Brecht floh aus Berlin, Heinrich Mann entkam nur knapp, die Verfolgungen begannen. Ein Freund Kästners wurde verhaftet, ermordet und aus dem Fenster geworfen. Kästner reiste ab, doch bloß in den Urlaub nach Meran. Im Frühjahr 1933 kehrte er zurück und blieb. Das wurde ihm später angekreidet.

»Und nach München lenk die Schritte, | wo der Hitler wohnen soll. | Hau dem Guten, bitte, bitte, | den Germanenhintern voll!« Kästners Wunsch an den Weihnachtsmann ging nicht in Erfüllung. Mit Ausnahme des ›Emil‹ kamen seine Bücher auf die schwarze Liste. Die Nazis hatten eine Rechnung mit ihm offen, jetzt zahlte er die Zeche. Sie hatten nicht vergessen, daß er gegen den deutschen Soldaten angeschrieben, daß er mit seinem Roman ›Fabian‹ ein zerrüttetes und kein blutreines, völkisches, tugendvolles Kraftdeutschland beschrieben, daß er sie mit seinen Gedichten aufgespießt hatte. Am 10. Mai 1933 loderte in Berlin ein Scheiterhaufen aus Büchern. Er stand angewidert in der Menge dabei, den Hut ins Gesicht gezogen, als eine schrille Stimme rief, dort stehe ja Kästner. Doch es geschah ihm nichts. Sein Konto wurde eingefroren, zweimal wurde er verhaftet, zweimal gemustert und wegen seines Herzfehlers für untauglich erklärt. Er wurde bespitzelt, versteckte sich ab und zu in Dresden, und manchen Vernehmungen entging er nur durch Zufall. Kästner tauchte ab und schwieg zu allem, zwölf Jahre lang. »Wer nichts sieht, wird nicht gesehen. | Wer nichts sieht, ist unsichtbar.«

1933 bis 1945: »Ich kam zur Welt und lebe trotzdem weiter.« Einige seiner Bücher waren noch auf Jahre im Reich zu kaufen. Im Dezember 1933 lag ›Das fliegende Klassenzimmer‹ in den Auslagen, er schrieb Unverfängliches wie ›Drei Männer im Schnee‹. Seine Gedichtauswahl ›Doktor Erich Kästners lyrische Hausapotheke‹ kam 1936. Er brauchte Geld, brachte seichte Boulevardstücke unter falschem Namen heraus und flog damit auf. Um weiter veröffentlichen zu können, bewarb er sich erfolglos um Aufnahme in die Reichsschrifttumskammer. Kästner wurde schwermütig. Er glaubte, niemand lese ihn mehr, doch er täuschte sich. Soldaten hatten seine Gedichtbände im Tornister, eine handgeschriebene ›Hausapotheke‹ ging im Warschauer Ghetto von Hand zu Hand. Dann die Wende. Von 1939 an war das Kino kriegswichtig. Es lenkte vom großen Sterben ab, verbreitete das Gedankengut Hitlers. Film auf Film wurde gedreht, und Deutschland brauchte Autoren. Zum fünfundzwanzigjährigen Bestehen der Ufa 1942 sollte ein Jubiläumsfilm in Farbe aller Welt die technische Überlegenheit des Reiches zeigen. Kästner schlug den Münchhausenstoff vor, der sofort angenommen wurde. Er schrieb das Drehbuch, Hans Albers ritt auf der Kanonenkugel, und Kästner erhielt weiter Aufträge. Am 14. Januar 1943 kam abermals die Wende: Schreibverbot für Kästner. Das Reich siegte nicht mehr, die 6. Armee kapitulierte in Stalingrad, Goebbels sprach im Sportpalast vom totalen Krieg. Als am 3. März 1943 der Münchhausenfilm in Berlin Premiere hatte, wurde der Drehbuchautor nicht genannt.

Kästner schrieb nur noch für die Schublade, und die verbrannte am 15. Januar 1944. Kästner wurde ausgebombt. Das sei wie das Brezelbacken gegangen, Geschwindigkeit sei nun mal keine Hexerei, schrieb Kästner galgenhumorig. Dreitausend Bücher waren weg, acht Anzüge, Manuskripte, die Möbel, zwei

Schreibmaschinen, »Erinnerungen in jeder Größe und mancher Haarfarbe«, Ordner, Hüte, die Dauerwurst in der Speisekammer. Erich Kästner zog in die Sybelstraße zu Luiselotte Enderle, die er schon aus Leipzig kannte und mit der er bei der Ufa gearbeitet hatte, doch seine schlimmsten Tage kamen noch. Im Feuersturm der Nacht vom 13. auf den 14. Februar 1945 wurde das Dresden seiner Kindheit unwiederbringlich zur Erinnerung. Zehn Tage blieb Kästner ohne Nachricht von den Eltern, bis ihn zwei Briefe und zwei Postkarten schmutzig und zerknittert erreichten. Sie lebten, die Wohnung in der Königsbrückerstraße war kaum beschädigt. Das Kriegsende feierte Kästner in Mayrhofen im Zillertal. Freunde von der Ufa drehten dort einen neuen Film, der nur einen Zweck hatte: raus aus Berlin, überleben. Sie schmuggelten ihn mit gefälschten Papieren als Drehbuchautor ein. Sein letztes »Fünferlei« hatte er bei sich. Eine Aktenmappe voll beschriebener Seiten, einen Handkoffer, einen Rucksack, eine Reiseschreibmaschine, einen gerollten Regenschirm. Am 5. Mai 1945 kamen die Amerikaner, und als ein Jeep Soldaten nach München fuhr, war Erich Kästner dabei.

1945 bis 1974: Noch einmal Ruhm. »Es tickt die Zeit. Das Jahr dreht sich im Kreise.« Mit abgerissenen Knickerbockern, geliehenen Schuhen und seinem letzten sauberen Taschentuch stand Kästner in München. Bald erhielt er die ersten Angebote. Er wurde Feuilletonleiter der ›Neuen Zeitung‹. In der Pension Dollmann in der Thierschstraße bezog er Zimmer Nummer 4. Die überlebt hatten, schüttelten sich die Hände. Die Vorwürfe, daß er in Deutschland geblieben war, wies er wütend, trotzig, gekränkt zurück. Seine Bücher waren verbrannt worden, das Schreibverbot: Er sah sich als Opfer, und über die Jahre schneiderte er sich selbst eine weiße Weste zurecht, zugleich aber öffnete er den zurückkehrenden Schriftstellern die ›Neue Zeitung‹. Seine Arbeit im Dritten Reich verschwieg er. Seiner Beliebtheit aber schadete das nicht. Er schrieb Nummern für ›Die Schaubude‹, und bei der Premiere vom 21. April 1946 wurde Kästners ›Marschlied 1945‹ gesungen. 700 Zuschauer faßte der Saal. Sie lagen sich in den Armen, schrien und johlten, manche weinten. Das richtige Aufmunterungslied zur richtigen Zeit, dem noch viele folgten. Daneben schrieb er Szenen für das Kabarett, Reden, Artikel, Vorträge. 1948 faßte er sie in ›Der tägliche Kram‹ zusammen, und ebenfalls 1948 gab er ›Kurz und bündig‹ heraus, eine Sammlung von Epigrammen. »Es gibt nichts Gutes | außer: Man tut es« wurde zum geflügelten Wort. Kästner konnte mit Luiselotte Enderle in eine gemeinsame Wohnung in der Schwabinger Fuchsstraße ziehen. Nach Dresden schickte er Päckchen mit Ölsardinen und Kartoffeln. Seine neuen Kinderbücher kamen heraus. Auf der Frankfurter Buchmesse 1949 lagen ›Das doppelte Lottchen‹ und ›Die Konferenz der Tiere‹. Viele seiner Bücher wurden verfilmt, für eine Widmung von ihm standen sich die Leser vor den Buchläden die Beine in den Bauch. Kästner wurde mit Ehrungen und Preisen überhäuft. Die Mutter erlebte sie nicht mehr. Sie starb am 9. Mai 1951. Doch richtig Großes gelang ihm nicht mehr. Das Theaterstück ›Die Schule der Diktatoren‹ hielt Kästner für seine wichtigste Nachkriegsarbeit. Es erschien 1956. Kästner mischte sich wieder ein, stritt gegen Wiederaufrüstung und Atomtod, er war gefragt und doch fühlte er sich einsam. »Doktor Glückallein« hatte er sich einst in Leipzig genannt, nun war er es wieder, diesmal allerdings mit trautem Heim und endlich auch mit dem Vorgarten, den er in Dresden nie hatte, und sogar einer Wiese hinter dem Reihenhaus in der Flemingstraße am Herzogpark. »Manchmal könnte ich mich fast beneiden!«

Aber eben nur fast. Weiß-goldene Empiremöbel, die Katzen Anna, Butschi, Lollo und Pola. Auf der Marmorbank des Gartenfensters stand seine Schreibmaschine, darunter ein Bücherregal, an dem er sich die Knie stieß beim Tippen, aber der Ausblick war gar zu schön. Luiselotte Enderle lebte bei ihm, doch das Glück war brüchig. »Träumst von Liebe. Glaubst an keine. | Kennst das Leben. Weißt Bescheid. | Einsam bist du sehr alleine – | und am schlimmsten ist die Einsamkeit zu zweit.« Einen Sohn hatte er trotzdem. Friedel Siebert brachte ihn 1957 zur Welt. Dreiundzwanzig war sie, als sie den Fünfzigjährigen kennenlernte, und bis 1969, zwanzig Jahre, dauerte ihr Verhältnis.

Drei Jahre lang verschwieg er Luiselotte Enderle das Kind. Danach begann das Zerren zwischen den Frauen und Kästner, der sich nicht entscheiden konnte. Zudem war er krank. 1961 stellten die Ärzte Tuberkulose fest, und da der Kettenraucher auch viel zu viel trank, nutzten die Kuren im Tessin und am Luganer See nichts, schon weil er einen Kellner dazu überredete, ihm den Whisky in einem Teeglas zu bringen, seinen Flachmann aufzufüllen oder einen Kasten Bier in seinem Zimmer zu verstecken. Als Friedel Siebert nach Berlin ging, zog Kästner ihr nur kurz hinterher, 1966 kehrte er zu Luiselotte Enderle zurück. Acht Jahre lebte er noch in der Flemingstraße. An seinem fünfundsiebzigsten Geburtstag hatte er Schluckbeschwerden, er fühlte sich matt. Speiseröhrenkrebs. Eine Behandlung lehnte er ab. Erich Kästner starb am 29. Juli 1974. »Schluß, Punkt, Streusand!«

Gedenk auch meiner unter Deinen Kühen
Bettine von Arnim in Wiepersdorf

Achim von Arnim an seinen Schwager Savigny, Gut Wiepersdorf, den 16. April 1814. »Nach langer Irrfahrt (wir hatten nicht nur den rechten, sondern überhaupt den Weg verloren und ich ging dem Wagen voraus um ihn zu suchen) kamen wir hier Nachts nach 1 Uhr an, meine Frau ist von der Nachtfahrt noch etwas angegriffen, die Kinder sind wohl, ich fühle im Allgemeinen ein Behagen über meinen Entschluß aufs Land zu ziehen.« Das Gut war zwischen Kiefern und Kartoffelfeldern der Mark Brandenburg schwer zu finden. Das Gutshaus sah heruntergekommen aus, Dielen und Fenster waren morsch. Sie reisten mit wenig Gepäck aus Berlin an, selbst das Nötigste fehlte. Bettine von Arnim entbehrte ein Plätteisen, eine Waschwanne, Schauerfaß, Zuber, Kehrbesen, Schrubber, Schippe, Sonnenhut, doch sie schickte sich drein. Sie putzten, räumten auf, Zimmermann, Maurer, Schlosser wurden einbestellt, Bäume gepflanzt, Getreide ausgesät, Stallungen abgerissen. Achim von Arnim gab sich als Gutsherr. Er hielt Schweine, Schafe, Kühe, Hühner, pflanzte Gemüse, setzte Apfel-, Birn- und Pflaumenbäume, jagte, trug den Misthaufen ab oder arbeitete im Stall und zahlte Lehrgeld. »Arnim hat mit dem Maurer um die Wette angestrichen, unter andern einen Wandschrank so oft wohl an zwanzig Mal und noch öfter wenn es nicht zuletzt an Farb gefehlt hätte.« Sie versorgte unterdessen die Küche, lernte Obst einzukochen, Wild zu häuten. Die Kinder fühlten sich wie die Fische im Wasser, schrieb Bettine von Arnim. »Sie klettern über die Bauhölzer, sie schrammen sich Ärm, Beine und Köpfe blutig, zerreißen die Kleider in tausend Stücken, kriegen Läuse auf den Kopf und lassen sich nicht kämmen, fressen Staub und Sand und Mus und lassen sich nicht waschen, sie sehen aus wie die Teufels.« Das ge-

Schloß Wiepersdorf

fiel ihr. Sie benahmen sich ganz so wie sie als Kind einst gewesen war. Bettine von Arnim erzog sie zu der Freiheit, die sie so nicht gehabt hatte, und hielt sie an einer langen, aber fürsorglichen Leine. Ganz anders als sonst üblich, starb nicht ein einziges ihrer Kinder in den ersten Jahren. Bettine von Arnim nannte sie losgelassene Füllen und fürchtete, bald auszusehen wie ein Bettelweib. Waren die Kinder zu Bett, gehörten die Nächte ihr und Achim von Arnim, an freien Tagen lagen sie im Gras, machten Reisen in Gedanken. »Abends (wir essen um 7 Uhr zu Nacht) geht's an ein Erzählen und Aufschneiden, daß die Balken krachen.« Um halb zehn lege sich alles zu Bett. Berlin vermisse sie gar nicht, schrieb Bettine von Arnim – und log.

Bettine von Arnim wurde als Bettine Brentano in Frankfurt im ›Haus zum Goldenen Kopf‹ in der Großen Sandgasse geboren. Peter Anton Brentano, ihr Vater, war reich an Geld und Kindern. Zwanzig insgesamt, Bettine war das dreizehnte. Ihre Mutter, Maximiliane, Tochter des kurtrierischen Kanzlers Georg Michael von La Roche, war seine zweite Frau. Die Heirat war ein gutes Geschäft. Er hatte das Vermögen, sie den Namen. Für Goethes Mutter aber, die Frau Rat, blieb er ein Emporkömmling, der sich zu einem vornehmen Mann wie der Esel zum Lautenschlagen eigne. Maximiliane von La Roche wurde mit achtzehn verheiratet, brachte in neunzehn Jahren Ehe zwölf Kinder zur Welt. Am letzten starb sie. Bettine, geboren am 4. April 1785, war damals acht. Ihr Vater heiratete eine junge Adelige, mit der er noch mehr Ansehen errang, Bettine kam ins Kloster Fritzlar, und sie fühlte sich wohl bei den Nonnen. Sie hatten Kinder gerne, gingen sanft mit ihnen um, auf Ordnung aber sahen sie nicht. Für sie gerade richtig. Bettine war aufgeweckt, fröhlich, ein Wildfang, der sich nichts vormachen ließ. Sie gefalle sich selbst gut, schrieb sie, und nahm sich vor, so zu sein, wie sie nun einmal war, sich nicht unterkriegen, sich nicht beschränken zu lassen, kein bloßes Heimchen am Herd zu werden. Als Bettine von Arnim 1835 ihre Erinnerungen in ›Goethes Briefwechsel mit einem Kinde‹ festhielt, war sie fünfzig, Witwe, Mutter von sieben Kindern und aufrechter und unbeugsamer denn je. Das Buch gab sie trotz des erbitterten Widerstandes ihrer Familie heraus.

Nach dem Tod ihres Vaters am 9. März 1797 trat ihr Bruder Franz das Erbe in Frankfurt an. Er wurde ihr Vormund, Bettine Brentano kam zu ihrer Großmutter, Sophie von La Roche, nach Offenbach. Seit deren Jugendfreund Christoph Martin Wieland ihren Roman ›Geschichte des Fräuleins von Sternheim‹ herausgegeben hatte, war sie hochgeachtet. In ihrer Zeitschrift ›Pomona. Für Teutschlands Töchter‹ hatte sie eine gründliche Bildung für Mädchen gefordert, die ihr selbst einst noch verwehrt war. Bildung aber meinte nicht Gelehrsamkeit, denn die war am Heiratsmarkt verpönt. Gattinnen sollten unterhaltsam sein, mehr nicht. Im Kloster hatte Bettine dafür Lesen, Rechnen, Zeichnen, Musik und Hausarbeit gelernt, bei Sophie von La Roche kamen Sprachen und Wissenschaften dazu. Die Großmutter liebte die Enkelin, und die Enkelin sie, die Hauslehrer aber verzweifelten an ihr. Bettine nutzte lieber die Bibliothek des gastfreundlichen Hauses, in dem alles verkehrte, was in der Welt Rang oder Namen hatte, sie las der Großmutter vor, die ihr reiches Wissen erzählend an sie weitergab, und so lernte sie weit mehr als auf der staubtrockenen Schulbank. Bettine Brentano war wissenshungrig, vorschreiben ließ sie sich nichts. Sie widersetzte sich dem sturen Pauken und galt dafür als närrisch, doch die Schellenkappe trug sie gern. »Ich bin so dumm und bin so vergnügt.« Für sie, in Wirklichkeit hochgebildet, war die Dummheit, die sie vor sich hertrug, ihr Schild, mit dem sie die Zwänge ihres Standes abwehrte. Sie wollte ihre Freiheit behalten. Sich selbst zu bestimmen, eigenständig zu denken, unabhängig zu sein, der Wahrheit verpflichtet zu bleiben, das war die Losung ihres Lebens, die nicht in ihre Zeit paßte und sich schon gar nicht für Frauen ziemte. »Was hast du vor wunderliche Gedanken«, sagte Sophie von La Roche zärtlich kopfschüttelnd, und wunderlich war sie. Sie war ein grillenhaftes, eigensinniges, widerspenstiges Geschöpf, erinnerte sich ein Besucher, das auf Apfelbäumen herumkletterte und eine gewaltige Schwätzerin war. Für Wilhelm von Humboldt war solche Lebhaftigkeit, so viel Geist und so viel Narrheit unerhört. Alles, nur nicht stillsitzen. Sie bedauerte, nicht fliegen zu können. Bettine galt als übergeschnappter Hauskobold, Neigung zum Veitstanz wurde ihr nachgesagt; als sie packte, um zum irren Hölderlin zu reisen, wurde sie aufgehalten. Doch ihre Verrücktheit war nur der Tarnmantel, unter dem sie ihre Unsicherheit verbarg. Sie wußte, ihr Leben war vorbestimmt, ein Entkommen nicht vorgesehen. Um sie zu bändigen, wurde sie Sophie von La Roche weggenommen. Zeit, sie zu verheiraten.

Wiepersdorfer Museumsräume mit dem Sekretär von Bettine von Arnim

1802 kam sie zur Familie nach Frankfurt zurück. Sie erzogen an ihr herum, doch ihr Vormund glaubte vergeblich, Hausarbeit werde das Richtige für sie sein, und auch ihr Lieblingsbruder, Clemens Brentano, biß sich die Zähne aus. »Mit meinem Mund geb ich Dir einen Kuß auf Deinen, in welcher Sprache kann ich gebieterischer ausrufen, halts Maul geliebter Bruder!« Den ersten Heiratskandidaten, den ihr Franz Brentano schmackhaft machen wollte, weil der 10 000 Gulden im Jahr verdiente, vertrieb sie und schimpfte auf ihren Vormund wie ein Rohrspatz, ihr »so einen Esel« anzutragen. Den zweiten tischte ihr Clemens Brentano auf. Carl von Savigny heiratete aber lieber ihre sanftere Schwester Gunda, und als auch noch die jüngere Lulu vor ihr glänzend unter die Haube kam, hatte Bettine keine Wahl mehr. Sie fand sich schweren Herzens ab, nachgeben zu

100

müssen. Heiraten versprach wenigstens ein bißchen Eigenständigkeit, denn Sitzengebliebene mußten ihr Leben unter der Fuchtel der Verwandten fristen und galten als überflüssiger Klotz am Bein. Lieber tot als übrigbleiben, schrieb Bettine Brentano traurig schwermütig, doch noch war ihr Aufschub gewährt, und sie rettete sich vor den trüben Aussichten in eine überschwengliche Schwärmerei für Karoline von Günderode. Sie war fünf Jahre älter, adelig aber arm, und lebte in einem Frankfurter Stift. Bettine suchte in ihr eine Vertraute, doch sie blieb kühl. Ein Jahr dauerte das Werben, dann brach Karoline von Günderode mit ihr, und Bettine Brentano forderte ihre Briefe zurück. Wenig später, am 26. Juli 1806, stieß sich Karoline von Günderode in Winkel am Rhein ein Messer in die Brust. Bettine verwand ihren Tod nie. Vierunddreißig Jahre später, 1840, gab Bettine von Arnim mit ›Die Günderode‹ die Geschichte der Unglücklichen heraus.

Karoline von Günderode schrieb unter dem Decknamen Tian Gedichte, Dramen, Prosa. Eine Dame, die schrieb, war verdächtig, beinahe unanständig. Sie war zart, klug und so scheu, daß ihr schon beim Tischgebet die Stimme versagte, doch sie hatte leidenschaftlich geliebt. Zuerst Carl von Savigny, der sie sitzenließ. 1804 heiratete er die reiche Gunda Brentano. Dann ihre zweite Leidenschaft: Georg Friedrich Creutzer. Er war verheiratet. Unglücklich, wie er sagte, doch immerhin wohlversorgt. Schwüren der Liebe folgten Schwüre hehren Entsagens, bald folgte Ausflucht auf Ausflucht. Als er unter der Anspannung einen Blutsturz erlitt, pflegte ihn seine Frau, die einer Scheidung schon zugestimmt hatte. Sie nutzte die Gelegenheit geschickt, und als ihm noch dazu geraten wurde, von einer, die schrieb und sonst nichts hatte, die Finger zu lassen, war er weg. Er sagte ihr das nicht selbst, ließ ihr die Trennung ausrichten. Bettine Brentano ahnte davon nichts. Sie gab sich die Schuld am Freitod der verschlossenen Günderode.

Bettine Brentano flüchtete sich zur Frau Rat Goethe. Bei ihr ging sie ein und aus, und was die Frau Rat über ihren berühmten Sohn in Weimar erzählte, schrieb sie mit. Seine Werke hatte sie gelesen, und seit sie Goethes Briefe an ihre Mutter Maximiliane gefunden hatte, in die Goethe einst verliebt gewesen war, bis er des Hauses verwiesen wurde, himmelte sie ihn haltlos an. Sie bettelte, drohte, als Knabe verkleidet nach Weimar zu wandern, bis ihr widerstrebend erlaubt wurde, Goethe zu besuchen. Am 23. April 1807 traf sie ein. Goethe war achtundfünfzig. Allein mit ihm, spielte sie eine Ohnmacht, um sich an seine Schulter zu lehnen. Goethe war gerührt, denn nichts liebte er mehr als bewundert zu werden. Gut vier Jahre lang schrieb sie ihm vergötternde, doch für ihn zu drängende Briefe, die er oft nicht beantwortete. Schrieb er zurück, dann eher verhalten. Aus seinen wenigen Briefen aber, aus Erinnerungen an Goethe und den Geschichten der Frau Rat schuf sie ›Goethes Briefwechsel mit einem Kinde‹, der 1835 erschien, drei Jahre nach Goethes Tod. Mit ihm hievte sie Goethe und ihre Liebe für alle sichtbar auf einen hohen Sockel. Clemens Brentano hatte sie angefleht, das Buch nicht zu bringen, Gunda Savigny fürchtete um ihren eigenen Ruf, Bettines Sohn, Siegmund von Arnim, der seine Laufbahn gefährdet sah, freute sich darauf, die Blätter des Buches »kreuzweise« zu benutzen, Bettine von Arnim jedoch ließ sich schon längst nichts mehr sagen. ›Goethes Briefwechsel mit einem Kinde‹ war umstritten, wurde aber ein durchschlagender Erfolg, denn sie schrieb von Sinnlichkeit, von Küssen, Umarmen, Auf-dem-Schoß-Sitzen. Skandal und Sensation: Bettine von Arnim wurde berühmt, die Familie aber strafte sie mit Verachtung, obwohl sie vieles wohlweislich gar nicht erst aufgenommen hatte, darunter ihre Beschreibung eines heißen Augustabends, an dem Goethe am Fenster saß. Sie stand vor ihm, schrieb Bettine von Arnim, legte die Hände um seinen Hals und blickte ihm tief in die Augen. »Vielleicht weil er's nicht länger ertragen mochte fragt er ob mir nicht heiß sei, und ob ich nicht wolle daß mich die Kühlung anwehe; ich nickte, so sagt er: ›mach doch den Busen frei, daß ihm die Abendluft zu Gut kommt.‹ – Da ich nichts dagegen sagte obschon ich rot ward so öffnet er meine Kleidung; und sah mich an und sagte: ›das Abendrot hat sich auf deine Wangen eingebrannt.‹ – und küßte mich auf die Brust; und senkt die Stirne drauf.« Goethe, der sie küßte, Goethe, der eine Nacht neben ihr verbrachte, und eine zweite nicht erlaubte, weil er sich dann nicht mehr beherrschen werde, war ihre Wahrheit. Seine sah anders aus. Er nannte sie noch wenige Jahre vor seinem Tod eine leidige Bremse. Sein Haus war ihr da schon seit langem verboten. Am 11. März 1811 hatte Bettine Brentano in aller Stille Achim von Arnim geheiratet. Den Sommer verbrachten sie in Weimar, waren häufig bei Goethe zu Gast. Ihre beständigen Briefe aber, die Geschenke, die sie ihm unentwegt schickte, waren an Christiane Vulpius, seit Jahren Christiane von Goethe, nicht unbemerkt vorbeigegangen. Am 13. September 1811 besuchten sie gemeinsam eine Ausstellung, über die sich Bettine von Arnim lustig machte. Christiane riß ihr die Brille herunter, die sie zertrat, Bettine rächte sich. In den Tagen danach streute sie aus, die füllige Christiane von Goethe sei eine toll gewordene Blutwurst. Weimar lachte – Goethe warf sie hinaus.

Die Heirat mit Achim von Arnim kam nicht überraschend. Bereits 1802 hatten sie sich durch Clemens Brentano kennengelernt. Seit 1806 sandten sie sich Freundschaftsbriefe, von Zuneigung stand wenig darin. Sie schrieb lieber an Goethe, an den gichtkranken Ludwig Tieck, den sie über Wochen gepflegt hatte, oder an Max Prokop von Freyberg, zu dem sie sich hingezogen fühlte. Bettine Brentano sah Achim von Arnim selten. In ihren Briefen tasteten sie sich ab, erwogen mehr als nur Freundschaft, blieben jedoch zögerlich. Ihr Freiheitswille verstörte Achim von Arnim. Das Blatt wendete sich 1810. Sie war fünfundzwanzig und eine Heirat überfällig, er erbte. Ein Erbe mit Haken. Achim von Arnim hatte ohne bedeutendes Einkommen gelebt, Romane geschrieben wie ›Hollins Liebesleben‹ oder ›Ariels Offenbarungen‹, ein Novellenband, ›Der Wintergarten‹, war entstanden, zusammen mit Clemens Brentano hatte er die Liedersammlung ›Des Knaben Wunderhorn‹ herausgegeben, bei der Bettine Brentano mithalf. Aufgewachsen war er bei seiner Großmutter, Caroline von Labes, die nach dem Tod ihrer Tochter das Sorgerecht für ihn und seinen Bruder übernommen hatte.

Achim von Arnims Leben aber war ihr zu wenig standesgemäß. Mit der Erbschaft zwang sie ihn in ordentliche Bahnen zurück. Sie verfügte, daß ihr Erbe erst an seine Kinder fallen solle. Keine Kinder, kein Erbe. »So war mein Entschluß nach der Eröffnung des Testamentes bald gefaßt, das Meinige zu tun, um rechtmäßige Kinder zu haben. Da brauchte es nicht langer Zweifel, ich wußte niemand auf der Welt, von der ich so gern ein Ebenbild besessen hätte.« Im Winter 1810 verlobten sie sich, im Frühjahr 1811 heirateten sie. »Gott macht die Liebe, und der Teufel die Heiraten!«

Die gewünschten Kinder kamen. Freimund 1812, Siegmund 1813, Friedemund 1815, Kühnemund 1817, Maximiliane 1818, Armgart 1821, Gisela 1827. Zwischen Geburt und Schwangerschaft lagen manchmal nur Wochen. »Wenn ich nur für Dich einmal niederkommen könnte.« Achim von Arnim stöhnte, daß der Himmel ihnen keinen Scherz vorübergehen lasse, ohne gleich Ernst daraus zu machen, und Bettine von Arnim fürchtete das Kindbett. Zu viele starben in ihm. In den ersten Jahren ihrer Ehe lebten sie in Berlin, aus Zuneigung wurde Liebe, doch mehr und mehr Sorgen zehrten an ihr. Achim von Arnim verdiente so gut wie nichts, Bettine von Arnim mußte mit wenigem auskommen, buk ihr eigenes Brot, schlug Butter selbst, kümmerte sich um die Kinder. War ein Kind krank, wurde die Wohnung zum Spital. Geld fehlte an allen Ecken. Berlin war teuer, Achim von Arnim aber hatte das Recht, auf Gut Wiepersdorf zu wohnen und das Land zu bewirtschaften. Die Not verlangte zu sparen. Sie zogen um.

»Arnims Haus ist geräumig und der Garten daran und der Wald von Birken dahinter schön, doch ist jenes inwendig ziemlich verfallen, war aber mit Pracht und eigentlich fürstlich eingerichtet. Zimmer mit purpurseiden Tapeten und reichen Goldleisten und getäfelter Boden. In seiner Stube liegt alles ziemlich untereinander, die Bettine führt die Haushaltung selbst, hat alles Schwere, z. B. gutes Kochen leicht erlernt, hat aber keine Lust an diesem Wesen, daher wird ihr alles sauer und ist doch in Unordnung. Dabei wird sie betrogen und bestohlen von allen Seiten«, so ihr Freund Wilhelm Grimm, der beiden wünschte, daß sie das Gut wieder loswürden. »Die Kinder werden fast wie Bauernkinder aufgezogen und laufen in Kitteln, deren Zeug die Bettine selbst gewebt.« Der erste Winter in Wiepersdorf wurde hart, die Schlafstuben hatten keine Öfen, und die Öfen, die gesetzt wurden, rußten. Da die Fenster zogen, der Frost ins Haus kroch, im Kamin der Kinderstube gekocht werden mußte und Bettine Brentano schwanger war, zogen sie wieder nach Berlin. Achim von Arnim kehrte bald zurück, sie kam erst im Frühjahr nach Wiepersdorf. »Es wird hier sehr viel gebaut und eingerissen«, schrieb sie. »Wenn wir uns nur noch ein klein wenig vereinfachen, so können wir von uns selbst leben.« Doch sie täuschte sich, das Gut war zu verschuldet. Die Güter Wiepersdorf und das dazugehörende Bärwalde brachten an Pacht gut 8000 Taler, die vom Schuldzins für 150 000 aufgenommene Taler verschlungen wurden. Oft genug bat Achim von Arnim um Aufschub der Zahlungen. Wiepersdorf war heruntergewirtschaftet. Im Frühjahr 1816 erkrankte Achim von Arnim. Er schwebte zwischen Leben und Tod, fieberte, sprach im Wahn, magerte ab. Sie saß an seinem Bett, wachte, pflegte ihn, hoffte, daß er nicht sterbe. Der Zusammenbruch hatte sich angekündigt, als ihm im Herbst 1815 die elende Lage des Gutes vorgerechnet worden war. »Da stieg mir eine bittere Wehmut in die Augen, daß die Kinder mir einst zürnen werden, daß ich nicht besser wirtschaftete, während ich sparte all mein Tagelang.« Wiepersdorf war schwer zu halten. Erst nach Jahren wurde die alte Suppenterrine, die als Nachttopf herhalten mußte, durch einen eigenen Abort ersetzt. »Die Nachtstühle die sonst wie artige chinesische Lusthäuser luftig gebaut waren sind jetzt wie geheime Staats Cabinete eingerichtet.« Karl Otto von Arnim, genannt Pitt, der Bruder Achim von Arnims, hatte sie eigenhändig ausgestattet. »Pitt durchschaut seines Vaters hinterlassne correspondence und macht A-Wische, Arnim nimmt die andere Hälfte, die noch weiß und brauchbar ist, um Verse drauf zu schreiben.« Achim von Arnim schrieb in Wiepersdorf ›Die Gleichen‹ und den Roman ›Die Kronenwächter‹, doch der Erfolg, den ›Des Knaben

Wunderhorn‹ gehabt hatte, stellte sich nicht mehr ein. Bettine sah ihn trotzdem gern am Schreibtisch, denn für sie war Achim von Arnim Schriftsteller, kein Bauer. Oft ermahnte sie ihn, doch

Schloß Wiepersdorf um 1880

nicht wie eine Vogelscheuche angezogen übers Feld zu laufen und sich, um Gottes willen, endlich Hosenträger zu kaufen.

Bettine von Arnim war reich geboren. Arbeit um tägliches Brot kannte sie bis zu ihrer Heirat nicht, und dennoch nahm sie Wiepersdorf zuerst mit guter Laune. »Arnim hat die neue Kuh mit unserm Frisierkamm gekämmt und hat ihr den ganzen ersten Tag Gesellschaft geleistet«, schrieb sie anfangs noch übermütig, bald aber wurde sie ruppiger. »Gedenk auch meiner unter Deinen Kühen, weder die braune noch die weiße, noch die scheckige ist Dir so innig gesinnt wie ich.« Arnim ging im Landleben auf, sie ertrug die Einsamkeit des Guts nur schwer. War Achim von Arnim nicht da, litt sie besonders, doch um ihm nicht zur Last zu fallen, überspielte sie ihre Traurigkeit. Im Sommer 1816 kam noch einmal Hoffnung für sie auf. Franz Brentano hatte ihr einen gehörigen Batzen Geld angewiesen. Achim von Arnim kaufte auf den Viehmärkten ein, längst nötige Ausbesserungen an Haus und Hof wurden gemacht und in Berlin eine Wohnung angemietet, in der sie den Winter verbrachten. Bettine von Arnim war wieder schwanger. »Ich bin nun schon über die Hälfte meines Lebens, und sehe wohl ein, daß ich geboren bin zum Dulden, aber nicht zum eigenen freien Bewegen, so sehr ich mich auch in meinen früheren Jahren danach gesehnt habe.« Das pulsende Leben in der Stadt tat ihr gut, machte ihr aber auch endgültig klar, daß sie nicht für das Land geschaffen war. Als Achim von Arnim auf das Gut zurückkehrte, hatte sie sich entschlossen: Wiepersdorf war nicht ihr Leben. Sie blieb in Berlin.

Ein zähes Ringen begann. Achim von Arnim versuchte ihr das Leben auf dem Land schmackhaft zu machen, sie lockte ihn in die Stadt. Er glaubte, sie werde bald nachkommen, sie suchte eine günstige Wohnung, benutzte ihre Schwangerschaft als Ausrede, Wiepersdorf fernzubleiben. Jede Woche schickte er ihr einen Wagen mit so viel Gemüse, Fleisch, Butter, Mehl, daß sie ein Gutteil davon verkaufen konnte, um ihre Kasse aufzubessern, er schwärmte von Erdbeeren und Milch, vom Trockenlegen der Moore, von der Heuernte, von der Jagd, sie vom Theater, den Spaziergängen in den Parks, von den Abendeinladungen. Beider Briefe waren voller Zärtlichkeiten, doch nicht lange. Er verteidigte bitter sein Landleben, sie ihre Freiheit. Achim von Arnim war stolz darauf, sie alle mit Wiepersdorf leidlich zu ernähren, sie warf ihm vor, er vergeude seine Begabung. Der Graben zwischen ihnen wurde tiefer. Sie waren unglücklich, doch keiner gab nach, bis Achim von Arnim die Geduld riß. Das Gut brachte nicht genug ein, um ihr Berlin noch länger zu bezahlen. 1819 zwang er sie nach Wiepersdorf zurück. Sie fügte sich, sie mühten sich umeinander, doch die Einsamkeit des Guts machte ihr nach wie vor zu schaffen. Schrieb sie aus Wiepersdorf, versuchte sie den Alltag schönzureden. Sie berichtete von den Knechten, die den sechsjährigen Siegmund angestiftet hatten, der Magd unter die Röcke zu kriechen, um sie, so Bettine von Arnim, Gott weiß wo zu zupfen, und vom Sonntagsgesang in der Kirche mit dem Birnbaum davor, dessen Früchte Totenbirnen genannt wurden, weil die Bauern sie beim Kirchgang von den Gräbern auflasen, um sie zu essen, oder von einem Bauernmädchen, das mit allzu kurzem Rock auf den Altar kletterte und eine Blumengirlande nicht mit einem Nagel an einem Engel befestigte, sondern mit einem Brotmesser, das sie ihm in den Bauchnabel hieb. Der Prediger, erzählte sie, wurde rot vor Ärger, vor allem weil das Mädchen ihren blanken Hintern dargeboten hatte. Doch die drolligen Dorfgeschichten, mit denen sie sich tröstete, halfen nicht, Wiepersdorf auszuhalten. Bettine von Arnim setzte sich durch. Von 1821 an lebte sie ständig in Berlin. 1822 kehrte sie nochmals für Wochen zurück, vor allem, um zu malen und an ihren Entwürfen für ein Goethe-Denkmal zu arbeiten, doch danach besuchte sie Wiepersdorf nur noch selten.

Aus dem Ehescharmützel wurde ein Gefecht, aus dem Gefecht eine Schlacht, die beide verloren. Jahr für Jahr wurden sie sich fremder, bis sie sich aufgaben. Bettine von Arnim: »Ich habe die 12 Jahre meines Ehestands leiblich und geistigerweise auf der Marterbank zugebracht.« Immer wieder brach die Sehnsucht zueinander hervor, doch meistens stritten sie. Er rechnete ihr Berlin vor, sie schickte ihm ihre Abrechnungen, um zu zeigen, wie sehr sie knauserte. War Bettine in Wiepersdorf, war sie froh, wenn er nicht da war. Er wäre auf dem Gut so nötig, schrieb sie, wie eine große halberstarrte Schmeißfliege, die sie soeben totgeschlagen, und seit sie ihn nicht mehr vor Augen habe, sei ihr nicht mehr so schwer ums Herz. Sie fingen an, einander auszuweichen, und am Ende sahen sie sich nicht einmal mehr zu Weihnachten. Den letzten Brief an ihn sandte sie am 18. Januar 1831. »Ich küsse Dich von Herzen und mit der Sehnsucht, bei Dir zu sein.« Drei Tage danach, am 21. Januar 1831, war Achim von Arnim tot. Ihre Liebe zu ihm hat sie bei allem

Streit nie ganz verloren. Wiepersdorf wurde verpachtet, Bärwalde wurde zum Sommersitz der Familie, bis ein Brand auf dem Gut wütete. Wiepersdorf wurde wieder übernommen. Maximiliane von Arnim: »Es war unglaublich, was unsere Mutter in den paar Wochen, seitdem der bisherige Pächter das total verwohnte Haus geräumt hatte, dort geschaffen hatte. Wer da meint, Bettina sei nur eine weltferne Dichterin gewesen, hätte hier sehen können, welch umsichtige und eifrige Hausfrau sie sein konnte. Rastlos hatte sie selbst mit tapezieren und malen helfen, die neue Dielung überwacht, Vorhänge aufgesteckt, die Türen mit eigenen Malereien geschmückt.« Bettine von Arnim, die Dichterin. Vier Jahre nach Achim von Arnims Tod hatte sie ›Goethes Briefwechsel mit einem Kinde‹ fertiggestellt, acht Jahre danach fing sie an, Achim von Arnims Werke herauszugeben. Ihr Stern am Bücherhimmel war aufgegangen. Bettine das Kind, Bettine die Gattin waren Vergangenheit. Das dritte Leben der Bettine von Arnim hatte begonnen.

Am Anfang war die Cholera. 1831 brach sie in den Armenvierteln Berlins aus. Die Seuche griff um sich. 1400 Tote. Bettine von Arnim verteilte Decken, Schuhe, Kleider wie viele andere Damen auch. Doch sie sah tiefer. Sie forderte, die Ursachen der Armut, nicht ihre Auswirkungen zu bekämpfen. Bettine von Arnim vergoß keine Tränen, sie handelte, denn sie war davon überzeugt, daß Not, Unrecht, Unmündigkeit überwunden werden könnten, wenn die Herrscher nur bereit wären einzuschreiten. Bis an ihr Lebensende beteiligte sie sich daher furchtlos an zwei Kämpfen: Den ersten führte sie um die Rechte der Armen, den zweiten um die Freiheit der Bürger, der seit langem schwelte. Sein Anfang lag weit zurück. In den Feldzügen gegen Napoleon hatten bürgerliche Freiwilligenverbände sich für König und Vaterland geschlagen. Die Beteiligung an der politischen Macht, die ihnen dafür zugesagt worden war, wurde jedoch nie eingelöst, eine Verfassung nie erlassen. Im Gegenteil. Alles blieb beim alten. Der Adel behielt seinen bestimmenden Einfluß, die Könige herrschten nach Gutdünken. Forderungen, das Verfassungsversprechen zu erfüllen, wurden als Verrat betrachtet, die bürgerlich Gesinnten verfolgt, längst errungene Rechte wurden eingeschränkt, die Meinungsfreiheit beschnitten. Als 1837 die Ständeversammlung in Hannover gänzlich aufgelöst wurde, protestierten sieben Professoren, die Göttinger Sieben, unter ihnen die Brüder Grimm, deren ›Kinder- und Hausmärchen‹ Bettine von Arnim gewidmet waren. Sie wurden des Landes verwiesen, und die empörte Bettine von Arnim versprach, sich für sie stark zu machen. Sie hielt ihr Versprechen. Den Kampf um die Freiheit, den sie für ihr eigenes Leben nie aufgegeben hatte, focht sie nun nicht mehr allein für sich.

Ihre Waffen: ihre Verbindungen, Briefe, die sie wie kaum eine vor oder nach ihr zu schreiben verstand und die sie geschickt unter die Leute brachte, nimmermüde Unbeugsamkeit, sprühende Begeisterung. August Varnhagen von Ense über die gealterte Bettine von Arnim: »Häufen Sie Widersprüche auf Widersprüche, bergehoch, überschütten Sie alles mit Blumen, lassen Sie Funken und Blitze herausleuchten, und nennen Sie's Bettina.« Alles, nur nicht stillsitzen, daran hatte sich nichts geändert. Sie war nur furchtloser und tapferer, aber auch rücksichtsloser geworden. Um eine Anstellung der Brüder Grimm in Berlin zu erreichen, nutzte sie ihren Einfluß und überwarf sich dafür mit Carl von Savigny, Justizrat, Staatsrat, seit Achim von Arnims Tod der Vormund ihrer Kinder. Sie zürnte ihm, weil er mit den Brüdern Grimm befreundet war und dennoch stillhielt, um nicht selbst in Verruf zu geraten, obwohl er deren Vertreibung als Unrecht ansah. In einem Brief tadelte sie ihn heftig, sorgte dafür, daß der Brief in Umlauf kam, und hatte Erfolg. Der neue König, Friedrich Wilhelm IV., der ihn gelesen hatte, berief Jacob und Wilhelm Grimm im Herbst 1840 nach Berlin. Bettine von Arnim hatte ihre erste Schlacht gewonnen, und sie wähnte den König auf ihrer Seite. Den Briefwechsel mit ihrem verstorbenen Bruder, ›Clemens Brentanos Frühlingskranz‹, der beschlagnahmt worden war, gab er frei, den Prozeß gegen den auf Majestätsbeleidigung verklagten Generalmusikdirektor der Berliner Oper, für den sie eintrat, schlug er nieder. Der König war ein mächtiger Verbündeter, in den sie ihre Hoffnung setzte, und

weil sie ihn als ersten Beschützer seines Volkes sah, der nichts
ändern könne, weil er die Wahrheit erst gar nicht erfahre, bekämpfte sie vor aller Augen buckelnde Hofschranzen und selbst-
herrliche Amtsvorsteher mit messerscharfem Witz, da sie annahm, daß sie ihn über die Mißstände im Land belogen. Als ihr
zugleich mit einem Bescheid über einen zu zahlenden Rest Hun-
desteuer von 1 Taler 15 Groschen eine Strafe von 4 Talern 15
Groschen zugestellt wurde, die binnen drei Tagen zu begleichen
sei oder sie werde gepfändet, beschrieb sie das herzzerreißende
Leben eines Hundes vom Lande, der in der großen Stadt als
Verbrecher gebrandmarkt wird. Die Geschichte wurde ein La-
cher, besonders nachdem sie die bloßgestellten Eintreiber noch
darauf aufmerksam gemacht hatte, daß Carl von Savigny, unterdessen Justizminister, die Schuld getilgt habe. Man möge sich
gefälligst an ihn halten. Bettine von Arnim war schlau, listig, gewitzt: Als ihr Dienstmädchen vor Gericht gestellt wurde, das
sich bei ihr als gefallene Adelige eingeschlichen und sie betrogen
hatte, wurde Bettine von Arnim vorgeladen. Sie gab an, daß sie
ihr längst verziehen und ihr geschenkt habe, was sie gestohlen.
Doch die Anklage lautete nicht auf Betrug, sondern auf Adels-
anmaßung. Zwei Jahre Zuchthaus drohten. Bettine von Arnim
wurde so zornig, daß sie einen ihrer Söhne dazu brachte, sich
wegen Anmaßung des Freiherrentitels selbst anzuzeigen, und als
er, wie von ihr vorausgesehen, dafür als Adeliger nicht verfolgt
wurde, schlug sie zurück, und drohte, mit der Ungerechtigkeit
hausieren zu gehen. Fall erledigt.

Doch so erfolgreich sie oft war, in einem täuschte sie sich: im
König. Bei Unbedeutendem gab er sich ihr gegenüber barmher-
zig und gnädig, da er sich selbst als väterlicher Gönner seines
Volkes betrachtete, sonst aber war er unnachgiebig. Eine Beteiligung der Bürger an der Macht, eine Besserung des Massen-
elends durch Einschränkung der Adelsrechte, eine Beschnei-
dung der Gewinne der wenigen Reichen lehnte er strikt ab. Um
ihn wachzurütteln, schrieb sie daher gutgläubig ›Dies Buch gehört dem König‹. Die schonungslose Anklage der miserablen
Zustände aber, die Vorwürfe gegen eine sture Beamtenschaft,

die das Land in ihrer eisernen Kralle hielt, stieß den König ab. Sie verlor seinen Schutz, und das bekam sie zu spüren. Wann immer sie in den kommenden Jahren beim König um Nachsicht ersuchte, scheiterte sie. Sie flehte um Gnade für den Königsattentäter Ludwig Tschech, der hingerichtet wurde, trat für den Fabrikanten Friedrich Wilhelm Schloeffel in die Schranken, der gegen die Massenarmut aufgetreten war und wegen Hochverrats verurteilt wurde, stritt für den polnischen Revolutionär Mieroslawski, der in Haft blieb. Doch auch sie selbst wurde nicht mehr geschont. Am 15. Mai 1844 hatte sie in allen großen Zeitungen angekündigt, ein ›Armenbuch‹ zu schreiben, um deren verzweifelte Lage zu schildern und ihnen den Gewinn zu spenden. Das Buch kam nie heraus, denn im Sommer brachen in Schlesien die Weberaufstände aus, die auf Befehl des Königs blutig niedergeschlagen wurden. Bettine von Arnim geriet in Verdacht, die Aufstände mit angezettelt zu haben. Ihr Salon, in dem sich führende Fortschrittliche trafen, wurde bespitzelt, ihre Post geöffnet. Allein den Hungrigen helfen wollen, schrieb sie, heiße jetzt Aufruhr predigen.

Auch die königliche Verwaltung, die sie so gekonnt vorgeführt hatte, schlug zurück. Nachdem Bettine von Arnim begonnen hatte, ihre und die Werke Achim von Arnims selbst zu verlegen, wurde sie am 18. August 1848 durch den Magistrat der Stadt aufgefordert, das Berliner Bürgerrecht zu beantragen, da sie als Gewerbetreibende dazu verpflichtet sei. Wieder entspann sich eine Auseinandersetzung mit allen Finten. In einem ihrer Briefe schrieb sie mit roter Tinte, damit sich wenigstens dieses Rot, wie sie sagte, auf den Wangen des hochlöblichen Magistrats spiegle. Bettine von Arnim wurde dafür wegen Beleidigung angeklagt, der Kriminalsenat für schwere Verbrechen eröffnete das Verfahren, am 20. August 1847 wurde sie zu zwei Monaten Haft und Zahlung der Gerichtskosten verurteilt. Bettine von Arnim wollte die Strafe zuerst als Fanal antreten, doch dann gab sie nach, wohl um der Zukunft ihrer Kinder willen. Sie zahlte, einsitzen mußte sie nicht, aber ein weiteres Buch, dessen Erlös sie dem verfolgten Hoffmann von Fallersleben zugedacht hatte,

›Ilius Pamphilius und die Ambrosia‹, wurde von der Zensurbehörde kassiert. Fast ein Jahr später erst, am 11. März 1848, durfte das Buch erscheinen, eine Woche darauf, am 18. März 1848, kämpften die Berliner Revolutionäre auf den Barrikaden, am Tag danach zwang das Volk den König, sich vor den Toten zu verbeugen. Bettine von Arnim feierte begeistert mit, doch die Revolution scheiterte. Ein Jahr dauerte der Versuch, eine gemeinsame Verfassung durchzusetzen. Die Nationalversammlung in der Frankfurter Paulskirche wurde am 18. Juni 1849 aufgelöst. Bettine von Arnim schrieb ›An die aufgelöste preußische Nationalversammlung‹, unterstützte den ungarischen Aufstand mit ›Petöfi dem Sonnengott‹ und gab nicht auf, aber die Rückwärtsgewandten behielten die Oberhand, auch in ihrer eigenen Familie. Als sie starb, verräumte ihr Sohn Siegmund von Arnim ihren Nachlaß im hintersten Winkel des Dachbodens von Wiepersdorf. Ihr letztes Werk, ›Gespräche mit Dämonen, des Königsbuchs zweiter Band‹, wurde kaum noch wahrgenommen.

Bettine von Arnim, die sich einst mit Karl Marx besprochen hatte, lernte in ihren letzten Jahren Brahms kennen, und Robert Schumann, den sie in der Irrenanstalt besuchte, um eine angemessene Behandlung für ihn durchzusetzen, widmete ihr sein letztes Werk. Doch die zeitlebens Übersprudelnde verlor langsam ihre Kraft. 1852 erlitt sie einen Schlaganfall, der ihr Hände und Füße lähmte. Sie erholte sich, fuhr noch einmal nach Weimar, hörte Franz Liszt und ging in Goethes Garten spazieren. 1856 dann ein zweiter Schlaganfall, den sie abermals zäh bekämpfte. Obwohl ihre rechte Seite taub war, lernte sie das Gehen wieder. Sie sprach wenig, wurde immer stiller, und nur wenn von Goethe oder Achim von Arnim die Rede war, lächelte sie. Am 20. Januar 1859 standen fast alle ihre Kinder an ihrem Totenbett. Sie war so gelegt worden, daß sie eine Goethebüste und ein Bild Achim von Arnims sah. Ihr Blick ging von einem zum andern. Bettine von Arnim wurde auf Gut Wiepersdorf beim Grab Achim von Arnims beigesetzt.

Wer einmal aus dem Blechnapf frißt
Hans Fallada in Carwitz

erbst 1911, Thüringen, eine Anhöhe unter den Uhufelsen bei Rudolstadt, früher Morgen. Zwei Freunde stehen sich auf zwanzig Schritt mit Pistolen gegenüber. Beide wollen sterben. Hanns-Dietrich von Necker ist sechzehn, Rudolf Ditzen achtzehn. Necker wird tödlich getroffen und bittet um den Gnadenschuß. Danach schießt sich Ditzen selbst in die Brust. Eine Kugel geht durch die Lunge, eine dicht am Herz vorbei. Er wird gefunden und überlebt. Rudolf Ditzen wird sich später Hans nach ›Hans im Glück‹, und Fallada nach dem sprechenden Pferdekopf im Märchen ›Die Gänsemagd‹ nennen, doch glücklich verlief sein Leben nicht. Geschlossene Anstalt, rauschgiftsüchtig, Trinker, Zuchthäusler: Hans Fallada, 21. Juli 1893 bis 5. Februar 1947.

Geboren wurde er in Greifswald. Sein Vater, der Landgerichtsrat Wilhelm Ditzen, bestand auf einem bescheidenen und streng geregelten Leben. Zwischen zwei älteren Schwestern und einem jüngeren Bruder war Hans Fallada der Unglücksrabe. Ständig war er krank. Kaum genesen, tollte er blind für Gefahr um so ausgelassener herum, bis er unselig fiel oder sich den Kopf aufschlug – Gehirnerschütterung oder Schlimmeres. Hans Fallada, zart, bleich, kam ein Jahr später als üblich in die Schule. »Meine Mutter hat mir erzählt, daß ich bis zu meinem sechzehnten Lebensjahre eigentlich alljährlich einmal lebensgefährlich krank gewesen sei, von kleinerem Mißgeschick zu schweigen.«

1899 war Wilhelm Ditzen nach Berlin versetzt worden, 1901 wurde Hans Fallada auf das Prinz-Heinrich-Gymnasium in Schöneberg geschickt. Um aufgenommen zu werden, mußte er vor dem Direktor bestehen, dessen unerbittliche Strenge ihn lähmte. Er versagte völlig. Die Hände ängstlich in den Hosentaschen vergraben, stotterte er vor sich hin. Die Schule, die für

115

Hans Falladas Haus in Carwitz

Kaiser, Gott und Vaterland auf herbe Zucht hielt, wurde für Hans Fallada zur Hölle. Er lernte schlecht, blieb sitzen, hatte schreckliche Angst, blieb wieder sitzen. Kein Tag ohne Tränen. Er flüchtete sich ins Lesen. Heimlich nahm er sich zu Hause Bücher aus dem Schrank. Flaubert, Zola, Dostojewskij, Hoffmann, Swift, Karl May, mit Defoe träumte er sich fort auf Robinsons einsame Insel. In der Welt der Bücher lebte er, in seiner drückte er sich, so oft das ging. War er nicht krank, trank er Essig, um geisterfahl ins Bett gesteckt zu werden. Hans Fallada war unten durch, daheim, bei den Lehrern und bei den Schülern. Mit seinen geflickten Hosen, die er tragen mußte, um zu sparen, wurde er zum Gespött, für seine Locken, die er nicht abschneiden durfte, wurde er gehänselt. »Ich sehe mich da noch stehen, blaß, kränklich, verzweifelt, in meinem Mauerwinkel. Die ganze Penne freute sich ihrer Freiviertelstunde, mir war sie eine Qual.« Nach der Schule war er wie ausgewechselt. Streiche und Unfug, und er immer vorn dran. Sonst blieb er verschlossen. Deutete er zu Hause seine Pein an, fand er kein Verständnis. »Es ist ganz gut, wenn du dich mal an so etwas gewöhnst.«

Hans Fallada versuchte auszubrechen, nach Hamburg zu gehen und Schiffsjunge zu werden, doch er wurde erwischt. Sein Vater war tief entsetzt, denn er hatte ihm das Geld für die Flucht gestohlen. Aus Hans Falladas Stammeln aber hörte er dessen Leid heraus. Um gerecht zu sein, stellte er den Direktor zur Rede. Als der ihm für seinen Sohn giftig höchstens eine Volksschule, besser noch eine Anstalt für geistig Zurückgebliebene empfahl, nahm er ihn empört in Schutz. Von 1906 an ging Hans Fallada auf das Bismarck-Gymnasium in Wilmersdorf. Rasch gehörte er zu den Besten. Drei Jahre darauf, 1909, wurde Wilhelm Ditzen als Reichsgerichtsrat an das höchste deutsche Gericht nach Leipzig versetzt. Kurz nachdem sie in die Schenkendorfstraße gezogen waren, bestand Hans Fallada die Aufnahmeprüfung am Königin-Carola-Gymnasium. Dafür bekam er ein Fahrrad. Ein verhängnisvolles Geschenk.

Am nächsten Morgen schlich sich Hans Fallada zeitig in den Keller. Er hatte beschlossen, zu seinem Onkel zu radeln, den er herausläutete. Eine Zigarette wurde ihm angeboten, da er doch sicher schon rauche. »>Natürlich! lüge ich.‹« Als er den Onkel verließ, übergab er sich, dann fuhr er zurück. Die menschenlee-

Blick vom Garten auf das Haus in Carwitz

ren Straßen verführten ihn, schnell und immer noch schneller zu treten. »Ob ich noch versucht habe zu bremsen, weiß ich nicht mehr. Ich weiß überhaupt lange gar nichts mehr. Ich sehe nur noch zwei braune Pferdebrüste, die hoch, hoch sich über mir erheben, und lange Pferdebeine, mit blinkenden Hufeisen.« Ein Fleischerwagen hatte ihn überrollt. Ein Fuß gebrochen, ein Pferdehuf zertrat ihm den Kiefer, durch das Wagenrad war ihm der Magen geplatzt. Nur weil er sich erbrochen hatte, kam Hans Fallada davon. Wochenlang mußte er liegen, essen durfte er nicht, trinken durfte er nicht, Salzwasserlösungen hielten ihn am Leben. Fast gesund, bekam er unbedacht das falsche Essen. »Wieder fing das Bluten und Hungern und Dürsten an!« Als er abgemagert entlassen wurde, hinkte er, an einem Gestänge waren die verbliebenen Zähne mit Draht aufgehängt. Er büßte ein weiteres Jahr in der Schule ein, und um aufzuholen, mußte er allein für sich pauken. »Ich hatte so vieles nicht mit den andern gemeinsam.«

Dauernd krank, in Berlin ein Außenseiter, in Leipzig durch den Unfall von allem abgeschnitten – um nicht völlig zu vereinsamen, schloß sich Hans Fallada mühsam geheilt den Wandervögeln an, doch je verzweifelter er versuchte, wie alle zu sein, desto tiefer verstrickte er sich. An die See gereist, wurde er eingeteilt, auf den Eintopf zu achten. Übereifrig zwängte er Treibholz unter den Kessel, der umkippte. Bohnen, Kartoffeln, Fleisch warf er zurück, den Kessel füllte er mit Meerwasser auf, und weil das Gebräu scheußlich schmeckte, stahl er Zucker aus den Rucksäcken. Zur Strafe wurde er, so Fallada in seinen Erinnerungen, grausam ins Wasser getaucht, bis er ohnmächtig wurde. »Du bist wirklich zu gar nichts zu gebrauchen! Du bist kein Mensch, du bist ein Trottel!« Hans Fallada, wieder gemieden, bekam Fieber und wurde verächtlich heimgeschickt. Er war an Typhus erkrankt. Und noch nicht genug: Aus dem Krankenhaus entlassen, fand er Zeichnungen nackter Mädchen, die er ausmalte und versteckte. Sie wurden entdeckt. Seine Unbeholfenheit hatten die Eltern kopfschüttelnd hingenommen, sich gesorgt, geschimpft, verboten, doch nun schämten sie sich für ihn. Sein Vater wandte sich von ihm ab, seine Mutter schickte ihm später Päckchen heimlich ins Gefängnis.

Hans Fallada wurde krankhafte Überreizung bescheinigt und Erholung auf dem Land empfohlen, vorerst aber wurde er ruhiggestellt. Durfte er sein Zimmer verlassen, schlugen ihm stilles Gekränktsein, Niedergeschlagenheit, stumme Vorwürfe entgegen. Der schlecht verhohlene Kummer setzte Hans Fallada weiter zu. In seiner Not schickte er der Tochter eines Kollegen des Vaters schlüpfrige Briefe. Schriftvergleiche mit seinen Heften, Verhöre, und wieder flog er auf. Hans Fallada aber hatte sich zuvor schon einen Revolver besorgt. Als er ihn holen wollte, verstellte ihm der Vater den Weg. Er versuchte davonzulaufen, doch er wurde überwältigt und in seinem Zimmer festgesetzt. Seine Schwester bewachte ihn. Am bestürzendsten: Sein Vater ging, sich für ihn zu entschuldigen. Hans Fallada sprach nicht mehr, weinte nur noch.

Am nächsten Tag schickten ihn die Eltern nach Mariensee bei Hannover zu Verwandten, und weil auch die ihn nicht bändigen konnten, wurde er vier Wochen später nach Bad Berka bei Weimar in eine Heilanstalt gebracht. Danach kam er, um nicht noch länger die Schule zu versäumen, nach Rudolstadt. Am 15. Juli 1911 traf Fallada ein. Er lebte als Kostgänger im Pfarrhaus. Seine Stube lag vier immer enger und steiler werdende Treppen hoch, in der obersten Spitze des Hausgiebels. Der Blick aus seinem Zimmer ging weit über das Land, denn das Haus Am Schloßaufgang 1 stand gleich unterhalb des Burgbergs der Heidecksburg. »Trat der Schüler an sein Fenster, und der Tag war klar, so sah er über die Dächer der kleinen Stadt fort, über das mäßig weite Flußtal fort, über die sanften Laubhügel, die die andere Seite des Tals begrenzten, fort bis zu jenen schroffen Basaltfelsen mit ihren dunklen Tannen und Fichten, die ›der Uhu‹ hießen.« Zur Ruhe kam Fallada dennoch nicht. Er stritt mit dem Pfarrer, der ihn überfordert wegschickte. Fallada wurde bei einem Oberst untergebracht. Bei ihm fand er Pistolen. Krank, zerrissen, allein gelassen, früh am Ende, lernte er Hanns-Dietrich von Necker besser kennen, und am 17. Oktober 1911 standen sie sich gegenüber. Sie beschlossen Selbstmord zu begehen. Ihr Vorhaben besiegelten sie mit einem Vertrag. Noch im Krankenhaus wurde Hans Fallada verhaftet. Die Anklage lautete zuerst auf Mord, dann auf Totschlag. Der Prozess schlug Wellen, sein Vater bot seinen Rücktritt an. Nachdem jedoch der Vertrag gefunden worden war, wurde das Verfahren eingestellt und Hans Fallada, für unzurechnungsfähig erklärt, in die geschlossene Anstalt von Tannenfeld bei Jena eingewiesen.

Januar 1912 bis Oktober 1913: Fast zwei Jahre weggesperrt. Gelesen hatte er schon immer, sich selbst Geschichten erzählt, nun schrieb er sie auf. Was er schrieb, war nichtssagend und schwülstig, doch diesmal bekam er Hilfe. Seine Tante Ada, unabhängig, selbstbewußt, klug, mietete sich im offenen Flügel der Anstalt ein und nahm sich seiner an. Einfühlsam regte sie ihn an, Übersetzungen zu machen. Bis in den Sommer 1913 blieb sie bei ihm. Die Entwürfe, die er versandte, fanden Anklang, Bücher aber kamen nicht zustande. Er forderte zuviel Geld, war zu ungeduldig, das Begonnene zu Ende zu bringen.

Aus Tannenfeld entlassen, gab ihn der Vater zur Lehre in die Landwirtschaft. Posterstein bei Altenburg in Sachsen: Drei Uhr morgens aufstehen, Aufsicht beim Kühe Melken, danach beim Pflügen, bei der Zuckerrübenernte oder beim Holzeinschlag bis in den Abend hinein, dann spät nachts noch Besprechungen mit dem Gutsbesitzer. Fallada war müde, doch er hielt durch, bis ihm eines Sonntags in der vollen Kirche der Pfarrer das Abendmahl verweigerte: an seinen Händen klebe Blut. Fallada war bestürzt. Sofort bei Kriegsausbruch 1914 meldete er sich freiwillig. In Altenburg als untauglich ausgemustert, gelang es ihm, in Leipzig wenigstens zum Nachschub zu kommen. Elf Tage pflegte er Pferde, dann war er ernüchtert. Auch das Heer bot ihm keine Heimat. Hans Fallada berief sich auf seine Unzurechnungsfähigkeit und kehrte nach Posterstein zurück. Den Krieg nutzte er dennoch. Nachdem er 1915 auf einem Gut in Heydebreck in Pommern untergekrochen war, hatte er eine Stelle in der Landwirtschaftskammer Stettin bekommen und war zum Leiter der Vermittlungsstelle für Saatkartoffeln aufgestiegen. 1916 wechselte er zu einer Kartoffelbaugesellschaft nach Berlin in die Bernburgerstraße.

Hans Fallada war dreiundzwanzig und verdiente sein eigenes Geld, das er gleich wieder ausgab. Berlin war für ihn ein Strudel, in den er hineingerissen wurde. Er spritzte sich Morphium, und um von dem Gift loszukommen, begann er zu trinken. 1917, Carlsfeld bei Halle: seine erste Entziehungskur. Doch noch im selben Jahr saß Hans Fallada an seinem ersten Roman ›Der junge Goedeschal‹, den er im März 1918 beendete. Stolz schrieb er seinen Eltern, stieß jedoch einmal mehr auf Unverständnis.

Von da an nannte er sich Hans Fallada. ›Der junge Goedeschal‹ erschien 1920, und 1923 folgte der Roman ›Anton und Gerda‹, die beide Ernst Rowohlt verlegte. Fallada hielt sie für mißlungen. Später kaufte er sie auf und stampfte sie ein, aber sie waren ein Anfang, und er lernte weiter.

Als Fallada an ›Anton und Gerda‹ schrieb, war er nicht mehr in Berlin. Von 1919 an folgte ein gescheiterter Entziehungsversuch dem nächsten. Dazwischen arbeitete er als Buchhalter auf Gütern in Gudderitz auf Rügen, in Doberan, in Merzdorf, in Baumgarten. Nirgends blieb er lang. In Radach wurde er entlassen, weil er im Rausch einer Magd mit einer Pistole hinterherschoß. Vier Gläser Cognac am Morgen, ohne Morphium oder Kokain genommen zu haben, ging er nicht zur Arbeit. Weil die Sucht sein Geld verschlang, stahl er. Am 13. Juli 1923 wurde Hans Fallada verhaftet und in Bunzlau wegen Unterschlagung zu drei Monaten Haft verurteilt, die er im Jahr darauf in Greifswald absaß. Danach kehrte er nach Gudderitz zurück. Beim Segeln ging sein Boot unter. Das eiskalte Wasser überlebte er nur knapp. »In meinen Papieren stand von Geburt an: Pechvogel.«

Er verließ Gudderitz, kam in Lubgust unter, dann in Neuhaus, wo er eine zweite Unterschlagung beging. Er verschwand nach Kiel, trank und hurte. Wenige Tage später, am 18. September 1925, stellte er sich in Berlin. Verwahrlost und heruntergekommen, gab Fallada an, bereits in Lübgust Geld gestohlen zu haben. Zugleich erfand er zwei weitere Unterschlagungen. Eine in Posterstein, eine in Stettin. Falladas Absicht war, als Verbrecher verurteilt zu werden und die Haft zur Entziehung zu nutzen. Ein weiterer Grund: Während seines Aufenthalts in Posterstein war er noch nicht abhängig gewesen. Als Süchtigem, der nur unter Rauschgift straffällig wird, hätte ihm lebenslange Verwahrung in einer Heilanstalt gedroht. Vorbestraft, rückfällig und ohne ein festes Zuhause, wurde Hans Fallada am 26. März 1926 in Kiel zu zweieinhalb Jahren Gefängnis verurteilt, die er in Neumünster verbüßte. 1928 wurde er entlassen. Das Rauschgift hatte er hinter sich. Vorerst zumindest.

Hans Fallada ging nach Hamburg und kam in einem Wohnheim unter, ehe er ein Zimmer in der Hasselbrookstraße nahm. Er borgte sich Geld und kaufte eine alte Schreibmaschine, mit der er Adressen tippte. Sein Verdienst reichte gerade so für Brot, Bücklinge und Milch. Falladas Glück: Er lernte Anna Margarethe Issel, seine Suse, sein »Lämmchen« kennen, die er am 5. April 1929 heiratete. »Sie erst hat mich zu dem gemacht, was ich geworden bin, sie hat einen Verbummelten wieder das Arbeiten gelehrt, einen Hoffnungslosen die Hoffnung.« Fallada fand ein armseliges Auskommen als Anzeigenwerber einer Zeitung, für die er bald auch über Unruhen auf dem Land berichtete. Er schrieb wieder und hatte ein zweites Mal Glück, als er bei einem Ausflug ans Meer Ernst Rowohlt begegnete, der ihn anstellte. Falladas reisten nach Berlin. Sie wohnten in zwei billigen Zimmern in der Calvinstraße, nachmittags hatte Fallada frei. Ernst Rowohlt hatte das verfügt, damit er weiter an seinem Roman ›Bauern, Bonzen und Bomben‹ schreiben konnte.

1930: ›Bauern, Bonzen und Bomben‹ war vorab in der ›Kölnischen Illustrierten‹ erschienen. An Anschlagsäulen klebte ein großes schwarzweißrotes Plakat: »Hans Fallada: Bauern, Bonzen und Bomben! Ich hatte davorgestanden, keinen Groschen in der Tasche, und hatte gedacht: Das ist also der Ruhm! Dein Name auf jeder Anschlagsäule und der Gerichtsvollzieher im Anmarsch!« War Hans Fallada nach dem Gefängnis arm, so verdiente er nun ganz gut. Sein erstes Kind, Ulrich, wurde geboren, das Geld reichte für ein gemietetes Häuschen in Neuenhagen bei Berlin, in dem sie vom Vorschuß auf ›Kleiner Mann – was nun?‹ lebten. »Mein Verleger schwor, dies Buch werde ein Welterfolg sein!« Er behielt Recht – zu Falladas Unglück. Der Roman erschien 1932, das Geld strömte nur so herbei, und Fallada verlor den Kopf. »Nächtelang saß ich in den dümmsten Bars.« Er kündigte bei Rowohlt und begann wieder heftig zu trinken, bis ihm nur noch ein Ausweg blieb: Weg von den Bars, weg aus Berlin.

1933. Machtergreifung. Fallada erwarb Land in Berkenbrück bei Fürstenwalde. Bald danach aber schwärzte ihn der frühere Besitzer an, Fallada verkehre mit jüdischen Verschwörern. Elf

Tage Haft. Fassungslos verkaufte er den Grund weit unter Wert. Das Haus in Neuenhagen hatten sie aufgegeben, Suse war mit Zwillingen schwanger. Eine schwierige Schwangerschaft. Sie

Familienfrühstück am See

kam ins Krankenhaus, mußte liegen, auch nach der Geburt. Nur eine Tochter, Lore, überlebte. »Das hat mich sehr erschüttert, im geheimen messe ich mir eine Schuld am Tod des kleinen Mädchens bei: Suse hatte zuviel Aufregungen in der letzten Zeit.« Er trank nur noch, hielt alle frei, fing eine Liebschaft mit einer Bardame an. Bald war er so runter, daß er nicht mehr aufstehen konnte. Einen tagelangen Schluckauf bekämpfte er mit Cognac. Das gab ihm den Rest.

Doch noch einmal hatte Fallada Glück. Ein Freund drängte ihn, mit nach Carwitz bei Feldberg in Mecklenburg zu fahren.

123

Ein Haus stand zum Verkauf. »Das Haus ist ein richtiges altes Gutshaus, urgemütlich mit elektrischem Licht, Öfen, mit 7 Zimmern, die durch Ausbau des Dachgeschosses leicht auf 9 erhöht werden können. Es liegt ohne jeden Uferweg mit reichlich 500 Meter Seefront am Carwitzer See, der mit sechs anderen Seen in direkter Verbindung steht.« Bis er ankam, hatte er eine Flasche Cognac gekippt. Filmriß. Sturzbetrunken kaufte er eine Bruchbude, durch die so der Wind pfiff, daß Fallada im Winter am Ofen schmorte und am Fenster erfror. »Wir hatten das Paradies der Ratten und Mäuse erworben, keine Diele war heil gewesen, kein Dach dicht. Auf dem Hof war ein Jauchenteich, und durch ebendiese Jauche marschierte man zu einem Herzhäuschen.« Später wurde ihm versichert, er habe ganz nüchtern gewirkt, alles angesehen, alles besprochen, den Ausbau des Hauses veranlaßt. »In diesem völlig besinnungslosen Zustand habe ich meinen heutigen Besitz, die geliebte Heimat unserer Kinder, gekauft. Wundersam ergeht es einem im Leben.« Als Suse am nächsten Tag fragte, was er gekauft, wie es dort aussehe, wieviel Zimmer, wußte Fallada rein gar nichts mehr, und doch: »Dies war der Wendepunkt, von nun an gab ich mir wieder Mühe. Der Goldrausch war vorbei, jetzt hieß es arbeiten.«

Carwitz wurde seine Zuflucht, auch vor Hitlers Schergen. Hans Fallada war schon durch ›Kleiner Mann – was nun?‹ berühmt geworden, nun, 1934, wurde er noch berühmter. ›Wer einmal aus dem Blechnapf frißt‹ erschien. Fallada hatte in den Heilanstalten, im Gefängnis, auf den Gütern von den einfachen Leuten gelernt. Er hatte gelebt, wie sie lebten, er schrieb, wie sie sprachen. Pinneberg, Lämmchen oder Willi Kufalt – Hans Fallada kannte, was er schilderte. Ihren dumpfen, engen, muffigen, gnadenlosen Alltag voller Armut und Sorgen, in dem dennoch Wärme, Zartheit und Hoffnung keimen, selbst in der Verzweiflung der Rückschläge. Einmal wird alles besser werden, glauben sie – Hans Fallada glaubte das nicht. Sein Erfolg schützte ihn leidlich, doch er wußte, daß er sich mit den Machthabern gut zu stellen hatte, um nicht vertrieben oder verhaftet zu werden. Obwohl er ›Wer einmal aus dem Blechnapf frißt‹ mit einem Knicks vor ihnen begann, wie er schrieb, und sich auch mit ›Wir hatten mal ein Kind‹ nicht mit den Nazis anlegte, mißtrauten sie ihm. Der Argwohn verunsicherte Fallada. Nur nicht

Ausfahrt ins Dorf mit Sohn Uli

die endlich gefundene Heimat verlieren! ›Märchen vom Stadtschreiber, der aufs Land flog‹, ›Hoppelpoppel wo bist du?‹, ›Geschichten aus der Murkelei‹, ›Fridolin der freche Dachs‹: In Carwitz schrieb er viele seiner Geschichten für Kinder. Hans Fallada war keiner, der aufbegehrte, doch auch das nutzte ihm nichts. Carwitz, sein Versteck, sein Schlupfwinkel, seine Burg, sein Paradies, wurde ein Rückzug ins Idyll, das keines war.

Fallada bedauerte keine Stunde, das Haus gekauft zu haben. Jahrelang baute er aus und um. Für das Geld, das er in das alte Haus gesteckt habe, vermutete Fallada, hätte er leicht zwei neue bekommen. »Es hat unendlich vieler Arbeit bedurft, um aus der Unkraut- und Steinwüste einen wirklichen Garten, einen ergiebigen Acker zu machen. Aber Haus wie Land haben jede Mühe gelohnt. Jedes Jahr wurde es noch ein bißchen schöner.« Der schöne Schein trog. Das Haus, der See, die Wälder, die Abgeschiedenheit halfen nicht. Im ländlichen Carwitz tobte er seine üblen Launen aus. Ein verdorbenes Kompott, eine vergessene halbe Flasche Bier, ein angebissener Apfel, eine Spinnwebe genügten, um ihn für Tage oder Wochen wieder trinken zu lassen. Fallada wurde unerträglich. Suse litt unter seinen Stimmungen, die zwischen großzügig und großspurig, hochtrabend und kleinlich schwankten. Fallada mühte sich, mit Carwitz seinem Leben einen Halt zu geben, doch das Gerüst, das er zum Schreiben brauchte, verkam zum Korsett. Düngen, Honig oder Beeren sammeln, Torf ausbringen, Beete anpflanzen, den Stall ausmisten, die Landwirtschaft führen, Steuern, Abrechnungen, Kosten: Hans Fallada hielt alles bis ins Letzte fest. Jeden Sonntag wurde die Familie gewogen, und auch das in eine Liste eingetragen. Er wurde pingelig und pedantisch. Wann Kaffee, wann Abendessen – übergenau regelte er den Tag. »Entweder ist man pünktlich, oder man ist es nicht. Sieben Uhr fünfzehn ist pünktlich, sieben Uhr sechzehn die Hölle!« In Carwitz wurde sein Sohn Achim geboren, der wie die anderen Kinder nicht stören durfte. Waren sie zu laut, bellte der Hund, wurde Fallada heftig. »Ruhe, jetzt wird gearbeitet!« Klackernde Schuhe verboten, Spielen verboten im vorderen Hof, leise sein im Obstgarten. Begann er zu schreiben, wurden alle Türen im Haus geölt. »Mit der Bodentreppe kann man sich schon einrichten. Wenn man sich ganz rechts hält und die dritte Stufe von oben ausläßt, knarrt sie fast gar nicht.« Dann wieder haderte er mit sich, las den Kindern vor, spielte mit ihnen oder sie ruderten zusammen hinaus auf den See.

Carwitz bot fröhliche Tage. Dennoch überfiel Hans Fallada immer wieder tiefste Niedergeschlagenheit, besonders wenn ein Buch abgeschlossen war. Fast jedes bezahlte er mit einem Aufenthalt in der Heilanstalt, denn Fallada schrieb wie besessen.

Das Schreiben wurde zur Sucht. Von dem Augenblick an, da er sich hinsetze und die erste Seite schreibe, so Fallada, herrsche nur noch der Zwang: »Ich habe zu schreiben, so viel und wie der Zwang es will, ob ich mag oder nicht, ob ich mich krank mache oder nicht.« Einen Absatz, noch einen Absatz, eine Seite, noch eine Seite. Schaffte er die eigene tägliche Vorgabe nicht, stand er nachts auf. »Mein Schlaf wird ganz dünn und kurz, ununterbrochen mahlt das Gehirn.« Und immer die Furcht zu versagen, die Geschichte nicht schreiben zu können, nicht mehr gelesen zu werden. Hundert Seiten nahm er sich für eine Erzählung vor, dreihundert für einen Roman, doch dann wurden sechshundert daraus, achthundert, tausend. »Ich rase weiter, von Scite zu Seite, von Kopfschmerzen geplagt, fast ohne Schlaf, von plötzlichen schrecklichen Wutausbrüchen überrascht.« Er schrieb mit der Hand. Erst das fertige Buch tippte er ab oder diktierte es aufgeregt einer Schreibkraft in die Maschine. Zehn, zwölf, sechzehn Stunden täglich, bis zur Erschöpfung, um am nächsten Tag wieder zu beginnen. War er zu Ende, fürchtete Fallada, das Haus werde abbrennen, das Buch verlorengehen, Suse dagegen fürchtete, daß er gleich das nächste Buch beginne und das Leben mit ihm im Haus für alle wieder schrecklich werde. Er machte Durchschläge, die er rasch verschickte. Danach die Leere des Nichtstuns, die er nicht ertrug, dann der immer gleiche Absturz. »Ich hasse es, hinter einem Roman als kranker, von völliger Schlaflosigkeit geplagter Mann in einem Sanatorium herumzuliegen. Ich habe Angst vor jenem Zustand der Überreizung, in dem mich schon die Fliege an der Wand ärgert.«

In Carwitz ersetzte Schreiben das Rauschgift, doch nicht das Trinken und nicht die Schlafmittel, mit denen Hans Fallada Unruhe und Schwermut bekämpfte, die ihn befielen, sobald er zu schreiben aufhörte. Mit Suse, die ihn geduldig zu stützen versuchte, geriet er immer häufiger in lauten Streit, dem verbissenes Schweigen folgte. »Kein noch so wilder Zank ist auch nur halb so schlimm wie Schweigen. Diese ewige tote Stille im Haus, dieses trockene Schlucken statt eines ersten einlenkenden Wortes.« Wochen konnte das gehen, Monate. Meistens gab sie nach.

»Sie vergaß es auch in den dunkelsten Tagen nicht, daß wir zu-
sammengehörten. Ich mochte noch so schwierig, noch so un-
leidlich sein, ich mochte mit allen Streit anfangen, wegen jeder
Kleinigkeit wüten: sie bekam mich wieder zurecht.« Den Teufelskreis zu durchbrechen, gelang ihr indes nicht. Nächstes
Buch, nächste Erschöpfung, Heilanstalt, wieder ein Buch. Hans
Fallada schrieb, schrieb, schrieb, manchmal zwei Romane in
zwei Monaten. Schreiben war für Fallada eine Flucht auch vor
sich selbst, doch die Wirklichkeit holte ihn immer wieder ein.

Nachdem Fallada bereits für ›Wer einmal aus dem Blechnapf
frißt‹ angegriffen worden war, wurde er im Herbst 1935 vor-
übergehend zum unerwünschten Schriftsteller erklärt. Darauf
das Übliche: Nervenzusammenbruch. Fallada begab sich in eine
Heilanstalt, wurde entlassen, dann wieder eingeliefert. Zurück
in Carwitz, begann er am 27. Juli 1936 den Roman ›Wolf unter
Wölfen‹, der im Jahr darauf erschien und ein Erfolg wurde. Lob
selbst von den Machthabern, die jedoch bald umschwenkten.
Emil Jannings schlug Goebbels vor, das Buch zu verfilmen. Abgelehnt. Danach bat er Fallada, ihm ein Drehbuch über den
Droschkenkutscher zu schreiben, der mit einer Kutschfahrt
nach Paris verzweifelt versucht hatte, auf das Aussterben seines
Handwerks aufmerksam zu machen: Der eiserne Gustav. Dreh-
bücher aber lagen Fallada nicht. Statt dessen machte er einen
Roman daraus, den er Anfang 1938 beendete. Die Reichsschrifttumskammer untersagte die Veröffentlichung. Sie lud ihn vor,
forderte den Schluß in ihrem Sinne zu ändern. Fallada gab nach,
modelte ihn um, und er fügte sich weiter. Fortan schrieb er eingeschüchtert nur noch Unverfängliches, ganz nach Vorschrift.
»Ich muß schreiben! Dies ist es, dafür bin ich da auf der Welt.«

Was er von 1938 an schrieb, kam als Buch häufig erst lange
nach dem Krieg heraus. Ein in Carwitz gedrehter Film nach
dem Unterhaltungsroman ›Altes Herz geht auf die Reise‹ wurde
verboten, weitere Filmvorlagen, die er entwarf, wurden nicht
umgesetzt. ›Dies Herz, das dir gehört‹ entstand, ›Der unge-
liebte Mann‹, ›Ein Mann will hinauf‹, ›Die Stunde, eh' du schlafen gehst‹, ›Kleiner Mann, großer Mann – alles vertauscht‹.

1941 schrieb er die Erinnerungen an seine Kindheit ›Damals bei uns daheim‹, 1942 über sein Leben in Carwitz ›Heute bei uns zu Haus‹. Der ausbleibende Erfolg und die Anspannungen

Arbeitszimmer

des Schreibens aber begannen sein Leben vollends zu zerrütten. Suse, die wußte, daß er verloren war, sobald sie ging, blieb nur noch der Kinder wegen. Fallada befielen die alten Selbstmordgedanken, seine Todessehnsucht wuchs.

Einen Aufschub bekam er noch: 1943 wurde Fallada als »Sonderführer« nach Frankreich geschickt, um über die Erfolge des Reichsarbeitsdienstes zu berichten. Fallada nahm an, reiste nach Paris, dann in die Auvergne. Zurück in Carwitz bekam er den Auftrag, in einem Roman die Juden verächtlich zu machen, den er annahm. Das Buch schrieb er nie. Nach einer weiteren Frankreichreise wurde mit Fallada gebrochen, und der Rowohlt Verlag mit dem Hinweis auf unerwünschte Schriftsteller endgültig geschlossen – darunter Joachim Ringelnatz und Hans Fallada.

Ein bitterer Schlag. Fallada war ohne Halt, als er Ursula Losch kennenlernte, die vor den Luftangriffen aus Berlin nach Feldberg geflohen war. Sie war reich, unabhängig, schön und die Versuchung, die sein Verhängnis wurde. Ursula Losch trank – und spritzte sich Morphium. Fallada hing wieder an der Nadel. 5. Juli 1944: Scheidung von Suse. Beide lebten dennoch weiter zusammen in Carwitz. Fallada versank in Verzweiflung. Wieder hatte er eine Pistole. Bei einem Streit mit Suse schoß er auf sie. Fallada wurde in eine Anstalt gebracht und des Mordversuchs angeklagt. Da ihm verminderte Zurechnungsfähigkeit zugestanden wurde, kam er nicht in Haft, sondern in die »Geschlossene«. Hans Fallada schrieb ›Der Trinker‹, ein Bekenntnis der Angst und des Grauens vor sich selbst. In der Anstalt kam Fallada wieder zu sich. Er schöpfte Hoffnung. Nach seiner Entlassung war er fest entschlossen, Suse nochmals zu heiraten, die dazu bereit war. Als er Ursula Losch wiedersah, um sich von ihr zu verabschieden, war alles vergessen. Fallada verließ Carwitz. Er zog nach Feldberg. Heirat mit Ursula Losch am 1. Februar 1945 in der Meraner Straße, Berlin, der Wohnung der Familie Losch. Weil die gebetenen Trauzeugen nicht kamen, zertrümmerte Fallada ein Zimmer.

Kriegsende in Feldberg 1945. Nach dem Einmarsch der Russen wurde Hans Fallada befohlen, Kühe zu hüten. Als sich eine zurückgelassene SS-Uniform in seinem Garten fand, kam er in Haft. Im Verhör wurde Fallada erkannt und aufgefordert, zum Tag des Sieges eine Rede zu halten, und weil Fallada ganz wie gewünscht sprach, wurde er zum Bürgermeister des Dorfes ernannt. Die Feldberger begegneten ihm feindlich. Nach vier Monaten Getreide beschlagnahmen, Arbeiter beschaffen, Schiebereien bekämpfen, mit Strafen drohen, war Fallada mit den Nerven am Ende. Während er in der Heilanstalt von Neustrelitz lag, wurden sie ausgeplündert. Die meisten Möbel und Bücher, Schuhe, Kleider, Wäsche waren weg. Nach der Entlassung zogen er und Ursula Losch in die Meraner Straße nach Berlin. Die Wohnung aber war belegt, und nur mit Mühe bekamen sie darin ein Zimmer. Wochenlang verließen sie das Bett in der abgedunkelten Kammer nur, um vor allem Morphium zu ergattern. War dies nicht zu bekommen, warf sich Ursula Losch in Schale, um auf ihre Weise dafür zu sorgen oder Geld anzuschaffen, das nie reichte. Selbst nachdem Fallada bei einer Zeitung untergekommen war, wuchsen seine Schulden für Essen, offene Zechen, den Strom der Villa im Eisenmengerweg, die ihnen vermittelt worden war.

Hans Fallada im freien Fall. 1946 verbrachte er zumeist in Anstalten. Er galt längst als hoffnungslos süchtig. Ende des Jahres wurde Fallada in einer Bar aufgegriffen und mit Ursula Losch zwangseingewiesen, weil sie ihn mit einer Geschlechtskrankheit angesteckt hatte. Er bekam ein Zimmer für sich, sie wurde in den Saal für Prostituierte gelegt. Bei einem weiteren Klinikaufenthalt wurde er, in einem Rollstuhl sitzend, Medizinstudenten als Beispiel vorgeführt, was Rauschgift aus einem bekannten Schriftsteller mache. Auf die Demütigung folgte ein Schwächeanfall, und dennoch zwang er sich zäh weiter zu schreiben. ›Jeder stirbt für sich allein‹ war sein letzter Roman. Fallada wurde ins Krankenhaus Pankow überwiesen, doch er war am Ende. Verfallen, ausgehöhlt, ungepflegt, erfaßte er fast nichts mehr von dem, was um ihn vorging. Er sprach nur noch schleppend. Das Rauschgift, um das er bettelte, steckte Ursula Losch ihm weiter zu. Hans Fallada starb am 5. Februar 1947 in einer als Krankenhaus hergerichteten Schule in der Blankenburger Straße. Das Herz hörte erschöpft auf zu schlagen.

10° 20' 53" östlicher Länge, 52° 42' 20" nördlicher Breite
Arno Schmidt in Bargfeld

amburg-Hamm, Mietskaserne Ecke Rumpffsweg, Dobbelers-weg. Die enge finstere Küche, in der er aufwuchs: Ein langer schmaler Raum mit einem zweigeteilten Fenster am Ende der rechten Längswand. Nur weit aus dem Fenster gebeugt, war ein Fetzen Himmel zu sehen. Der unbebaute Hof unten mit Abfall und trüben Wasserlachen übersät. »Gegenüber dem Fenster, nur drei Meter entfernt, ragte steil und finster die fleckige wol-kige Mauer des Nachbarhauses; rechts sah man, nach oben und unten ziehend, in einer noch näheren Wand eine lange Reihe kleiner, blasiger Speisekammerfenster.« Ihre Wohnung hatte zwei Zimmer, die Küche, kein Bad. Sie wuschen sich über einem eisernen Ausguß. Arno Schmidt, seine ältere Schwester, Mutter Clara und Vater Friedrich Otto schliefen in einem Zimmer. »Die Mentalität meiner Eltern war so gruselich, daß Wir die ›Gute Stube‹ vorn, (die mit dem Balkong), nie benützten! Wir hausten, jahraus=jahrein, nur in der Küche! (Mit Ausnahme der Tage vom 24. Dezember bis 1. Januar.)« Unter der Küchendecke zogen sich Leisten mit eingeschraubten Haken hin, wo die Leinen für die nasse Wäsche gespannt wurden, und weil er hoffte, dadurch besseren Radioempfang zu haben, ersetzte der Vater die Leinen durch Kupferdrähte. Kohleofen, Gaslicht, ein Gaskocher, ein Küchentisch, zwei Stühle, eine Truhe, ein Schrank. Die Möbel gebraucht gekauft und runtergewohnt, die Fenster mit Papier verklebt. Von außen wurde die Kohle zum Lagern auf den Dachboden gehievt. Er haßte die Küche, und schon beim Ge-danken an Lungenmus oder Haschee aus Euter und Gedärmen wurde ihm auch später noch schlecht. Überhaupt, er haßte viel. Die Enge der Stadt, Kindheit, Vater, Mutter, Reisen vor allem, und Hochdruckwetter, das er nicht vertrug. Auf seinem Schreib-

133

Arno Schmidts Haus in Bargfeld

tisch in Bargfeld standen Barometer und Thermometer. Schwierige Schreibarbeiten begann er nur bei fallendem Luftdruck. Seinen Vater, den Polizeioberwachtmeister, konnte er nicht riechen. Arno Schmidt verabscheute dies Gemix aus Schweiß, Tabak, Schnaps, wie er schrieb. Als er 1928 starb, weinte Arno Schmidt ihm keine Träne nach. Er fühlte sich lebenslang durch seine Kindheit verletzt, und auch die Armut blieb ihm. Einem Bericht nach trug er bei einer Preisverleihung für sein Werk nur eine Jacke, aber kein Hemd. Den Jackenkragen hielt er mit der Hand verschlossen, damit jeder gleich sah, wie bedürftig er war. Er stellte seine Abgerissenheit zur Schau, denn er sah sie als Kennzeichen des wahren Genies, und er hielt sich für ein Genie. Bei einem üppigen Essen in einem Nobelrestaurant mit Heinrich Maria Ledig-Rowohlt fluchte Arno Schmidt auf den Verleger. Ein Genie wie er müsse in Armut leben, während der Verleger sich im Wohlleben suhle, wie man sehe. Ledig-Rowohlt wurde immer stiller und blasser. Arno Schmidt, 18. Januar 1914 bis 3. Juni 1979, ein Leben voller Widersprüche, ein gefährdetes Leben.

Arno Schmidt an seinem Schreibtisch, um 1960

Mit einem Jahr bekam er Keuchhusten, als er drei war, lag er mit Diphtherie auf den Tod, nach dem 1. Weltkrieg holte sich Arno Schmidt eine Vergiftung an Freibankfleisch. Sein Vater konnte Krankheiten nicht ausstehen und hielt ihn für ein Mamasöhnchen, schon weil er sich nie die Hosen zerriß. Arno Schmidt rächte sich an ihm – schreibend. ›Gadir‹: »Mein Vater brodelte wieder mir, dem Manne, verschwollene Befehle zu, drohte aus rohen Augen, wölbte den Mund zu fetten Soldatenflüchen; ich ging vor ihn hin, und hieb ihm eine ins rotunde Radaugesicht, daß er sofort schwieg, völlig verblüfft, war fertig, saß da, mit abgesägten Hosen.« Arno Schmidt hing an den Rockzipfeln der Mutter. Später verachtete er auch sie, die sich gegen den Vater nie aufgelehnt hatte, weil ihr nach dessen Tod hinterhergeredet wurde, sie halte sich Liebhaber. Arno Schmidt war eifersüchtig. Als er eingeschult wurde, wollte er ihre Hand nicht loslassen. Sobald sie ging, lief er ihr hinterher. Der Lehrer schickte ihn erst mal nach Hause. Wenn Arno Schmidt aber erzählte, er sei ungern in die Schule gegangen, habe sich gelangweilt, habe schon als Kind lieber Bücher gelesen, während die anderen herumtobten, die Lehrer seien Taugenichtse gewesen, er habe sich alles selbst beigebracht, dann schrieb er seine Lebensgeschichte um. Der Schriftsteller, der sich ohne Hilfe sein Schreiben selbst errungen hat, war eine seiner Rollen, und zu ihr gehörte, daß ein außerordentlicher Künstler in der Schule gefälligst schlecht zu sein hat. In Wirklichkeit war er immer einer der Klassenbesten. Weil er sich mit Laotse, Buddha, Muhammed beschäftigte, hatte er den Spitznamen »Allah« weg. Arno Schmidt erhob sich erst nachträglich zum früh erblühten, aber unverstandenen Schriftsteller. Sein Reifezeugnis vom 10. März 1933 trug die Bemerkung: Arno Schmidt will Bankbeamter werden.

1933 bis 1945, eine Zeit des Stillhaltens, eine Zeit des Stillstandes, des Atemholens, des Reifens. Lebensstationen: 1933 auf 1934 war er einige Wochen arbeitslos, dann als Lagerbuchhalter angestellt. Und wieder das erfundene Leben: Nach der Hochzeit seiner Schwester habe er sein Studium abgebrochen, ließ er im Nachhinein bekanntgeben, da sie einen jüdischen Kaufmann geheiratet hatte, sei er in die selbstgewählte Unscheinbarkeit ausgewichen, und es sei ihm unmöglich gewesen, zur Hitlerzeit als Schriftsteller aufzutreten. Doch weder ein Studium hat es gegeben noch den Zwang zur inneren Emigration, und die paar Gedichte, die er machte, überzeugten nicht. Immerhin glaubte er so fest an sie, daß er sie Hermann Hesse schickte. Arno Schmidt ärgerte sich über dessen flüchtige Antwort. Als »Bürgerheld«, als »steifnasiger Angestellter«, so sah sich Schmidt, der als Lagerbuchhalter Zahlenkolonnen in Tabellen eintrug, die er in Diagramme umsetzte. Nebenbei schrieb er, er las Unmengen, und am 21. August 1937 überraschte er alle mit seiner Heirat. Von Alice Murawski, die im gleichen Betrieb arbeitete, hatte keiner etwas geahnt. Umzug nach Greiffenberg. Seine schlesische Mutter hatte ein Haus geerbt, das sie verkaufte. Sie ging nach Quedlinburg, er bekam einen Teil des Geldes. Davon richteten sie sich in Greiffenberg die Wohnung ein, und Arno Schmidt erfüllte sich Bücherwünsche. Im gleichen Jahr diente er acht Wochen als Kanonier. Danach wurde er zweimal eingezogen, zweimal wieder entlassen. 1938 weil er krank, 1939 weil er überzählig war. Am 10. April 1940 mußte er endgültig einrücken. Kasernierung in Hirschberg, Übersetzerlehrgang in Halle, Versetzung nach Hagenau im Elsaß. Er schrieb ›Dichtergespräche im Elysium‹. Der Garten Eden für Schriftstellergenies wurde später als Mischung aus deutscher Mittelgebirgslandschaft, romantischer Kleinstadt und Bibliothekssaal bezeichnet, doch in den ›Dichtergesprächen‹ stellte Arno Schmidt eine Forderung auf, die er immer wieder vertrat: Geniale Dichter, und damit auch er selbst, schaffen Großes nur, wenn sie sorgenfrei leben können. Kurz: Dichterleben auf Staatskosten.

Weitere Stationen: 1942 Romsdalsfjord, Norwegen. Er saß in der Schreibstube, verachtete das Soldatenleben, gab sich aber dennoch zackig. Der öde Dienst ließ ihm Zeit für Erzählungen. Bis Kriegsende entstanden seine ›Juvenilia‹. Als er die letzte Geschichte seines »Jugendwerks« schrieb, war er dreißig. Er meldete sich freiwillig an die Front, um Heimaturlaub zu bekommen, und um seine Bücher vor der anrückenden Feindarmee zu retten, gab er sie zur Mutter nach Quedlinburg, die sie nach dem Krieg in kleinen Päckchen in den Westen schickte. Am 26. März 1945 wurde er an die Westfront befohlen. April bis Dezember Kriegsgefangenschaft bei den Briten. Weil Gefangene unter dreißig Jahren zu Schwerstarbeiten eingeteilt wur-

den, machte sich Arno Schmidt vorsichtshalber um vier Jahre älter. Arno Schmidt und Hitlerdeutschland: Von Untergrund,
heimlicher Opposition, innerer Emigration nicht die Spur.
Seine Zeit des Aufbegehrens kam nach dem Krieg, dann aber
mit Macht. Er mußte nur, wie er schrieb, das Wehr hochziehen,
um die angestaute Flut zu entlassen. Die Flut hieß bei ihm Ab-
scheu vor den Menschen und Mißtrauen gegen das althergebrachte
brachte Schreiben. Zwölf Jahre hatten Wörter die Menschen
verführt, das Schlimmste zu tun.

Arno Schmidts Schreiben sorgte erst mit der Zeit für Aufmerksamkeit. Ein Gemenge aus zertrümmerten Wörtern, Satz-
zeichen, mathematischen Zeichen, Umgangssprache, geschrie-
bener Mundart, hohem Stil, Stakkato, graphischer Anordnung
der Texte, Rastertechnik, unterschiedlichen Erzählsträngen in
unterschiedlichen Spalten, und dazu ein Werk mit Gewicht.
Der Karton mit dem Manuskript von ›Zettels Traum‹ wog
einige Kilo. Seine Schreibweise macht das Lesen ausnehmend
schwer, für das Verständnis von ›Zettels Traum‹ wurde eigens
ein »Arno-Schmidt-Dechiffrier-Syndikat« gegründet. Für die
einen sind seine Bücher, zumal die späten, schlicht unleserlich,
für die anderen aber das Größte. Doch bei allem Streit: Arno
Schmidt hatte Witz. Oft genug verbirgt sich hinter dem Wort-
wust ein unbändiges Lachen, und ist die Schreibweise erst gewohnt, so findet sich eine gut erzählte Geschichte nach der andern, und Arno Schmidt schrieb sie nicht allein, denn Alice
Schmidt arbeitete mit an seinem Werk, gab Anregungen, tippte,
schlug Wörter im voraus nach. Er feilte bei Übersetzungen
dann oft nur noch an den Sätzen.

Nach Kriegsende zogen Alice und Arno Schmidt für vier
Jahre in die britische Zone, nach Cordingen, in den Mühlenhof,
in dem sie zusammen mit zwölf anderen Familien lebten. Sie be-
wohnten nur ein Zimmer. 12,50 Mark bezahlten sie dafür, für
die Möbel 10 Mark. Das Zimmer war kalt, in der Ecke ein Holz-
bettgestell mit einer groben Decke, Pappkartons als Bücherre-
gal, der Tisch aus einer alten Schultafel gezimmert. Alice und
Arno Schmidt arbeiteten als Übersetzer für die Hilfspolizei-

schule in Benefeld. 1946 wurde sie aufgelöst. Für Arno Schmidt der Anlaß, nur noch zu schreiben. »Als man mich dann jedoch im Spätherbst 46 offiziell an das Polizeipräsidium in Lüneburg zu berufen vorhatte, habe ich diese Stellung sofort abgelehnt, mit dem Hinweis, daß ich nunmehr endlich versuchen wolle, mich als freier Schriftsteller zu etablieren.« In einem Schwung entstand ›Leviathan‹, die Geschichte eines Soldaten, der in einem Flüchtlingszug sitzt, die Ereignisse der Fahrt aufschreibt, von einer zerstörten Brücke aus dem stehenden Zug zuerst sein Heft in den Abgrund wirft, dann selbst hinterherspringt. Eine Geschichte aus den letzten Kriegstagen wie viele, die dennoch anders ist, denn der Soldat fühlt sich frei von jeder Schuld an den Greueln der vergangenen Jahre. Er hat seine Erfahrungen gemacht, und damit fertig. Sich selbst sieht er als geistig überlegenen Menschen, und so sah sich auch Arno Schmidt: überlegen, stolz auf sein Werk. Die Wirklichkeit: das Werk nicht beachtet, das Einkommen nicht gesichert, Schriftstellerarmut. Im Ausgleich dazu empfand sich Arno Schmidt als verkannt und angefeindet. Wie später in Bargfeld glaubte er, die Cordinger betrachteten ihn als Dorftrottel, als Verrückten, als Schande fürs Dorf. Doch nichts spricht dafür. Arno Schmidt hatte in Cordingen und Bargfeld einen guten Ruf. Und noch ein Ausgleich: Arno Schmidts Sucht nach Beachtung. Ein Freund, der ihn im Opel abholte, erzählte, Arno Schmidt habe gesagt, er solle langsam fahren, damit jeder sehen könne, daß er im Kapitän sitze.

15. September 1948: Erster Buchvertrag mit dem Rowohlt Verlag über die Erzählungen ›Leviathan‹, ›Enthymesis‹ und ›Gadir‹. Gleich darauf fing er ›Arno Schmidts Wundertüte‹ an, in der Erzählungen und die Übersetzung von Edgar Allan Poes ›The Fall of the House of Usher‹ stecken sollten. ›Brand's Haide‹ entstand, ›Massenbach‹ und ›Alexander‹. Der Verlag aber zögerte, Arno Schmidt war enttäuscht. Im Gespräch mit seinem Lektor trat er als zorniges Genie auf. Mit geballten Fäusten habe er ihm gegenübergesessen, erinnerte sich Kurt W. Marek, alias C. W. Ceram, habe auf den Verlag geschimpft, und wenn ›Leviathan‹ nicht so gut gewesen wäre, er hätte ihn hinausgeworfen.

Der neue Vertrag wurde vertagt. ›Leviathan‹ ging schlecht. Bis Anfang 1952 verkauften sich nur 600 Stück. Und auch in Cordingen wartete Ärger. In einem Streit um säumige Miete wurde Arno Schmidt zur Zahlung von 226,92 Mark verurteilt, die er nicht hatte. Die Pfändung ihres Tandems, das sie sich für kleine Reisen angeschafft hatten, wurde angedroht. Arno Schmidt gab an, das Rad für seine Arbeit zu brauchen. 3000 Kilometer sei er damit nach Hamburg, Bückeburg, Göttingen, Lüneburg und Celle geradelt, um an seiner Lebensbeschreibung Friedrich de la Motte Fouqués zu arbeiten. Arno Schmidt wurde noch einmal vom Verlag nach Hamburg eingeladen. Diesmal wurde der neue Vertrag geschlossen. ›Brand's Haide‹ wurde ausgekoppelt, die ›Wundertüte‹ erschien erst nach Arno Schmidts Tod. Die Verhandlungen waren schwierig gewesen. Arno Schmidt wollte das Schreiben aufgeben, doch er hatte Glück. Am 14. Januar 1951 wurde ihm ein Literaturpreis von 2000 Mark zuerkannt. Es war die Preisübergabe, bei der Arno Schmidt nur eine Jacke getragen haben soll. Fröstelnd und mit eisig verschlossener Miene nahm er ihn von Alfred Döblin entgegen.

Arno Schmidt arbeitete an ›Seelandschaft mit Pocahontas‹, ›Aus dem Leben eines Fauns‹, ›Das steinerne Herz‹, verdient war damit jedoch nichts, und um sich über Wasser zu halten, schuf sich Arno Schmidt ein eisernes Arbeitsgerüst. Sobald er am Schreibtisch war, hielt er die Uhrzeit des Beginns und des Endes der Schreibarbeit fest. Lesen, Spaziergänge, Nachdenken zählten nicht. Er schrieb wie mit der Stechuhr. Seine Schriftstellerarbeit wollte er als ganz normalen bürgerlichen Beruf betrachtet wissen, denn er fürchtete, keine angesehene, vernünftige Arbeit zu leisten. Er gab sich ein tägliches Pensum vor. »Ich ›trinke‹. – Zunächst, d. h. für 3–4 Stunden, Nes-Kaffee; dann, falls das ›Pensum‹ Weiterarbeit erheischt, Fusel. (Jedoch immer ›strategisch‹; richtig ›besoffen‹ bin ich nie.)« Schmidts wohnten unterdessen im hessischen Kastel in zwei durch einen Flur getrennten Parterrezimmern, und Kastel entsprach schon annähernd seinem Wunsch, einsam, abgelegen zu wohnen. Doch dafür fehlte Arno Schmidt weiter das Geld.

Er brauchte ein zweites Standbein und bat seinen Verlag um Übersetzungsaufträge, die er erhielt. Ein Zubrot, denn er wurde pauschal bezahlt. Der Fluch des Übersetzers: »»<u>KEENE PRO-</u>

Arno Schmidt an seinem Schreibtisch, um 1970

<u>ZENTE</u>!‹ Wirst pauschál=abgefundn.« Das änderte sich später, denn seine Übertragungen verkauften sich gut. 10 Prozent Beteiligung. Er entwickelte mit Alice Schmidt eine häusliche Übersetzungsfabrik, die jahrzehntelang lief und Geld aufs klamme Konto brachte. Doch nicht nur, denn Übersetzen gab ihm auch die innere Stütze, um seine Selbstzweifel im Zaum zu halten, denn seine Bücher waren Ladenhüter, und so sehr Arno Schmidt behauptete, auf die Meinung der Leser zu pfeifen, so sehr sog er doch jedes gute Wort über sein Werk auf. Nur wenige aber lasen Arno Schmidts Bücher. Ein Erfolg waren sie

eher im literarischen Subventionsbetrieb. Großer Literaturpreis der Akademie der Wissenschaften und Literatur in Mainz, der Fontane-Preis, bei dem Günter Grass die Lobrede hielt, über den sich Arno Schmidt aufregte, weil er gar zu gönnerhaft sprach, Ehrengabe für Literatur des Kulturkreises der deutschen Industrie, Goethe-Preis der Stadt Frankfurt. Auch sein Hauptwerk ›Zettels Traum‹, riesenformatig, kiloschwer und teuer, Erstauflage 2000 Exemplare, verkaufte sich nicht binnen drei Monaten, weil es als gutes Buch, sondern weil es als Wertanlage gesehen wurde.

1952: ein drittes Standbein. Radio. Martin Walser lud ihn am 19. August 1952 zum Süddeutschen Rundfunk ein. Eine Sendestunde las Arno Schmidt aus ›Brand's Haide‹. Walser drängte ihn, doch Hörspiele zu schreiben, Arno Schmidt aber wollte lieber seine abgelehnten Manuskripte loswerden. Zwei davon hatte er vorsichtshalber gleich dabei. Doch nicht Walser, sondern Alfred Andersch kaufte sie ihm ab für 1500 Mark, zahlbar in sechs Monatsraten. Ein Glück. Ein weiteres Glück: Alfred Andersch hielt an ihm fest. Er gab ihm Hörfunkaufträge. Arno Schmidts ›Dialoge‹ entstanden für das Nachtprogramm des SDR. Am Ende seines Lebens behauptete Arno Schmidt, keine Freunde gehabt zu haben. Alfred Andersch aber war ein Freund. Doch bei allen Standbeinen spitzte sich der Existenzkampf noch immer weiter zu. Seine Manuskripte, darunter ›Seelandschaft mit Pocahontas‹, konnte er zunächst nicht unterbringen. Um der Enttäuschung Herr zu werden, wußte Arno Schmidt nur das Mittel, noch mehr zu arbeiten, und um die Arbeitsflut in den Griff zu kriegen, schrieb er seine Einfälle, Sätze, Stichworte auf Zettel, die er in Kästen ordnete. Zahl der Zettel nach Arno Schmidts Schätzung allein für ›Zettels Traum‹: 120 000. Über den Kampf ins Spiel: Langsam, ganz langsam eroberte er sich seinen Platz.

Doch 1955 kam erst noch ein Rückschlag. Für die nun doch erschienene, höchst sinnliche Liebesgeschichte ›Seelandschaft mit Pocahontas‹ wurde Arno Schmidt angezeigt. § 166: Gotteslästerung. § 184: Verbreitung unzüchtiger Schriften. Arno Schmidt:»Daß Christen und Nazis, also Thron & Altar, auf die

›Seelandschaft‹ schimpfen, habe ich nicht anders erwartet.« Er sah sich einem Kesseltreiben ausgesetzt, von unsichtbarer Flüsterpropaganda umgeben. Das Leben in Kastel wurde bedrohlich. Ohne wenigstens die Andeutung einer eigenen Insel, so Schmidt, vermöge er nicht mehr zu arbeiten. Noch nicht die Insel, aber doch ein Entkommen bot Darmstadt. Mit einem Lastwagen voll einfacher Möbel, Bücherkisten und Hausrat kamen sie an. Ein Bekannter, der Schriftsteller Ernst Kreuder, stänkerte, so hole man sich die Konkurrenz auf den Hals. Dafür wurden ihm beim Ausladen ein paar schwere Brocken aufgebrummt. Der Maler Eberhard Schlotter: »Am nächsten Tag zogen Arno, Lili und Purzel + die Schreibmaschine in die Gaststätte ›Felsenkeller‹ im Mühltal, eine Kneipe, in der Ernst Kreuder sein Bier trank. Einige Tage blieben sie dort, bis ich – der Zufall half mit – die Wohnung in der Inselstraße für 85,– fand und ungefragt für Schmidts mietete.« Die Stadt bezahlte ihm den Umzug, gewährte ein Darlehen, der Oberbürgermeister hieß ihn willkommen, der Kulturreferent überreichte ein Startgeld. Arno Schmidt fühlte sich dadurch bedrängt. Drei Jahre blieb er, die meisten Umzugskisten packte er gar nicht erst aus. Jegliche Berührung mit anderen, meinte Schmidt, setze seine Leistung herab und störe ihn auf Tage hinaus. In Darmstadt herrsche die widerlichste Cliquenwirtschaft, keifte er, und empfahl jedem Schriftsteller, die Dauergesellschaft von Kollegen zu meiden wie die Pest. Nur keine Schriftstellergruppen! »Sie verlottern meist total! Und sind am Ende ihrer ersten 2 Probejahre restlos fertig – nur mit einem Buch freilich nicht! – Haben nichts gearbeitet; nur genial gefaulenzt.« Arno Schmidt brauchte keine Stadt, keine Leute um sich, sondern seine einsame Insel.

Freilich, wenn man Geld hätte, so Arno Schmidt, er wüßte es schon richtig anzuwenden. Ein winziges Häuschen in der Heide, im Stall eine Isetta, eintausend erlesene Bücher dazu. Die Gelegenheit bot sich. Arno Schmidt, der Protestler, der gegen Adenauer, den Wirtschaftswundermief, den Koreakrieg, die Wiederbewaffnung Deutschlands lauthals Front gemacht hatte, wollte seine Ruhe. Weg von der Politik, raus aufs Land, hin zum nur noch Schreiben. »The Germany kann me furchtbar leckn!!« Erster Versuch: Lilienthal. Arno Schmidt bot sich als Kirchendiener an, um die billige Küsterswohnung zu kriegen. Dem Pfarrer war das nicht geheuer. Zweiter Versuch: Ein Haus am Ortsende von Bargfeld. Freier Blick über die Felder, der vorbeiführende Weg nur für Traktoren geeignet, bei Regen Gummistiefel erforderlich. Koordinaten: 10° 20' 53" östlicher Länge, 52° 42' 20" nördlicher Breite. »Das Grundstück liegt höher als die anderen Häuser des Ortes (da das Gelände nach O zu ansteigt); auf halb Sand = halb Ackerboden; sehr trocken (vor allem auch der Keller; dies wichtig, da, z. B. Schlotters oftmals den Keller voll Wasser haben.) Die Größe – 21 x 63,5 m = 1336 Quadratmeter – für uns massenhaft ausreichend; vom Zaun im ›Süden‹ betrachtet quite an estate.« Schwachpunkte des Hauses, so Arno Schmidt, kein Bad, kein Klo. Das Haus sollte 18 000 Mark kosten. Arno Schmidt war begeistert. Das hatte er gesucht.

»Fachwerk, Lehmziegel, mit Brettern verschalt / Baujahr 1948; ausgezeichnet erhalten / 1200 qm Land mit Obstbäumen / Lage: Osthaide, 30 km nordöstlich von Celle.« Unterzeichnung des Kaufvertrages am 13. November 1958. Preis 16 700 Mark. Ein Freund, Wilhelm Michels, gab ihm ein Darlehen von 11 500, den Rest brachte Arno Schmidt auf. Umzug nach Bargfeld am 26. November. Im Haus Nummer 37 mußten noch Bad und Toilette eingebaut werden, zehn Tage später dann der endgültige Einzug. Ein eigener Brunnen, Einsamkeit. Das Haus ein Rückzugsgebiet: Arno Schmidt schwärmte, und um die Schulden zu zahlen, warf er sich auf die Arbeit. Er übersetzte, schrieb Kurzgeschichten und Nachtprogramme wie am Fließband, begann einen neuen Roman. »Der Unterzeichnete hat, in den Tagen (und Nächten; zumal diesen letzteren – durchschnittliche Aufstehzeit 2 bis 3 Uhr morgens!) vom 31. 11. bis 19.12.1959 ein neues Buch, im Umfange von rund 400 Normalseiten zu Konzeptpapier gebracht. Der Titel lautet zur Zeit ›KAFF; auch MARE CRISIUM‹.« Die Arbeitswut aber hatte ihren Preis. Der Suff, erzählte Alice Schmidt, steigerte sich ins Gigantische. Beim Schreiben trank er Schnaps und wäre fast zusammenge-

brochen, und doch arbeitete er getrieben weiter, Zettelkasten
für Zettelkasten. Er beschäftigte sich umfassend mit Karl May,
über den er >Sitara< schrieb, packte eine Gesamtübersetzung

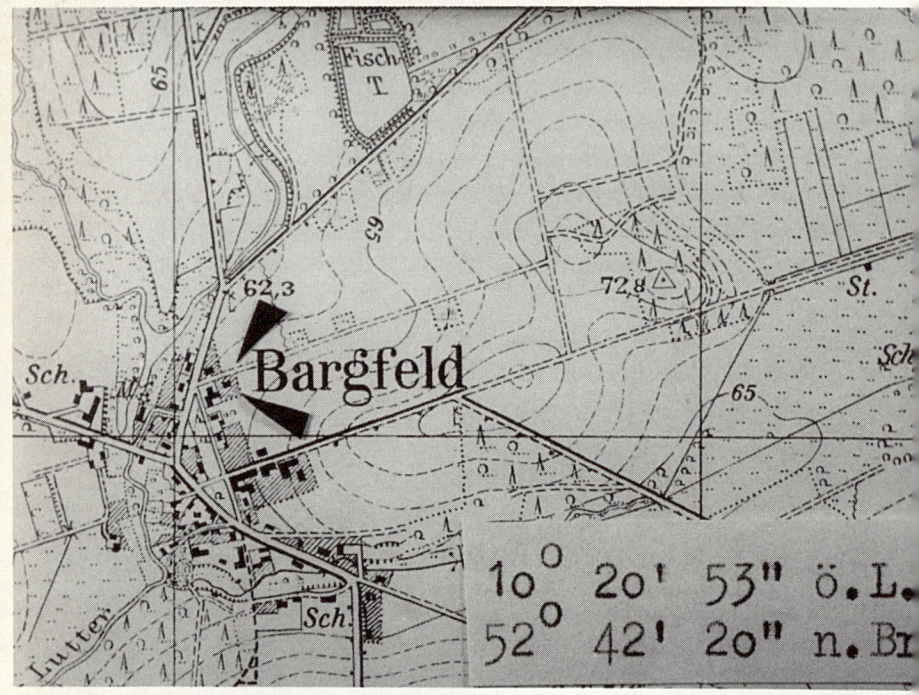

Postkarte Bargfeld

Edgar Allan Poes an, schrieb >KAFF< fertig. Bargfeld versetzte
ihn in Schaffenslaune. Die Schreibexplosion schleuderte ihn
nach oben. »Von SITARA bis jetzt, staune!, dreizehnhundert,
verkauft; (bisher waren's 4 Monate nach der Messe immer erst
so 3 oder 400 – ich bitte um Gratulation).« Doch je höher die
Honorare stiegen, desto tiefer grub er sich in Bargfeld ein, je bekannter er wurde, desto mehr verschloß er sich.
    Die Moore, die feuchten Niederungen, die Heide, das Haus
regte ihn an. Bargfeld bedeutete für ihn: Schreiben. Die >Akte
Bargfeld<: »Gegen NO sogenannte >Wilde Moore<, d.h. solche,

144

in denen Wanderer, ohne irgend Aufsehen zu erregen, versinken können (panzersicher!). In dieser Richtung kann man 50 km gehen, ohne irgend ein Haus zu erblicken!« Das Haus stand beim Kauf auf blankem Acker. Erst nach und nach pflanzte Arno Schmidt als Sichtschutz die Hecken und Bäume, die das Haus umschließen. Er kaufte weiteren Grund dazu, um sich einen Schutzgürtel zu schaffen. Er legte einen Garten an. Das Eingemachte steht noch immer im Keller. Seine Brille liegt auf dem Schreibtisch, ein Klemmbrett mit Zetteln daneben. Dazu Zettelkasten neben Zettelkasten. Den zur ›Schule der Atheisten‹ verbrannte er im Garten. Ein einfaches Haus, das er bescheiden einrichtete. Schreiben ging vor, für das er in Bargfeld die Ruhe fand. Zum ersten Mal in seinem Leben, so Arno Schmidt, könne er von seinem Platz am Schreibtisch aus den Mond aufgehen sehen. »Wenn ich also, im strapaziödesten Keinerlei des Vokabeljätens, dem Broterwerb, dem cash-as-cash-can, befangen, nach 14 Arbeitsstunden, aufblicke –: dann ist aus dem Wälderkranz eine dunkelgraue Rundum-Borte geworden.« Das Leben im Bargfelder Haus war unaufwendig. Die Küche war bescheiden. Lieblingsessen: Makkaroni mit geriebenem Schweizerkäse, dazu Frikadellen und gebratenes Ei, Fisch, Krabben in Gelee, als Nachspeise Pudding, als frisches Obst Birnen, als Kompott Kronsbeeren. »Kann Maggi blank trinken; unmöglich sind fettes Fleisch und Knoblauch; (er saß, aß, las).«

Die anfängliche Hochstimmung aber verflog. Gereiztheit machte sich breit und Panik. Arno Schmidt war fünfzig, was ihm fehlte, war nicht irgendein Werk, sondern das Werk. Er begann ›Zettels Traum‹, von dem er sich literarische Unsterblichkeit versprach, und bei der Arbeit an dem Buch löste er nach und nach alle Bindungen. Alles, was von außen kam, betrachtete er als Störung. Als ›Zettels Traum‹ erschienen war, hatte er landesweit für Gesprächsstoff gesorgt. Arno Schmidt war bekannt, doch gelesen wurde er weiter kaum. Warum? Lesebeispiel: »›FRANCIS‹ erinnerte alsogleich an ›friend + sis‹; (ob auch an ›French‹?). Ein ›SARGENT‹ war Er selbst, bei der Art'll'rie, gewesn. Und ›Osgood‹, (zu zerlegn in ›os‹ & ›gut‹) ist übervoll

von ›lokkndn Bedeutungen‹; nämlich ›os & ›osculum‹ ist ›cu-
lus‹ + ›Mündchen & Kuß‹; ›gut‹ endlich, summiert ›God +
good + Eingeweide‹.« ›Zettels Traum‹: Leckerbissen für die
Feuilletons, schwer verdaulich für die Leser.

Das Buch war dennoch sein Sieg, das Fernsehen kam nach
Bargfeld, es rauschte im Blätterwald, ein Billigraubdruck entstand, gegen den Arno Schmidt klagte, doch wie so oft, ist die
Schlacht vorüber, wird sie gewonnen, macht sich Enttäuschung
breit. Arno Schmidt, der sich so lange nach dem Ruhm gesehnt
hatte, konnte ihn nicht genießen. Bargfeld, Arno Schmidts El-
fenbeinturm, wurde sein Gefängnis. Den Schlüssel hatte er in
der Hand, doch er drehte ihn nicht mehr um. »Das Tor ist verschlossen; die Kette davor –: Du kannsD nicht mehr hinaus; bist
gefangn.« Er fühlte sich alleingelassen, und zugleich wollte er
allein sein, und selbst das Leben mit Alice Schmidt ertrug er
nicht mehr. Anfangs hatte Arno Schmidt seine Bibliothek in den
beiden oberen Räumen des Wohnhauses. Die Bibliothek wuchs
und wuchs. Aberhunderte von Bänden. Einer davon: ›Hand-
buch der Pilzkunde‹. Kommentar Arno Schmidt: »Man lebt
nicht ungestraft ›auf dem Lande‹.« Alice Schmidt wohnte derweil unten. Nach einem Herzanfall Arno Schmidts tauschten
sie. Alice Schmidt zog in den durch eine Falltür abgetrennten
Oberstock. Zwischen beiden Stockwerken eine Wechselsprech-
anlage. 1973 wurde das Telefon nach oben verlegt, weil Arno
Schmidt das Klingeln nicht mehr ertrug, Besucher, die sich
noch zu ihm trauten, wurden nicht mehr ins Haus gelassen. Ein
Wohnwagen vor dem Haus diente Alice Schmidt als Büro. Eine
Haushälterin war ihr Kontakt zur Außenwelt. Arno Schmidts
Eigenbrötelei wurde in seinen letzten Jahren fast unheimlich.
Herzanfälle, 30 Tabletten am Tag, das Trinken. Um seine Bücher
und Papiere vor Heidebränden und Brandstiftern zu sichern,
plante Arno Schmidt 1977 einen Archivbau in Bargfeld mit
feuersicheren Außenwänden und Sicherheitsglas. Er riß einen
Schuppen am Haus dafür ab und erfüllte sich den Wunsch. Und
noch ein Wunsch ging in Erfüllung – der nach einem Mäzen,
der ihm eine monatliche Rente auszahlt. Jan Philipp Reemtsma

unterstützte ihn großzügig. Nach 50 000 Mark Goethe-Preis, nach 70 000 Mark für ›Zettels Traum‹ nun das Reemtsma-Geld. Und doch: Einen beschaulichen Lebensabend gedachte er nicht

Arno Schmidt auf der Terrasse seines Hauses in Bargfeld

zu verbringen, hoffte vielmehr in seinen Stiefeln zu sterben, die Finger auf den Tasten seiner Schreibmaschine. Auch dieser Wunsch erfüllte sich nahezu. Sein Spätwerk: ›Abend mit Goldrand‹, ›Julia, oder die Gemälde‹. In der Nacht des 31. Mai 1979 erlitt er unerwartet einen Gehirnschlag. Er starb am 3. Juni 1979 im Krankenhaus Celle. Sein Grabstein in Bargfeld ist ein Findling. Arno Schmidt hatte ihn auf das Grundstück schaffen lassen. Seine Lederjacke und der Regenschirm hängen noch an der Garderobe, als ob er gleich wiederkäme.

Wie beglückt ist doch ein Mann, wenn er Gedichte machen kann
Wilhelm Busch in Wiedensahl

r führte ein zurückgezogenes Leben, er schätzte die Einsamkeit, und weil er sich verbarg, wurde er oft totgesagt. Er blieb Junggeselle, seine Geburt hielt er für einen Fehler. Besucher wimmelte er ab, in den eigenen Schilderungen seines Lebens, ›Was mich betrifft‹ und ›Von mir über mich‹, erzählte er Schnurren und verklärte Geschichten, doch über sich selbst verriet er so gut wie nichts. Sein Geburtsort sei Wiedensahl im Hannoverschen, schrieb er, also diese Frage wäre erledigt. Wichtiges deutete er immer nur leise an, Ruhm nannte er Schwindelware, sein Schreiben Schnickschnack. Da er glaubte, über die Welt unnütz dicke Bücher zu schreiben lohne nicht, machte er Gedichte zu Bildergeschichten, mit denen er die Heuchelei mit spitzem Zeichenstift und noch spitzerer Feder aufspießte, wann immer er sie sah. Er sah sie oft. »Ein guter Mensch gibt gerne acht, | Ob auch der andre was Böses macht; | Und strebt durch häufige Belehrung | Nach seiner Beßrung und Bekehrung.« Die Welt betrachtete er kopfschüttelnd, stirnrunzelnd, und entsprechend schrieb er über sie. Bissig, spöttisch, verächtlich am Anfang, sanft lächelnd am Ende: Wilhelm Busch, 15. April 1832 bis 9. Januar 1908.

Vater, Mutter, Großmutter, die Geschwister lebten gedrängt im Haus in Wiedensahl, in dem er geboren wurde. Der Tag begann früh. »Mein gutes Großmütterlein war zuerst wach in der Früh. Sie schlug Funken am P-förmigen Stahl, bis einer zündend ins ›Usel‹ sprang, in die halbverkohlte Leinwand im Dekkelkästchen des Feuerzeugs, und bald flackerte es lustig in der Küche auf dem offenen Herde unter dem Dreifuß und dem kupfernen Kessel, und nicht lange, so hatte auch das Kanonenöfchen in der Stube ein rotglühendes Bäuchlein, worin's bullerte.

Wilhelm Buschs Elternhaus in Wiedensahl

Als ich sieben, acht Jahre alt war, durft ich zuweilen mit aufstehn; und im Winter besonders kam es mir wonnig geheimnisvoll vor, so früh am Tag schon selbstbewußt in dieser Welt zu

Geburtszimmer

sein, wenn ringsumher noch alles still und tot und dunkel war.« Die Großmutter spann, er las, bis sich Vater, Mutter, Mägde und Knecht an den Tisch setzten. Der Knecht schnitzte Flöten, spielte auf der Maultrommel, im Winter in der Stube, im Sommer im Garten. Das Gras im Garten stand hoch, die Erbsen noch höher. Der Garten war ein Abenteuer, und manchmal ein gefährliches. »Hinter dem strohgedeckten Hause, neben dem Brunnen, stand ein Kübel voll Wasser, und ich sah mein Schwesterchen drin liegen, wie ein Bild unter Glas und Rahmen, und als die Mutter kam, war sie kaum noch ins Leben zu bringen.« Seine

150

Mutter beschrieb er als still und fromm und fleißig, den Vater als »klein, kraus, rührig, mäßig und gewissenhaft; stets besorgt, nie zärtlich; zum Spaß geneigt, aber ernst gegen Dummheiten.« Die Stimmung im reetgedeckten Haus in Wiedensahl war herb. Sein Vater war Krämer, den Kramladen baute er umsichtig aus, vom Gewinn kaufte er Land, sie kamen zu bescheidenem Wohlstand, ein neues Haus wurde angebaut, das alte diente als Wirtschaftsgebäude, und wie so oft: Wilhelm Busch und seine Geschwister sollten es mal besser haben. Nach drei Jahren Dorfschule in Wiedensahl wurde er weggeschickt, um mehr zu lernen.

»Als ich neun Jahre alt geworden, beschloß man, mich dem Bruder meiner Mutter in Ebergötzen zu übergeben. Ich freute mich drauf; nicht ohne Wehmut.« Am Abend vor der Reise plätscherte Wilhelm Busch mit der Hand in der Regentonne vor dem Haus, über der ein Strauch mit weißen Rosen hing, und sang traumverloren traurig vor sich hin. Drei Tage dauerte die Reise mit dem Pferdewagen, drei Jahre sah er das Haus in Wiedensahl nicht wieder. Als er dann endlich einmal nach Hause kam, lief er schüchtern seiner Mutter entgegen. Er erkannte sie gleich, aber sie kannte ihn nicht, als er an ihr erst mal vorbeiging. Wilhelm Busch war enttäuscht: Er wurde spröde und blieb verschlossen, auch dann, wenn er sich verliebte. War er verliebt, getraute er sich fast nie, seine Liebe einzugestehen. Gestand er sie ein, sprach er nur vage von ihr. Zu sehr fürchtete er, abgewiesen zu werden. Er hielt scheu Abstand zu jedem und allem, doch das kam seinem Schreiben, Malen, Zeichnen zugute. Nur wer aus gehöriger Entfernung beobachtet, sieht alles scharf – auch sich selbst. Seine eigenen Fehler nahm er augenzwinkernd aufs Korn. Er sei ein Dichter, schrieb er, also eitel. »Die Selbstkritik hat viel für sich. | Gesetzt den Fall, ich tadle mich, | So hab ich erstens den Gewinn, | Daß ich so hübsch bescheiden bin; | Zum zweiten denken sich die Leut, | Der Mann ist lauter Redlichkeit; | Auch schnapp ich drittens diesen Bissen | Vorweg den andern Kritiküssen; | Und viertens hoff ich außerdem | Auf Widerspruch, der mir genehm. | So kommt es denn zuletzt heraus, | Daß ich ein ganz famoses Haus.«

Mehr Zuneigung als in Wiedensahl fand er nahe Göttingen im Pfarrhaus von Ebergötzen beim Onkel, dem Pastor Georg Kleine, der ihn unterrichtete. »Ein stattlicher Mann, ein ruhiger Naturbeobachter und äußerst milde; nur ein einziges Mal, obwohl schon öfters verdient, gab's Hiebe; mit einem trocknen Georginenstengel; weil ich den Dorftrottel geneckt.« Wilhelm Busch hatte ihm Kuhhaare in die Pfeife gestopft und sie höflich angeboten. Dieser rauchte sie bis auf das letzte Haar, ohne auch nur eine Miene zu verziehen. Wilhelm Busch wurde wenig geprügelt, auch zu Hause nicht. Einmal aber doch, nachdem er auf dem Dachboden in Wiedensahl das Pulverfaß geöffnet hatte, einen aufgebohrten Kirchenschlüssel mit dem Pulver füllte und Böllerschüsse abgab. Überall sonst jedoch wurden gern Maulschellen verteilt von Eltern, Lehrern oder Meistern. »Druff hat aber diese Regel: | Prügel machen frisch und kregel | und erweisen sich probat | Ganz besonders vor der Tat.« Wilhelm Busch dagegen begriff früh, daß Schläge ebensowenig eine Hilfe sind wie halbherzige Ermahnungen aufgeblasener, selbstgerechter Erwachsener. »Das ist Debisch sein Prinzip: | Oberflächlich ist der Hieb. | Nur des Geistes Kraft allein | Schneidet in die Seele ein.« Meister Druff und Rektor Debisch scheitern in ›Abenteuer eines Junggesellen‹, weil sie eines nicht sind: ein Vorbild. Letztlich aber, davon war Wilhelm Busch zutiefst überzeugt, könne nichts den Menschen zum Guten bringen, weder Hiebe noch schöne Worte, und damit auch nicht seine Bildergeschichten, mit denen er die Finger auf viele Wunden legte. »Das Gute – dieser Satz steht fest – | Ist stets das Böse, was man läßt.« Wer glaube, der Mensch sei gut, der sehe nur nicht genau hin. Allenfalls mag gelingen, ihn in Schranken zu halten, mehr aber nicht. Wilhelm Busch war ein Schwarzseher. »Vergebens predigt Salomo. | Die Leute machen's doch nicht so.«

Er zumindest hatte ein Vorbild: Pastor Georg Kleine. Dessen Unterricht in Ebergötzen und in Lüthorst am Solling, wohin er versetzt wurde, reichte von Französisch und Englisch, Musik und Naturwissenschaften bis zur Imkerei, von der Wilhelm Busch so angetan war, daß er später daran dachte, nach Brasilien auszuwandern, um Bienenzüchter zu werden. Er förderte ihn, weil er ihn forderte. Der gläubige Pastor erzog einen Freigeist. »Der Lehrer der Dorfjugend, weil nicht der meinige, hatte keine Gewalt über mich – solange er lebte. Aber er hing sich auf, fiel herunter, schnitt sich den Hals ab und wurde auf dem Kirchhof dicht unter meinem Kammerfenster begraben. Und von nun an zwang er mich allnächtlich, auch in der heißesten Sommerzeit, ganz unter der Decke zu liegen. Bei Tage ein Freigeist, bei Nacht ein Geisterseher.« Georg Kleine gab ihm das Schreibgerüst mit, von ihm lernte er, erste Reime zu basteln, zu malen und zu zeichnen. Er brachte ihm die Kunst des Hinsehens bei, und weil er ihn wißbegierig machte, verschlang Wilhelm Busch reihum alle Bücher, die im Pfarrhaus waren, selbst die, die er noch nicht verstand. Die Bücher erweckten in ihm die Lust, so Wilhelm Busch, trotz der vielen Schlupflöcher »in der Gehirnkammer Mäuse zu fangen«, und der Pfarrer ließ ihm genug Luft, sich herumzutreiben. Im Mühlbach von Ebergötzen fing er Fische mit der Hand, er baute Vogelfallen, und der Müllerssohn Erich Bachmann wurde sein lebenslanger Freund. So sehr Wilhelm Busch in der Welt herumreiste, einmal im Jahr besuchte er ihn. Beim Rumpumpeln des Mühlwerks und dem Rauschen des Wassers schlafe er so gut. »Wir gingen vors Dorf hinaus, um zu baden. Wir machten eine Mudde aus Erde und Wasser, die wir ›Peter und Paul‹ benannten, überkleisterten uns damit von oben bis unten, legten uns in die Sonne, bis wir inkrustiert waren wie Pasteten, und spülten's im Bach wieder ab.« ›Max und Moritz‹ lassen grüßen.

Wiedensahl, Ebergötzen, Lüthorst: »So findet doch derjenige, dem's taugt, daselbst um so wahrscheinlicher die Gelegenheit, sich in aller Stille ein wenig die Seele zu schneuzen.« Die Dörfer seiner Kindheit füllten sein Gedächtnis mit den merkwürdigsten Gestalten, die überall in seinen Zeichnungen versteckt sind. »Dies liebe, trauliche, teilweise grauliche, aber durchaus putzwunderliche Polterkämmerchen der Erinnerung, voll scheinbar welken, abgelebten Zeugs; das dennoch weiter wirkt, drückt, zwickt, erfreut«: Der kranke Handwerksbursche, der zum Sterben in einen Graben gelegt und vom Fuhrmann beim Leichenbeschauer versilbert worden war, das »Puckelriekchen«, das alle Tage am Spinnrad saß, um sich dereinst ein ehrliches Begräbnis mit schwarzlackiertem Sarg leisten zu können, die bettelte, nicht »kaputtgeschnitten« zu werden, weil sie sich schämte, so klein, mager und bucklig wie sie war, der alte »Danne«, der Bettelvogt mit seinem kurzen, zweischneidigen Spieß, der die Bettler zum Dorf hinausjagte, der nachts im Pferdestall, tags im Bauerngarten hinter dem Haus schlief und furchtbar schnarchte und pfiff, weil er vergaß, ein neues Gebiß zu kaufen. Besonders beeindruckt war Wilhelm Busch vom Dorfwirt von Ebergötzen, der bis zu den Augen und Fingernägeln behaart war, immer in gelblichgrüner Joppe und blauen Hosen und stets in Hausschuhen herumlief, keinen Satz zu Ende sprach. Ein starker Schnupfer und geschmackvoller Blumenzüchter, der gleich dreimal verheiratet war und auf dessen Klavier im Wirtshaus Wilhelm Busch klimpern durfte. »Kein Ort ist mir so vertraut wie Ebergötzen.«

1846 mußte er ihn verlassen. Er zog mit Pastor Kleine nach Lüthorst. Im Jahr darauf erfüllte Wilhelm Busch widerspruchslos den Wunsch des Vaters, Maschinenbauer zu werden. Er schrieb sich an der Technischen Hochschule in Hannover ein, sein tadelloses Betragen wurde gelobt, doch das Rechnen fiel ihm anfangs schwer, so sehr er sich auch darum mühte. Weit besser war er im Zeichenunterricht, und die Ränder seiner Hefte quollen über von seinen Karikaturen der Lehrer. Zum Zeichnen war er aufgelegt, zur Politik nicht, die ihn mit sechzehn erstmals streifte. 1848: Revolution. »Im Jahr 48 trug auch ich mein gewichtiges Kuhbein, welches nie scharf geladen werden durfte, und erkämpfte mir in der Wachtstube die bislang noch nicht geschätzten Rechte des Rauchens und des Biertrinkens.« Wilhelm Busch wurde Kettenraucher. Zweimal starb er beinahe an einer Nikotinvergiftung. Die Abneigung gegen Politik behielt er bei. Er gab sich, wie er schrieb, nur so viel mit ihr ab, um ungefähr zu wissen, was los war. Seinen eigenen Aufstand unternahm er 1851. Der sonst so folgsame Wilhelm Busch, der aus Ebergötzen den Eltern immer brav von seinen Fortschritten geschrieben hatte, kehrte Hannover den Rücken und machte sich nach Düsseldorf davon. Die Kunstakademie hatte ihn angenommen. Seinem Vater war die brotlose Kunst höchst bedenklich, aber er un-

Dorfstraße in Wiedensahl, Zeichnung von Wilhelm Busch

terstützte ihn grummelnd weiter. »Darum, o Jüngling, fasse Mut; | Setz auf den hohen Künstlerhut | Und wirf dich auf die Malerei; | Vielleicht verdienst du was dabei.«

Düsseldorf war eine Enttäuschung. Der Zeichenbetrieb brachte Wilhelm Busch keine Anregung. Er lernte Kunsthandwerk, in der Kunst aber kam er nicht weiter, doch um die Eltern nicht vor den Kopf zu stoßen, schlug er sich durch. Er gab sich eine Verfassung: Morgens halb sieben aus den Federn, zur Not früher, das fade Aktzeichnen auf keinen Fall versäumen, abends Kunstgeschichte. Um nicht zu streng mit sich zu sein, war der

155

Sonntag frei, gutes Essen war erlaubt, ein Pfeifchen zwischendurch. »Es wird mit Recht ein guter Braten | Gerechnet zu den guten Taten.« Als Strafe für jeden Verstoß legte er moralischen Katzenjammer fest. Ein Jahr hielt er aus, dann wechselte er an die Königliche Akademie von Antwerpen. Der 26. Juni 1852, schrieb Wilhelm Busch, sei sein zweiter Geburtstag, sowohl als Mensch als auch als Maler. Rubens, Teniers, Frans Hals – das war Malerei, wie er sie noch nie gesehen hatte. Die alten Meister begeisterten ihn, zugleich zeigten sie ihm seine Grenzen auf. Wilhelm Busch wurde ein Maler, der an sich zweifelte. In all seinen Jahren signierte er nur wenige Blätter, die er für gelungen hielt, malte er, dann häufig auf schlechtem Papier, das meiste zerriß er.

Wilhelm Busch steckte in einer Sackgasse. Er entschied, nach Wiedensahl zurückzukehren, doch er wurde aufgehalten. Er erkrankte gefährlich an Typhus, das Geld ging ihm aus, aber seine Wirtsleute pflegten ihn trotzdem wochenlang. Zum Abschied schenkten sie ihm drei Orangen und eine rote Jacke, dann brach er auf. Lieber als in Wiedensahl bei den Eltern war er in Lüthorst beim Onkel, der ihm keine Vorwürfe machte wegen seiner Bummelei. Er sammelte Märchen, schrieb Sagen auf und Lieder, und zeichnete, was ihm vor Augen kam, doch sein Vater wurde zusehends wütender auf den Faulpelz. Kam er nach Wiedensahl, wurde der Ton im Elternhaus derb, und auch das eigene schlechte Gewissen trieb ihn zu Entscheidungen. Wilhelm Busch entschloß sich zur Münchner Kunstakademie. Der Onkel bekniete den Vater, ein letztes Mal Geld herauszurücken, seine Mutter steckte ihm heimlich Erspartes zu: 1854 kam Wilhelm Busch in München an. Wieder wurde er ernüchtert. Dasselbe blutleere Zeichnen, dasselbe seelenlose Nachmalen wie schon in Düsseldorf, dasselbe Kunstpublikum, dem die ausgestellten Bilder gleichgültig waren. Was zählte, war das gesellschaftliche Ereignis. Wilhelm Busch, ›Maler Klecksel‹: »Mit scharfem Blick, nach Kennerweise, | Seh ich zunächst mal nach dem Preise, | Und bei genauerer Betrachtung | Steigt mit dem Preise auch die Achtung.« Weil ihm das alles gar zu öde war, schloß er sich dem Künstlerverein Jung-München an, in dem er Freunde fand wie seinen späteren Verleger Otto Bassermann. Doch außer mit ihnen zu rauchen, zu trinken, über Kunst zu streiten, zu wandern, Fasching zu feiern oder sie so ätzend zu zeichnen, daß sie ihm zujohlten, tat er nichts. Noch immer gedachte er Maler zu werden, doch erfolglos wie er war, plagte ihn die eigene Unsicherheit. Immer wieder kroch er in Lüthorst unter. Wiedensahl war ihm zu ungemütlich. Weit über ein Jahr bummelte er, schrieb ein Lustspiel, machte selbst bei Liebhaberaufführungen mit, entwarf die Theaterzettel. Erst 1858 war er wieder in München.

Diesmal riß er sich mehr zusammen. Er malte, zeichnete den menschlichen Körper bis zum Überdruß, und an einem der Gelageabende der Jung-Münchner traf er den Verleger Caspar Braun, der auf Anhieb in Wilhelm Busch den begabten Karikaturisten erkannte. Er schlug ihm vor, für seine berühmten satirischen Wochenschriften ›Die Fliegenden Blätter‹ und ›Münchener Bilderbogen‹ zu zeichnen. »So nahmen denn bald die kontinuierlichen Bildergeschichten ihren Anfang, welche, mit der Zeit sich unwillkürlich erweiternd, mehr Beifall gefunden, als der Verfasser erwarten durfte.« Wilhelm Busch verdiente mit seiner Kunst erstmals Geld. Er zeichnete und zeichnete, dann schrieb er erste Gedichte unter seine Bildergeschichten. »Oh, wie beglückt ist doch ein Mann, | Wenn er Gedichte machen kann!« Er war noch immer ständig knapp bei Kasse, doch nun verbrachte er die Sommer nicht mehr nur in Lüthorst, sondern auch wieder bei den Eltern in Wiedensahl. Richtig schämen mußte er sich nun nicht mehr. Aus ihm war leidlich was geworden, und nach und nach kehrte er München den Rücken. Er zog ganz nach Wiedensahl, schrieb und zeichnete für die Dresdner ›Bilderpossen‹ die Geschichten ›Der Eispeter‹, ›Katze und Maus‹, ›Krischan mit der Piepe‹, ›Hänsel und Gretel‹, und weil sie sich schlecht verkauften, bot Wilhelm Busch gutmütig an, noch eine Arbeit unentgeltlich zu liefern. Das wurde dankend abgelehnt. Ein Fehler. Caspar Braun in München war da schlauer. Er kaufte die Geschichte, für die er Wilhelm Busch einmalig mit 1000 Gulden abfand, stückelte sie nicht für seine Wochenschriften, sondern gab sie 1865 als Buch heraus: ›Max und Moritz‹.

Witwe Bolte, die armen Hühner, Lehrer Lämpel, »Wehe, wehe, wehe! Wenn ich auf das Ende sehe!!«, »Dieses war der erste Streich, | Doch der zweite folgt sogleich.«, »Max und Moritz gar nicht träge, | Sägen heimlich mit der Säge, | Ritzeratze! voller Tücke, | In die Brücke eine Lücke. –«, Meister Böck, Onkel Fritze und die Maikäfer, der Zuckerbäcker, Bauer Mecke, Meister Müller, dessen Mühle die Lausbuben am Ende zerhackt, »Gott sei Dank! Nun ist's vorbei | Mit der Übeltäterei!!«: ›Max und Moritz‹ wurde sein bekanntestes Buch. Reich wurde er damit nicht. Über die vereinbarten 1000 Gulden hinaus, der Jahresverdienst eines Handwerksmeisters, bekam er nichts. Er blieb der arme Schlucker mit wenig Aussichten, dem im Jahr vor ›Max und Moritz‹ die Hand eines jungen Mädchens, um das er angehalten hatte, rundweg verweigert wurde, weil er nichts besaß. Dies blieb sein einziger ernsthafter Versuch zu heiraten, obwohl er sich nach Zuneigung sehnte, doch um nicht noch mal zurückgewiesen zu werden, richtete er sich lieber allein in seinem Leben ein. »Er kennt kein weibliches Verbot, | Drum raucht und dampft er wie ein Schlot.« Die Frauen herrschsüchtige Kratzbürsten, die Männer kleinlaute Pantoffelhelden: In seinen Bildergeschichten ›Die Brille‹, ›Die fromme Helene‹, ›Herr und Frau Knopp‹ überzog Wilhelm Busch die Ehe mit schadenfrohem Spott, doch nicht ohne heimliche Wehmut. Von beidem hatte er reichlich. Für Maria Anderson hatte er den Spott, seine Wehmut galt Johanna Keßler, Mutter zweier Töchter, Gattin eines reichen Bankiers. »Man ist oft gerührt und galant, ohne betrunken zu sein.«

Als er seinen Bruder Otto Busch in Frankfurt besuchte, der Hauslehrer der Familie Keßler war, traf er auf Johanna Keßler. Sie sammelte Kunst. Das erste prächtige Gemälde, das er malen würde, wollte sie kaufen, doch Wilhelm Busch malte nie große Stücke. Er blieb bei kleinen, die er zur Not besser verbergen konnte. Er besuchte Johanna Keßler häufiger, zog nach Frankfurt, nahm sich ein Atelier. 1869 bis 1872: Gute Jahre mit reicher Ernte. ›Schnurrdiburr oder die Bienen‹, ›Der heilige Antonius von Padua‹, ›Die fromme Helene‹, ›Pater Filucius‹ entstanden, doch mehr als Freundschaft verbat sich Johanna Keßler, die Wil-

helm Busch mal »verehrte Frau« mal »liebs guts Ungeheuer«
nannte. Sie blieb für ihn unerreichbar. Er fühle sich wie ein
Eskimo, schrieb er ihr, der sich wünsche, tief unter der Schnee-
kruste hinter dem Nordpol zu sitzen, um Lebertran zu trinken,
denn dann könnte er sich wärmen, woran er wolle. 1872 ging er
nach Wiedensahl zurück, er schrieb ihr weiter, dann verstummte
er.

Statt dessen schickte er Briefe an Maria Anderson, nachdem
1874 sein erster Gedichtband herausgekommen war. ›Kritik des
Herzens‹ war ein Fehlschlag. Seine Leser liebten seinen hinter-
sinnigen Witz, seinen Hohn, die Ausfälle gegen die Kirche, die
er in ›Der heilige Antonius von Padua‹ und ›Pater Filucius‹ heftig angegriffen hatte. Seine Gedichte dagegen kamen nicht so
recht an. Maria Anderson war eine der wenigen, die sie lobte. Sie
schrieb ihm eifrig, doch je öfter Briefe kamen, um so tiefer verkroch sich Wilhelm Busch. Um ihn zu halten, sprach Maria Anderson vorsichtig nur von geistiger Liebe, die ihm recht war. Zu
sehr schmerzten noch die verbrannten Finger. Als sie aber immer mehr drängelte, war Schluß für Wilhelm Busch. Er wurde
grob und gröber, bis er dann doch herablassend zustimmte, sie
zu sehen. Ihr einziges und letztes Treffen. Sie kam angereist, er
erwartete sie im Bahnhof, sie plauderten, dann ließ er sie stehen.

»Man hat den Autor für einen Bücherwurm und Absonderling
gehalten.« Das erste zu Unrecht, so Wilhelm Busch, das zweite
eher zu Recht, denn er sonderte sich ab. 1881 besuchte er München ein letztes Mal. Er hatte sich im Künstlerverein Allotria mit
Franz von Lenbach angefreundet, mit Hermann Levi, dem Diri-
genten Richard Wagners, und Friedrich August von Kaulbach,
und sich Abend für Abend herumgetrieben. »Man fetiert mich
mehr, als ich's verdiene, und noch keinen Abend bin ich leider so
früh nach Hause gekommen, daß nicht der Herr Portier bereits
im tiefsten Schlummer gelegen hätte.« Doch das ständige Ausgehen, die ausgiebigen Feiern waren ihm zuviel geworden. »So
viel bei soviel Lärm, und wär's auch noch so schön, macht mich
unruhig und verlegen, und ich fühle dann so recht deutlich, wie
weit ich mich aus dem Geknuff der Welt ins ›Land der Fabel‹

zurückgezogen habe. Zu weit vielleicht.« Er lebte lieber im abgelegenen Wiedensahl. »Das Gewurl der Stadt, die Gesellschaften, Kneipereien, das nächtliche Hocken werden mir zuletzt immer peinlich. Rück ich dann wieder in mein gutes, einsames Wiedensahl, so fühl ich: nur hier ist meine angestammte und angewöhnte Heimstätte – um die mich freilich wenige beneiden werden. Was schadt's?« Er verreiste jedes Jahr, doch immer war er froh zurückzukommen. »So schau ich denn nun wieder mit leidlicher Seelenruh durchs alte Fenster und die alten entblätterten Obstbäume, welche im Winde rischeln und rascheln, ins weite Feld hinaus bis an den Wald.« Immer wieder malte er das Dorf, am Dorfleben selbst nahm er nicht teil. Die Kirche betrat er nur selten, ging er in ein Gasthaus, dann meist in den umliegenden Dörfern. Er brauchte eine leidlich gemütliche Ecke, wie er meinte, zum Schreiben und Zeichnen. »Wie wohl ist dem, der dann und wann | Sich etwas Schönes dichten kann!« ›Abenteuer eines Junggesellen‹, ›Die Haarbeutel‹, ›Fipps der Affe‹ kamen heraus, und selbst die alten ›Bildergeschichten‹ wurden wieder aufgelegt. »Fast alle hab ich, ohne wem was zu sagen, in Wiedensahl verfertigt. Dann hab ich sie laufen lassen auf den Markt, und da sind sie herumgesprungen, wie Buben tun, ohne viel Rücksicht zu nehmen auf gar zu empfindsame Hühneraugen.« Wilhelm Busch nahm sich die Reichen zur Brust, die Speichellecker, Lügenbolde, Spießer, Lobhudler, doch er beschrieb sie sanfter als zuvor. Das Geifernde in seinen Geschichten legte er ab, um mit einem Lächeln desto sicherer bloßzustellen. Maler und Dichter, und damit sich selbst, nahm er dabei nicht aus.

1883 beschrieb und zeichnete er mit ›Balduin Bählamm, der verhinderte Dichter‹ einen anständigen Bürger, der sich als Künstler sieht, um seinem bedeutungslosen Leben den Anschein des Besonderen zu geben, und umgekehrt 1884 mit ›Maler Klecksel‹ einen unbegabten Pfuscher, der malt, um in der gutbürgerlichen Welt geachtet zu werden. Beide buhlen um Anerkennung. Anders Wilhelm Busch. Der Ruhm, der ihm von überall zufloß, bedeutete ihm nichts. Er ging ihm aus dem Weg, streifte lieber durch die Wälder oder saß im Garten. Er grub, jätete, stocherte, handhabte die Gießkanne, besah sich täglich alles, was wuchs. Mit jedem Kohlkopf, mit jeder Rose, jeder Gurke sei er bestens bekannt, sein Hang zur Einsamkeit werde, wie er schrieb, wie seine Glatze immer größer. Nach seiner Rückkehr nach Wiedensahl hatte er zunächst bei seinem Bruder Adolf Busch und dessen Frau Johanne im Haus der verstorbenen Eltern gelebt, doch sie verstanden sich nicht. Ein Streit um das Erbe klang nach. Wilhelm Busch zog daher in das Wiedensahler Pfarrhaus zu seiner Schwester Fanny Nöldeke, die den Dorfpastor geheiratet hatte. Als er starb, richteten sie sich im Pfarrwitwenhaus ein, und Wilhelm Busch hatte, was er so noch nie gehabt hatte: eine Familie. Er erzog seine drei Neffen, sie führte den Haushalt und sorgte dafür, daß er darin die Stille und gelassene Ruhe bekam, die er zum Schreiben brauchte. »Der grüne Kachelofen ist schön warm, die Zigarette dampft. Nur vor Dämmerung schlürfe ich ein Stündchen über das Feld und durch den Wald; heute wie gestern und morgen wieder so.« Ganz einfach war das Leben mit ihm nicht. Zuweilen war er griesgrämig, zuweilen reizbar wie bei seinem letzten Besuch in München, als er die Vorstellung eines Hypnotiseurs mit Zwischenrufen störte und sich danach noch heftig stritt. Übersinnliches hielt der erwachsene Wilhelm Busch für Humbug. »Falls es in meinem Hause spuken sollte, würd' ich dem Dienstpersonal bei Tag und Nacht ein peinliches Mißtrauen widmen.« Stimmen aus dem Jenseits kümmerten ihn nicht, das Jenseits aber schon. Der Magen machte ihm zu schaffen, Schmerz und Tod beschäftigten ihn zusehends – und die Steuer. Ganze Nächte habe er durchgesessen und Zinstabellen gerechnet, bis ihm der Schweiß an den Ohren heruntergelaufen sei, und habe doch nichts zuwege gebracht. Er wollte mit all dem nichts mehr zu tun haben. Seine Welt war die Welt der Phantasie, und darin wollte er nicht gestört werden. Um sich nicht länger herumärgern zu müssen, bot Wilhelm Busch 1896 seinem Verleger an, ihm sämtliche Rechte an allem abzutreten, was er bisher geschrieben. Otto Bassermann kam nach Wiedensahl und ermahnte Wilhelm Busch, sich dann aber nicht zu beschweren, falls er damit viel Geld verdiene. Wilhelm Busch bekam 50 000 Mark und beschwerte sich danach dann doch.

Seine Bildergeschichten verkauften sich wie eh und je, seine reifen Erzählungen waren dagegen Ladenhüter. In ›Eduards Traum‹, besonders aber in ›Der Schmetterling‹ ließ er sein Leben durchblicken: Wie er einst selbst, so läuft der Bauernjunge Peter mit dem Netz in der Hand von zu Hause fort, um einem bunten Schmetterling hinterherzujagen, den er nie fängt. Er irrt ziellos umher, wird betrogen, verliebt sich unsterblich, doch vergeblich in eine schöne Hexe, verliert alles und kehrt mit Hexenschuß und nur noch einem Bein ins Elternhaus zurück. Dort wohnen längst andere, doch unbekümmert stellt er sich als »Fritz Fröhlich« vor und verbringt zufrieden seine alten Tage als freundlich aufgenommener »Humpelfritze«. »Und so leb ich denn allhier als ein stilles, geduldiges, nutzbares Haustier. – Schmetterlinge beacht ich nicht mehr. – Oben im alten Giebelstübchen hab ich mir eine gemütliche Werkstatt eingerichtet.« Ganz so fröhlich und zufrieden war Wilhelm Busch nicht. Altersschwermut machte ihm zu schaffen.

Seiner eigenen schönen Hexe, Johanna Keßler, hatte er dreizehn Jahre nicht mehr geschrieben, 1891 aber söhnten sie sich aus, und seitdem schickten sie sich wieder Briefe, doch seine Altersschwermut konnte auch sie ihm nicht austreiben. Wiedensahl war ruhig geworden, die Söhne seiner Schwester waren ausgeflogen, und als einer von ihnen, Otto Nöldeke, Pfarrer in Mechtshausen wurde, lud er seine Mutter und den Onkel ein, doch bei ihm zu leben. Wo seine Schwester sei, da sei auch er, so Wilhelm Busch kurz und trocken. Sie tauschten Wiedensahl mit Mechtshausen. 1898 zogen sie um, Wilhelm Busch vor allem auch, weil die Spannungen zwischen ihm und seinem Bruder Adolf Busch immer weiter angewachsen waren. Beim täglichen Gang zur Wiedensahler Post mied Wilhelm Busch die Dorfstraße, um nur nicht seiner Schwägerin zu begegnen.

»Während gänzlicher Windstille saß ich ein Stündchen drauß vor der Tür und rauchte mein Pfeifchen und betrachtete die stummen, schwarzen Gestalten der Bäume.« Wilhelm Busch tat in Mechtshausen alles, um nicht entdeckt zu werden. Die Bauern ahnten nicht, wer der alte Herr war, Briefe, die ihm aus Wiedensahl nachgeschickt wurden, beantwortete er, ohne die neue Adresse anzugeben. Als sein siebzigster Geburtstag nahte, war das Geheimnis aber nicht mehr zu wahren. Feiern wurden vorbereitet, die Zeitungen schickten ihre Leute – Wilhelm Busch floh zu seinem Neffen Hermann Nöldeke nach Hattorf. Am 15. April 1902, abends zehn Uhr, atmete er erleichtert auf, nun könne ihm wohl

Schild des Wilhelm-Busch-Museums

nichts mehr passieren. Zwei Wochen blieb er fort. Als er zurückkam, erwarteten ihn Aberhunderte von Glückwünschen, Schinken, Pumpernickel, siebzig Flaschen Pfälzer Wein von Otto Bassermann, ein Telegramm des Kaisers, und für ›Max und Moritz‹ wurden ihm als Geschenk des Verlags 20 000 Mark angewiesen, die er zwei Krankenhäusern in Hannover spendete. Vor lauter Bedankungsschreiben wurden ihm die Finger krumm. Danach kam die Stille zurück und die Traurigkeit. Wilhelm Busch war alt geworden. Gesund wie er war, besuchte er noch immer einmal im Jahr Freunde und Bekannte, saß und trank mit ihnen bis in die späte Nacht. Doch er wußte, seine Zeit läuft ab. 1904 erschien seine Gedichtsammlung ›Zu guter Letzt‹, dann kam fast nichts mehr. »Denn hinderlich, wie überall, | Ist hier der eigne Todesfall.« Er nahm Abschied, doch so sehr ihn lange Jahre der Tod erschreckt hatte, nun erwartete er ihn gelassen. Er löste sich vom Leben. »Was soll ich viel sagen? – Ich stehe auf der Grenze von Hier und Dort, und fast kommt es mir vor, als ob beides dasselbe wäre.« Am 6. Januar 1908 fühlte er sich schlecht, am Tag darauf wurde eine Herzschwäche festgestellt, zwei Tage später war er tot.

Ich wollte es auch einmal so gut haben, wie andere Menschen

Gotthold Ephraim Lessing in Wolfenbüttel

as Jahr 1772. James Cook brach zu seiner zweiten Weltumsegelung auf, die ihn nach Tahiti führte, Wasserstoff und Stickstoff waren entdeckt, in Frankreich wurde die Inquisition aufgehoben, Novalis wurde geboren, Haydn schrieb die ›Abschiedssinfonie‹, Lessing saß seit zwei Jahren als herzoglicher Bibliothekar in Wolfenbüttel und ärgerte sich. 600 Taler das Jahr waren ihm zugesagt worden, dazu freie Wohnung und Holz. Des Herumziehens müde, hatte er das Angebot angenommen. Er wollte seine Ruhe und mit sicherem Auskommen seine Schulden begleichen, doch Lessings Geld kam nur schleppend. Wolfenbüttel war ein Nest, das Schloß verwaist, und weil es leerstand, war Lessing darin eine Zimmerflucht als Wohnung zugewiesen worden. Fünf Räume im zweiten Stock, acht Fenster zum Schloßplatz hin, voll herzoglicher Möbel, überaus geräumig und eben deswegen unbequem und kalt. Lessing verfluchte das Schloß mitsamt dem Herzog, der ihn nach Wolfenbüttel gelockt hatte. Als 1772 Lessings ›Emilia Galotti‹ in Braunschweig erstmals aufgeführt wurde, war er selbst nicht dabei. Er schützte Zahnschmerzen vor, und er wußte, warum. Das Stück um Fürstenwillkür und höfische Verschlagenheit war ein Skandal.

Schreibe wie du redest, so schreibst du schön, forderte Lessing und Lessing schrieb ganz so, wie er war. Griffig und elegant, leichthändig und gescheit, volkstümlich und gelehrt, und dabei doch mit unbeugbarem Stolz. Lessing teilte in seinen Kritiken derbe Schläge aus, Schimpf und Schande schleuderte er auf seine Gegner und verspottete sie mit teuflischem Witz. Lagen sie am Boden, reichte er ihnen die Hand. Er schrieb Sätze scharf wie Degenklingen, geschmeidig und tödlich. Er haßte und liebte inbrünstig, seine Sehnsucht nach Freiheit war unbändig. Lessing

Das Lessinghaus in Wolfenbüttel

war redlich bis zur Sturheit, unverzagt und leidenschaftlich, er begrub sich unter Büchern und war doch Salonlöwe und Weltmann, er kannte die Weinhäuser, war ein Glücksspieler. Gotthold Ephraim Lessing: Philosoph und Stückeschreiber, Theologe und Mediziner, Journalist und Kritiker, erst unverbesserlicher Junggeselle, dann sorgsamer Ehemann. So kluge, so gebildete Menschen gebe es viele, sagte Goethe über ihn, aber wo sei ein solcher Charakter. Herder nannte ihn einen Wahrheitssucher, Wahrheitskenner, Wahrheitsverfechter, Heinrich Heine meinte, Lessing habe alles für die Wahrheit tun können, nur nicht lügen, und daß der witzigste Mensch in Deutschland zugleich der ehrlichste gewesen sei. Hatte Lessing Wahrheiten gefunden, wich er nicht zurück, und was er fand, schrieb er auf. »Sieh überall mit deinen eigenen Augen. Verunstalte nichts: beschönige nichts.«

Lessing, geboren am 22. Januar 1729, war ein Neuerer. Vollender der Aufklärung wurde er genannt. Die ›Hamburgische Dramaturgie‹ wurde zum Lehrbuch für Theater und Theaterkritik, mit ›Laokoon oder über die Grenzen von Malerei und Poesie‹ wandte er sich gegen die Ansicht, die bildende Kunst sei Maßstab der Dichtung, mit ›Briefe, die neueste Literatur betreffend‹ stritt er für Shakespeare und gegen das steife französische Hoftheater. Dessen überlebte Einheit von Ort, Zeit und Handlung eines Stücks an einem Tag gab er auf. Ziel seiner Stücke: Reinigung der Leidenschaften, nicht mehr Furcht und Entsetzen, sondern Mitleid erregen, die Menschen bessern. Deshalb waren seine Helden Bürger, nicht Fürsten, und waren sie Fürsten, so zeigte er sie als Menschen. Wahres Mitleid bekommt nur der, den man kennt. Lessing schrieb mit ›Miß Sara Sampson‹ das erste bürgerliche Trauerspiel. Der Bürger wurde tragödienfähig. Vor Lessing undenkbar. Goethe lernte von Lessing, Schiller lernte von ihm. Er selbst wollte eigentlich nur das Leben lernen, wie er seinem Vater schrieb, und der war entsetzt.

Johann Gottfried Lessing, Pastor in Kamenz, schrieb Gedichte und Lieder, übersetzte theologische Schriften aus dem Französischen und Englischen, doch aus Kamenz kam er nicht weg. Er mußte für seine Familie sorgen, und den Traum eines Gelehrtenlebens hatte er für sich aufgegeben. Für die Fürsten die Pracht des Barock, für die Schulmeister und Pfarrer ein karger Tisch. Gehorsam gegenüber dem Herrn mußte er sein, dafür wurde er mäßig bezahlt. Wenigstens in seinen Predigten verschaffte er sich Luft. Er war hitzig, donnerte jähzornig von der Kanzel. Das Aufbrausende hatte sein Sohn von ihm. Für seine Kinder tat Johann Gottfried Lessing, so viel er konnte. Was dem Vater verwehrt war, sollte Gotthold an seiner Statt erreichen, und das möglichst bald, um nicht mehr aus dem Familienbeutel zu zehren.

Lessing war wissensdurstig, und schon als Kind bestand er darauf, mit Büchern neben sich gemalt zu werden. Um ihn auf eigene Füße zu stellen, brachte Johann Gottfried Lessing seinen zwölfjährigen Sohn 1741 in St. Afra in Meißen unter, einer der besten Schulen. Er sei ein Pferd, das doppeltes Futter haben müsse, so sein Schulleiter, was anderen zu schwer sei, falle ihm kinderleicht. Gotthold Ephraim Lessing war scharfsinnig, gewitzt, er lernte rasch und schlug genauso gern über die Stränge. Als sein jüngerer Bruder Theophilus ebenfalls in St. Afra antrat, wurde ihm geraten, er solle so fleißig, aber nicht so naseweis wie Gotthold sein. Lessing durfte St. Afra vorzeitig verlassen, um zu studieren. Als Pfarrerssohn mit wenig Geld blieb ihm nur die Theologie, und wieder half der Vater. Er verschaffte dem Siebzehnjährigen 1746 ein Stipendium.

In Leipzig hörte Lessing von Mathematik bis Chemie, Medizin und Sprachen alles, nur für die Theologie begeisterte er sich nicht, eher schon beschäftigten ihn Tanzen und Fechten. Vor allem aber das Theater schlug ihn in Bann. Seine letzten Groschen gab er dafür aus. Er trieb sich zwischen den Kulissen herum, Molière und Voltaire waren seine Hausgötter. Als die Eltern davon hörten, befahlen sie Lessing nach Hause. Die Mutter sei todkrank, sie wolle ihn noch einmal sehen. Im eiskalten Winter 1747 auf 1748 reiste er in der Kutsche nach Kamenz. Halberfroren kam er an, die Mutter aber war ganz munter, und weil sie ein schlechtes Gewissen hatten, erlaubten sie ihm zögerlich, die Theologie aufzugeben. Er durfte Medizin studieren, was er von

Ostern 1748 an in Leipzig mit wenig Einsatz tat. Das Theater hatte ihn wieder, besonders weil die Truppe der Neuberin seine erste Komödie, ›Der junge Gelehrte‹, aufführte. Gleich schrieb er das nächste Stück, ›Der Misogyn‹. Lessing selbst war kein Frauenfeind. Die Damen lagen ihm immer zu Füßen, und als die bankrotte Schauspieltruppe nach Wien floh und ihn mit ihren Schulden sitzenließ, für die er leichtsinnig gebürgt hatte, überlegte er, ob er ihnen hinterher sollte, der reizenden blutjungen Friederike Lorenz wegen. Er blieb in Leipzig, und im Sommer 1748 stahl er sich vor den Gläubigern nach Berlin davon.

Auf dem Weg, in Wittenberg, brach er krank zusammen, erst im November traf er in Berlin ein. Lessing war so am Boden, daß er sich erst nicht unter die Leute traute. Er wohnte beim Zeitungsschreiber Christlob Mylius, in dessen dürftiger Bleibe, die so ärmlich und heruntergekommen war wie er selbst. Für anderthalb Groschen aß er in einer Garküche. Mylius, der ihn bei der ›Berlinischen Privilegierten Zeitung‹ unterbrachte, war trotz ständigen Geldmangels ein Lebemann, und Lessing lebte arm, aber fröhlich mit. Er stritt in Kaffeehäusern und Weinstuben über Gott und über die Welt, schrieb Lustspiele wie ›Der Freigeist‹ oder ›Die alte Jungfer‹, aber auch das Stück ›Die Juden‹, mit dem Lessing begann, was er in ›Nathan der Weise‹ beendete: das Eintreten für die Menschlichkeit.

Erstmals richtig bekannt wurde Lessing mit dem Stück ›Samuel Henzi‹ über den 1749 hingerichteten Schweizer Bürger, der seine Stimme gegen den Stadtadel erhoben hatte. In Bern war eine Verschwörung aufgedeckt worden, die keine war. Gerechtigkeit wollten sie, ein besseres Leben für alle, auch für die Armen. Allein das schon galt als Verschwörung. Der vermeintliche Anführer, der Pfarrerssohn und Schriftsteller Samuel Henzi, wurde gefoltert, aber er gestand nicht. Die Verschwörer wurden trotzdem hingerichtet. Weil der Pfarrer auf dem Blutgerüst ergriffen schwieg, betete Henzi für sich und die anderen, als die Hand des Henkers zitterte, sprach er seinen letzten Satz: In dieser Republik sei alles schlecht, selbst die Henker. Zweimal mußte der zuschlagen, dann erst fiel Henzis Kopf. Ein Sturm der Entrüstung tobte durch die Stuben der Gelehrten in Europa, und Lessing wurde ihr Wortführer. ›Samuel Henzi‹ war unerhört. Weder Götter noch Fürsten sind seine Helden, sondern Aufrührer gegen die Obrigkeit. Das Stück wurde nie fertig, doch was daraus laut wurde, hatte die Gebildeten aufhorchen lassen, und sie hörten ihm weiter zu.

Lessing wurde bei der Zeitung Nachfolger von Mylius, er schrieb Zeitungskritiken, die Gedichtsammlung ›Kleinigkeiten‹ von 1751 wurde sein erstes veröffentlichtes Buch, und er übersetzte Voltaire, den er verehrte, doch nie kennenlernte. Lessing kannte Voltaires Sekretär, dem er beim Sortieren der Druckbögen einer Schrift Voltaires half, die noch geheim war. Aus fehlerhaften und verschmierten Bögen stellte sich Lessing eine Ausgabe für sich zusammen, die er sorglos verlieh. Sie geriet unter die falschen Augen, und Lessing wurde des Betrugs beschuldigt. Er floh nach Wittenberg, setzte kurz sein Medizinstudium fort und entschied sich endgültig, als freier Schriftsteller zu arbeiten. 1752 kam Lessing nach Berlin zurück, als Gras über alles gewachsen war. Er hatte es sich mit Voltaire verscherzt und so zugleich mit Friedrich II., der Lessing beständig nur »le singe«, der Affe, nannte, und doch wurde Berlin das Sprungbrett für seinen Aufstieg.

Ganz nach oben brachte ihn 1755 ›Miß Sara Sampson‹: Ihr Vater, William Sampson, gestattet Mellefont, bei dem er Schulden hat, Zutritt zu seinem Haus. Mellefont ist der eigenen Zügellosigkeit und seiner Geliebten Marwood überdrüssig. Mit Sara Sampson hofft er auf ein neues Leben. Er verführt und entführt sie, um sie zu heiraten. Die Marwood will ihn zurückgewinnen, als ihr dies mißlingt, vergiftet sie Sara. Mellefont ersticht sich. ›Miß Sara Sampson‹ war ein Trauerspiel, aber eben ein bürgerliches. Ohne Macht, ohne Beteiligung an der Herrschaft, begann das Selbstbewußtsein des Bürgertums auf der Bühne zu erwachen, dafür hatte Lessing gesorgt. Wenigstens auf ihr wurden Bürger nun dem Adel gleichgestellt. Achtunddreißig Jahre später beendete die im selben Jahr 1755 geborene Marie Antoinette ihr Leben unter der Guillotine.

Noch aber weinten Bürger und Adel einträchtig über Sara Sampsons Schicksal. Überhaupt wurde gern und viel geweint. Auf der Bühne, in Büchern und Gedichten herrschte die Empfindsamkeit. Lessing war weniger zimperlich. Er schrieb mit spitzer Feder gegen, so Lessing, diesen Unsinn, Bombast und Pöbelwitz an. Seine berühmten Kritiken waren oft mehr Hinrichtung als Besprechung. Wer schreiben konnte und Geist hatte, den ehrte er, die anderen stampfte er genüßlich in Grund und Boden. Gottsched, der für das französische Theater stand, nahm er auseinander und später den schwülstigen Pastor Lange, weil der seinen geliebten Horaz so albern übersetzt hatte. Das mehrte sein Ansehen und zugleich die Furcht vor ihm. Klopfte er an eine Tür, hieß es nur: Lessing kommt! Doch von Ruhm und Ehre konnte Lessing nicht leben. Er brauchte Geld. Hatte er welches, gab er großzügig einem Bettler oder schickte es nach Kamenz zu den Eltern, damit die Brüder studieren konnten, und um Geld zu verdienen, verabredete Lessing mit dem Kaufmann Christian Gottfried Winkler, ihn 1756 auf eine Reise zu begleiten. Geplant waren drei Jahre, doch die Reise endete bereits in Amsterdam. Der Siebenjährige Krieg war ausgebrochen, Winkler eilte besorgt um sein Geschäft zurück, und so lange wie der Krieg dauerte, prozessierte Lessing um das vereinbarte Reisehonorar. Am Ende bekam er die Hälfte. 1757 verbrachte Lessing in Leipzig, 1758 kehrte er nach Berlin zurück. ›Briefe, die neueste Literatur betreffend‹ entstanden, er übersetzte ›Das Theater des Herrn Diderot‹, verfaßte ›Philotas‹, schrieb ›Fabeln‹, und doch schränkte ihn in Berlin die Fron des täglichen Schreibenmüssens für Zeitungen und die Arbeit an den Übersetzungen für seinen Geschmack zu sehr ein. Lessings Freiheitsliebe war dafür zu groß, und weil er nur zu gern Schwarz mit Weiß vertauschte und Grau nicht kannte, verschwand er Hals über Kopf aus dem Trott. 1760 ging er abschiedslos auf und davon. Er verließ Berlin, ohne auch nur die Miete zu zahlen, und nahm Dienst beim General Tauentzien in Breslau. Er wurde sein Sekretär.

Lessing erledigte, was anfiel, daneben hatte er Zeit, die er beim Hasard verbrachte. Lessing, der sonst beim Schach saß, wurde und blieb ein süchtiger Spieler, der setzte und gewann, setzte und verlor, bis ihm der Schweiß ausbrach. Immerhin war manchmal genug übrig, um Bücher zu sammeln. Lessing zog in den Siebenjährigen Krieg, nahm an der Belagerung von Schweidnitz teil, las und schrieb im Feldlager. Fünf Jahre diente er. Als er krank wurde und dem Tod gerade noch von der Schippe sprang, beschloß er, daß es so nicht weitergehen konnte. Zum dritten Mal Berlin. 1765 kehrte er dorthin zurück. Um seine Spielschulden zu bezahlen, mußte er die teuer erstandenen Bücher wieder losschlagen. Es war nicht das einzige Mal, daß er Bücher verkaufen mußte. Im Gepäck aber hatte er die Entwürfe zu ›Laokoon‹ und ›Minna von Barnhelm oder Das Soldatenglück‹. Zwei Jahre blieb er, dann war Lessing Berlin wieder leid. Er hatte ein Angebot aus Hamburg: 800 Taler das Jahr, falls er an das noch zu gründende Nationaltheater käme.

Bibliothek in Wolfenbüttel

Drei Jahre, 1767 bis 1770, lebte Lessing in Hamburg. Er war Dramaturg, hauseigener Kritiker, und faßte seine Kritiken, die sich mit Grundlegendem zu Tragödie und Komödie beschäftigten, in der wegweisenden ›Hamburgischen Dramaturgie‹ zusammen. Das Hamburger Theater aber war mehr eine Versuchsbühne, eigenständige deutsche Theaterstücke gab es nur wenige. Noch beherrschte Frankreich die Szene, und über den Weg zum deutschen Schauspiel wurde gestritten. Zu viele Köpfe leiteten das Theater, das Haus hatte Schauspieler, doch keine Schauspielkunst, das Publikum wollte lieber Altbackenes sehen, und so scheiterte der Traum vom ersten deutschen Nationaltheater genauso wie die Druckerei und Verlagsbuchhandlung, die Lessing mitbegründete, um Autoren und Verleger gleichermaßen am Gewinn zu beteiligen. Zu viele Raubdrucker machten ihnen das Leben schwer. Lessings Wunsch, unabhängig zu sein, sich und die Familie in Kamenz abzusichern, scheiterte. Eines aber gelang in Hamburg: die erste Aufführung des Lustspiels ›Minna von Barnhelm‹.

Minna von Barnhelm sucht und findet ihren Verlobten Major Tellheim, der nicht aus dem Siebenjährigen Krieg zurückgekommen ist, zufällig in einem Berliner Gasthaus. Der zum Krüppel geschossene Tellheim hat sich verkrochen, weil er, unschuldig der Bestechung angeklagt, unehrenhaft vom König entlassen worden ist. Tellheim, ohne Geld und ohne Ehre, will die Verlobung lösen. Minna greift zur List: Sie sei enterbt, weil sie zu ihm halte. Der redliche Tellheim borgt, löst den Verlobungsring aus, den sie verpfändet hat, will Minna beistehen und heiraten. Nun weigert sie sich und je mehr sie sich weigert, desto mehr müht sich Tellheim. Am Ende gewährt ihm der König Gnade. Minna hat ihren Tellheim wieder. ›Minna von Barnhelm‹ ist ein Lustspiel mit Diener, Kammerkätzchen, Irrungen, Wirrungen, und doch mehr als das. Tellheim, Minna, Diener und Dienerin sind keine hölzernen Komödienfiguren. Sie sind Menschen aus Fleisch und Blut, mit Sorgen, mit guten Eigenheiten und schlechten. Ebenfalls neu: Jeder spricht die Sprache seines Standes. Und noch eins: Tellheim bekommt nicht sein Recht, sondern Gnade. Der König entscheidet willkürlich, wie es ihm gerade paßt, und der König war Friedrich der Große. Das Lustspiel wurde so zur Anklage, und Lessing klagte weiter an, mit ›Emilia Galotti‹, das in Wolfenbüttel entstand.

Das Angebot war aus Braunschweig gekommen. Der Herzog bat ihn, seine berühmte Bibliothek am einstigen herzoglichen Hof in Wolfenbüttel zu leiten, und Lessing drückten die Hamburger Schulden. Am 7. Mai 1770 trat Lessing daher den Dienst an und zog ins verödete Schloß von Wolfenbüttel ein. Der Hof war 1753 nach Braunschweig verlegt worden, und um die Mätressen, die Feste, das gute Leben zu bezahlen, verkaufte der Herzog seine Landeskinder als Soldaten. Der Verkauf brachte Geld, wurden sie verstümmelt, blieben sie in Übersee, für tote Soldaten kassierte er ein Kopfgeld. Weil der Herzog feierte, führte Lessing ein kümmerliches Leben. Seine Bezüge blieben aus, flossen sie, so flossen sie spärlich, derweil sich Lessing durch die Bibliothek wühlte, die gleich gegenüber dem verlassenen Schloß lag und in der Lessing im Winter fror, weil sie nicht geheizt werden konnte. Dennoch grub er ihre verborgenen Schätze aus, machte sie bekannt und unterstützte gewissenhaft Gelehrte in aller Welt.

In Braunschweig aber erinnerte sich der Hof, daß Lessing einer war, der schreiben konnte. Die Herzogin drängte ihn, ihr doch ein Stück zu bringen, und Lessing setzte sich hin in seinem Schloß und schrieb, auch weil er von seinem Verleger einen satten Vorschuß dafür bekommen sollte. Die Geschichte ging Lessing schon lange durch den Kopf, und am 13. März 1772, dem Geburtstag der Herzogin, kam ›Emilia Galotti‹ auf die Braunschweiger Bühne. Das Trauerspiel war heikel: Ein Prinz begehrt die Tochter Odoardo Galottis, die einen anderen heiraten will. Der Prinz läßt Emilia Galotti entführen, ihr Bräutigam wird ermordet. Die Gräfin Orsina, die verstoßene Geliebte des Prinzen, durchschaut ihn. Sie will sich an ihm rächen, verrät Odoardo Galotti das Komplott, der berichtet seiner Tochter. Um der drohenden Schande zu entgehen, zwingt Emilia ihren Vater, sie zu töten. Ende und Aus, doch ein Prinz als Mörder, lieber sterben, als sich einem Fürsten fügen, war ein zu starkes Stück, und so wurde Lessing weiter hingehalten mit Zahlungen, die nicht kamen.

Nach vier Jahren war Lessing mürbe, er fühlte sich stumpf und trocken an Geist und Sinnen, wie er schrieb, schwankte zwischen Zorn und Niedergeschlagenheit, und wenn er es gar nicht mehr aushielt, nahm er seinen Spazierstock und wanderte ins nahe Braunschweig, um Lotterie zu spielen und Freunde zu treffen. Er wünschte sich nach Hamburg zurück, das ihm fehlte, denn Hamburg stand auch für Eva König. Als er sie kennenlernte, war sie mit dem Seidenhändler und Tapetenfabrikanten Engelbert König verheiratet. Vier Kinder hatte sie, Lessing war der Taufpate des jüngsten. Ihr Mann war nach Italien gereist, hatte seine Familie der Obhut Lessings empfohlen und war in Venedig gestorben. Mittellos war sie nicht, aber die Fabriken in Wien und das Vermögen waren bedroht. Lessing kümmerte sich wie versprochen, sie kamen sich näher, und seit 1771 waren sie verlobt, doch weil Eva König nicht an ihr Geld kam und Lessing viel zu wenig verdiente, verzögerte sich ihre Heirat. Sie blieb in Hamburg, er war in Wolfenbüttel. Sie schrieben sich von ihren Krankheiten, auf welche Zahlen sie bei der Lotterie setzten und ein wenig auch von Liebe, aber sie sahen sich nicht. Für drei Jahre lebte Eva König dann in Wien, um zupackend ihre Streitigkeiten zu regeln. 1775 brach Lessing zu ihr auf und wunderte sich.

Aus ihm war eine Berühmtheit geworden. Maria Theresia empfing ihn, Kaiser Joseph sah die ›Emilia Galotti‹ und merkte an, er habe noch bei keinem Trauerspiel so viel gelacht. Lessing sollte ganz nach Wien, aber aus den Verhandlungen wurde nichts, und ebensowenig aus einem Mannheimer Ansuchen, und als sein Fürst versprach, ihn nun doch ordentlich zu bezahlen und ein eigenes Haus stellte, blieb er in Wolfenbüttel. Schon wollte er heim, da erreichte ihn der Befehl, den braunschweigischen Prinzen auf eine unliebsame, wirre und allzu lange Reise nach Italien zu begleiten. Seit Jahren hatte Lessing dorthin gewollt, und nun, da er keine Lust mehr dazu hatte, mußte er aufbrechen. Danach erst durfte Lessing nach Wolfenbüttel zurückkehren. Eva König und drei der Kinder kamen nach. Ihr Ältester lebte in Heidelberg. Am 8. Oktober 1776 heirateten sie bei Hamburg. Viel hatte Lessing immer noch nicht. Er konnte sich nicht einmal einen neuen Rock zur Hochzeit leisten, doch immerhin stand eine Wohnung für sie in Wolfenbüttel bereit, bis das ihnen versprochene Haus bezogen werden konnte.

Lessing wechselte aus dem ungeliebten Schloß ins Haus des Buchhändlers Johann Heinrich Meißner am Schloßplatz in die Beletage, die Lessing mitsamt Möbeln angemietet hatte. Ein

Jahr, bis Weihnachten 1777, mußten sie darin bleiben, denn noch war das ihnen zugewiesene Haus belegt, und sein Bewohner weigerte sich, auszuziehen. 1777 war ein gutes Jahr für Lessing. Sein glücklichstes, wie er bekannte. Um zu sparen, ersteigerte er die Möbel, die sie brauchten, und obwohl ihm die Köchin mit dreißig Talern eigentlich zu teuer war, stellte er eine an. Zu acht lebten sie im ersten Stock. Die Köchin, Aufwartefrau, ein Diener, die Kinder und sie selbst. Er gab sich mit den Kindern ab und ließ sich von ihnen gern beim Spiel das Geld abknöpfen. Sie führten ein gastfreies Haus. Hungrige Bibliotheksbenutzer brachte er kurzerhand mit, ohne sie groß anzukündigen. Er aß dann Eier und Schinken, falls das Essen nicht reichte. Lessing war kein Feinschmecker, er zog gestandene Hausmannskost vor. Über Linsen mit Speck konnte er sich freuen. »Des Abends gegen neun Uhr gab es, auch wenn Freunde zugegen waren, nur eine warme Schüssel; und zwischen zehn bis elf Uhr ging es nach Bürgermanier zu Bett.« Ein Besucher schwärmte, daß er unversehens so vertraut mit ihm geworden, daß er vergessen, wen er vor sich habe, und sofern noch mehr Wohlwollen als bei ihm anzutreffen sei, dann nur bei seiner Frau. Da die ein Kind von Lessing erwartete, war höchste Zeit für den Umzug.

Sein neues Haus, ebenfalls am Schloßplatz, stand ab Juli 1777 endlich leer. Ein großzügiges Haus, eher ein kleines Schloß. Drei Flügel, nur ein Geschoß, das Mansardendach ausgebaut, ein Innenhof mit Beeten und Wegen, ein Garten mit Obstbäumen, und die Bibliothek nur zwanzig Schritt vom Seiteneingang entfernt. Das Haus mußte erst noch hergerichtet werden. 1000 Taler wurden für Maurer, Zimmerleute, Tischler, Glaser, Schlosser und Maler ausgegeben. Eva Lessing kümmerte sich darum, gab Anweisungen, richtete alles ein. Das Haus sollte schön werden für sie, die Kinder, für Lessing. Die Zimmer im rechten Flügel gehörten ihm, um abgeschirmt von Hauslärm und Kindern arbeiten zu können. Ein kleiner Saal war da, der als Speisezimmer gedachte Gartensaal in der Mitte, an den sich Eva Lessings Kammer anschloß. Im linken Flügel Küche und Wirtschaftsräume, die Kinder schliefen in der Mansarde. Häusliches Glück ganz allein, Zurückgezogenheit und Ruhe nach all den rastlosen Jahren ohne Geld, immer in Schulden, waren für Lessing greifbar nah. Doch alles kam anders. In den Tagen vor Weihnachten 1777 zogen sie ein, obwohl der Ofensetzer noch nicht fertig war. Am ersten Weihnachtsfeiertag brachte Eva Lessing einen Sohn zur Welt. Lessing taufte ihn Traugott, nach zweien seiner verstorbenen Brüder. Ein schlechtes Vorzeichen. Drei Tage später war der Sohn tot.

Verzweiflung, Leere, stummer Schmerz. Was Lessing nicht aussprechen konnte, schrieb er hin. »Ich verlor ihn so ungern, diesen Sohn! denn er hatte so viel Verstand! – Glauben Sie nicht, daß die wenigen Stunden meiner Vaterschaft, mich schon zu so einem Affen von Vater gemacht haben! Ich weiß, was ich sage. – War es nicht Verstand, daß man ihn mit eisernen Zangen auf die Welt ziehen mußte? daß er sobald Unrat merkte? – War es nicht Verstand, daß er die erste Gelegenheit ergriff, sich wieder davon zu machen? – Freilich zerrt mir der kleine Ruschelkopf auch die Mutter mit fort! – Denn noch ist wenig Hoffnung, daß ich sie behalten werde. – Ich wollte es auch einmal so gut haben, wie andere Menschen. Aber es ist mir schlecht bekommen.« 10. Januar 1778: Eva Lessing starb erschöpft am Kindbettfieber, Lessing saß am Sterbebett. Als die Kinder ihn bei der Leiche betend fanden, nahm er ihnen das Gelübde ab, ihrer Mutter nachzueifern. »Meine Frau ist tot: und diese Erfahrung habe ich nun auch gemacht. Ich freue mich, daß mir viel dergleichen Erfahrungen nicht mehr übrig sein können.« So ruhig, so zufrieden, so glücklich in den eigenen vier Wänden, werde ihn keiner mehr je finden, schrieb er, mit ihm sei es vorbei.

Drei weitere Jahre lebte Lessing in dem Haus mit Fritz und Malchen, der Stieftochter, die ihm den Haushalt führte, und von der böse Zungen sagten, Lessing habe ein Verhältnis mit ihr. »War er im Kreise des Hauses, so zeigte er sich als zärtlichster Familienvater.« Er zerstreute sich, so gut er eben konnte. Sein Schachtisch stand im Haus, der Spazierstock hing an der Wand, er empfing Besucher, im Gartensaal wurde gegessen, nach Tisch

Kaffee getrunken und Tabak geraucht. Am Nachmittag dann ein Spaziergang um den Schloßwall. Mit einem Wagen ausfahren mochte er nicht. »Wie man ihn im Hause über Leiden niemals klagen hörte, wie ihn die Seinigen auch niemals verdrießlich gesehen haben, so ließ er auch bei Tische niemals über das Essen einen Tadel laut werden. Vielmehr war er seelenvergnügt und konnte auch wohl recht herzlich lachen«, erzählte später seine Stieftochter. »Ein Gläschen Wein bot er seinen Gästen gern, ohne im Genuß desselben jemals das Maß zu überschreiten. Die beste Würze des Mahles war ein heiteres Tischgespräch, an welchem auch, selbst in Gegenwart gelehrter Männer, die Familie teilnehmen konnte.« Manche Gäste blieben länger als gedacht. Eines Tages stand einer, der sich Könemann nannte, vor der Tür. Er war so abgerissen wie der Hund, den er bei sich hatte. Er behauptete, ein Buch fertig schreiben zu wollen, bat Lessing um Brot und eine Kammer. Ein Scharlatan, doch Lessing nahm ihn auf, und Könemann schnorrte sich auf seine Kosten durch. Nach ihm kam Alexander Daveson aus Braunschweig, ein Kunsthändler und Schriftsteller, und weil er in Not geraten war, lud Lessing ihn ein und gab ihm die vorderen Räume.

Nach Eva Lessings Tod bezog Lessing ihr Sterbezimmer mit Blick auf den Garten. Seine Einsamkeit darin teilte er nur mit seiner Katze. Sehr früh am Morgen stand er auf, er arbeitete, dann weckte er die Kinder. Den Vormittag verbrachte er im Schlafrock auf seiner Studierstube, empfing Besucher oder arbeitete in der Bibliothek. Der Tag war geregelt. Halb eins war Essenszeit. Lessing kam immer pünktlich, doch als einst seine Frau damit anfing, das Essen auf die Minute zu richten, war ihm das denn doch zuviel. Malchen Lessing: »Seine häusliche Einrichtung zeigte Eleganz ohne Verschwendung, der größte Schmuck darin war Sauberkeit und Ordnung. Dies gilt namentlich auch von seinem Arbeitszimmer. Welch eine niederschlagende Nachricht für alle diejenigen, welche glauben, daß ein großer Gelehrter nur im schmutzigen Chaos seiner Studierstube gedeihen könne!«

Lessings Schwermut beherrschte in seinen letzten Jahren das Haus. Aufbrausend war er zu Hause selten. »Freundlich, wie Lessing gegen die Seinigen war, erwies er sich auch gegen seine Domestiken. Seine Kinder erinnern sich nur eines einzigen Falles, daß ihn die Heftigkeit übermannte, und er die Magd mit einem Backenstreiche züchtigte, weil sie sich, während der letzten Krankheit seiner Frau, im Abholen der Medizin, Saumseligkeit hatte zuschulden kommen lassen. – Aufwartung bedurfte er wenig, und sein Bediente hatte daher äußerst faule Tage bei ihm.« Er war gebrochen, aber noch war er nicht am Ende. Er wurde krank, litt an Brustwassersucht, und doch saß er in der Stube und schrieb, denn trotz Trauer und Leid war Lessing streitbar wie je, und so stritt er sich mit dem Hamburger Hauptpastor Johann Melchior Goeze, einem eifernden Gegner, der ihm gleichwertig zurückgab. Lessing hatte die ›Fragmente eines Ungenannten‹ als angeblichen Bibliotheksfund herausgegeben. Verfasst hatte sie der verstorbene Hermann Samuel Reimarus, Lessings Freund, der gewissenhaft und kenntnisreich die Auferstehung Christi und die Aussendung des Heiligen Geistes bezweifelte. Er leugnete das Eingreifen Gottes in die Geschichte. Das rief den Pastor Goeze hervor, dem nachgesagt wurde, er zerre seine Schäflein an den Haaren in den Himmel. Goeze schrieb gegen Lessing an, daß die Fetzen flogen, 1778 setzte Lessing ihm den ›Anti-Goeze‹ entgegen, und mit der Schrift uferte der Streit aus, an dem sich alle Welt beteiligte. Lessings Herzog aber sah schon eine Glaubensspaltung heraufdämmern, und so verbot er Lessing, weiter Goeze niederzuschreiben, und das, obwohl er ihm einst zugesagt hatte, sich in keine seiner Schriften einzumischen. Verbot des ›Anti-Goeze‹. Lessing mundtot.

Lessing war am Boden, doch einmal noch stand er auf. Im Streit um die Wahrheit wechselte er nur die Waffen und holte zum letzten und bedeutendsten Schlag aus. 1779 erschien ›Nathan der Weise‹, und mitten in das Spiel um den Juden Nathan, den christlichen Tempelherren und Saladin, den Moslem, hatte Lessing die entscheidende Ringparabel eingeflochten. »Ich muß versuchen, ob man mich auf meiner alten Kanzel, auf dem Theater wenigstens, noch ungestört will predigen lassen.« Nathan erzählt: Ein Reicher habe einen Ring besessen und befohlen, daß auf immer nur der Sohn ihn erbe, der sich als der Würdigste erweise. So wurde der Ring von Geschlecht zu Geschlecht weitergegeben, bis einst ein Vater drei Söhne hatte, die vollkommen gleich an Tugend waren. Jeder begehrte den Ring, der Vater aber ließ zwei weitere Ringe anfertigen und gab auf dem Sterbebett jedem der Söhne einen der Ringe, die nicht zu unterscheiden waren. Nach dem Tod des Vaters behauptete jeder Sohn, er besitze den wahren Ring. Und so blieb offen, wer der rechtmäßige Erbe sei. Gleiches gelte für den Glauben. Ein jeder möge seinen Glauben für den wahren halten, aber bis ein Weiser den Streit entscheiden könne, mache den Wert des Glaubens allein die Toleranz, das Fühlen, Denken und Handeln der Gläubigen aus.

Die Geschichte des Rings, das Eintreten für Menschlichkeit und gegenseitige Achtung war Lessings Erbe. ›Nathan der Weise‹ wurde am 14. April 1783 in Berlin aufgeführt, doch da war Lessing bereits zwei Jahre tot. Am 1. Februar 1781 war er in seiner Braunschweiger Wohnung, die er sich bei der Kirche St. Marien genommen hatte, um ab und zu in Braunschweig sein zu können und in Wolfenbüttel nicht vollends zu versauern. Er speiste bei Hofe, am nächsten Tag war er bei der Herzogin. Am 3. Februar 1781 litt Lessing unter Atemnot. Er wurde in seine Stube im ersten Stock beim Weinhändler Angott am Ägidienmarkt gebracht. Er schien sich zu erholen, empfing Besuche, las. Er werde vielleicht in seiner Todesstunde zittern, aber vor seiner Todesstunde werde er nicht zittern, hatte Lessing einst gesagt, und er hielt sich dran: Der Lohnlakai, den er auf seine letzten Tage hatte, mußte an Lessings Sterbetag eine Leiche herrichten. Lessing ließ ihm zweimal ausrichten, er solle sich gefälligst beeilen, fertig zu werden, um sich auch um seine kümmern zu können. Diese Szene sei aus, sagte er noch ganz am Ende. Lessing starb am Abend des 15. Februar 1781.

Im Garten stehlen
sie mir den Salat
Eduard Mörike in Cleversulzbach

as Pfarrhaus in Cleversulzbach bei Nacht: Gespenstische Berührungen, seltsame Geräusche, unheimliches Geklapper. Eduard Mörike, Tagebuch, 19. bis 30. August 1834: »Ein Fallen und Rollen, wie von einer kleinen Kugel unter meiner Bettstatt hervor, das ich bei hellem Wachen und völliger Gemütsruhe mehrmals vernahm, und wovon ich bei Tage trotz allem Nachsuchen keine natürliche Ursache finden konnte.« Nachts schreckte er auf mit dem Gefühl, ein fester, harter Körper liege auf der blanken Haut seiner Hüfte. Mörike blieb gelassen. Er wurde neugierig. »Als eben die Mutter durch den Hausöhrn ging, vernahm sie ein dumpfes, starkes Klopfen an der hintern Haustür, die auf ebenem Boden in den Garten hinausführt. Ihr erster Gedanke war, es verlange noch jemand herein; nur war das Klopfen von einem durchdringenden Seufzer gefolgt, der sogleich eine schauderhafte Idee erweckte. Man riegelte unverzüglich auf und sah im Garten nach, ohne irgendeine menschliche Spur zu entdecken. Auch Karl (mein älterer Bruder) dessen Zimmer zunächst an jener Tür ist, sowie Clärchen (meine Schwester) und die Magd hatten das Klopfen gehört.« Eines Nachts lief Clara zitternd mit stockendem Atem aus der Schlafstube. Sie war erwacht, weil sie von einem Unsichtbaren in den Arm genommen worden war.

Im Sommer 1834 waren sie im Pfarrhaus eingezogen. Bald danach begann das Rumoren. »Die Geisterindizien dauern fort, und zwar jetzt in verstärktem Grade.« Das Pfarrhaus war nicht geheuer, besonders im Herbst und Winter. Eduard Mörike glaubte, der Geist des zu Cleversulzbach verstorbenen Pfarrers Rabausch gehe um. Erst die Morgendämmerung vertrieb das Poltern bis zur nächsten Nacht. »Vom Berge was kommt dort um Mitternacht spät | Mit Fackeln so prächtig herunter? | Ob

181

das wohl zum Tanze, zum Feste noch geht? I Mir klingen die Lieder so munter. I O nein! I So sage, was mag es wohl sein? I Das, was du siehest, ist Totengeleit, I Und was du da hörest, sind

Nächtliche Traumerscheinung, Zeichnung von Mörike

Klagen.« Eduard Mörike war empfänglich für das Geisterhafte, das er in Gedichten wie ›Die Geister am Mummelsee‹ beschrieb. Sein bekanntestes gelang ihm mit zwanzig: ›Der Feuerreiter‹. »Sehet ihr am Fensterlein I Dort die rote Mütze wieder? I Nicht geheuer muß es sein, I Denn er geht schon auf und nieder. I Und auf einmal welch Gewühle I Bei der Brücke, nach dem Feld! I Horch! das Feuerglöcklein gellt: I Hinterm Berg, I Hinterm Berg I Brennt es in der Mühle!« Eduard Mörike beendete seine Aufzeichnungen zum Spuk im Pfarrhaus 1841. Eine Erklärung fand er nie.

Das Pfarrhaus bei Tag: Die Pfarre war arm, das Kirchdorf abgeschieden, das Pfarrhaus neben der Kirche mit dem alten Turmhahn geräumig, aber bescheiden, der Keller des Pfarrhauses feucht, nur drei der Zimmer zu heizen. Die Pfarre war mit einer Kasse ausgestattet, einem Kasten für die Kirchenbücher, einem Amtssiegel und mehr nicht. Bei der Kirche der Friedhof, auf dem Schillers Mutter begraben liegt, dazu ein Garten, in dem Gemüse gezogen wurde für das karge Essen. Nachts schlichen sich die Bauern ein. »Im Garten stehlen sie mir den Salat.« Eduard Mörike nahm das mit einem Lachen. Ohne eigene Pfarrgemeinde war er seit Jahren als Vertreter von Pfarrern im Land, als Pfarrvikar, herumgeschickt worden, und nachdem er sich am 26. April 1834 für Cleversulzbach beworben hatte, war er selbst erstaunt, seine erste Pfarre auch zu bekommen. Er galt als »faules Luder«. So oft wie möglich ließ er sich beurlauben, ganze Tage verbrachte er im Bett, auch wenn ihm nichts fehlte, und ab und an ließ er sich aufgesetzte Sonntagspredigten schicken, um sie nicht selbst schreiben zu müssen. »Was die Handschrift anbelangt, so haben ja die Diebe gute Augen.« Gottesdienst, Buchführung, die Kinder unterrichten, mitten in der Nacht Sterbenden beistehen oder Schwerkranken Trost spenden, Taufen, Beerdigungen strengten ihn an. Eduard Mörike gemütlich auf einer Bank vor dem Haus sitzend, behaglich ein Pfeifchen schmauchend, seelenvolle, beschauliche oder schaurige Gedichte schreibend, die Bienlein summen, ringsum Wiesen, satte Felder, Weinberge, ein lichter Wald: so putzig zipfelmützig war das Leben des Eduard Mörike nicht. Er hatte lange geschwankt, ob er überhaupt Pfarrer werden solle, was er mitbrachte, waren Schulden und eine enttäuschte Liebe. »Laß, o Welt, o laß mich sein! | Locket nicht mit Liebesgaben, | Laßt dies Herz alleine haben | Seine Wonne, seine Pein!«

Eduard Mörike war als siebtes von dreizehn Kindern am 8. September 1804 in Ludwigsburg geboren worden. Sein Vater war Arzt. »Mein Vater wünschte nicht, daß einer seiner Söhne seinen Beruf ergreife und man war, besonders auf den Wunsch eines verehrten Oheims, schon ziemlich übereingekommen mich dem geistlichen Stande zu widmen.« Sein Weg war damit vorgegeben. In Schwaben Pfarrer zu werden hieß, das strenge Landexamen zu bestehen und sich in den Niederen Theologischen Seminaren von Urach oder Maulbronn auf das Seminar in Tübingen vorzubereiten, doch 1815 geriet Eduard Mörike ins Trudeln. Der Vater erlitt einen Schlaganfall. »Mit diesem Tage begann das Glück unseres Hauses in mehr als *einem* Betrachte zu sinken.« Drei Jahre wurde der Vater gepflegt, dann starb er. Danach kam Eduard Mörike in das Haus seines Onkels am Büchsentor nach Stuttgart. Die weitverzweigte, alteingesessene, einflußreiche Familie fing ihn auf, und er bereitete sich weiter auf das Landexamen vor – das er nicht bestand. 1818 wurde er dennoch mit Rücksicht auf den Tod des Vaters in Urach aufgenommen.

Urach bedeutete graue Anstaltskleidung, ständig unter Aufsicht, weggeschlossen von der Welt, lernen, schlafen, lernen, schlafen, dazwischen Gottesdienste, Gebetsstunden, Andachten. Eduard Mörike wurde in der Schule schlecht und schlechter. Ständig war er krank. Kaum daß er angekommen war, lag er für Wochen mit Scharlach auf der Krankenstube. Zurück blieb eine Augenschwäche. Er mußte fortan eine Brille tragen. Eduard Mörike schleppte sich lustlos durch. Das Beste an Urach waren die Freunde, die er fand, darunter Wilhelm Hartlaub, Wilhelm Waiblinger und Johannes Mährlen, den er neidisch bewunderte, als er sich aus der »Vikariatsknechtschaft« befreite. »Daß Du, Canaille, nun geborgen bist, kann ich aber doch nicht recht leiden; weil ichs nicht auch bin; weil ich, wie ein miserabler Hund hinter Deiner carrière brillante herwinsele.« Eduard Mörike zweifelte von Anfang an, ob er zum Pfarrer tauge, und die Zweifel stiegen.

Er brachte Urach hinter sich, doch auch das Leben am Tübinger Stift war hart. Die Eingänge gesichert, ungeheizte Schlafsäle für sechs bis zehn Leute. Beim Essen, das aus einem Kloster gebracht wurde, durfte keiner unentschuldigt fehlen. Ein Vorleser begleitete das Essen mit Gebeten. Von früh morgens bis zum Abend Gelehrtenplackerei: Latein, Griechisch, Hebräisch, Bibelkunde. Danach durften sie hinaus. Um zehn mußten sie zurück sein, doch auch in den Kneipen wurden sie überwacht. Tübingen war wie ein Dorf, und alles drang zu den Lehrern durch. Die Bürger beäugten das Treiben der Studenten mißtrauisch, unter die sich die Stiftler mischten. Kein Wunder. Abenteuerlich gekleidet zogen sie übermütig frech von Kneipe zu Kneipe. Schulterlange Haare, Knebelbart, die Hosen möglichst bunt. Bürgerhüte waren verpönt. Sie trugen lieber aberwitzige Kappen, den türkischen Fez oder Turbane, und immer dabei: eine lange Pfeife, Degen und Messer. Oft endeten diese betrunkenen Umzüge in wüsten Prügeleien.

Wie schon in Urach war Eduard Mörike keine Leuchte. Seine Auffassungsgabe galt als gering, sein Urteilsvermögen als wenig klar. Nach einer Predigt, die er halten mußte, war das Urteil vernichtend: mittelmäßig, unangemessen ausgeführt, unangenehm vorgetragen. Mit der Hausordnung stand er auf Kriegsfuß. Seine Strafen für Herumtreiberei, Verspätung, Tabakrauchen oder ungehörige Kleidung läpperten sich. Eduard Mörike gehörte zu den meistbestraften Zöglingen am Stift, doch das ließ ihn kalt. Das Stift fiel ihm auf die Nerven. Lieber ging er in die Gartenlaube auf dem Österberg, in der sich abends Stiftler heimlich trafen, und von Zeit zu Zeit kam der geisteskranke Hölderlin von seinem Turm am Neckar zu ihnen hinauf. Eduard Mörike liebte das Bechern mit den Freunden. Das Fahnenschwenken aber, Burschenschaftsgehabe, Freiheitsschwärmen, Predigen des Aufstandes gegen die Fürsten lag ihm nicht. Am 28. November 1822 war er in das Stift eingetreten, zwei Jahre zuvor war Karl Ludwig Sand hingerichtet worden, der glaubte, mit der Ermordung Kotzebues die Revolution in Deutschland auszulösen. Die Fürsten hatten zurückgeschlagen, die Burschenschaften waren verboten. Überall herrschte Gesinnungsspitzelei, doch je schärfer die Verfolgungen wurden, desto mehr kamen spannende Geheimtreffen in Schwung, bei denen auch in Tübingen um so stärker gehetzt wurde, je mehr die Unterdrückung wuchs. Die Stiftler waren keine Ausnahme, doch nur wenige wagten auch zu handeln. Ihre eisenfresserischen Reden gegen die Machthaber waren eher ein

Spundloch, um sich Luft zu schaffen in der Enge. Eduard Mörike hatte ein anderes: das Schankmädchen Maria Meyer, seine geheimnisvolle Peregrina, die große Leidenschaft seines Lebens, die er nach gut einem Jahr mutlos wieder aufgab.

»Krank seitdem, | Wund ist und wehe mein Herz. | Nimmer wird es genesen!« Die meisten Briefe, die sie betrafen, hat Eduard Mörike verschwinden lassen, in den erhaltenen anzügliche Stellen herausgeschnitten, alle Andenken an sie vernichtet und ansonsten beharrlich geschwiegen. Im Frühjahr 1823 hatte er sie als Neunzehnjähriger bei einem Besuch in Ludwigsburg kennengelernt. Der Wirt des Gasthauses, in dem sie bediente, hatte sie einst auf der Landstraße ohnmächtig auf einem Steinhaufen liegend gefunden, sie aufgeladen und mitgenommen. Eine beeindruckende Schönheit, belesen, geheimnisvoll, an jedem Finger einen Verehrer. Sie behauptete, vor dem Kloster geflohen zu sein. Eduard Mörike, noch angeschlagen von einer ersten, gescheiterten Liebschaft, stand Hals über Kopf in Flammen. Er mußte nach Tübingen zurück, doch sie schrieben sich, Ende des Jahres aber war sie spurlos verschwunden. In Heidelberg tauchte sie wieder auf. Sie war als Landstreicherin verhaftet worden. Wie in Ludwigsburg fand sie Hilfe, bis sie sich bald wieder davonmachte. Mörike sah in ihr eine heilige Sünderin, doch weniger die Heilige als die Sünderin zog ihn an. Der künftige Pfarrer war zutiefst von seinen verbotenen Gefühlen erschreckt. Er ließ sie fallen. »Die Liebe, sagt man, steht am Pfahl gebunden, | Geht endlich arm, zerrüttet, unbeschuht.« Am 10. Juli 1824 erhielt Eduard Mörike einen Brief, der besagte, Maria Meyer sei in Tübingen. Sie hatte ihr Spiel gespielt: Zusammenbruch vor der Stadt und mitleidige Helfer. Sie wollte zu Mörike, der auf ihren letzten Brief nicht mehr geantwortet hatte. Eduard Mörike aber weigerte sich, sie zu sehen. Maria Meyer verließ die Stadt, doch nicht seine Gedanken. Die Peregrinagedichte entstanden bald darauf. Die Zigeunerin im ›Maler Nolten‹ ist ihr nachgebildet. Was blieb, war Wehmut. »Doch weh! o weh! was soll mir dieser Blick? | Sie küßt mich zwischen Lieben noch und Hassen, | Sie kehrt sich ab, und kehrt mir nie zurück.« Kurz darauf brach

Eduard Mörike zusammen. Er zog sich in die Krankheit zurück, wie immer, wenn er in ernste Schwierigkeiten geriet.

Eduard Mörike reiste erschöpft nach Stuttgart. Dort traf ihn der nächste Schlag. Der sehnlichste Wunsch seines geliebten Bruders August Mörike war, Arzt zu werden. Das alte Verbot des Vaters aber stand dagegen, und auch Eduard Mörike unterstützte ihn nicht. Am 25. August 1824 starb August Mörike. Selbstmord wurde vermutet. Eduard Mörike war erschüttert, er gab sich die Schuld, und inmitten seiner Wirren begann er endgültig zu schreiben. Schreiben als Ausweg. Ein Trauerspiel hatte er begonnen, das er verbrannte, die ersten Gedichte auf Peregrina waren entstanden, und als er für seine letzten beiden Stiftsjahre nach Tübingen zurückkehrte, schuf er sich ein Traumland: »Du bist Orplid, mein Land! | Das ferne leuchtet.« Weite Strände, klare Wasser, sanfte Nebel, doch auf der sonnenbeschienenen Insel blüht die Gewalt. Der König ist einsam, seit tausend Jahren darf er nicht sterben. Die grausame Fee Thereile hält ihn in ihrem Bann und am Leben. Eduard Mörike war nie harmlos, wo er sich harmlos gab. Im Herbst 1826 legte er seine letzten Prüfungen ab. Tübingen war überstanden.

Er wurde als Pfarrgehilfe nach Oberboihingen geschickt, dann nach Möhringen. Im Dorf war er bald bekannt wie ein bunter Hund. Er war mit einem guten Dutzend Vögeln ins Pfarrhaus eingezogen, einen zahmen Star nahm er auf seine Spaziergänge mit, doch hinter dem fidelen Schein brodelte der Zweifel, auch in Köngen bei Nürtingen, seiner nächsten Pfarre. »Meine ganze innere Verfassung in jener Übergangsperiode, der bisher mühsam unterdrückte Zweifel, ob ich denn auch wirklich zum Geistlichen tauge, dabei ein angegriffener Gesundheitszustand, drängte notwendig zu dem Entschluß, auf einige Zeit dem kirchlichen Dienst zu entsagen.« Käme er nur heraus aus der Stickluft, dann wolle er sich umtun und sich regen und Tinte aus allen Poren spritzen. »Dies sag ich«, schrieb er, »im Gefühl eines Kerls, dem der Steiß brennt, sich auf eine größere Bahn zu stürzen.« Seine Gesundheit hatte er vorgeschoben, um nicht gleich wieder woanders antreten zu müssen, acht Wochen war ihm freigegeben worden. Mörike machte fast ein Jahr daraus. Er bemühte sich, vom Schreiben zu leben, bezog am 1. November 1828 zwei Zimmer in der Stuttgarter Sophienstraße, durfte sogar für 50 Gulden im Monat Erzählungen zur Zeitung bringen, setzte sich hin und schrieb. »Die erste Wurst aber, so ich von dem Geld aß, schmeckte mir schon nicht recht und eh vierzehn Tage vergingen hatt ich das Grimmen als läge mir Gift im Leibe.« Das Schreiben unter Zwang war ihm zu viel. »Ich sah – oder vielmehr der Kerl in mir, der sich auf den E. Mörike besser versteht, als ich selber, sah voraus, ich würde von dem Erzählungenschreiben bald Bauchweh bekommen, ärger als je vom Predigtmachen.«

Stuttgart, Nürtingen, München, Buchau am Federsee, Scheer an der Donau: Sein freies Jahr war ein zielloses Jahr. Auch eine Liebelei war nur ein schnell vergangener Lichtblick. »Die Lieb, die Lieb hat alle Stund | Neu wunderlich Gelüsten; | Wir bissen uns die Lippen wund, | Da wir uns heute küßten. | Das Mädchen hielt in guter Ruh, | Wie's Lämmlein unterm Messer; | Ihr Auge bat: nur immer zu, | Je weher, desto besser!« Eduard Mörike war alles andere als verhuscht oder verklemmt. Er nutzte das Jahr, um Gedichte zu schreiben. ›Septembermorgen‹: »Im Nebel ruhet noch die Welt, | Noch träumen Wald und Wiesen.« ›Um Mitternacht‹: »Gelassen stieg die Nacht ans Land, | Lehnt träumend an der Berge Wand.« ›In der Frühe‹: »Kein Schlaf noch kühlt das Auge mir, | Dort gehet schon der Tag herfür | An meinem Kammerfenster.« Eduard Mörike, der Besinnliche, der Beschauliche, als der er geschätzt wird. Doch zwischen all den vielen Bäumen, bunten Wiesen, schönen Blumen spitzt immer wieder auch ein anderer Mörike hervor. ›Erstes Liebeslied eines Mädchens‹: »Greif ich einen süßen Aal? | Greif ich eine Schlange?« Eduard Mörike, der Sinnliche. »Es beißt sich, o Wunder! Mir keck durch die Haut, | Schießt's Herze hinunter! | O Liebe, mir graut! | Was tun, was beginnen? | Das schaurige Ding, | Es schnalzet da drinnen, | Es legt sich im Ring. | Gift muß ich haben! | Hier schleicht es herum, | Tut wonniglich graben | Und bringt mich noch um!« Eduard Mörike konnte, wollte, mußte schreiben, doch vom Schreiben leben, war ihm nicht möglich. Zu aufreibend. Zu anstrengend. Das Jahr war vorbei, er kehrte zum ungeliebten Pfarramt zurück. »Ich für meine Person weiß nichts, als bei der Kirche bleiben.«

Mörike Anfang 1828: »Alles, nur kein Geistlicher!« Mörike Ende 1828: »Vivat Vicariat!« Der Umschwung kam nicht überraschend. »Wie Schuppen fiels mir von den Augen, *daß ich alle jene Pläne, die mein ganzes Herz erfüllen* auf keinem Fleck der Welt (wie nun eben die Welt ist!) sicherer und lustiger verfolgen kann als in der Dachstube eines württembergischen Pfarrhauses. Mich soll gleich der Teufel holen wenn das mein Ernst nicht ist.« Gesagt, getan. Eduard Mörike kam zuerst nach Pflummern, und am 19. Mai 1829 wurde er Pfarrverweser in Plattenhardt, und Plattenhardt war für Mörike Luise Rau. Nach dem Tod des dortigen Pfarrers, Gottlieb Friedrich Rau, war der Witwe erlaubt worden, mit ihren Kindern noch einige Zeit im Pfarrhaus zu wohnen. Eines der Kinder war Luise Rau. 14. August 1829: Verlobung Eduard Mörikes. Er steckte ihr die schönsten Liebesbriefe zu, überraschte sie bei ihrer Morgenwäsche und fand selbst beim Bügeln ihre roten Lippen stets gefällig, wie er schrieb. Für Eduard Mörike war sie ein Biedermeierengel, mal reizend schüchtern, mal aufbrausender Feuerkopf. Andere sahen das anders. Luise Rau: taubenhaft, aber leider gar zu einfältig.

Kirche und Pfarrgarten in Plattenhardt, Zeichnung von Mörike

Doch auch Luise Rau bekam nicht, was sie in ihm sah: ein gemütliches, sicheres Leben als Pfarrersfrau. Eduard Mörike war noch immer nur ein Pfarrgehilfe, der nach Belieben versetzt

Die Vikarstube in Owen, Zeichnung von Mörike

wurde. Owen, Eltingen, Klambach, Weilheim, nochmal Owen, Öthlingen, 1832 dann Ochsenwang, in dem Mörike zwei Zimmer im Schulhaus zugewiesen wurden. Eine kleine, heizbare, nicht unfreundliche Stube, so Mörike, und eine noch kleinere, dumpfe Schlafkammer. Zum Heiraten aber fehlte das Geld. Pfarrgehilfen wurden schlecht bezahlt. Zudem zog er vor, über Gedichten statt über Predigten zu brüten, er kränkelte vor sich hin, und mit der alten Krankheitsausrede verschaffte er sich eine Freistellung nach der anderen. An ein Fortkommen, an eine eigene Pfarre gar, war so nicht zu denken. Luise Rau wurde enttäuscht und enttäuschter, für Eduard Mörike dagegen gehörten die Jahre mit ihr zu den schaffensfreudigsten. ›Maler Nolten‹ kam heraus, worin Mörike sein eigenes Leben einflocht. Der Roman vom Aufstieg und Fall des Malers Nolten ist durchsetzt mit lang zuvor geschriebenen Gedichten wie ›Der Feuerreiter‹ oder ›Die Geister vom Mummelsee‹ und neuen dazu wie ›Er ist's‹: »Frühling läßt sein blaues Band | Wieder flattern durch die Lüfte; | Süße, wohlbekannte Düfte | Streifen ahnungsvoll das Land.« Erfolgreich war er damit nicht. Eduard Mörike wurde gelobt, aber nicht gelesen. Zehn Jahre nach dem Erscheinen des ›Maler Nolten‹ war noch nicht einmal die Hälfte der Ausgabe verkauft, und selbst Luise Rau wußte nicht, was sie an ihm hatte. Sie stritten immer häufiger, denn Eduard Mörike war ihr nicht besonders treu. Sein letzter Brief an sie: 8. August 1833. »Ich bin seit Wochen wie ein gehetztes Wild, unstet, fast heimatlos, uneins mit mir selbst und möchte mein Schicksal mit Füßen zertreten.« Ständig herumgeschickt, wenig Aussicht, eine Pfarrstelle zu bekommen, sein Schreiben kaum beachtet, das alles hatte Wirkung gezeigt, bei ihm und bei ihr. 20. Dezember 1833: »Es hat sich aber inzwischen eine für mein ganzes Leben wichtige Katastrophe eingeleitet, deren schmerzhafte Entwicklung alles Übrige bei mir verschlang.« Sie trennten sich. Doch nicht nur Eduard Mörike hatte eine üble Zeit. Die Pariser Julirevolution von 1830 wirkte auch auf Württemberg. Die Verfolgungen aufrührerischer Köpfe waren härter geworden. Sein Freund Rudolf Lohbauer floh in die Schweiz, ein anderer, Ernst Friedrich Kauffmann, wurde unter Anklage gestellt, sein Bruder Karl Mörike war auf die Festung Hohenasperg in Haft geschickt worden. Eduard Mörikes Weg aber führte nicht in Haft und Flucht, sondern endlich ins Pfarramt. Aufbegehrt hat er nie.

»Zu Cleversulzbach im Unterland | Hundertunddreizehn Jahr ich stand, | Auf dem Kirchenturm ein guter Hahn, | Als ein Zierat und Wetterfahn. | In Sturm und Wind und Regennacht | Hab ich allzeit das Dorf bewacht.« Sommer 1834: Im Pfarrhaus ging der Poltergeist seufzend um, und auch Eduard Mörike stöhnte, denn sein Pfarramt hielt ihn in Atem. Einer Pfarre vorzustehen, bedeutete nicht nur das ungeliebte Predigen, Betstunden halten, Beichte abnehmen, die Kassenbücher führen, die täglichen Sorgen der Dörfler teilen, die Aufsicht über den Dorflehrer, auf Sitte, Zucht und Ordnung der Bauern achten. Über alles mußte er pflichtergebenst seinen Vorgesetzten berichten. Der Pfarrer war der Vertreter des Landesherren, dem er Rechenschaft schuldete über das Betragen der Gemeinde, über Einnahmen und Ausgaben. Regelmäßig wurde er überprüft. Er mußte die Bücher vorlegen und wurde über sein eigenes Verhalten streng befragt. Verfehlungen wurden zuerst ihm angelastet: Als in seinen Cleversulzbacher Jahren eine wandernde Puppenspielertruppe ins Dorf kam, mußte sie bei Eduard Mörike vorsprechen. Er bestimmte, was gespielt werden durfte. Die Stücke mußten den sittlichen und politischen Vorstellungen der Obrigkeit entsprechen. Mörike ließ nur wenige Aufführungen im Wirtshaus zu, weil er befürchtete, die Bauern würden bloß die Gelegenheit nutzen, ausgiebig zu zechen.

Das Pfarrhaus war nicht der erhoffte stille Winkel. Schon im ersten Cleversulzbacher Winter litt Eduard Mörike, und diesmal wirklich. Er rang mit dem Tod, war nahe dran, wie er schrieb, aus dem Land der Lebendigen abzusegeln. Er klagte über Brustschmerzen, Lähmungen, seine Augen quälten ihn. Behandelt wurde er in den Cleversulzbacher Jahren von dem Arzt Karl-Ludwig Elsäßer aus dem nahen Neuenstadt, der ihn mit Wasserkuren, Blutegeln, Schwefelpulver immer wieder auf die Beine brachte. Zu Justinus Kerner nach Weinsberg schickte er seine Aufzeichnungen ›Der Spuk im Pfarrhause zu Cleversulzbach‹, denn auch Justinus Kerner glaubte an Geister. Besessene heilte er durch Handauflegen, doch mehr noch durch geduldiges Zuhören, und so auch Mörike, der bei ihm seine Sorgen loswurde, von denen er reichlich hatte. Sein Bruder Adolph wurde immer mal wieder in ein Arbeitshaus verfrachtet und setzte sich später ins Ausland ab, Mörike mußte die Mutter und die Schwester versorgen, die bei ihm lebten und den Haushalt führten, dazu seinen Bruder Karl, der als ehemaliger Sträfling nirgends genommen wurde. Als er dann doch unterkam, warf er die Stelle hin, zog wieder ins Pfarrhaus. Bereits vor Cleversulzbach hatte sich Eduard Mörike für ihn in erhebliche Schulden gestürzt. Zehn Jahre brauchte er, um sie mit Zins und Zinseszins abzutragen. Cleversulzbach war kein Zucker-

schlecken, wenn er auch seine Klagen übertrieb, denn das Pfarr-amt ließ ihm Freiheit genug, be-sonders nachdem er einen Pfarr-gehilfen bekommen hatte, dem er aufbrummte, was nur ging. Er selbst verkroch sich hinter turm-hohen Kissen im Bett, schützte eingebildete Krankheiten vor, machte ellenlange Spaziergänge, werkelte im Garten. Seine Pflich-ten erfüllte er nur unwillig, und nach der ersten schweren Krank-heit kümmerte er sich lieber um die Salatköpfe. Ein Pfarrer aber mußte seinen Gehilfen aus eige-ner Tasche zahlen, und die leid-lich bestallte Pfarrstelle reichte dafür nicht. Doch weil Freunde für ihn sammelten und seine Vor-gesetzten einen Zuschuß gewähr-ten, schlängelte er sich durch und warf sich auf das Schreiben. Am

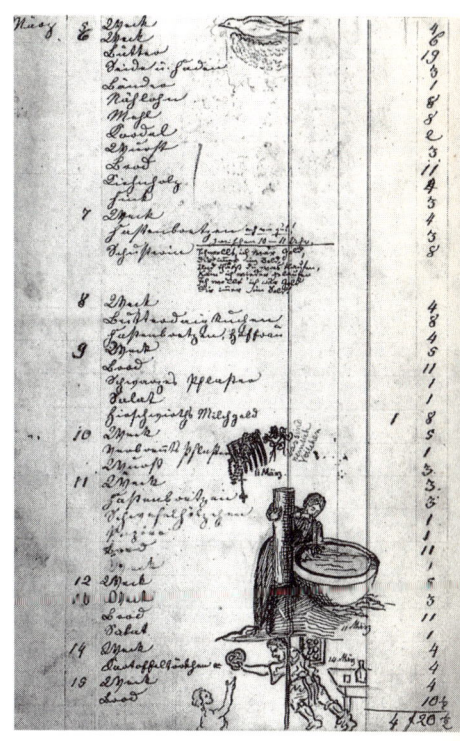

Aus Mörikes Mergentheimer Haushaltsbüchlein, Oktober 1846

Ende seiner Cleversulzbacher Zeit stand er allein bei Wilhelm Hartlaub mit 1000 Gulden in der Kreide, der lieh und schwieg. »Ich sitze viel im Garten unter dem grünen Schirm, ein Buch vor mir, in das ich zwei Minuten hineinsehe, um alsbald wieder in meine eigenen Grillen zu verfallen.«

1836 entstand die Novelle ›Der Schatz‹, ein erster Band mit Gedichten erschien 1838, eine Sammlung seiner Dichtungen 1839, darunter ›Der letzte König von Orplid‹. ›Die Regenbrü-der‹ kam heraus. Seine ›Classische Blumenlese‹, eine Oper, die vertont wurde, und das Singspiel ›Das Fest im Gebirge‹ entstanden, dazu immer mehr und noch mehr Gedichte. Ein Wörterbuch, das er in Cleversulzbach fand, das Leben in und um das Pfarrhaus regte ihn an oder seine geliebten Beete, der Wetterhahn auf dem Glockenturm der Kirche, das Grab von Schillers Mutter auf dem Friedhof, neben der er die eigene Mutter bestattete, als sie 1841 starb. »Nach der Seite des Dorfs, wo jener alternde Zaun dort | Ländliche Gräber umschließt, wall ich in Einsamkeit oft.« Doch Eduard Mörike schrieb nicht nur Ernstes, Schauriges oder sanft Schönes. Allein die Namen seiner Gestalten sprechen für sich: Liebmund Maria Wispel, die Elfe Silpelit oder der Riese Suckelborst, der dem Teufel in der Unterwelt den Schwanz ausreißt, um ihn als Lesezeichen für ein scheunentorgroßes Buch zu benutzen. Jahre später verklärte Eduard Mörike in ›Ach nur einmal noch im Leben‹ Cleversulzbach zu seiner schönsten Zeit, in der er ein Gartenbüchlein anlegte und einen Storchenkalender und selbst dem Einmachen von Gurken ein Gedicht abgewinnen konnte. »Merke noch: die Senfkukumern | Werden auch in Ewigkeit | Weder schimmeln, noch verlummern | Wenn man sie so zubereit.« Dennoch: Nach neun Jahren als schwäbischer Landpfarrer fühlte er sich matt und aufgerieben. Eduard Mörike reichte seinen Abschied ein, und wie alle Beurlaubungen für Kuren oder Reisen wurde auch er ihm gewährt. Sie waren froh, ihn los zu sein. Am 19. September 1843 verließ er das Dorf auf immer. Pfarrer wurde er nie wieder. Für die nächsten acht Jahre setzte er sich aufs Altenteil.

Eduard Mörike war mit neununddreißig ein durchaus rüstiger Rentner, der mit seiner Schwester Clara für ein halbes Jahr zur Erholung nach Wermutshausen ging, dann nach Schwäbisch Hall wechselte. Im Frühjahr 1845 zog er nach Bad Mergentheim ins Haus des bettlägerigen Oberstleutnants von Speeth. Bad Mergentheim war schlicht billiger. Mörike bezog 280 Gulden Ruhegeld, und um nur ja nichts zu verschwenden, wurde ein Haushaltsbuch geführt, das er mit drolligen Zeichnungen versah. Milch und Wecken stehen täglich drin, Brot nur alle drei Tage. Für seine Bücher bekam er ab und zu Geld geschickt, für die ›Idylle vom Bodensee‹ wurde ihm ein Preis zuerkannt, die Versteigerung seines Cleversulzbacher Hab und Guts hatte 250 Gulden gebracht, doch das alles reichte hinten und vorne nicht. Oft genug mußte Eduard Mörike Schulden machen, schon weil er seinen Brüdern immer wieder borgte. Bad Mergentheim aber hielt dennoch ein Glück für ihn bereit: Margarethe von Speeth, die katholische Tochter seines Vermieters. Als ihr schwerkranker Vater starb, hatte Eduard Mörike versprochen, sich ihrer anzunehmen. »Mich befängt ein Liebeszauberschwindel.« Sein Taumel jedoch gefiel seiner Schwester nicht. Gutmütig glaubte Mörike an ein freundschaftliches Leben zu dritt, und jahrelang mühte er sich zäh, den schönen Schein zu wahren, doch Clara Mörike fühlte sich zurückgesetzt. Die ganzen Jahre hatte sie ihm zur Seite gestanden, ihr eigenes Glück für ihn geopfert. Sie sah sich beiseite geschoben. Noch aber gab sie nicht auf. Als Eduard Mörike seine Margarethe am 25. November 1851 heiratete, zog sie mit ihnen nach Stuttgart.

In Bad Mergentheim hatte sein Dichten gestockt. Zu sehr plagte ihn die Sorge ums Geld, zu arg schwelte der Zank zwischen Schwester und Geliebter, zu oft lag er darnieder. Stuttgart bot einen Ausweg. Mörike konnte heiraten, weil er als Nachfolger Gustav Schwabs als Literaturlehrer an das Katharinenstift für höhere Töchter berufen worden war, und wie frisch belebt gelang ihm auch sein Schreiben wieder besser. ›Das Stuttgarter Hutzelmännlein‹ entstand, in das die ›Historie von der schönen Lau‹ und dem Blautopf eingestreut ist. Das Märchen vom Hutzelmännlein, das dem Schustergesellen Seppe Glücksschuhe und das nachwachsende Hutzelbrot schenkt, mit denen sich der Geselle auf die Suche nach seinem Glück begibt, machte Eduard Mörike bekannter als seine Gedichte, obwohl selbst Iwan Turgenjew seinen ›Alten Turmhahn‹ auswendig lernte. Seinen eigentlichen Ruhm begründete Mörike jedoch erst 1855 mit ›Mozart auf der Reise nach Prag‹. Er schildert einen Tag im Leben des Wolfgang Amadeus Mozart, der nach Prag fährt, um die erste Aufführung seiner Oper ›Don Juan‹ zu sehen. Mozart hält auf einem Schloß, die Adeligen feiern ihn. Er ist berühmt, doch über seine sprühende Lebensfreude breitet sich schon der Schatten seines frühen Todes. Als er ›Dein Lachen endet vor der Morgenröte‹ spielt, kriecht den Zuhörern die Kälte ins Mark. »Ein Tännlein grünet wo, | Wer weiß, im Walde; | Ein Rosenstrauch, wer sagt, | In welchem Garten? | Sind erlesen schon, | Denk es, o Seele, | Auf deinem Grab zu wurzeln | Und zu wachsen.« Auch Mörike hatte den Gipfel seines Ruhms erreicht. Von nun an ging's bergab.

Für ›Mozart auf der Reise nach Prag‹ prasselte die Anerkennung auf ihn nieder. Ernennung zum Professor, Orden, Empfang beim König, die Königin kam zu ihm in die Schule, häkelte und hörte zu. »Bei all dem hatte ich wahrhaftig und habe noch jetzt die Empfindung als liege ein seltsamer Irrtum zu Grund. Wenn ich das Wenige, was von mir ausgegangen ist ansehe so weiß ich wirklich nicht, wie ich zu dieser Auszeichnung komme.« Doch es blieb beim durchlauchtigsten Schulterklopfen, seine Bücher verkauften sich nach wie vor mehr schlecht als recht. Mörike war eine Berühmtheit nur für Kenner geworden. Storm und Hebbel schrieben ihm, Turgenjew und der Maler Moritz von Schwind besuchten ihn, doch um nicht »totbesucht« zu werden, zog sich Mörike zurück. Immer häufiger verließ er Stuttgart, um sich unerkannt in Lorch oder Bebenhausen zu erholen. Eduard Mörike wurde geehrt – und verstummte. Zwanzig Jahre lang, bis zu seinem Tod, schrieb er so gut wie nichts mehr von Bedeutung.

Die alte Faulheit brach sich Bahn, und auch der Streit zwischen Clara und Margarethe Mörike entflammte lichterloh. 1855 war seine Tochter Fanny geboren worden, 1857 seine zweite Tochter Marie, doch Clara Mörike beharrte auf ihrem älteren Vorrecht. Sie beschimpfte Margarethe, daß sie froh sein könne, bei ihnen aufgenommen worden zu sein, und verstieg sich zu einer Benimmregel, nach der sich die Schwägerin zu richten habe. Clara stand auf verlorenem Posten. Als alte Jungfer war sie abhängig vom Geld Eduard Mörikes, wurde als Kindermädchen und Hauswirtschafterin ausgenutzt. Ihr Zimmer in der Wohnung in der Stuttgarter Kanzleistraße, das sie mit den Nichten teilen mußte, diente zugleich als Eßzimmer. Ihr Toilettentischchen hinter einem Wandschirm war ihr einziges Reich. Als sich aber ein Verehrer für Clara fand, wendete sich das Blatt. Eduard Mörike war er nicht gut genug, er wollte Clara behalten und wies ihn ab. Danach plagte ihn das schlechte Gewissen. Clara bekam Oberwasser, bis Margarethe sich wieder ins rechte Licht rückte. Über Jahre ging das so. Und Mörike? Er hielt sich raus, ließ sich verwöhnen, spielte den Hahn im Korb, und half alles nichts, wurde er krank, doch spurlos ging der Wettstreit nicht an ihm vorüber. Theodor Storm, der ihn besuchte, schilderte ihn als vorzeitig erschlafft und verfallen. Kur folgte auf Kur, Erholungsreise auf Erholungsreise, Mörike wurde bei vollen Bezügen von seinem Schulamt entbunden, und doch rieb ihn das häusliche Gezerre auf. Erst 1873 war der Kampf um ihn beendet. Margarethe Mörike gab auf. Die Ehe war gescheitert, sie zog aus. Clara hatte gewonnen, doch nur, um an seinem Krankenbett zu wachen. Die eingebildeten Krankheiten waren den wirklichen gewichen. Keine Lust auf Essen, Müdigkeit, heftige Brustschmerzen, die er mit Morphium bekämpfte. Am 4. Juni 1875 starb er nach qualvoller Nacht um 8 Uhr morgens, zwei Tage darauf wurde er begraben. Gottfried Keller schrieb einen Nachruf. Nur wenige Zeilen ist er lang: »Wenn sein Tod nun seine Werke nicht unter die Leute bringt, so ist ihnen nicht zu helfen, nämlich den Leuten!«

Die schwarze Tiefe,
die den Tod verkündet
Conrad Ferdinand Meyer in Kilchberg

eute ist die Campagne von Albert Ott, neben der Graf Plater-
schen, in Kilchberg unser Eigentum geworden. Möge Gottes
Segen darüber walten.« Am 17. Januar 1877 gehörte das Ottsche
Gut am Zürichsee Conrad Ferdinand Meyer. Ein einfaches
Haus, ein Bauernhaus. Über dem Türstock das Jahr 1785. Er
baute aus und um, im Frühjahr zog er ein mit seiner Frau, Louise
Ziegler, mit Katze und Hund. »Man schellt am Gittertor, da, wo
es ›Meyer-Ziegler‹ heißt. Alsbald erheben 2 Hunde, ein mächtig
großer Bernhardiner, ein Prachtexemplar, und ein kleines Kö-
terle ein Mordsgekläffe, – ersterer reißt wütend an seiner Kette,
der andere springt das eiserne Gitter hinan, – da erscheint – ein
Diener. Nicht in Livrée natürlich, das ist gegen Schweizer-
Gefühl, – aber mit der ganzen grinsenden Artigkeit eines sehr
wohldressierten Dieners.« Das Haus lag am See, im Garten standen Apfelbäume, Pappeln, ein Nußbaum, Trauerlinde, Trauer-
weide, eine Magnolie, ein Maulbeerbaum. Die Trauben der
Weinberge, die zum Gut gehörten, verkaufte er. Ein Achtel des
gekelterten Weins behielt er für sich. »Stellen Sie sich aber unter meinem Haus keine Villa vor, es ist ein notdürftig restaurier-
tes Bauernhaus mit vielen Winkeln und Treppen. Aus meinem
Garten habe ich alle Treibhäuser u. Topfpflanzen entfernt, ich
will nur Bäume u. Gras.« Als er das Rebguthaus fertig hatte, ließ
er ein Wappen anbringen. Für seine Familie einen Hirsch, für
die seiner Frau einen Ziegel. Sein Wahlspruch: »Cum deo«, mit
Gott. »Mit Weib und Kind an meinem eignen Herd | In einer
häuslich trauten Flamme Schein | Dünkt keine Ferne mir be-
gehrenswert« Conrad Ferdinand Meyers Haus in Kilchberg war
seine lebensnotwendige Zuflucht. Die Welt sollte draußen bleiben. Er ertrug sie nicht.

Conrad Ferdinand Meyers Haus in Kilchberg

Jahr für Jahr kaufte Conrad Ferdinand Meyer Grund hinzu, wurden umliegende Häuser angeboten, erwarb er auch sie, um Lärm und Leute fernzuhalten. »Aus Lust am Besitz habe ich es wahrlich nicht getan, sondern allein um meinem Gute seinen Wert und mir Stille und Ruhe zu erhalten.« Aus einem der aufgekauften Häuser in der Nähe, dem ›Roten Haus‹, machte er ein Heim für arme, alte, kränkliche Frauen aus dem Dorf. Eine Besucherin: »Es ist ein förmliches Armenhaus, das Meyer da gegründet und unterhält. Das ist doch nicht übel: 9 Alte und 2 Dienerinnen; das ist Almosen im großen Stil.« Die Alten nannte er seine Musen. Zwei Jahre, nachdem sie eingezogen waren, wurde seine Tochter Camilla geboren. Das Haus, sein Kind, der Nachbar ein Graf, das weitläufige Grundstück, er ein erfolgreicher Schriftsteller, sie eine vermögende Frau: Er sei mit Gott und der Welt zufrieden, schrieb er, hier wolle er, ohne weitere Wanderung, seine Kleider verschleißen. Das Anwesen wuchs. Anbauten kamen dazu, für Conrad Ferdinand Meyer ein großzügiges Arbeitszimmer im neugebauten Teil, das er selten benutzte. Er schrieb lieber in seinem alten. Geldsorgen hatte er nicht, im Gegenteil, er brauchte einen Vermögensverwalter. Er sei so glücklich, in seinen Verhältnissen frei zu sein, aber selbst die Verwaltung seines Geldes sei ihm zuviel, so Conrad Ferdinand Meyer am 18. Mai 1887, er würde gewiß Dummheiten machen. Es liege seiner Natur so völlig fern.

Conrad Ferdinand Meyers Natur: Grund und Boden, der Erfolg beim Schreiben, der Reichtum waren schöner Schein und weiter nichts. Im Haus am See trieb Conrad Ferdinand Meyer in seinen letzten Jahren Schwermut und Trübsinn entgegen, die sein ganzes Leben immer wieder überschattet hatten. Entscheidend dafür: der frühe Tod des Vaters 1840. Conrad Ferdinand Meyer war damals vierzehn, und er wurde ein Sorgenkind. Wutausbrüche wechselten mit Weinkrämpfen oder tiefem Schweigen. Mit den Jahren zog er sich mehr und mehr zurück, bis er nur noch nachts ausging, bei geschlossenen Läden in seiner Stube brütete, wahllos alles durcheinander las, nur noch wenige traf, keinem mehr die Hand gab. Kam ihm im Garten einer entgegen, machte er sofort kehrt, konnte er nicht mehr ausweichen, lief er ins Haus zurück. Elisabeth Meyer über den jungen Conrad Ferdinand Meyer: »Mein armer Sohn ist immer beinahe im gleichen Zustande, eine schwermütige Anlage und eine unbezwingbare Unfähigkeit, eine regelmäßige Arbeit zu übernehmen, beibehaltend. Er ist traurig, oft für seine Gesundheit besorgt, dazu geneigt, sich als Gegenstand des Übelwollens der andern zu glauben und bisweilen Hirngespinste dieser Art in seinen Gedanken schmiedend. Er leidet, daß er kein Ziel und keine Karriere hat und keinen Entschluß fassen kann. Seltene Spaziergänge, das Lesen und einige Studien füllen seine Zeit aus, ohne seinem Leben den geringsten Erfolg zu geben. Auch kann ich sagen, daß ich von ihm nichts mehr in dieser Welt erwarte.«

Die Geschwister Betsy und Conrad Ferdinand Meyer, um 1855

Entscheidend für ihn genauso: die Mutter. Scheu, zart, feinsinnig, zugleich strenggläubig, bedacht, bürgerlichen Anstand zu wahren, voller Pflichtgefühl und Furcht, vor Gott zu versagen, in der Ehe noch munter und zärtlich, danach mehr und mehr trübsinnig und lebensängstlich. Nach dem Tod ihres Mannes ließ sie einem Bild, das sie mit fünfzehn Jahren zeigte, eine Nonnentracht hinzumalen, die der Wollkutte glich, die sie als Witwe trug. Unglück betrachtete sie als Strafe für ihre Schwächen, Fröhlichkeit als Zügellosigkeit. Der Freude am Leben verweigerte sie sich, statt dessen forderte sie Demut und Entsagung von sich und ihren Kindern. Fleiß, Tüchtigkeit, Aufstieg, Erfolg zählten, Kunst galt ihr als sittlich anrüchig, als Teufelswerk, sofern sie nicht der Erbauung diente. Conrad Ferdinand Meyers aufkeimende Begabung bedeutete ihr wenig. Sie sah ihn als Gescheiterten, als verlorenen Sohn, mit dem sie geschlagen war. Sie nannte ihn stets nur ihren armen Conrad. Sie versuchte, ihn auf ihre Bahn zu drängen, doch ihre gutgemeinte Sorge erdrückte ihn. Bösartig war sie nicht, wenigstens am Anfang nicht, denn hingebende Nächstenliebe war für sie selbstverständlich. Einen geistig Zurückgebliebenen, Antonin Mallet, der seit Jahr und Tag friedfertig bei ihnen lebte, in der Küche mithalf, im Haus, im Garten, behandelte sie freundlich und mit aller Rücksicht. Nachdem er bettlägerig geworden war, pflegte sie ihn, opferte, selbst bereits geschwächt, ihren Schlaf, um sein Leiden zu lindern. Als er unerwartet starb, gab sie sich die Schuld an seinem Tod. Der Sohn, aus dem nichts wurde, Mallets Sterben: Sie war davon überzeugt, als heillose Sünderin endgültig von Gott verlassen worden zu sein. Einlieferung in die Heilanstalt von Préfargier. Selbstmord am 27. September 1856. Sie ertränkte sich.

Und ebenfalls entscheidend für sein Leben: Betsy Meyer, seine jüngere Schwester. Sie begleitete ihn, sie hielt zu ihm, förderte sein Schreiben. Sie war handfester als er, lebenstüchtiger. Die Spannung zwischen Bruder und Mutter glich sie aus, so gut das ging. Sie wurde seine einzige wirkliche Liebe. Betsy Meyer über Conrad Ferdinand Meyer: »Mit seinen hohen, unsicheren Maßstäben stand er den kleinen Zielen, Mitteln und Wegen des alltäglichen Treibens fremd und verständnislos gegenüber. Er zerstieß sich die Flügel an den engen Rahmen und kleinen Fensterscheiben des bürgerlichen Daseins.« Sie linderte die Düsternis, die sein Leben verdunkelte, doch ganz vertreiben konnte sie den Trübsinn nicht. Er kämpfte gegen die lastende Traurigkeit an, er überwand sie, doch im Alter kehrte sie wieder. Conrad Ferdinand Meyer starb verwirrt am 28. November 1898. Als seine Tochter Camilla den Freitod wählte, war er schon lange tot. Auch sie ertränkte sich.

Conrad Ferdinand Meyer wurde am 11. Oktober 1825 in Stampfenbach geboren. Von 1830 an wohnten sie im Zürcher ›Grünen Seidenhof‹. Der Vater, Ferdinand Meyer, war angesehen und wohlhabend, er gehörte zum Zürcher Rat. Er war mit seinem Sohn gereist, gewandert, auf Berge gestiegen. Sie besuchten das Glarnerland, waren über den Klausen nach Uri gegangen, hatten die Rigi bestiegen, fuhren den Walensee hinauf, nahmen über Ragaz, Chur, Thusis die Via Mala nach Splügen, dann den Paß nach Chiavenna. Auf den Reisen erzählte er ihm die Geschichten und die Geschichte des Landes. Bleibende Erlebnisse. Seinem Vater verdankte er seinen Hang zur Geschichte. Jahre später kehrte Conrad Ferdinand Meyer immer wieder in die Berge zurück, um zu schreiben: ›Jürg Jenatsch‹, der Roman über den glaubenskämpferischen Pfarrer, der zum kühlen Machthaber wird, der Graubünden in den Religionskriegen vor Österreich und Spanien rettet, der seinen Verbündeten, den französischen Heerführer, verrät, weil der das Land weiter besetzt halten will, der seinen Glauben verrät, weil er mit den feindlichen Katholiken die errungene Freiheit bewahren kann, der ermordet wird, bevor er sich zum Tyrannen aufschwingt, ist eine »Bündnergeschichte«. »Ich bediene mich der Form der historischen Novelle einzig und allein, um meine Erfahrungen sowie meine eigenen Anschauungen darin unterzubringen.« Die Geschichten des Conrad Ferdinand Meyer spielen in der Vergangenheit, mit der er seine Gegenwart beschreibt.

Solange der Vater lebte, herrschte Heiterkeit im ›Grünen Seidenhof‹. Sein Tod änderte alles. Ferdinand Meyer entstammte einer engen Verwandtenehe. Er war wenig widerstandsfähig. Mit einundvierzig starb er an der Schwindsucht. Für Conrad Ferdinand Meyer eine tiefgreifende Erschütterung. Die Mutter wurde nicht mit ihm fertig. Er wurde aufsässig, und anders als die Schwester stemmte er sich trotzig gegen ihre Glaubenswut. Ein Onkel prügelte ihn dafür windelweich. ›Die Leiden eines Knaben‹ schildern die Schläge. Conrad Ferdinand Meyer war nach den Prügeln lange wie gebrochen. Er wurde schlecht in der Schule, deren Lehrer zum Leidwesen der Mutter aufständisches Gedankengut verbreiteten. Die Revolution von 1848 warf ihre Schatten auch auf die Schweiz voraus. Conrad Ferdinand Meyer war begeistert. Dem Volk die Macht übergeben, die Herrschaft

der alteingesessenen Familien zerstören, wie die Burschen-
schaftler auftreten, Bier kippen, raufen, Freigeisterei statt Glauben: Elisabeth Meyer schickte ihren Sohn 1843 vorsichtshalber

Familie Meyer auf der Terrasse in Kilchberg

nach Lausanne zu dem Historiker Louis Vulliemin, einem
Freund ihres verstorbenen Mannes, der sich um ihn kümmerte.
Für Conrad Ferdinand Meyer eine Atempause. Ihrer Aufsicht
entkommen, lebte er auf.

Er fühlte sich heimisch, lernte, las Molière, Alfred de Musset,
George Sand. Mit dem Maler Paul Deschwanden, der mit ihm
in der Pension Petit-Chateau wohnte, freundete er sich an. Bald
sah sich Conrad Ferdinand Meyer als Dichter, erste unbeholfene
Verse entstanden, die ihm aus seiner Trostlosigkeit halfen. Er
faßte wieder Tritt. 1844 aber mußte er nach Zürich zurück, um

die Schule abzuschließen, und das alte Lied begann. »Wie erbärmlich war ich nicht in Zürich daran!« Seine Mutter, die sich selbst immer tiefer in ihre Bedrückung verstrickte, nörgelte, tadelte ihn bei Mißerfolgen, doch immerhin schaffte er die Schule. Ihr zuliebe schrieb er sich danach lustlos für die Rechtswissenschaft ein. Den Gedanken aber, Künstler zu werden, hatte er nicht aufgegeben. Er nahm Malunterricht, bis er feststellte, daß sein Talent dafür nicht reichte, und um zu prüfen, ob wenigstens seine Gedichte Aussicht auf Erfolg hatten, schickte Elisabeth Meyer sie an den befreundeten Dichter Gustav Pfizer. Sein Antwortschreiben hängte sie ungeöffnet an den Weihnachtsbaum. Der Brief enthielt keine Aufmunterung, sondern den Rat, das Dichten aufzugeben. Ein verhängnisvoller Schlag. Die Mutter glaubte von da an nicht mehr an den Sohn, dessen Leben sich weiter verfinsterte. »Die Wahrheit ist ein scharfes Schwert, | Das mitten in die Seele fährt, | Der Zauber weicht, es flieht der Schein, | Die Luftgebäude stürzen ein.« Elisabeth Meyer, geplagt und umgetrieben vom eigenen Leid, war nach dem Tod ihres Mannes in das ›Schmidtenhaus‹ gegenüber dem ›Grünen Seidenhof‹ gezogen, 1845 ging sie nach Stadelhofen. Doch der Versuch, mit dem Wechsel der Umgebung der eigenen und der Verdüsterung des Sohnes engegenzutreten, mißlang. Im weitläufigen Haus in Stadelhofen schloß sich Conrad Ferdinand Meyer ein. Seine selbstgewählte Flucht in die Einsamkeit wurde zur Dunkelhaft. Conrad Ferdinand Meyer, ›Die Leiden eines Knaben‹: »›Du hast Mühe zu leben?‹ ›Ja.‹«

Sieben Jahre dämmerte er vor sich hin, gequält vom Widerwillen gegen sich selbst, vom Ungenügen, einen ordentlichen Beruf zu ergreifen, von der Furcht, die Erwartungen nicht zu erfüllen, nicht, wie alle aus der Familie vor ihm, Rang und Namen zu erringen. »Was mich niederwarf und aufrieb, war die Mißachtung, das Fürkrankgelten, in der ich lebte.« Manchmal brach er aus. Er stieg auf Berge, doch immer allein und ohne dafür ausgerüstet zu sein. Kam er ins Haus zurück, waren seine Kleider zerfetzt. Nachts ruderte er auf den See hinaus, schwamm bis zur Erschöpfung. Beides ein Spiel mit dem Tod, den er dumpf andeutete, bevor er ging. Mutter und Schwester warteten immer ängstlicher auf ihn. Tagsüber schlief er oder verkroch sich hinter seine Bücher, er entwarf Trauerspiele und weitschweifige Erzählungen, verlor sich in der Vorstellung, Dichter zu werden, stürzte sich auf das Studium der Geschichte. Das Essen rührte er oft nicht an, niemand durfte sein Zimmer betreten, und zugleich litt er am Wahn, daß er gemieden werde, weil er aus dem Mund stinke. Er führte in Stadelhofen das Leben eines Mönches hinter Klostermauern, das er später in seinen Dichtungen so eindringlich beschrieb. Conrad Ferdinand Meyer wurde ein Einsiedler, der bei Mädchen noch gehemmter war als ohnehin schon. Faßte er Zuneigung, bekam er nichts als Körbe. Die Bindung an seine Schwester dagegen vertiefte sich bedenklich. Lange später beschrieb er beides. Seine sinnliche Not in ›Die Hochzeit des Mönchs‹, die Geschwisterliebe in ›Die Richterin‹. Betsy Meyer, die sonst alles mit ihm erarbeitete, zeigte er ›Die Richterin‹ erst, als sie fertig war. Er habe keine Wahl, schrieb Meyer, das Buch müsse sein, mit ihm habe er Stellung genommen zu den unaufhörlichen stillen Angriffen. ›Die Richterin‹ – eine Abrechnung.

Im Stadelhofener Haus wurde alles immer noch schlimmer. Conrad Ferdinand Meyer belauschte ein Gespräch seiner verzweifelten Mutter. Elisabeth Meyer: »Er begräbt sich selbst. Er ist für dieses Leben nicht mehr da.« Sie sprach von ihm wie von einem Toten. Ein Schock, denn so sehr er sich gegen sie wehrte, so sehr warb er um ihre Zuneigung. Conrad Ferdinand Meyer und Elisabeth Meyer: eine Haßliebe. 1852 brachte sie ihn mit seiner Zustimmung in die Heilanstalt von Préfargier bei Neuenburg. Wieder entkam er ihrer Umklammerung. Der Anstaltsleiter James Borrel war fromm, deshalb hatte sie ihren Sohn zu ihm gebracht. Er glaubte, Conrad Ferdinand Meyers Krankheit wurzle in Unglauben, selbstgefälliger Ruhmsucht, gottlosem Vertrauen in die eigene Begabung. Heilung versprach er sich von der Rückbesinnung auf Gott und dem Eingehen auf die von ihm geforderten Pflichten. Conrad Ferdinand Meyer ließ sich widerstrebend überzeugen, er gab das Dichten auf und beteuerte, sich um ein bürgerliches Leben zu bemühen, doch die

Selbstzweifel blieben. »So sehr ich auch manchmal völlig elend bin, hauptsächlich wegen meiner miserabeln Stellung in dieser Welt, und dann wegen meiner alle möglichen Stimmungen durchlaufenden Nervosität, so friste ich mich doch so ziemlich, obgleich ich die Zukunft nicht ohne deutliches Grauen betrachte.« James Borrel sah in Conrad Ferdinand Meyer aber nicht nur einen Fall. Er zog ihn freundlich an den Familientisch, an dem auch seine Schwester saß, die Conrad Ferdinand Meyer pflegte. Er überwand seine Verschlossenheit, umwarb sie überströmend. Auch sie war ihm zugetan, kümmerte sich mehr um ihn als um ihre anderen Kranken, die sie für ihn dennoch nicht im Stich ließ. Sie schrieben sich noch lange nach der Zeit in Préfargier. Einen Besuch Cécile Borrels in Zürich vereitelte die Mutter. Sie war eifersüchtig.

Anfang 1853 wurde Conrad Ferdinand Meyer entlassen. Um nicht nach Hause zu müssen, zog er in Neuenburg mit Rücksicht auf die Mutter zu Charles Godet, doch der fanatische Glaubenseiferer, der ihn mit den alten Vorwürfen überhäufte, widerte ihn an. »Im Mittelalter hätte der Mann seinen Scheiterhaufen angezündet, so gut, wie einer.« Im Frühjahr floh Conrad Ferdinand Meyer nach Lausanne. Louis Vulliemin nahm ihn wieder auf und half ihm auf die Beine. Er brachte ihn an der Blindenschule als Geschichtslehrer unter, verschaffte ihm den Auftrag für eine Übersetzung und eine Stellung als Sekretär der »Allgemeinen geschichtsforschenden Gesellschaft der Schweiz«. Conrad Ferdinand Meyer trat ins Leben zurück. Seine Stützen Cécile Borrel und Louis Vulliemin bewahrten ihn davor, wieder ganz in die Fänge der Mutter zu geraten. Doch je weiter er sich von ihr entfernte, je selbständiger er wurde, desto mehr ging ihr auf, daß sie sich an ihrem Sohn versündigt hatte. Der Gedanke trieb sie vollends in den Irrsinn. Am 31. Dezember 1853 kehrte Conrad Ferdinand Meyer nach Zürich zurück. Er hatte sich gefangen. Er behandelte seine Mutter zuvorkommend, denn er hatte begriffen, wie sehr sie selbst bedroht war, doch ihr Verfall war nicht mehr aufzuhalten. Sie mißachtete alle seine Fortschritte. Als das Geld für seine Übersetzung eintraf, nannte sie das Buch nur halb gelungen. Nach dem Tod ihres Schützlings Antonin Mallet wurde diesmal sie in die Anstalt von Préfargier gebracht. Sie kam nicht wieder.

Der Tod der Mutter war seine Befreiung, der Tod Antonin Mallets sein Glück. Mallet hatte der Familie ein Vermögen hinterlassen, das sie aller Sorgen enthob und Conrad Ferdinand Meyer vom Zwang zu arbeiten befreite. Der Weg zur Dichtung war offen, das Tor zu ihr hieß Rom. Conrad Ferdinand Meyer war 1857 zuerst nach Paris gereist, in der Absicht, sich juristisch zu bilden, einen bescheidenen Posten zu ergattern oder doch wenigstens das Vermögen angemessen zu betreuen, aber dann hatte er Tag für Tag lieber in der Bibliothèque Sainte-Geneviève am Pantheon gelesen, in dessen Nähe er wohnte, er war in die Museen gegangen, hatte die Stadt durchstreift. Anfangs war er beglückt, doch nicht lange. Zwei Jahre wollte er bleiben, nur drei Monate wurden daraus. Conrad Ferdinand Meyer vermißte seine Schwester. So sie nur ledig bleibe, schrieb er ihr, so wolle er sich ein ruhiges Leben an ihrer Seite als die größte Seligkeit ausgebeten und bestellt haben. Es wäre der Himmel. 1858 brachen beide nach Italien auf. Conrad Ferdinand Meyer in Hochstimmung: Er witzelte über den päpstlichen Prunk, den Gesang der Kastraten, berauschte sich an den Bauten, doch vor allem an Michelangelo. Was von ihm zu sehen war, suchte er auf. Michelangelo Buonarotti gab ihm den Glauben wieder, daß er doch für die Kunst geboren war.

Wieder in Zürich, mühte er sich weiter vergebens, einen bürgerlichen Beruf zu ergreifen. Die Vorwürfe der Mutter saßen tief. Nebenbei aber schrieb er Gedichte. 1860 bot er eine erste Sammlung an, darunter das Gedicht ›Springquell‹, das er zweiundzwanzig Jahre lang immer wieder umarbeitete, bis ›Der römische Brunnen‹ daraus wurde. Conrad Ferdinand Meyer: Der Meister der Form. »Aufsteigt der Strahl und fallend gießt | Er voll der Marmorschale Rund, | Die, sich verschleiernd, überfließt | In einer zweiten Schale Grund; | Die zweite gibt, sie wird zu reich, | Der dritten wallend ihre Flut, | Und jede nimmt und gibt zugleich | Und strömt und ruht.« Die Sammlung wurde abgelehnt, doch Conrad Ferdinand Meyer ließ sich nicht mehr gänzlich entmutigen und er hatte eine Verbündete: seine Schwester. 1863 reiste Betsy Meyer mit einem Packen Gedichte zu Gustav Pfizer nach Stuttgart. Er hielt sie noch immer für unbedeutend, doch er versprach zu helfen, und Betsy Meyer verließ Stuttgart erst, nachdem sie eine Druckzusage hatte. Beim Verlag Metzler brachte sie die Gedichte unter. Conrad Ferdinand Meyer mußte kräftig bezahlen und sie gründlich umarbeiten, bis 1864 ›Zwanzig Balladen von einem Schweizer‹ erschienen. Seinen Namen zu nennen, getraute er sich nicht. Zu sehr fürchtete er, gekränkt zu werden.

Die Anerkennung für seine Gedichte war verhalten, und doch spornten sie ihn an. Er schrieb Gedichte für Zeitungen und Zeitschriften, die ›Zwanzig Balladen‹ kamen nochmals heraus. Noch immer fehlte ihm eine breite Aufmerksamkeit, aber er habe, wie er schrieb, eine Stufe eingehauen, in die sich der Fuß setzen lasse, und er fand die Stoffe, die seinen Ruhm begründeten. Sein Selbstvertrauen wuchs, sein Leben veränderte sich. Dauernd, fast getrieben, zog er um. Noch hatte er seine weltferne Zuflucht nicht gefunden. Hatte er bisher mit seiner Schwester im Haus ›Zum Mühlbach‹ in der Feldeggstraße, und danach, weil die Wohnung zu feucht war, im ›Schabelitzhaus‹ in der Tannenstraße gewohnt, so mietete er 1868 den ›Seehof‹ in Küsnacht. Er lud ein und er wurde eingeladen, besonders von François und Eliza Wille, auf deren Gut Mariafeld bei Meilen. Mariafeld gegenüber, auf der Halbinsel Au, spielt die Novelle ›Der Schuß von der Kanzel‹. ›Romanzen und Bilder‹ erschienen, doch sein Durchbruch wurde das Versepos ›Huttens letzte Tage‹: Auf einer Insel fühlt Hutten seinen bevorstehenden Tod. Er verbringt seine letzten Tage in der Stille mit den Gedanken an sein kämpferisches Leben. Die Erinnerungen des Todgeweihten eingebettet in die Geschichte der Reformation, Hutten als unbeugsamer Freiheitskämpfer trafen den Nerv. Bismarckdeutschland hatte Frankreich besiegt, und die vaterländische Begeisterung machte 1871 aus ›Huttens letzte Tage‹ einen auch für Conrad Ferdinand Meyer unerwarteten Erfolg. Niemand bezweifelte mehr, daß aus Conrad Meyer der Dichter Conrad Ferdinand Meyer geworden war.

Jahr für Jahr erschien ein neues Werk. 1872 schloß er ›Engelberg‹ im ›Seehof‹ in Meilen ab, dessen zweiten Stock er mit Betsy Meyer bewohnte, und unter den Kastanien am See begann er seine erste Novelle ›Das Amulett‹, die 1873 herauskam. Im Jahr darauf folgte ›Jürg Jenatsch‹. Betsy Meyer hatte an seinen Werken mitgearbeitet, ihn beraten, doch das Leben mit seiner Schwester ging zu Ende. 1874 der Einschnitt: Der selbstbewußt gewordene Conrad Ferdinand Meyer verlobte sich mit der vermögenden Louise Ziegler, die er am 5. Oktober 1875 heiratete. Er habe eine Million erheiratet, wurde gemunkelt. »Ein vollständiges Zusammenpassen der Neigungen und Charaktere läßt mich den in meinen Jahren schweren Schritt mit Leichtigkeit und Gewißheit tun.« Während ihrer Hochzeitsreise richtete ihnen Betsy Meyer eine Wohnung im Hause Wangensbach in Küsnacht ein, sie selber blieb in Meilen. Nach seiner Rückkehr kam Conrad Ferdinand Meyer fast täglich zu ihr, um weiter mit ihr zu arbeiten, doch Betsy Meyer sah tiefer als er. Die schwelende Eifersucht Louise Meyers entging ihr nicht.

Erfolgreicher Dichter, verheiratet, reich. Um sich endgültig als angesehener Bürger auszuweisen und die Vergangenheit beiseite zu wischen, fehlte nur noch das standesgemäße Haus. Januar 1877: Kauf des Ottschen Gutes in Kilchberg. »Ich trage meine eigene Erde an den Stiefeln.« Mit dem Blick über den See zu den nahen Alpen hatte Conrad Ferdinand Meyer seine Heimat gefunden. »Das Haus ist geräumig aber alt. Die Aussicht geradezu die schönste am Zürichsee. Ein großer Baumgarten, z. ersten Mal ein eigener, unbetretbarer Boden.« In den ersten Jahren übersah er, daß seine Schwester sich von ihm entfernte. Zu sehr hielt ihn die Plackerei des Umbauens in Atem, zu sehr genoß er sein Ansehen als Schriftsteller, Theater, Konzerte im nahen Zürich, in dem er den Ehrendoktor bekam, Hausmusiken und Besuche, zu sehr freute ihn, endlich eine Ecke für sich gefunden zu haben, trotz des Ärgers über Bauleute, Murks und Pfusch. Verdruß jage Verdruß, die Arbeiter seien lässig, Ott habe alles verlottern lassen, und manche schöne Stimmung und Stunde gehe einem Gutsbesitzer verloren, klagte er. »Der Spätherbst mit den ganz nahe, sozusagen vor meinen Fenstern auf

Arbeitszimmer

den Wiesen weidenden und läutenden Kühen ist hier hübsch, die Lese nicht übel, aber daneben ist mein blaues Schieferdach ganz liederlich gebaut und ich werde mir Recht schaffen müssen.« Aber bei allem Jammern: Das Haus sei zwar teuer, doch sehe er es oft mit Vergnügen an. Er komme sich wie ein neuer Mensch vor. »Bei alledem wird mir mein Eigentum täglich lieber.«

Conrad Ferdinand Meyer baute nicht nur für sich und seine Frau. Für ihn stand außer Frage: Seine Schwester wird bei ihnen leben. An Betsy Meyer schrieb er: »Ich freue mich zum voraus auf unsere Schriftstellerei auf eigenem Grund und Boden. Später wird (ins Ohr gesagt) wahrscheinlich ein bißchen gebaut, und Du beziehst das alte Haus. Ich habe, das traust Du mir zu, Dich stets vor Augen gehabt.« Seine Schwester kam nicht, dafür war sie zu klug. Sie teilte ihm mit, daß sie Meilen verlassen werde. Conrad Ferdinand Meyer war zutiefst erschrocken. Er fürchtete bei einer Trennung die unerträgliche Lücke und Leere, die sie hinterlassen würde. Drei Jahre zögerte sie noch, arbeitete als seine Schreiberin bei ›Der Schuß von der Kanzel‹ und ›Der Heilige‹ mit, doch als 1879 seine Tochter Camilla geboren wurde, stellte sie ihre Mitarbeit fast ganz ein. Im Jahr darauf schloß sie sich der Zellerschen Gebets- und Heilanstalt in Männedorf an. Zwischen ihnen war ein Riß entstanden, und Louise Ziegler nutzte ihn aus. Sie war nach der Mutter, nach der Schwester die dritte entscheidende Frau im Leben des Conrad Ferdinand Meyer.

Die Jahre, die Conrad Ferdinand Meyer mit seiner Schwester gelebt hatte, die gemeinsame Arbeit an seinen Werken, gaben Louise Ziegler das Gefühl, ausgeschlossen zu sein. Wenn ihr euch alles seid, schrieb sie Conrad Ferdinand Meyer, wofür bin ich denn in deinem Leben? Sie hatte ihn geheiratet, sie hatte sein Kind getragen, sie führte den Haushalt, er aber verteidigte seine Schwester gegen ihren Argwohn. Spätestens 1885, als ›Die Richterin‹ herauskam, kochte der Streit langsam, aber stetig hoch. Der Umbau des Hauses, die ausufernde Schreibarbeit in den letzten Jahren, der Zank, rieben an seinen Nerven. Den wenig widerstandsfähigen, leicht aus dem Gleichgewicht zu bringenden Conrad Ferdinand Meyer verließ die Kraft. »Wenn ich sehe, welche Arbeitskraft mir noch zu Diensten steht, wenigstens an schönen trockenen Tagen und bei offenen Fenstern, könnte ich versucht sein, große Pläne zu entwerfen, doch ich fühle zugleich die Ungewißheit menschlichen Glückes.« Das Schreiben stockte, die Angst wuchs, ganz so wie am Anfang, zu versagen, wieder bedeutungslos zu werden. 1887 ein erster Zusammenbruch. Ein Jahr hielt sich eine hartnäckige Erkältung, Atembeschwerden, eine Augenentzündung, Erschöpfung, Schlaflosigkeit kamen hinzu. Die Halsschmerzen wurden so stark, daß er nur noch im Stehen essen konnte. Erstickungsängste, Würgeschmerzen wie bei einem Gehängten. »Ich habe Unvergeßliches

Ansicht von Kilchberg

durchmachen müssen«, schrieb er. »Durchgemacht in den letzten Jahren habe ich mehr als ich je eingestehen werde. Was mich hielt, war eigentlich ein Seelenwanderungsgedanke, ich sagte mir, du hast offenbar in einem frühern Dasein irgend etwas Frevles unternommen. Da sprach das Schicksal: dafür soll mir der Kerl auf die Erde und ein Meyer werden.« Conrad Ferdinand Meyer wurde mit Opium und Beruhigungsbädern behandelt, doch die so lange im Zaum gehaltene Schwermut brach wieder aus. Er verfiel dem Wahnsinn. »Die schwarze Tiefe, die den Tod verkündet.« Das Leben im Kilchberger Haus wurde

213

zur Hölle. Er meinte, von wilden Tieren verfolgt zu werden, hatte Erscheinungen, verweigerte das Essen, weil er glaubte, den Leichengeruch daran wahrzunehmen, Fleisch und Rotwein rührte er nicht an, weil er annahm, es sei das Fleisch und das Blut seiner Frau und seines Kindes. Der Hausarzt: »Er kam vorgestern in eine ärgerliche Aufregung, in welcher er mit dem Stock nach der Frau Doktor und nach der Köchin schlug. Er wurde zwar nachher wieder ganz ruhig und bat die Frau Doktor um Verzeihung, doch da sich solche Auftritte, die durch seinen Wahn veranlaßt werden, es werde im Haushalt zu viel verschwendet, sich wiederholen dürften, so schlug ich die Unterbringung in eine Anstalt vor.« Am 7. Juli 1892 wurde Conrad Ferdinand Meyer ins Irrenhaus von Königsfelden gebracht. Conrad Ferdinand Meyer, ›Der geisteskranke Poet‹: »Er hat die buntesten Träume hinter seinen Gittern | Und die düstersten Räume | Lassen seine Seele nicht zittern. | Zeit und Raum sind ihm verwirrt | Und es wird ihm schreckliche Schuld gegeben, doch das ist nicht die Wahrheit und das Leben ist ihm zum Traume verwirrt. | Alles erscheint ihm doppelt und dreifach und verloren ging ihm die Wahrheit.«

Schon bevor er fortgebracht wurde, waren Betsy Meyers Besuche unerwünscht. Der endgültige Bruch kam mit seiner Einlieferung, über die eifrig berichtet worden war. Louise Ziegler bezichtigte seine Schwester, die Berichte nicht nur gewünscht, sondern gefördert und ihn bei ihrem letzten gemeinsamen Werk, ›Angela Borgia‹, ehrgeizig überfordert zu haben. Sie sei schuld an seinem Zustand. Eine Aussprache verbat sie sich. Als sich Conrad Ferdinand Meyers Gesundheit nach den ersten Wochen in Königsfelden besserte, gab Betsy Meyer Männedorf auf, um in seiner Nähe zu wohnen, aber um jeden ihrer seltenen Besuche in Königsfelden mußte sie mit Louise Ziegler ringen, bis sie ihr strikt verboten wurden. Seine Entlassung am 27. September 1893 änderte daran nichts. Louise Ziegler brachte ihn auf das abgelegene Gut Steinegg. Niemand durfte zu ihm. Sie schottete ihn ab. Ihre alles beherrschende Fürsorge glich der seiner Mutter. Er unterstand der Obhut Louise Zieglers, die sich seiner ganz bemächtigte. Zurück in Kilchberg, schloß sie ihn ein. Nicht einmal ein Barbier wurde eingelassen. Sie rasierte ihn selbst, überwachte seine Briefe, die sie ihm oft genug vorsagte. Das Haus in Kilchberg wurde, so Betsy Meyer, zu einem Liebeskerker. Abgeschottet war Conrad Ferdinand Meyer den Einflüsterungen seiner Frau ausgeliefert, bis er ihren Anschuldigungen glaubte. Auch er verbot schließlich seiner Schwester, ihn zu besuchen. Gedichte, die er für Betsy Meyer geschrieben hatte, widerrief er. Conrad Ferdinand Meyer taumelte seinem Ende zu. Er schrieb so gut wie nichts mehr. Wurde er ausgefahren, sah er stumm und teilnahmslos auf die Berge. Noch einmal erholte er sich, er wurde klarer, doch das Ende kam rasch und ohne Schmerzen. Er starb am 28. November 1898 in seinem Arbeitszimmer in Kilchberg an einem Herzschlag.

Lage der Dichterhäuser

Adressen

Thomas Bernhard

Das *Thomas-Berhard-Haus* in Obernathal 2, A-4964 Ohlsdorf, ist im April, Mai, September und Oktober nur nach Voranmeldung zu besichtigen. Im Juni, Juli, August ist das Haus Freitag bis Sonntag von 14 bis 18 Uhr geöffnet. Voranmeldungen, Auskünfte zu Öffnungszeiten und Führungen unter Tel. 00 43-76 12-4 70 13. Weitere Auskünfte unter *www.thomasbernhard.at*

Christoph Martin Wieland

Das *Wieland-Gartenhaus* in Biberach, Saudengasse 10/1, 88400 Biberach an der Riß, ist Mitte April bis Mitte Oktober jeweils am Mittwoch, Samstag und Sonntag von 14 bis 17 Uhr und Mitte April bis Mitte Oktober nach Vereinbarung geöffnet. Der *Wieland-Schauraum* in Biberach, Zeughausgasse 4, ist Mittwoch, Samstag und Sonntag von 10 bis 12 Uhr und von Oktober bis März von 14 bis 17 Uhr geöffnet. Das *Wieland-Museum* mit dem *Wieland-Archiv* in Biberach, Zeppelinring 56, ist unter Tel. 0 73 51-51-458, Fax: 0 73 51-5 14 59 und *wieland-museum@biberach-riss.de* zu erreichen. Weitere Auskünfte unter *www.wieland-museum.de*. Anmeldungen zu Führungen und aktuelle Informationen zum *Wielandgut Oßmannstedt* bei Weimar, 99510 Oßmannstedt, unter Tel. 0 36 43-54 54 01, Fax 0 36 43-41 98 16, *info@swkk.de* oder unter *www.weimar-klassik.de/de/gnm/gnm_wielandgut.html*. Das Wielandgut Oßmannstedt wird am 25. und 26. Juni 2005 feierlich wiedereröffnet. Es ist dann von April bis Oktober Dienstag bis Sonntag von 10 bis 18 Uhr geöffnet. Von November bis Ende März ist das Gut geschlossen, auf Anfrage sind aber Gruppenführungen möglich.

Novalis

Die *Forschungsstätte für Frühromantik und Novalis-Museum*, Internationale Novalis-Gesellschaft e.V., Novalis-Stiftung »Wege wagen mit Novalis« in Schloß Oberwiederstedt, Schäfergasse 6, 06333 Wiederstedt, ist Dienstag bis Sonntag von 10 bis 16 Uhr geöffnet. Weitere Auskünfte unter Tel. 0 34 76-85 27 20, Fax 0 34 76-85 27 27, *schloss-oberwiederstedt@t-online.de* und *www.schloss-oberwiederstedt.de*. Das *Novalis-Haus*, Klosterstraße 24, 06667 Weißenfels, ist Dienstag bis Sonntag von 10 bis 17 Uhr geöffnet. Die *Novalis-Gedenkstätte* in Weißenfels ist erreichbar unter Tel./Fax 0 34 43-23 45 31, *novalis-haus@web.de*. Weitere Auskünfte unter *www.novalis.autorenverzeichnis.de/weissenfels/index.html*. Das *Romantikerhaus Jena*, Unterm Markt 12a, 07743 Jena, ist Diens-

tag bis Sonntag von 10 bis 17 Uhr geöffnet. Auskünfte unter: Tel. 0 36 41-
44 32 63, Fax 0 36 41-22 88 29, *romantikerhaus@msn.com*, *www.jena.de/kultur/ro-
mantik.html*. Das »*Totenhäuschen*« bei Schloß Batzdorf, 01665 Batzdorf, ist an
Tagen des offenen Denkmals geöffnet. Auskünfte unter Tel. 0 35 21- 40 01 05
oder *www.batzdorfer-schloss.de*.

Karl May

Das *Karl-May-Museum Villa »Shatterhand«*, das *Indianermuseum Villa Bärenfett*
sowie die *Karl-May-Stiftung*, Karl-May-Straße 5, 01445 Radebeul, sind zu erreichen unter Tel. 03 51-8 37 30 10, *info@karl-may-museum.de*. Die Museen sind
von März bis Oktober Dienstag bis Sonntag von 9 bis 18 Uhr und November
bis Februar Dienstag bis Sonntag von 10 bis 16 Uhr geöffnet. Montags, außer
an Feiertagen, sowie am 1. Januar, am 24., 25. und 31. Dezember sind die Museen geschlossen. In der Villa Bärenfett ist die Ausstellung »Indianer Nord-
amerikas« zu sehen, in der Villa »Shatterhand« die Ausstellung »Karl May –
Leben und Werk«. Weitere Informationen unter *www.karl-may-museum.de*.
Das Karl-May-Haus in Hohenstein-Ernstthal, Karl-May-Str. 54, 09337 Hohenstein-Ernstthal, Tel. und Fax 0 37 23-4 21 59, ist Dienstag bis Sonntag von
10 bis 17 Uhr geöffnet. Auskünfte unter *www.karl-may-haus.de*. Die *Karl-May-
Höhle* bei Hohenstein-Ernstthal ist begehbar. Auskünfte unter *www.karl-may-
stiftung.de/ludwig*.

Erich Kästner

Das *Erich-Kästner-Museum*, Antonstraße 1, in 01097 Dresden, ist Sonntag,
Montag, Dienstag von 10 bis 18 Uhr und Mittwoch von 10 bis 20 Uhr geöffnet.
Der Donnerstag ist für Gruppen und Schulklassen nach telefonischer Voranmeldung reserviert. Tel. 03 51-8 04 50 86, Fax 03 51-8 04 50 87. Weitere Auskünfte unter *www.erich-kaestner-museum.de*.

Bettine von Arnim

Das Museum des *Künstlerhauses Schloß Wiepersdorf* der Stiftung Kulturfonds,
14913 Wiepersdorf, wird 2006 wiedereröffnet. Weitere Informationen unter
www.wiepersdorf.de.

Hans Fallada

Das *Hans-Fallada-Haus* im Feldberger Ortsteil Carwitz, Zum Bohnenwer-
der 2, 17258 Feldberger Seenlandschaft, ist täglich außer montags geöffnet, und
zwar von Mai bis Oktober von 10 bis 17 Uhr und von November bis April
von 14 bis 16 Uhr. Führungen, Lesungen, literarische Veranstaltungen nach
Vereinbarung unter Tel./Fax 03 98 31-2 03 59. Weitere Auskünfte unter *www.
fallada.de* oder über die Hans-Fallada-Stiftung, c/o Brigitte-Reimann-Litera-
turhaus, Gartenstr. 6, 17033 Neubrandenburg, Tel. 03 95-5 71 91 80, Fax 03 95-
5 71 91 88.

Arno Schmidt

Das *Arno-Schmidt-Haus* kann nur nach Voranmeldung besucht werden, Tel. 0 51 48-500. Das Haus befindet sich in Bargfeld auf dem Grundstück »Zum Kronsberg«. Auskünfte erteilt die Arno-Schmidt-Stiftung, Unter den Eichen 13, 29351 Eldingen, Tel. 0 51 48-9 20 40, Fax 0 51 48-9 20 41, *info@arno-schmidt-stiftung.de*. Weitere Informationen unter *www.arno-schmidt-stiftung.de*.

Wilhelm Busch

Das *Wilhelm-Busch-Geburtshaus*, Hauptstraße 68a, 31719 Wiedensahl, ist von April bis 30. Oktober von Dienstag bis Sonntag von 10 bis 12 Uhr und 14 bis 17 Uhr geöffnet, von November bis März Dienstag bis Sonntag von 10 bis 12 Uhr und von 14 bis 16 Uhr. Tel. 0 57 26-3 88, Fax 0 57 26-92 13 28, wilhelm-busch@wiedensahl.de. Das *alte Pfarrhaus*, Hauptstr. 89, ist von April bis September Samstag, Sonntag und an Feiertagen von 14 bis 17 Uhr zu besichtigen, im Oktober an Sonntagen von 14 bis 17 Uhr. Tel. 0 57 26-7 74, Fax 0 57 26-13 22. Gruppenführungen (ab 15 Personen) nach telefonischer Anmeldung. Weitere Informationen unter *www.wilhelm-busch-geburtshaus.de*, *www.wilhelm-busch.de* oder *www.wilhelm-busch-seiten.de*. Die *Wilhelm-Busch-Gedenkstätte* in Mechtshausen, Pastor-Nöldeke-Weg 7, 38723 Seesen-Mechtshausen, ist nach Absprache zu besuchen, Tel. 0 53 84-9 08 86. Die *Wilhelm-Busch-Mühle*, Mühlengasse 8, 37136 Ebergötzen, ist über Tel. 0 55 07-71 81 zu erreichen. Das *Wilhelm-Busch-Museum* in Hannover, Deutsches Museum für Karikatur und kritische Grafik, Georgengarten, 30167 Hannover, ist Dienstag bis Samstag von 11 bis 16 Uhr und an Sonn- und Feiertagen von 11 bis 18 Uhr sowie am 25. Dezember und 1. Januar von 12 bis 18 Uhr geöffnet. Tel. 05 11-16 99 99 11. Beim Pfarrhaus in 37586 Lüthorst steht ein *Wilhelm-Busch-Gedenkstein*.

Gotthold Ephraim Lessing

Das *Lessinghaus* Wolfenbüttel, Lessingplatz, 38304 Wolfenbüttel, ist Dienstag bis Sonntag von 11 bis 17 Uhr geöffnet. Tel. 0 53 31-80 82 14, Fax 80 82 48. Informationen unter *www.hab.de*. Das *Lessing-Geburtshaus* Kamenz, Lessingplatz 1–3, 01917 Kamenz, ist Dienstag bis Freitag von 9 bis 16 Uhr, Samstag, Sonntag und an Feiertagen von 13 bis 16 Uhr geöffnet (über Weihnachten und Neujahr ist das Haus geschlossen). Weitere Auskünfte unter Tel. 0 35 78-3 80 50 oder *www.lessingmuseum.de*.

Eduard Mörike

Das *Mörike-Museum*, im alten Schulhaus bei der Kirche, Turmhahnstraße, 74196 Neuenstadt-Cleversulzbach, ist sonn- und feiertags von 11 bis 16.30 Uhr geöffnet (außer Weihnachten, Neujahr, Karfreitag, Ostersonntag). Führungen nach Vereinbarung über das Städtische Kulturamt. Weitere Informationen unter *www.unterland.net/Museum/neuenstadt3.htm* oder über den Freundeskreis Mörike-Museum, Werner Uhlmann, Kernerstraße 3, 74196 Neuenstadt-

Cleversulzbach, Tel. 0 71 39-97 23, Fax. 0 71 39-97 66, *www.freundeskreis-moe-rike-museum.de*.

Conrad Ferdinand Meyer

Das *C.-F.-Meyer-Haus*, Gemeindeverwaltung Kilchberg, Ortsmuseum Kilchberg, Alte Landstrasse 170, CH-8802 Kilchberg, ist Dienstag, Samstag, Sonntag von 14 bis 16 Uhr geöffnet und während der Schulferien und an allgemeinen Feiertagen geschlossen. Tel. 00 41-44-7 15 31 40. Weitere Auskünfte über die Museumsleitung Tel. 00 41-44-7 10 51 66 oder unter *www.kilchberg.ch/freizeit/kultur/ortsmuseum.htm*.

Dank

Für wertvolle Hinweise und Hilfe danken Autor und Verlag besonders:

Dr. Peter Fabjan, Thomas-Bernhard-Nachlaßverwaltung, Gmunden.
Dr. Egon Freitag, Wielandgut Oßmanstedt.
Heiko Weißbach, Forschungsstätte für Frühromantik und Novalis-Museum, Schloß Oberwiederstedt.
André Köhler, Karl-May-Museum, Radebeul.
Peter Beisler, München, Nachlaßverwaltung Erich Kästner.
Doris Sossenheimer, Künstlerhaus Schloß Wiepersdorf.
Erika Becker, Literaturzentrum Neubrandenburg e.V., Hans-Fallada-Archiv, Carwitz.
Susanne Fischer, Arno-Schmidt-Stiftung, Bargfeld.
Gudrun-Sophie Frommhage-Davar, Wilhelm-Busch-Geburtshaus, Wiedensahl.
Christian Hogrefe, Herzog August Bibliothek, Wolfenbüttel.
Werner Uhlmann, Freundeskreis Mörike-Museum, Neuenstadt-Cleversulzbach.
Dr. Elisabeth Lott-Büttiker, Ortsmuseum Kilchberg.

Bildverzeichnis

Dieter Krowatschek / Holger Domsch

Stressfrei in die Schule

Ängste überwinden

Walter

Bibliografische Information der Deutschen Bibliothek

Die Deutsche Bibliothek verzeichnet diese Publikation in der
Deutschen Nationalbibliografie; detaillierte bibliografische Daten
sind im Internet unter http://dnb.ddb.de abrufbar.

© 2006 Patmos Verlag GmbH & Co. KG
Walter Verlag, Düsseldorf
Alle Rechte vorbehalten.
Druck und Bindung: Clausen & Bosse, Leck
ISBN 3-530-40192-7
www.patmos.de

Inhalt

Wenn einer keine Angst hat,
hat er keine Fantasie.

(E. KÄSTNER)

Vorwort

»Angst macht dumm!« denken viele Eltern seit Generationen. Wissenschaftlich gesehen zeigt sich allerdings kein übermäßig hoher Zusammenhang zwischen Angst und Schulleistungen. Wahr ist aber, dass es viele Kinder und Jugendliche gibt, die bei wachsendem Leistungsdruck unter Ängsten leiden, in Prüfungen, Klassenarbeiten oder Tests versagen und sogar Schule und Unterricht meiden. Dennoch gehören Leistungsanforderungen, Prüfungen und Konfliktsituationen zu ihrem Alltag, ohne dass sie sich ihnen entziehen können. Man nimmt an, dass etwa fünf Prozent aller Kinder und Jugendlichen übermäßig hohe Angst zeigen. Dieser Prozentsatz erhöht sich rapide, wenn es um Schul- und Prüfungsängste geht.

Viele Kinder und Jugendliche erkennen deutlich, wenn Angst sie lähmt, keine klaren Gedanken möglich sind und Gelerntes nicht mehr aktiviert werden kann. Manche vermeiden solche Situationen und entwickeln psychosomatische und körperliche Beschwerden wie Bauchweh, Übelkeit, Kopfschmerzen, Atemnot und Ähnliches. Ihnen, ihren Eltern und Lehrkräften bietet dieses Buch eine Vielzahl von Hilfestellungen und Fallbeispielen im Umgang mit Angst auslösenden Situationen und Prüfungen. Es eignet sich besonders bei Problemen, die noch überschaubar sind und noch keine lange, oft belastende Therapie notwendig machen.

In diesem Buch geht es um Sofortmaßnahmen, die Eltern, Lehrkräfte und Betroffene selbst ergreifen können. Es sind in der Praxis mit Kindern und Jugendlichen erprobte Methoden aus der Stressprävention, der kognitiven Verhaltens- und Lerntherapie. Oft verblüffend einfach, verschaffen sie in unterschiedlichen Angst auslösenden Situationen Hilfe. Klare und verständliche Interventionen als Maßnahmen bei Trennungsangst, morgendlichen Auseinandersetzungen, Problemen bei der Prüfungsvorbereitung oder Stress bei Klassenarbeiten geben Möglichkeiten zu Verbesserung und Lösung der Schwierigkeiten.

Unsere Erfahrungen aus der Praxis haben gezeigt, dass die hier vermittelten Methoden tatsächlich hilfreich sind. So hat Janina mit Hilfe eines kleinen Punkteplanes den Schulbesuch geschafft, ihre Mutter fühlt sich entlastet und die Familiensituation kehrt zur Normalität zurück. Aber auch Sven, der gerade sein schriftliches Abitur macht, wendet einige der vorgeschlagenen Atemübungen an und hat uns vor kurzem freudig berichtet: »Es hat funktioniert. Ich wusste gar nicht, dass es so einfach ist.«

Unseren Leserinnen und Lesern alles Gute, viel Mut und Angst in Maßen!

Marburg, im August 2006
Dieter Krowatschek
Holger Domsch

Solange man nicht aufgibt,
ist man nicht besiegt.

(SPRICHWORT)

Höhlenmenschen treffen
auf einen Tiger

Vor Tausenden von Jahren hatten die Höhlenmenschen einen
schlimmen Feind: den gefährlichen und gefräßigen Tiger. Über
seine Angriffslust und seine scharfen Zähne gab es so viele Ge-
rüchte, dass die Leute sich schon vor ihm fürchteten, ohne ihn
überhaupt gesehen zu haben. Eines Tages nun hörte ein Höhlenmensch tatsächlich zum ersten Mal in seinem Leben das Fau-
chen eines Tigers. Sein Herz begann schneller zu schlagen. Seine
Atmung wurde immer hastiger und seine Zähne klapperten vor
Angst. Im Magen war ihm flau und vor Furcht hatte er ganz weiche Knie. Seine Muskeln spannten sich fast bis zum Äußersten an,
um wegzurennen oder im Notfall sogar mit dem Tiger zu kämp
fen. Er hatte aber nicht viel Zeit, sich Gedanken um seine Angst zu
machen. Es gab nämlich nur drei Möglichkeiten:

- Entweder würde der Tiger ihn gleich zerfleischen,
- oder er selbst als guter Jäger würde ihn in einem schnellen
  Angriff töten,
- schließlich aber konnte es auch sein, dass beide voreinander
  wegliefen.

»Tiger« im Alltag unserer Kinder und Jugendlichen

Heute setzen sich Kinder und Jugendliche mit anderen Problemen auseinander als der Höhlenmensch. Und doch werden
auch sie von »Tigern« bedroht. Ihre »Tiger« sind vielleicht kleiner,
aber sie werden sie nicht so einfach los. Sie regen sich vor dem
Schreiben von Klassenarbeiten, bei Prüfungen oder wenn sie in
der Schule aufgerufen werden, furchtbar auf. Sie reagieren dann
wie der Höhlenmensch. So kann es sein, dass auch ihr Herz

anfängt, schneller zu schlagen, sie verschwitzte Hände haben, ihnen schlecht wird und sie anfangen, vor Angst und Aufregung hektisch ein- und auszuatmen.

Wenn Erwachsene sich an ihre Schulzeit zurückerinnern, neigen sie dazu, diese zu verklären und in der Rückblende oft als eine sorgenfreie und problemlose Zeit zu interpretieren. In Wirklichkeit aber sind Kinder schon sehr früh starken Belastungen ausgesetzt. So beginnt für viele der Leistungsdruck bereits im Kindergarten. Die Aufführung eines Weihnachtsmärchens, das Aufsagen eines kleinen Gedichtes können Angst, Stress und Anspannung auslösen. In der Schule setzt sich dies ins Unermessliche fort. So wissen Kinder schon sehr früh, dass von ihnen gute Leistungen erwartet werden, weil sie eine bestimmte Schul- oder eine besondere Berufsausbildung durchlaufen sollen.

Kinder müssen zusätzlich mit unterschiedlichstem Stress in ihrem Alltag fertig werden: Scheidungen, Berufstätigkeit beider Eltern (Schlüsselkinder) oder Arbeitslosigkeit, Probleme allein Erziehender, Krankheiten, Geldsorgen, perspektivlose Zukunft usw. Daneben vermitteln die Medien ihnen ständig eine Umwelt, die von Gewalt, Brutalität und Gefahren geprägt zu sein scheint.

Angst haben wir alle.
Der Unterschied liegt in der Frage: Wovor?

(F. THIES)

Das Phänomen der Angst

Gesichter der Angst

Es ist nicht verwunderlich, wenn Kinder auf Angst, Stress und Druck mit körperlichen oder emotionalen Symptomen reagieren:

Körperliche Stresssymptome

- Schlaflosigkeit,
- erhöhter Blutdruck,
- Herzrasen,
- Appetitlosigkeit,
- Bettnässen,
- Einkoten,
- nervöse Magenbeschwerden,
- Kurzatmigkeit,
- Kopfschmerzen,
- ein Kloß im Hals,
- Schwitzen, Zittern, Erröten,
- Heißhungerattacken,
- Durchfall oder Verstopfung,
- allergische Reaktionen,
- …

Emotionale Stresssymptome

- überhöhte Ängstlichkeit,
- Denkblockaden,
- hohe Nervosität,
- Überempfindlichkeit,
- starke Unkonzentriertheit,
- viele Sorgen,
- unkontrollierte Wutausbrüche,
- Stimmungsschwankungen,
- Zurückgezogenheit,
- Impulsivität,
- …

So kommt Lukas täglich mit Kopfschmerzen aus der Schule. Anna wird bei dem geringsten Anlass fahrig, vergesslich und kann sich kaum strukturieren. Jonas verspürt schon täglich vor der Schule

Übelkeit, möchte sich übergeben, Lisa regt sich auf, läuft rot an, bekommt Herzklopfen, wenn sie nur an Unterricht denkt, und Kevin kann abends vor Ängsten und Sorgen über den nächsten Tag nicht einschlafen.

Schon aus dieser kleinen Auswahl wird deutlich, dass die geschilderten psychosomatischen, körperlichen und emotionalen Beschwerden wahrscheinlich Zeichen von Stress, Angst, Prüfungs- und Leistungsdruck, Anspannung und vielleicht auch subjektiver oder objektiver Überforderung sind.

Sind die »Tiger« heute kleiner?

Viele Kinder haben ständig Angst, dass sie bei Prüfungen Fragen nicht beantworten können. Sie beschreiben, dass sie bei Klassenarbeiten immer aufgeregter werden und schließlich keinen klaren Gedanken mehr fassen können. Schon auf die Vorbereitung von Arbeiten und Prüfungen können sie sich nur schwer konzentrieren. Allein der Gedanke an bevorstehende Prüfungen und Klassenarbeiten löst Ängste oder Depressionen aus und behindert bei der Arbeit.

In den vergangenen Jahren haben uns auffällig mehr junge Erwachsene vor dem Abitur aufgesucht, weil sie eine starke und lähmende Prüfungsängstlichkeit entwickelt hatten. Immer wieder klagten sie, dass sie zwar lernten und lernten, aber schon jetzt Angst hätten, dass ihnen dann in der mündlichen Prüfung oder im schriftlichen Abitur überhaupt nichts einfallen werde. Oder aber sie berichteten, dass sie nach der Prüfung genau wussten, dass sie nur einen Teil des Gelernten eingebracht hatten, weil sie zu aufgeregt waren.

So entschlossen wir uns im letzten Jahr probeweise, die besonders Prüfungsängstlichen von 120 Abiturienten eines kleinen Gymnasiums mitten auf dem Lande noch einmal kurz vor dem schriftlichen Abitur zu trainieren, ihnen einige während der Prüfung praktizierbare Atemübungen an die Hand zu geben, damit sie die schriftlichen Arbeiten gut würden überstehen können. Für die große Pause vereinbarten wir den Vorraum der Aula als Treffpunkt. Als wir zum Vorraum kamen, war niemand da. Wir öffneten die Tür zur Aula und dort saßen achtzig Schülerinnen und Schüler und warteten gespannt auf uns …

Zusehends mehr Schülerinnen und Schüler leiden sogar unter Schulangst. Viele vermuten Leistungsdruck als Ursache. Die Folgen sind für Kinder und Jugendliche oft katastrophal. Sie fühlen sich nicht nur schlecht, sie versagen in der Schule, und die meisten von ihnen wollen überhaupt nicht mehr in die Schule gehen.

Das Geheimnis der Angst

Jeder erlebt einmal Angst. Sie gehört zu den natürlichsten Dingen auf der Welt. Angst kommt bei Menschen und Tieren, Großen und Kleinen, Älteren und Jüngeren vor. Wir empfinden sie meistens als unangenehm – oft in Situationen, die uns bedrohlich erscheinen.

Was passiert mit uns, wenn wir uns ängstigen?

Angst löst ein ganzes Feuerwerk von Reaktionen in unserem Körper aus. Viele dieser körperlichen Reaktionen stammen noch aus der Zeit unserer frühesten Vorfahren und waren damals durchaus sinnvoll. Traf ein Höhlenmensch auf einen Tiger, schaltete sein Körper um. Zwei Strategien waren sinnvoll: Flucht oder Kampf. Mehr Blut floss in sein Gehirn. Er musste schnell entscheiden, welcher dieser beiden Wege einzuschlagen und wie zu realisieren war. Sein Körper wurde in höchste Aktivitätsbereitschaft gesetzt. Schnelligkeit und Kraft werden bei der Begegnung mit einem Tiger benötigt. Dafür wird unter anderem Adrenalin ausgeschüttet. Das Herz schlägt schneller, die Atmung wird flacher, aber die Muskeln werden mit Energie und Sauerstoff versorgt. Gleichzeitig nimmt das Hungergefühl ab und auch das Bedürfnis nach Schlaf tritt zurück. Schließlich ist es beim Anblick eines Tigers weder sinnvoll, sich erst einmal den Magen vollzuschlagen, noch sich bequem zum Schlafen hinzulegen. Viele kennen den Ausspruch: »Der hat sich vor Angst in die Hosen gemacht!« Eine volle Blase ist unnötiger Ballast, wenn es darum geht, schnell wegzurennen. Auch die Aufmerksamkeit nimmt zu. Wir nehmen den Tiger und die gesamte Umwelt besser wahr. Sensible Stresshormone sorgen dafür, dass wir uns die Situation im Gedächtnis einprägen. Evolutionär betrachtet macht dies durchaus Sinn. Relevante Dinge werden besser gespeichert und wir lernen aus ihnen. Beim nächsten Mal wissen wir genauer, wie wir auf einen Tiger reagieren müssen.

Was über Millionen von Jahren unsere Vorfahren beschützt und ihnen geholfen hat, den Tag zu überleben, lässt sich in der heutigen Zivilisation nicht so schnell verändern. Die Angst und ihre körperlichen Reaktionen sind sozusagen in unseren Genen vorprogrammiert. Für manche Situationen ist dieses »Programm« auch in einer Gesellschaft ohne frei herumstreunende Tiger noch sinnvoll. Erschrickt ein Kind, weil es an ein heißes Bügeleisen fasst, wird es in der Zukunft tunlichst seine Finger davon lassen. Genauso wie beim Tiger brennt sich dieses Erlebnis ins Gedächtnis ein. In anderen Situationen jedoch funktioniert dieses Muster nicht zufriedenstellend: Ein Kind, das in seiner neuen Schule eine schlechte Erfahrung macht, wird sich am nächsten Morgen unter Umständen mit einem flauen Gefühl im Magen auf den Schulweg machen. Ein Mädchen, das von einer Lehrkraft vor der Klasse bloßgestellt wird, erinnert sich möglicherweise sein Leben lang genau an diese Situation.

Unser Gedächtnis speichert solche und ähnliche Begebenheiten fest ein. Jeder kennt einen Augenblick, in dem er etwas Schlimmes erlebte, und kann davon berichten. Doch genauso wie vor einigen Millionen Jahren hat auch heute die Angst in ihrer natürlichen Form erst einmal eine schützende Funktion. Sie bewahrt uns vor möglichen Gefahren. Einem Abgrund treten wir nicht zu nahe, weil wir Angst haben, hinabzustürzen. Daneben hat die Angst sogar noch andere positive Seiten: Stellen Sie sich einmal vor, Sie würden im Urlaub – wo Sie keiner kennt – in einem Café aufstehen, den Ober laut beschimpfen und anschließend kräftig rülpsen. Sicherlich werden Sie von dieser Idee nicht gerade begeistert sein. Aber was hindert Sie daran? Letztendlich ausschließlich die Angst vor der Blamage, die anderen könnten Sie für verrückt, unhöflich, ungehobelt, unmöglich, befremdlich etc. halten. Angst bestimmt also zu einem großen Teil die Einhaltung von Umgangsformen.

Genauso kann ein wenig Angst motivierend sein, sich an bestimmte Regeln zu halten oder sich anzustrengen: Jan sind die Noten in der Schule nicht wichtig. Ob er nun eine »Zwei« oder eine »Vier« schreibt, ist ihm egal. Dementsprechend hat er auch keine Angst vor einer schlechten Note und strengt sich in der Schule erst gar nicht an. Tim verhält sich etwas anders. Ihm sind die Noten wichtig. Vor einer Klausur ist er immer etwas nervös, ohne dass er in Panik verfällt. Tims Angst ist während der Arbeit auf einem mittleren Niveau. Dies kann für ihn von Vorteil sein. Wissenschaftliche Untersuchungen untermauern, dass ein bisschen Angst unsere Leistung steigern kann: Wir können uns besser konzentrieren, sogar schneller arbeiten. Erst wenn die Angst ein gewisses Maß überschreitet, machen wir mehr Fehler und leisten weniger mit schlechten Resultaten. Dann kann Angst sich sogar zu so genannten Denkblockaden bis hin zu Blackouts steigern: Für den Augenblick vergessen wir alles Wesentliche. Der Kopf scheint wie leer geblasen und jede Anstrengung, sich zu erinnern, ist vergebens: Als Ole in seiner mündlichen Abiturprüfung steht, kann er sich nicht einmal mehr an seinen eigenen Namen erinnern.

Angst hat also zwei Seiten: Sie hilft, schneller zu lernen, Gefahren aus dem Weg zu gehen und sogar unsere Leistung zu steigern. Sie beeinträchtigt aber auch in hohem Maße. Dauerhaft führt starke Angst zu Stress. Begegnen wir nur hin und wieder einem unserer »modernen heutigen« Tiger, erholen wir uns schnell davon. Unser Körper schaltet dann auf die Kampf- oder Flucht-Reaktion um. Energie wird freigesetzt und in die Muskeln geführt. Nach der Angst einflößenden Situation haben wir Zeit, uns zu regenerieren und unnötige Energien abzubauen. Langsam können wir wieder aus dem Alarm- in den Normalzustand wechseln. Erst wenn sich diese Situationen häufen, empfinden wir Stress. Kinder, die vor Klassenarbeiten und Prüfungen in der Schule Angst haben, stehen dem »Tiger« Schule täglich gegenüber. Dies

17

führt zu unangenehmen Stressreaktionen. Der Körper hat keine Zeit, sich zu erholen, und schaltet auf Daueralarm. Die Folgen sind Erschöpfung, Konzentrationsprobleme und eine geringere Immunabwehr. In diesem Fall gilt es, etwas zu unternehmen.

Was ist normal? Ängste, die man nicht fürchten muss

Eltern machen sich oft Sorgen um die Ängste bei Kindern. Sie sind unsicher, ob sich die beobachtete Angst legen wird, ob sie zur normalen Entwicklung gehört oder ob etwas gegen sie unternommen werden muss. Deshalb beschäftigen wir uns zunächst mit der Frage, welche Ängste von Kindern wann Sorgen bereiten sollten und welche hingenommen werden können.

Es gibt Ängste, die in bestimmten Altersabschnitten vermehrt auftreten. Sie sind normal und verschwinden im Laufe der Zeit wieder. Fast alle Kinder unter zwei Jahren haben Trennungsängste. Sie achten sehr darauf, stets in der Nähe ihrer Mutter zu sein. Betritt beispielsweise eine fremde Person den Raum, eilen sie zur Mutter und fühlen sich dort sicher. In diesem Alter machen Trennungsängste Sinn. Schließlich haben die Kleinen gerade das Laufen erlernt und sind somit rein physisch in der Lage, sich aus ihrem gewohnten Umfeld zu entfernen. Die Trennungsangst entlastet die Mutter in gewissem Maße von ihrer Aufsichtspflicht, weil das Kind selbst darauf achtet, nicht verloren zu gehen.

Im Alter von zwei bis drei Jahren entwickeln Kinder oft Angst vor der Dunkelheit und vor kleineren Tieren:

Marie hat vor dem Schlafengehen Angst vor Ungeheuern und kleinen Tieren, die sich in ihrem Zimmer versteckt halten könnten. Jeden Abend inspiziert sie zusammen mit ihrer Mutter den Schrank und das Bett. Sie gucken sogar unter den Teppich – denn vielleicht hat sich ja dort ein Gespenst versteckt. Erst nachdem Maries Mutter den Raum für »gespensterfrei«, erklärt hat, kann sich Susanne beruhigt ins Bett legen. Und trotzdem wacht sie hin und wieder nachts auf und hat etwas Gruseliges geträumt.

Im Alter von etwa fünf Jahren entwickeln viele Kinder Angst vor bösen oder gemeinen Menschen. Auch die Angst vor Verletzungen ist in dieser Altersstufe besonders ausgeprägt.

Joshua zum Beispiel hat nachts Angst, dass ein Dieb ins Haus einbricht. Er liegt angespannt im Bett und lauscht den Geräuschen aus dem Erdgeschoss. Erst nach einer Weile traut er sich, in das Zimmer seiner Eltern zu rasen, um sie zu warnen und selbst Trost zu suchen.

Zum Glück ließen Joshuas Befürchtungen schnell wieder nach, doch mit sechs Jahren entwickelt er eine neue Angst: Nun fürchtet er sich, bei Unwetter allein zu schlafen. Bei Gewitter steht er oft weinend vor dem Bett seiner Eltern und beruhigt sich erst, wenn er sich unter ihrer Bettdecke verkrochen hat.

Im Alter von sieben und acht Jahren fürchten sich viele Kinder vor Ereignissen, die sie im Fernsehen gesehen haben.

Jan hat plötzlich Angst vor dem Krümelmonster aus der Sesamstraße. Muss er nachts auf die Toilette, vermutet er das Monster hinter jeder Tür. Erst im eigenen Bett fühlt er sich wieder sicher.

Zwischen acht und zehn Jahren beginnen die Kinder Ängste zu entwickeln, die sich auf eigene Leistung und soziale Anerkennung beziehen. Dies ist das Alter, in dem die Meinung anderer Kinder immer wichtiger wird. Gehöre ich zur Clique? Werde ich zu Geburtstagsfeiern eingeladen? Kann ich mich in der Klasse behaupten?

Laura zeigt sich in der Schule schüchtern. Sie mag es überhaupt nicht, vom Lehrer aufgerufen zu werden. Sarah dagegen hat ganz andere Sorgen. Sie achtet sehr darauf, was die anderen Mädchen ihrer Klasse über sie denken. Für sie ist es eine Katastrophe, wenn die anderen ihre neuen Klamotten nicht mögen.

Es ist nicht so schlimm, wenn einige der beschriebenen Ängste zeitlich etwas länger andauern. Bei manchen Kindern treten sie auch ausgeprägter auf als bei anderen. In der Regel verschwinden sie aber wieder. Erst wenn die Ängste weit über die natürlichen Zeitfenster hinaus bestehen bleiben oder das Kind sehr stark beeinträchtigen, sollten sich Eltern ernsthaft Sorgen machen.

Staunen ist der erste Schritt zur Erkenntnis.

(L. PASTEUR)

In der Höhle des Tigers – Schulangst

Als Julia uns das erste Mal mit ihrer Mutter im Schulpsychologi-schen Dienst besucht, ist sie neun Jahre alt. Zögerlich betreten beide das Beratungszimmer, und ehe sie sich setzen, schauen sie sich im Raum genau um. Dann beginnt die Mutter, von Julias Schulangst zu berichten. Seit einiger Zeit hat Julia Angst, zur Schule zu gehen. In letzter Zeit kann sie schon abends nicht richtig einschlafen, und wenn sie schläft, wacht sie nachts auf und kommt ins Bett der Eltern.

Morgens entbrennt sich dann ein regelrechter Kampf um die Schule. Sobald Julias Vater erfährt, dass Julia nicht hingehen möchte, wird er so wütend, dass er sich auf keine Diskussion mehr einlässt. Julias Klassenlehrerin kann sich die Berichte der Mutter gar nicht erklären. Sie hat keine Probleme mit ihrer Schülerin, und Julia fällt im Unter richt nicht unangenehm auf. Sie beteiligt sich zwar nicht besonders häufig, aber manche Schüler sind eben so. Während die Mutter erzählt, sitzt Julia ruhig auf ihrem Stuhl und hört sich die Klagen an.

Bis vor kurzem ist der elfjährige Patrick gern in die Schule gegan-gen. Er gehört zu den besten Schülern seiner Klasse. Doch seit eini-ger Zeit klagt sein Klassenlehrer über mangelnde Beteiligung am Unterricht: »Patrick sitzt nur noch so rum und träumt.« Auch zu Hause wirkt er in sich gekehrt und verhält sich viel stiller als ge-wohnt. Seinen Eltern fällt auf, dass viel seltener Freunde zu Besuch kommen. Wenn er mit seiner kleineren Schwester spielt, bricht er neuerdings urplötzlich in Wut aus. Nachts schläft er schlecht und hat viele Albträume. Morgens kommt er nicht aus dem Bett. Patricks Eltern stehen der Situation ratlos gegenüber. Sie können sich seine Wesenswandlung nicht erklären. Erst als eine Nachbarin fragt, wie Patrick eigentlich die Schikanen in der Schule erträgt, geht den Eltern ein Licht auf.

Der dreizehnjährige Lars liegt seit einer Woche krank im Bett – mal wieder. Es ist sein achtzehnter Fehltag in diesem Schuljahr. Immer wieder klagt er über Bauch- oder Kopfschmerzen. An einigen Tagen kommt er wegen plötzlicher Übelkeit gar nicht aus den Federn. Seine Mutter stellt ihm mittlerweile jeden Abend eine Spuckschüssel neben das Bett – »für den Notfall«. Seine Eltern befürchten, er leide unter einer schlimmen Erkrankung. Doch unterschiedliche Ärzte können nichts Auffälliges feststellen. Seine Mutter ist hilflos, denn auch aus der Schule wächst der Druck. Einige Lehrer sehen sich nicht mehr in der Lage, Lars eine Note zu geben. Wegen seiner Beschwerden konnte er zu viele wichtige Klassenarbeiten nicht mitschreiben.

Kinder mit ausgeprägten Aggressionen erkennt jeder in der Regel leicht. Sie fallen in der Schule oder zu Hause durch Wutanfälle, lautstarke Beschimpfungen, Prügeleien oder das willkürliche Zerstören von Gegenständen auf. Das Phänomen der Angst ist viel schwieriger auszumachen. Das liegt insbesondere daran, dass Angst im Gegensatz zu Aggression meistens ein nach innen gekehrtes Phänomen ist.

Julia gilt schon immer als zurückhaltend und scheu. Dass sie Angst vor der Schule hat, wäre ihrer Klassenlehrerin jedoch nie in den Sinn gekommen.

Lars fällt – abgesehen von seinen Krankheitstagen in der Schule – nicht negativ auf, er schreibt sogar gute Noten.

Sowohl Julia als auch Lars sind Beispiele dafür, dass es uns bei einigen Kindern schwer fallen kann, überhaupt zu bemerken, dass sie etwas bedrückt. Bei anderen Kindern oder Jugendlichen nehmen wir ganz andere Ursachen für ihr Verhalten an – aber nicht Angst. Mareikes Lehrerin zum Beispiel berichtet, ihre Schülerin könne sich nicht konzentrieren. Sie befürchtet eine Aufmerksamkeitsstörung. Lisas Vater steht der Schulschwänzerei seiner Tochter hilflos gegenüber. Er denkt, sie sei mit den falschen Freunden zusammen, und verbietet ihr deshalb den Umgang mit ihnen. An ihre Sorgen und mögliche Ängste vor der Schule denkt er im ersten Augenblick überhaupt nicht.

An unseren Beispielen sehen Sie, dass die Angst vor der Schule ganz unterschiedliche Gesichter haben kann. Ein Kind, das unter Angst leidet, kann scheu und zurückhaltend wirken und nervös auf dem Stuhl hin- und herrutschen. Ein anderes entlädt seine angestaute Energie zu Hause plötzlich in einem Temperamentsausbruch. So kann Schulangst unterschiedliche Formen und Begleiterscheinungen haben. Manchmal werden Sie das eigene Kind wiedererkennen – manchmal nicht.

Wenn Schule auf den Magen schlägt

Viele Kinder und Jugendliche mit Schulangst leiden unter plötzlichen Bauch- oder Kopfschmerzen. Einigen wird schwindelig und übel, andere reagieren mit anderen körperlichen Beschwerden. Der konsultierte Hausarzt schickt das Kind für einen Tag ins Bett, verschreibt ein leichtes Medikament oder empfiehlt Tees gegen Darmkrämpfe und Übelkeit. Die ärztliche Untersuchung bringt keine klaren Ergebnisse und kann die Häufung und Regelmäßigkeit der Beschwerden nicht klären.

Lars war bei drei verschiedenen Ärzten, die alle nichts Besonderes feststellen konnten. Die Eltern sind dadurch verunsichert. Sie wollen ihr Kind unterstützen, doch fragen sie sich: Sind die Kopfschmerzen, die Bauchschmerzen oder die Übelkeit nun eingebildet oder nicht? Sicherlich nicht. Oder?

Einige der Beschwerden entstehen durch den akuten Stress, den Schulangst auslöst. Der Vorwurf, das Unwohlsein sei nur eingebildet, verschlimmert in der Regel die Lage des Kindes. Die Situation, in der sich die Eltern befinden, ist zweischneidig. Vorwürfe wie »Du bildest dir das nur ein!« lösen bei dem Kind das Gefühl aus, im Stich gelassen zu werden. Doch gestatten die Eltern dem Kind, zu Hause zu bleiben, verstärkt die Erlaubnis das Problem: Was dem Kind kurzfristig zu helfen scheint, macht den Schulbesuch langfristig nur noch schwieriger. Denn auch wenn es nur unbewusst ist, hat das Kind Folgendes gelernt: »Wenn ich krank bin, weil es mir schlecht geht und ich deshalb Theater mache, darf ich zu Hause bleiben!«

Bei vielen Kindern und Jugendlichen mit Schulangst lassen

die körperlichen Beschwerden bereits am späten Vormittag wieder nach. Nachdem das Kind den als Gefahr wahrgenommenen Schulgang abgewendet hat, kann sich der Körper allmählich wieder entspannen. Erst am Abend treten die Beschwerden erneut auf: Der nächste Schultag kündigt sich an. Das gleiche Muster lässt sich auch über einen längeren Zeitraum – über eine Woche oder sogar ein Schuljahr – beobachten. Während die Beschwerden unter der Woche vermehrt vorkommen, haben die Kinder an den Wochenenden keine Symptome. Erst am Sonntagabend, wenn die Schule wieder greifbar nah ist, fangen die Beschwerden erneut an.

Im Fall von Lars haben wir der Mutter geraten, ein Beschwerdetagebuch zu führen. Sie trug über mehrere Monate jeden Tag ein, ob und wann Lars unter Bauch- und Kopfschmerzen oder Übelkeit litt. Das Ergebnis war eindeutig: Unter der Woche klagte er immer wieder über Schmerzen, am Wochenende traten kaum Probleme auf. Es gab sogar längere Zeiträume, in denen Lars beschwerdefrei war: die Ferien.

Kurze Nacht und langer Morgen

Jessica (10 Jahre) kommt morgens nur unter Protest aus dem Bett. Das Anziehen dauert mehr als zwanzig Minuten, weil Jessica sich einfach nicht entscheiden kann, was sie tragen möchte. Beim Frühstück stochert sie lustlos in ihrem Essen herum und an manchen Tagen isst sie fast gar nichts. Damit Jessica dennoch rechtzeitig zur Schule kommt, steht ihre Mutter jeden Morgen eine halbe Stunde früher auf – »Es dauert eben alles ein bisschen länger.« In den Ferien ist Jessica nicht wiederzuerkennen. Manchmal steht sie dann sogar vor ihren Eltern auf, um das Frühstück vorzubereiten.

Viele Kinder mit Schulangst haben Probleme mit dem Ein- und Durchschlafen. Gerade wenn abendliche Rituale wie zum Beispiel die Gutenachtgeschichte oder eine feste Zeit für die Nachtruhe fehlen, fällt das Einschlafen schwer. Andere zeigen einen leichten und unruhigen Schlaf. Sie bewegen sich im Schlaf und wachen bei dem kleinsten Geräusch auf. Einige Kinder kommen nachts ins elterliche Bett, weil sie Albträume haben, nicht durchschlafen können oder nicht allein sein wollen.

Timo kriecht fast jede Nacht in das Bett seiner allein erziehenden Mutter, in dem bereits – »für den Notfall« – Bettdecke und Kopfkissen für ihn bereitliegen. Er klagt über Albträume und Schlafprobleme. Timo ist bereits vierzehn Jahre alt und eigentlich ist es ihm sehr peinlich, bei seiner Mutter zu schlafen. Und dennoch kommt er jeden Abend wieder.

Nach einer unruhigen Nacht wundert es nicht, dass viele dieser Kinder am anderen Morgen unausgeschlafen sind und schlecht aus dem Bett kommen. Sie fühlen sich schlapp und unmotiviert. Nicht selten ziehen sich morgendliche Rituale in die Länge: beim Anziehen, Waschen, Packen und Frühstück wird getrödelt – die Zeit immer knapper. Was ruhig vonstatten gehen könnte, artet in Stress und Hektik aus. An einen ruhigen Tagesbeginn ist nicht zu denken.

Wüterich und Angsthase

Als der fünfzehnjährige Kai in unsere Sprechstunde kommt, denkt anfangs niemand an Schulangst. Im Unterricht stört er und bedroht andere Kinder auf dem Schulhof. Er besucht eine Realschule. Seine Klassenlehrerin beschreibt ihn als verzogenes Kind.

Die Probleme begannen in der fünften Klasse. Kai wechselte von einer kleinen behüteten Grundschule in einem ländlichen Gebiet auf die größte Realschule der Gegend. Anstelle seines alten Schulgeländes mit einem großen Fußballplatz, einem einladenden Schulhof, umsäumt von viel Grünfläche, erwarteten ihn an der neuen Schule Asphalt und Beton. In dieser neuen Umgebung fühlte er sich nicht wohl.

Ein unpersönliches Umfeld, ältere Schüler und höhere Anforderungen führen bei Kai schon nach wenigen Wochen dazu, dass er die Rolle des Pausenclowns einnimmt. Die anderen Schülerinnen und

Schüler lachen im Unterricht über seine Witze und sein schlechtes Betragen. Er nimmt es als Anerkennung wahr. Daher reagiert er auf die strenger werdenden Ermahnungen der Lehrer mit gesteigert aggressivem Verhalten. Aus schlagfertigen Antworten werden Pöbeleien und schließlich Verhaltensauffälligkeiten aggressiver Art. Kai ist mittlerweile an der ganzen Schule bekannt.

Von den beiden natürlichen Reaktionen auf Schulangst – Flucht oder Kampf – hat Kai den Kampf gewählt. Die meisten reagieren mit Flucht, vermeiden Schule und ziehen sich zurück. Einige aber, insbesondere Jungen, wählen den Kampf. Aufgrund ihrer Schulangst neigen sie zu aggressiven Verhaltensweisen. Was uns auf den ersten Blick vielleicht überrascht, lässt sich leicht erklären.

Allzu oft wird aggressives Verhalten von Kindern falsch interpretiert. Reagiert die Lehrkraft – wie im Beispiel von Kai – mit erhöhtem Druck, beginnt ein Teufelskreis. Kai, der dem Druck nicht gewachsen ist und dessen Angst sich steigert, greift zu bewährter Kampfmethode: Er verhält sich noch aggressiver. Kinder, die auf ihre Angst mit aggressivem Verhalten reagieren, sind in großer Not. Sie wissen nicht, wie sie mit ihren Ängsten anders umgehen können. Sie benötigen vor allem Zuwendung, Anerkennung und Verständnis – vielleicht mehr als andere.

Einige richten ihre Aggressionen nicht nach außen, sondern gegen sich selbst. Dieses Verhalten wird als autoaggressiv bezeichnet und ist schwerer zu erkennen, zum einen, weil sich niemand darüber beschwert, zum anderen, weil es in der Regel im Verborgenen stattfindet. Formen von Autoaggression sind das Herausreißen der eigenen Haare, das Herunterkauen der Fingernägel und das absichtliche Stoßen des Kopfes an eine Wand, aber auch das Aufritzen der Haut. Gerade die letztgenannte Form der Autoaggression findet sich vor allem bei Jugendlichen wieder. Mit Rasierklingen, Scheren, Glasscherben oder Ähnlichem ritzen sich die Jugendlichen in Arme oder Beine. Der entstandene Schmerz lenkt ab und ausgeschüttete Endorphine führen bei häufigerem Ritzen sogar zu Glücksgefühlen.

Julia besucht uns in unserer Sprechstunde an einem strahlenden Sommertag. Sie hat Probleme in ihrer Klasse und möchte gern die Schule wechseln. Sie fühlt sich gemobbt und von allen ausgeschlossen. Zu Hause – berichtet sie – habe sie auch Stress, weil sich ihre Eltern getrennt hätten. Sie lebe jetzt bei ihrem Vater, aber es gebe Probleme. Julia ist eine sehr gute Schülerin, sie drückt sich sehr gut aus und macht einen sehr aufgeschlossenen Eindruck. Und dennoch stimmt etwas an ihrem Erscheinungsbild nicht. Sie trägt einen langen Rollkragenpullover, obwohl es draußen sommerlich warm ist. Wir bitten sie, einen Ärmel ihres Pullovers hochzukrempeln. Sie beginnt zu weinen. Der Unterarm bis zum Ellbogen ist übersät von tiefen blutigen Einschnitten. Auch der andere Arm sieht ähnlich aus. Sie berichtet, dass nur das Ritzen ihre innere Spannung verringere. Der Vater ist fassungslos …

Ein freier Tag ist ein Feiertag

Schulängstliche Kinder und Jugendliche sind fast jeden Tag mit ihrer Angst konfrontiert. Doch jede Regel bestätigt sich durch ihre Ausnahme. In diesem Fall bilden Wochenende und Ferien die Ausnahme. In dieser Zeit verschwindet die Angst, und die Kinder blühen regelrecht auf. Sie sind ausgelassener, fröhlicher und zeigen weniger körperliche Beschwerden.

Trennungsangst

In der Regel freuen sich alle Kinder auf ihre Einschulung. Von diesem Zeitpunkt an gehören sie zu den »Großen«. Leonie zum Beispiel betont immer wieder, dass sie jetzt nicht mehr zu den Kindergartenkindern zählt. Stolz berichtet sie von der Einschulung, der Schultüte und ihren Lehrerinnen und Lehrern. Auch ihr kleiner Bruder fiebert nun der Schule entgegen und übt sich bereits fleißig im Aufsagen des ABCs.

Bei einigen Kindern hält sich diese Freude jedoch in Grenzen.

Sie möchten im Kindergarten oder zu Hause bleiben, nicht aber in die Schule gehen.

Zur Begrüßung der Erstklässler haben die zweiten und dritten Klassen eine kleine Aufführung eingeübt. Die neuen Schülerinnen und Schüler sitzen in der festlich geschmückten Aula und werden von ihren stolzen Eltern, Großeltern, Geschwistern und anderen Verwandten umringt. Es ist ihr großer Tag. Auch Florian ist unter den neuen Erstklässlern. Im Gegensatz zu den meisten Mitschülern freut sich Florian nicht auf die Schule. Er möchte lieber da bleiben, wo er sich wohl gefühlt hat: zu Hause bei seiner Mutter und im Kindergarten. Als Florian mit seiner neuen Klasse aufgerufen wird, läuft er plötzlich weinend zurück zu seiner Mutter. Er geht nur in die Klasse, wenn seine Mutter ihn begleitet. Und auch am nächsten Morgen wirft er sich vor dem Schulgebäude wütend auf den Boden und schreit, er gehe nicht hinein. Es dauert fast einen Monat, bis er sich an die neue Schule gewöhnt hat.

Auf den ersten Blick könnte man denken, Florian habe vor neuen Situationen Angst, die ihm in der Schule begegnen: die neuen Klassenkameraden, der Unterricht, die Lehrerin. Doch in Florians Fall ist es anders. Seine Angst taucht auch in Situationen auf, die mit der Schule nichts zu tun haben. So fürchtet er sich davor, allein zu Hause zu bleiben. Will seine Mutter etwas einkaufen, besteht er darauf, sie zu begleiten. Ist sie hingegen im Haus beschäftigt, hält er sich in ihrer Nähe auf. Nachts träumt er immer wieder, wie er ganz allein in einer großen Stadt umherirrt und seine verloren gegangene Mutter sucht. Seine »Schulangst« hat also nicht direkt mit der Schule zu tun, sondern plagt ihn immer dann, wenn eine Trennung von seiner Mutter zu befürchten ist.

Florian gehört zu den Kindern, die über das natürliche Zeitfenster hinaus unter Trennungsangst leiden. Bei Kleinkindern im Alter von sechs oder acht Monaten bis zu drei Jahren sind Trennungsängste nicht nur normal, sondern ein genetischer Schutzmechanismus. Doch bei entschieden älteren Kindern zählt die starke Angst, die ausbricht, wenn die Trennung von einer wichtigen Bezugsperson (Mutter, Vater, Großeltern, Geschwister) befürchtet wird, zu einer Verhaltensauffälligkeit. Jana hat noch im Alter von zehn Jahren Schwierigkeiten, allein oder mit einem Babysitter zu Hause zu bleiben. Der fünfjährige Paul lässt sich nur von seiner Mutter ins Bett bringen. Versucht der Vater sein Glück, fängt Paul an zu weinen und zu wimmern.

Es gibt jedoch Kinder wie Florian, die sich schon bei Schulbeginn nur mit heftigem Weinen von ihrer Mutter trennen oder sich sogar strikt weigern, in der Schule zu bleiben.

Wenn also Eltern beobachten, dass sich ihr Kind nur unter Weinkrämpfen von ihnen löst, sollten sie nachdenklich werden. Man kann davon ausgehen, dass das Kind zu wenig Selbstständigkeit (und Sicherheit) im Elternhaus gelernt hat, um sich in einer neuen Umgebung zu behaupten. Andererseits konnten die Eltern offensichtlich auch nicht überzeugend vermitteln, dass das Kind keinerlei Angst haben muss, dass die Eltern es im Stich lassen oder gar für immer verlassen werden.

Die Trennungsangst wird aber nicht nur vom Kind erlebt. Auch die Mutter oder eine andere primäre Bezugsperson kann eine ähnliche Symptomatik zeigen. Bei den meisten Kindern verflüchtigt sich die Angst, wenn sie erst einmal in der Schule sind, am Unterricht teilnehmen und vom Unterrichtsstoff hoffentlich gefesselt sind.

> Frau S. befindet auf dem Heimweg, sie macht ein trauriges Gesicht. Mehrfach blickt sie zur Schule zurück, öffnet ihre Handtasche und nimmt ein Taschentuch heraus, um sich – natürlich ganz verstohlen – eine Träne abzuwischen. Vorsichtshalber ruft sie dann sogar noch in der Schule an, um sich zu erkundigen, ob alles gut läuft.

Mütter wie Frau S. sind eher erstaunt und begreifen nicht, dass ihr Kind in der Schule so schnell »die Krise« überwunden hat und sich plötzlich inmitten der anderen Kinder »pudelwohl« fühlt. Solche Szenen vor Beginn der Schule zeigen immer wieder, dass nicht nur das Kind unter den Trennungsängsten leidet, sondern auch die Bezugsperson. Dies bewirkt, dass der Abschied dann jeweils zu einer kleinen Tragödie wird. Bei manchen Kindern kommt die Mutter sogar bis in die Klasse hinein und sitzt dort Tag für Tag. Manchmal hält sie sich auch vor der Klasse auf, strickt oder liest und wartet ebenso wie die Schülerinnen und Schüler auf die Pause.

Es ist völlig in Ordnung, wenn die Mutter das Kind zu Beginn der Schulzeit bis zur Schule begleitet, weil das Kind vielleicht den Schulweg noch als sehr unsicher empfindet. Dann aber ist es normal, wenn sie sich zurückzieht. Man sorgt dafür, dass es mit anderen Kindern geht oder vom Bus abgeholt wird. Hat es damit Schwierigkeiten, belohnt man es täglich mit einem Punkt, wenn es diese Aufgabe meistern kann. Hier empfiehlt es sich, einen kleinen Punkteplan anzulegen (siehe Seite 80 ff.), mit dessen Hilfe das Kind die Trennungssituation trainiert. Für die Mehrheit der Kinder lässt sich das Problem damit lösen. Dabei muss das Kind sich hundertprozentig von den Eltern angenommen fühlen und vollkommen davon überzeugt sein, niemals »verlassen« zu werden – dann wird es seine Trennungsängste verarbeiten. Falls die Eltern ihrem Kind dieses Vertrauen nicht vermitteln können, bleibt bei ihm unter Umständen ein Leben lang eine mehr oder weniger verdrängte Trennungsangst bestehen. Mehrfach haben wir in Beratungsgesprächen festgestellt, dass die Mutter berichtet, als Kind selbst panische Ängste ausgestanden zu haben, wenn ihre Mutter sie allein ließ. Und das mag bei Frau S. auch die tiefere Ursache der Angst und Traurigkeit sein, die sie selbst empfindet, wenn sie ihr Kind in der Schule zurücklässt.

Trennungsangst bis hin zur Verweigerung

Für viele Kinder ergibt sich die Notwendigkeit einer Trennung von ihren Eltern spätestens im Alter von etwa drei Jahren, wenn die Kindergartenzeit vor der Tür steht. Selbstverständlich bedeutet die Auseinandersetzung mit einer ungewohnten Umgebung und mit anderen fremden Menschen grundsätzlich eine aufregende Erfahrung. Man muss sich keine Sorgen machen, wenn Kinder dem ersten Tag im Kindergarten oder dem ersten Tag in der Schule mit gemischten Gefühlen oder mit übermäßig hoher Aufregung entgegenfiebern. Wir kennen diese Ängste auch, wenn wir eine neue Arbeitsstelle antreten oder ein Fest mit vielen Gästen besuchen etc.

Luise fällt es im Alter von vier Jahren schwer, allein im Kindergarten zu bleiben. Anfangs klammert sie sich an das Bein ihrer Mutter, eine Woche später bekommt sie morgens Wutausbrüche, weil sie nicht gehen will. Sie knallt die Türen im Haus zu oder schmeißt mit Gegenständen. Ihre Eltern haben daher alle Türen mit Pappe abgeklebt. Das gleiche Spiel wiederholt sich nach Luises Einschulung. Fast jeden Morgen begleitet die Mutter Luise bis vors Klassenzimmer. Luise ruft immer wieder weinend aus der Schule an und bittet ihre Mutter, sie abzuholen. Anfangs lassen die Lehrkräfte die Telefonate zu, in der Hoffnung, Luise würde sich dadurch beruhigen. Doch sie bemerken schnell, dass genau das Gegenteil eintritt. Hat Luise den Telefonhörer erst einmal in der Hand, ist sie durch nichts mehr außer der Anwesenheit ihrer Mutter zu beruhigen. Luise fehlt immer häufiger ganz in der Schule. Am Morgen verspürt sie starke Übelkeit und hat Bauchschmerzen. Hin und wieder muss sie sich übergeben.

Luises Weigerung, zur Schule zu gehen, wurzelt in der Trennungsangst. Viele Kinder befürchten, während der Trennungsphase könnte etwas Schlimmes passieren. Wenn Luises Mutter ihre Tochter von der Schule abholt und sich verspätet – und sei es nur um eine Minute –, gerät sie in Panik. Sie denkt, ihrer Mutter sei etwas zugestoßen.

In der nachfolgenden Tabelle sind die Symptome von Trennungsangst zusammengetragen. Alle Kinder zeigen hin und wieder eine der in der Tabelle beschriebenen Verhaltensweisen. Das ist normal. Viele Kinder haben zum Beispiel gelegentlich Albträume, in einer Großstadt verloren zu gehen, oder Angst, ein Familienmitglied zu verlieren. Von Trennungsangst spricht man jedoch erst, wenn innerhalb von vier Wochen mindestens drei der acht aufgelisteten Verhaltensweisen auftreten.

Mindestens drei der folgenden Punkte müssen für mindestes vier Wochen zu beobachten sein:

- Deutliche Stresssymptome, wenn das Kind von seinem Zuhause oder einer Hauptbezugsperson (z. B. Mutter oder Vater) getrennt werden soll.
- Andauernde und deutliche Sorgen, dass eine der Hauptbezugspersonen verloren gehen oder zu Schaden kommen könnte.
- Andauernde und deutliche Sorgen, dass ein plötzliches Ereignis zur Trennung von einer Hauptbezugsperson führen könnte (z. B. Kidnapping, Verlorengehen, Unfall, Tod).
- Andauernder Widerwille oder Widerstand, zur Schule oder an einen anderen Ort zu gehen, der das Kind von seiner Bezugsperson trennt.
- Andauernde und deutliche Angst bzw. Widerwille, allein oder ohne die Hauptbezugsperson zu Hause oder irgendwo anders zu bleiben.
- Andauernder Widerwille oder Weigerung, ohne eine Hauptbezugsperson in der Nähe schlafen zu gehen oder woanders zu schlafen.
- Wiederholte Albträume, die das Thema Trennung haben (vor allem im Alter zwischen 5 und 8 Jahren).
- Wiederholte körperliche Beschwerden wie Bauchschmerzen, Kopfschmerzen, Übelkeit oder Durchfall, wenn die Trennung von einer Hauptbezugsperson bevorsteht.

Da drei der acht Symptome ausreichen, um von Trennungsangst zu sprechen, kann sie bei unterschiedlichen Kindern jeweils etwas anders zutage treten. Einige Kinder mit Trennungsängsten gehen zum Beispiel zur Schule und nehmen regulär am Unterricht teil, wenngleich zu Hause allmorgendlich ein Kampf um den Gang zur Schule ausbricht.

Die Eltern des zwölfjährigen Joshua machen sich beispielsweise Sorgen, weil ihr Sohn immer mehr Freundschaften und Hobbys aufgibt. Er war zwar bereits als Kleinkind eher zurückhaltend, doch seit einiger Zeit geht er noch seltener als bisher zu Freunden, um mit ihnen zu spielen. Ebenso vernachlässigt er seinen Sport, das Bogenschießen, und den Gitarrenunterricht. Nachts wacht er hin und wieder schweißgebadet auf, kommt ins Schlafzimmer der Eltern und verlangt, mit in ihrem Bett zu schlafen. Morgens ist er dann nur schwer aus dem Bett zu bekommen. Er trödelt und klagt, keine Lust auf die Schule zu haben – ob er nicht zu Hause bleiben könne. Wenn es nach ihm ginge, würde er jeden Tag zu Hause verbringen. Doch mit viel Energie zwingen Joshuas Eltern ihn dennoch jeden Morgen aus dem Haus. Wenn er erst einmal in der Schule ist, macht ihm der Unterricht sogar Spaß. Für alle anderen sieht es daher so aus, als besuche er die Schule gern.

Ganz anders ist es bei Torben (14 Jahre), der den Schulbesuch bereits seit einem Monat verweigert.

Torben lebt mit seinen Eltern und zwei Geschwistern auf dem Land. Immer wieder fehlt er in der Schule – erst an vereinzelten Tagen, schließlich dauerhaft. Jeden Morgen wird er von starken Übelkeitsanfällen geplagt. Als ihn sein Vater dennoch in die Schule fahren möchte, übergibt er sich auf dem Beifahrersitz. Torben entwickelt in den nächsten Tagen eine starke Angst, in der Öffentlichkeit zu erbrechen und ist von seinen Eltern nicht mehr in die Schule zu bewegen.

Das Kommen und Gehen der Trennungsangst

Meistens sind Kinder mit Trennungsangst bereits als Kleinkinder eher schüchtern und zurückhaltend. Die ersten Probleme treten auf, wenn das Kind den Kindergarten besuchen soll. Hat es sich erst einmal an die neue Umgebung gewöhnt, geht die Trennungsangst bei der Mehrzahl der Kinder wieder zurück. Bei der Einschulung kommt es dann erneut zu Problemen, ebenso bei Schulwechseln. Trennungsangst tritt daher häufig in Phasen auf. Diese können unterschiedlich lang sein und unterschiedlich schnell aufeinander folgen.

Ein plötzlicher Schub wird meist durch besondere Umstände hervorgerufen. Er folgt vor allem nach stressvollen Phasen: Einschulung, Klassen- oder Schulwechsel, schwere Erkrankung einer vertrauten Person, gravierende Probleme in der Familie, auch ein Umzug oder der Beginn der Pubertät und die damit einhergehenden neuen Anforderungen sind Lebensabschnitte, die Stress und Trennungsangst auslösen können. Wenn das Kind einen längeren Zeitraum intensiv mit seiner engsten Bezugsperson verbracht hat, wird ein erneutes Auftreten von Trennungsangst sogar noch wahrscheinlicher. Dazu gehören zum Beispiel auch Schulferien, in denen die Familie viel Zeit mit- und füreinander hatte.

Luise zum Beispiel zeigt wieder extreme Trennungsangst, nachdem die Familie von einem Zelturlaub nach Hause zurückgekehrt ist. Luise hatte während des Urlaubs Angst, allein ist in ihrer Zeltkammer zu schlafen. Die gesamten drei Wochen durfte sie daher zwischen ihren Eltern liegen. Wieder zu Hause, hat Luise erneut große Probleme, allein einzuschlafen, aber auch tagsüber ist sie sehr anhänglich.

Trennungsangst lässt sich relativ gut und nicht selten erstaunlich schnell beheben. Dennoch sollten Eltern auf einen neuen Schub von Trennungsangst gefasst sein.

Eine schlechtere Prognose hingegen haben trennungsängstliche Jugendliche, denn hinter ihrer Angst stehen häufig schwerwiegendere Probleme. Hier ist es notwendig, möglichst schnell professionelle Hilfe in Anspruch zu nehmen (Kinder- und Jugendpsychologen).

Schwarzseher und Schüchterne

Es gibt aber noch zwei andere Gruppen von Kindern, die ebenfalls aufgrund ihrer Angst häufiger in der Schule fehlen. Zum einen handelt es sich um Kinder und Jugendliche mit einer generalisierten Angststörung. Sie sind die typischen Schwarzseher. Immer wieder fragen sie ihre Eltern: »Aber was ist, wenn …?« Die andere Gruppe bilden die sozial Ängstlichen. Sie wirken schüchtern und zurückhaltend und scheuen soziale Kontakte.

Generalisierte Angststörung

Lisa (13 Jahre) verreist auch dieses Jahr zusammen mit ihren Eltern. Im letzten Urlaub hatte die Familie einen Flug gebucht. Bereits vor dem Abflug war Lisa sehr aufgeregt und fragte ihre Eltern immer wieder, ob ein Absturz möglich sei. Beim Start des Flugzeugs war sie nur schwer zu beruhigen und zitterte die ganze Zeit. Deshalb entschieden die Eltern, dieses Jahr mit dem Zug zu reisen. Doch auch das ist nicht besser: Jetzt hat Lisa Angst, dass der Zug entgleisen könnte. Sie sitzt ganz dicht bei ihrer Mutter und schaut pausenlos sorgenvoll aus dem Fenster. Die Fahrt dauert acht Stunden. Schließlich kommt die Familie am Urlaubsort an – wieder mit blanken Nerven. Für Lisa sind solche Sorgen typisch: Sie fragt sich oft, was passieren würde, wenn ihren Eltern etwas zustieße, ihr Vater seine Arbeit verlöre oder was bei der anstehenden Schulaufführung alles schief gehen könnte. Lisas Eltern wissen schon gar nicht mehr, wie sie auf alle »Was wäre aber, wenn …«-Fragen antworten sollen.

Lisas Verhalten ist typisch für Kinder mit einer generalisierten Angststörung. Sie neigen dazu, sich über viele Lebensbereiche zu sorgen. Neuen Situationen begegnen sie ungern. Oft sehen sie die Welt oder das Leben naher Bezugspersonen gefährdet, was ihnen dann große Sorgen bereitet. Natürlich haben auch andere Kinder und Jugendliche viele Befürchtungen, doch ist dies anders bei Kindern mit einer generalisierten Angststörung. Deren Befürchtungen sind häufiger, intensiver, betreffen mehrere Lebensbereiche und werden von den Kindern häufig als unkontrollierbar erlebt. Kinder mit einer generalisierten Angststörung machen sich über fast alles Sorgen: über mögliche Unfälle, Familienangelegenheiten, richtige Kleidung, ein Treffen mit Freunden, das Wetter … Sie ängstigen sich um die eigene Gesundheit und die ihrer Bezugspersonen, um mögliche Einbrüche, die eigene Schulleistung und viele andere Dinge. Sie reagieren auf die Befürchtungen, indem sie immer wieder Fragen stellen und Rückversicherung suchen. Lisa zum Beispiel fragt ihre Mutter jeden Morgen, ob sie mit den ausgewählten Anziehsachen in die Schule gehen könne.

Die betroffenen Kinder und Jugendlichen neigen oft zum Perfektionismus. Das ist ihre Methode, das Eintreffen ihrer Befürchtungen zu verhindern. Aufgrund ihrer vielen Sorgen sind sie sehr gestresst.

Typische Anzeichen einer generalisierten Angststörung

- unrealistische Sorgen über viele alltägliche Dinge,
- unkontrollierbare Befürchtungen,
- Irritierbarkeit, Angespanntheit, Übelkeit, Schmerzen, Konzentrationsprobleme,
- Perfektionismus,
- häufige Rückversicherung und Suche nach Bestätigung,
- deutliche Beeinträchtigung alltäglicher Aktivitäten.

Kinder mit einer generalisierten Angststörung fehlen nicht so häufig in der Schule. Dennoch gibt es immer wieder Tage, an denen sie sich weigern, zur Schule zu gehen.

> Frederik bleibt im Bett liegen, wenn er sich für den Tag nicht genügend vorbereitet fühlt. Er fürchtet, keine guten Leistungen zu zeigen.
> Lisa fehlt häufig in der Schule, wenn sie ihre Hausaufgaben vergessen hat oder damit nicht fertig geworden ist.

Kinder mit einer generalisierten Angststörung verweigern den Schulbesuch, wenn sie sich um ihre Schulleistungen Sorgen machen. Sonst wollen sie unbedingt pünktlich in der Schule erscheinen, weil sie auch sehr befürchten, wichtige Stunden zu verpassen oder den Lehrer zu verärgern.

Je länger eine solche Angststörung anhält, desto schwieriger wird es, sie in den Griff zu bekommen. Der erste Schritt dabei ist, nicht auf alle Befürchtungen zu reagieren. Fragt Florian seine Mutter zum fünften Mal: »Kommt Papa wirklich von seiner Dienstreise gesund wieder zurück?«, antwortet sie ruhig: »Überlege noch einmal, was ich dir gerade gesagt habe.« Mehr nicht! Außerdem spielt die Stärkung des Selbstvertrauens hier natürlich eine große Rolle (siehe S. 66 ff.).

Soziale Ängstlichkeit

Mit tief ins Gesicht gezogener Schirmmütze steht Mark (14 Jahre) auf dem Schulhof. Wie in den meisten Pausen schaut er den anderen beim Tischtennisspielen zu. Anfangs haben sie ihn noch gefragt, ob er mitspielen will. Doch weil er jedes Mal ablehnt, fragt ihn niemand mehr. Wie immer beneidet er die anderen, wie sie zusammen spielen. Keiner scheint – wie er – zu befürchten, den Ball nicht zu treffen und sich furchtbar zu blamieren. Auch im Unterricht hält Mark sich zurück. Schließlich könnte seine Antwort völlig falsch und dumm sein, und alle würden ihn auslachen.

Mark hat soziale Ängste. Man nennt sie soziale Ängste, weil sie sich direkt auf andere Menschen beziehen. Dabei steht die Furcht vor der negativen Bewertung durch andere im Vordergrund. Sozial ängstliche Kinder und Jugendliche haben oft große Angst, etwas »Peinliches oder Beschämendes« zu tun, und befürchten, in den Augen anderer lächerlich zu erscheinen. Sie empfinden daher fast alle Situationen, in denen andere sich ein Urteil über sie bilden könnten, als unangenehm. Das kann ganz unterschiedliche, oft banale Situationen und Befürchtungen betreffen:

- Sich-Melden im Unterricht (»Ich könnte etwas Falsches oder Lächerliches sagen. Alle halten mich dann für blöd.«),
- vor anderen Leistung zeigen (z. B. an die Tafel schreiben, vorsingen, ein Referat halten, etwas vorlesen, …),
- essen vor anderen (»Etwas könnte von meiner Gabel fallen oder mein Mund könnte verschmiert sein.«),
- über einen fast leeren Schulhof gehen (»Ich könnte stolpern«, »Das Gehen könnte irgendwie lächerlich aussehen oder ich habe nicht die richtige Kleidung an« …),
- im Restaurant eine Bestellung aufgeben (»Der Ober könnte mich nicht verstehen und alle würden mich anschauen.«),
- ein Gespräch anfangen (»Ich könnte etwas total Dummes sagen. Der andere könnte merken, dass ich überhaupt gar keine Ahnung habe!«),

- eine Liebesbeziehung eingehen (»Der/die Auserwählte mag mich bestimmt nicht. Er/sie wird ganz viele Fehler an mir entdecken und die Beziehung sofort wieder beenden.«).

Soziale Ängstlichkeit muss sich nicht unbedingt auf alle oben genannten Situationen beziehen. Manche der betroffenen Kinder und Jugendlichen zeigen lediglich in ausgewählten Situationen Angst.

Markus (11 Jahre) hat keine größeren Probleme, sich im Unterricht zu melden. Wenn er aber von sich aus mit anderen Kindern ein Gespräch anfangen soll, wird seine Stimme ganz zittrig und an seinem Hals entstehen rote Flecken. Plötzlich fällt ihm nichts mehr ein, was er sagen könnte. In Gespräche von Klassenkameraden klinkt sich Markus nur ein, wenn er sich in der Gesprächsthematik ganz sicher fühlt. Markus hat eine spezifische soziale Ängstlichkeit. Er befürchtet, bei Gesprächen mit anderen etwas Lächerliches zu sagen.

Manchmal sind sich Eltern unsicher, ob ihre Kinder vom Temperament her zurückhaltend und still sind oder ob Ängste hinter ihrem Verhalten stecken. Der neunjährige Jannis spielt zum Beispiel gern für sich allein. Den ganzen Nachmittag kann er mit einem Bausatz verbringen. Schon als kleines Kind begnügte er sich mit seiner eigenen Gesellschaft. Auch der zehnjährige Lukas spielt viel allein. Nur selten lädt er einen Freund zu sich nach Hause ein. Während Jannis von seinem Temperament her zu den ruhigeren Kindern zählt, zieht sich Lukas aufgrund seiner Ängste zurück. Wie aber können die Eltern von Jannis und Lukas Temperament von Angst unterscheiden? Tatsächlich muss man manchmal sehr genau hinschauen. Jannis zeigt im Kontakt mit anderen Kindern keine großen Probleme. Er geht gern auf Geburtstagsfeiern, meldet sich hin und wieder im Unterricht und kommt mit anderen im Großen und Ganzen gut aus. Lukas dagegen wirkt nervös, wenn er in einer Gruppe von Gleichaltrigen ist. Er sagt nicht viel und versucht, sich eher im Hintergrund zu halten. Er klagt häufig über Kopfschmerzen und Übelkeit und fehlt dann auf Geburtstagsfeiern oder bei Klassenausflügen.

Gerade jüngere Kinder können ihre Ängste meist schwer beschreiben. Sie fallen eher durch Kopf- oder Bauchschmerzen, Übelkeit oder Ähnliches auf. In einer Gruppe von Menschen halten sie sich abseits und versuchen, soziale Situationen zu meiden. Immer wieder bekommen Eltern zu hören, dass sich dieses Verhalten mit der Zeit auswächst. Leider trifft dies für viele sozial ängstliche Kinder nicht zu.

Denken wir noch einmal an Mark zurück, über den wir oben berichtet haben. Mark steht beim Tischtennisspielen immer nur abseits, meldet sich im Unterricht wenig und kommt mit anderen Kindern nur schwer in Kontakt. Seine Klassenkameraden haben sich mittlerweile an Marks Verhalten gewöhnt und laden ihn seltener zu sich nach Hause ein. Mark hat daher zunehmend weniger Gelegenheiten, sich in der Gruppe der Gleichaltrigen auszuprobieren, und seine Unsicherheit wächst. Um Kinder und Jugendliche mit starken Ängsten in ihrer Entwicklung zu unterstützen, sollte man solche Teufelskreise möglichst früh unterbrechen. Einige der in diesem Buch vorgestellten Methoden sind sehr gut geeignet, sozial ängstliche Kinder zu unterstützen.

Die Angst und ihre Komparsen

Nächtliches Einnässen

Bei einigen schulängstlichen Kindern kommt es vor, dass sie sich nachts einnässen. Dies kann passieren, obwohl sie schon seit Jahren gelernt haben, zum richtigen Zeitpunkt zur Toilette zu gehen. Eltern sind darüber meist entsetzt. Besonders schlimm ist es aber für das Kind selbst. Es ist nicht nur peinlich, sondern macht jede Klassenfahrt oder jede Übernachtung bei Freunden unmöglich oder zur Tortur. Bei den meisten legt sich das Einnässen nach einiger Zeit aber wieder, vor allem, wenn die Ängste abnehmen. Mit einigen Tricks kann man dem Kind helfen, aus der unangenehmen Situation schneller herauszukommen.

- Schränken Sie den Trinkkonsum vor dem Schlafengehen ein.
- Schicken Sie Ihr Kind vor dem Schlafengehen noch einmal auf die Toilette.
- Wecken Sie Ihr Kind früh am Morgen auf und schicken es noch einmal auf die Toilette.
- Loben Sie es, wenn das Bett tocken bleibt.
- Üben Sie keinen Druck aus, wenn es schief läuft. Lassen Sie das Kind dann aber selbst das Bettzeug wechseln.

Bei einigen Kindern reicht bereits ein einfacher Trick, um sie wieder an die Toilettengänge zu gewöhnen. Um die Methode einzuleiten, erzählt man – vor allem jüngeren Kindern – folgende kleine Geschichte:

> Jeder von uns hat ein kleines Murmeltier in sich. Nicht wirklich – aber in der Fantasie. Abends, wenn wir müde werden, wacht unser Murmeltier gerade auf. Es ist nicht groß. Eigentlich ist es ein ziemlich kleines Murmeltier. Es hat eine wichtige Aufgabe.
>
> Wenn wir schlafen, wacht es über uns. Es schlägt Alarm, wenn wir nachts ganz dringend auf die Toilette müssen. Dann rennt das Murmeltier so schnell wie seine kleinen Beinchen es tragen können in unseren Kopf und ruft mit lauter Stimme: »Aufwachen! Aufwachen! Jetzt aber schnell los und ab zur Toilette!« Leider kommt es vor, dass das Murmeltier seine Aufgabe nicht richtig erfüllt.
>
> Das meint es gar nicht böse. Es kommt eben manchmal ein wenig durcheinander.
>
> Ich kannte einmal einen kleinen Jungen, bei dem das der Fall war. Der kleine Junge sollte im Schwimmunterricht von einem Drei-Meter-Turm springen. Doch davor hatte er enorme Angst. Als er oben auf dem Turm stand, guckten alle anderen Kinder seiner Klasse zu ihm rauf. Das war ihm furchtbar unangenehm. Er hat sich einfach nicht getraut zu springen und musste vor den Augen aller anderen wieder hinunterklettern. Kannst du dir

vorstellen, wie er sich gefühlt hat? Alle Jungen der Klasse haben ihn deshalb ausgelacht, manche Mädchen auch. Eine ganze Woche lang haben sie ihn deshalb aufgezogen. Das hat ihn sehr aufgeregt und das Murmeltier total aus seinem Rhythmus gebracht. Immer wenn der kleine Junge ausgelacht wurde, ist das Murmeltier aufgewacht. Es hat gerufen: »Alarm, Alarm …« Natürlich war es deshalb abends furchtbar müde und ist immer wieder eingenickt, wenn es aufpassen sollte, dass der kleine Junge nachts auf die Toilette geht. Selbst als die Sache mit dem Drei-Meter-Turm längst vergessen war, konnte das Murmeltier sich nicht so richtig an seinen alten Rhythmus gewöhnen. Immer wieder schlief es nachts ein, und der kleine Junge kam nicht rechtzeitig zur Toilette.

Die Mutter des kleinen Jungen kannte sich aber mit Murmeltieren gut aus. Sie wusste, dass man das Murmeltier in solchen Fällen an seine Aufgabe erinnern muss. Also nahm sie ein Blatt und malte darauf genau solch ein Murmeltier. Jeden Morgen musste der kleine Junge nun auf dem Blatt eintragen,

Abb. 1: Verstärkerplan zum Training einnässender Kinder (Murmeltier)

41

ob das Murmeltier aufgepasst hat oder nicht. Und siehe da – es klappte!

Auf diese Weise übt man auf das Kind beim Ansprechen des Einnässens keinen Druck aus. Denn die Verantwortung für die nächtlichen Malheurs wird an das Murmeltier abgegeben. Das Kind muss nur noch kontrollieren, ob das Murmeltier auch richtig aufgepasst hat.

- Lassen Sie es jeden Morgen ein lachendes oder trauriges Gesicht in einen der Kreise auf das Murmeltier-Bild (S. 41) malen.
- Loben Sie Ihr Kind für jedes lachende Gesicht. Auch eine heiße Schokolade zum Frühstück kommt als Belohnung in Frage – vielleicht sogar mit einer Portion Schlagsahne. Oder abends eine halbe Stunde länger fernsehen.

Sollte sich durch diese Methode keine Verbesserung einstellen, können Sie sich von Ihrem Arzt eine Klingelmatte verschreiben lassen. Dieser »Weckapparat« wird auf die Matratze gelegt und klingelt, sobald das Kind einnässt. Auf diese Art lernt Ihr Kind, wieder rechtzeitig aufzuwachen.

Bei einigen Kindern führt auch eine Klingelmatte nicht zum erwünschten Erfolg. Oft gibt es für das Einnässen dann tiefere Ursachen. In diesem Fall sollten die Eltern einen Kinder- und Jugendpsychotherapeuten aufsuchen, um die nötige Behandlung abzustimmen.

Exzessives Nägelbeißen

Nägelkauen tritt vor allem bei Kindern und Jugendlichen auf, die unter Stress stehen. Schätzungsweise kauen etwa 30 Prozent aller Kinder und Jugendlichen und 10 Prozent aller Erwachsenen regelmäßig an ihren Nägeln. Das Nägelkauen selbst ist zunächst einmal zweitrangig. Wichtiger ist, die eigentliche Ursache des Nägelkauens anzugehen. Erst wenn sich das Kind verletzt, wenn die Nägel also bis auf das Nagelbett abgekaut werden, sodass vielleicht sogar Entzündungen entstehen oder die Fingerkuppe blutig ist, muss man sich Sorgen machen.

Man kann dem Kind das Nagelkauen nicht durch Schimpfen oder sonstigen Druck abgewöhnen. Dadurch erreicht man nur das Gegenteil. Manchmal kaufen Eltern eine übel schmeckende Tinktur, die auf den Nagel aufgetragen wird. Der Erfolg ist jedoch nicht gesichert. Im schlimmsten Fall hört das Kind zwar mit dem Nägelkauen auf, sucht sich aber einen anderen Weg, seine Anspannung zu bewältigen – es fängt zum Beispiel an, exzessiv in der Nase zu bohren. Tinkturen helfen nur, wenn das Kind selbst fest entschlossen ist, mit dem Nägelkauen aufzuhören. Dann nämlich hat der bittere Geschmack der Tinktur eine Erinnerungswirkung: »Stopp, ich wollte ja nicht mehr kauen!«

Anstatt zu schelten, lobt man bei jeder kleinen Verbesserung. Um nicht zu viel Druck aufzubauen, wird das Nägelkauen ignoriert – gelobt wird Nicht-Kauen. Da das Nägelkauen häufig bei Anspannung und Stress auftritt, helfen hier auch Entspannungsverfahren und -geschichten (siehe S. 158 ff., 180 ff.).

Tics

Tics sind ungewollte und unkontrollierte, sich wiederholende Bewegungen oder Laute, die plötzlich und schnell auftreten. Das Kind oder der Jugendliche kann sie nur für eine kurze Zeit unterdrücken. Häufige Tics sind ein übertriebenes Zwinkern, ein Zucken am Mund oder das Fingern mit der Hand an Mund oder Nase. Zu möglichen Lauten zählt das Glucksen, Schniefen oder das übertriebene Schlucken. Tics treten bei etwa 25 Prozent aller Schulkinder zumindest über einen kurzen Zeitraum auf. Sie verschwinden nach kurzer Zeit einfach wieder, ohne dass man ihnen Beachtung schenken muss. Nur bei einer kleinen Gruppe von Kindern bleiben die Tics länger bestehen.

Einige Kinder und Jugendliche schaffen es, ihre Tics während der Schule fast vollständig zu unterdrücken. Dafür treten sie dann am Nachmittag zu Hause verstärkt auf. Vor allem bei Aktivitäten, in denen die Aufmerksamkeit auf einen Bildschirm zentriert oder das Erregungsniveau erhöht ist – also beim Fernsehen und Spielen am Computer –, beobachten viele Eltern bei ihren Kindern Tics.

Die Aufforderung, die Tics doch einfach sein zu lassen, nützt überhaupt nichts. Das ist genauso schwierig wie ein plötzlich aufkommendes Niesen zu unterdrücken. Vor allem aber setzen Aufforderungen ein Kind unter Druck, und Tics können dadurch sogar verstärkt werden. Zunächst versucht man, mit dem Kind in einer ruhigen Minute darüber zu sprechen. Von Zeit zu Zeit fragt man nach, ob es meint, die Tics würden es irgendwie einschränken: ob es deshalb zum Beispiel Probleme in der Schule habe oder wie es sich selbst damit fühlt. Man sorgt für genügend Schlaf und unterstützt sportliche Betätigung und jegliche Aktivitäten, die Spaß machen. Auch hier helfen Entspannungsübungen, Tics zu reduzieren. Professionelle Hilfe sucht man auf, wenn die Tics länger als ein Jahr anhalten und mehrere Tics gleichzeitig auftreten.

Je besser wir einen Menschen verstehen,
desto besser verstehen wir auch,
dass wir ihn nie ganz verstehen werden.

(E. FERSTL)

Ursachen von Angststörungen

Nach Abschluss eines Elterntrainings bleibt ein Ehepaar noch länger im Raum. Nervös warten beide in einer Ecke. Sie scheinen etwas auf dem Herzen zu haben. Nachdem alle anderen gegangen sind, kommen sie auf uns zu. Ihre Frage trifft uns überraschend, weil sie ohne Vorankündigung und sehr direkt gestellt wird: »Sie haben unser Kind doch nun kennen gelernt. Sagen Sie uns, haben wir etwas falsch gemacht?« Beide Elternteile sind sehr in Sorge. Immer wieder diskutierten sie die Entwicklung ihres Kindes. An welcher Stelle mag alles angefangen haben? Wie waren sie selbst als Kind und wie waren die Eltern und andere Verwandte? Spielt Vererbung eine wesentliche Rolle? Welche Fehler wurden in der Erziehung gemacht?

Solche Fragen gehen den meisten Eltern durch den Kopf.

Bei aller Suche nach möglichen Ursachen sollte nie vergessen werden, dass es nicht um Schuldzuweisungen, Selbstvorwürfe oder Ähnliches gehen darf. Das wird dem Kind oder dem Jugendlichen wenig nützen. Wichtiger ist es, Lösungen zu finden. In der Regel kommt auch nicht eine einzelne Ursache für die Ängstlichkeit eines Menschen in Frage. Häufig trifft vieles gleichzeitig zusammen und bewirkt letztendlich, dass ein Kind so wird, wie es ist. Wenn zwei Kinder unter der Angst leiden, von ihren Müttern getrennt zu werden, kommen ganz unterschiedliche Ursachen für ihre Ängste in Frage. Es können auch zwei Kinder dasselbe traumatische Erlebnis durchlitten haben und ganz unterschiedlich darauf reagieren. Lisa und Nele wohnten zum Beispiel in einem Reihenhaus nebeneinander. Beide mussten miterleben, wie ein Brand ihr ganzes Zuhause zerstörte. Während Lisa gut damit zurechtzukommen schien, entwickelte Nele eine ausgeprägte Angst vor Feuer. In der Folge hatte sie immer wieder Probleme, längere Zeit ihr zu Hause zu verlassen, aus Angst, ein neuer Brand könnte in der Zwischenzeit ihr Heim zerstören.

Trotz der Unterschiedlichkeit der Ursachen von Angststörungen lohnt es sich zu wissen, was die Angst bei einem Kind verstärkt und was es für Hintergründe gibt. Es hilft, das Kind zu verstehen und schließlich einen anderen Weg einzuschlagen.

Der Einfluss unserer Gene

Die genetische Programmierung kann bestimmte Ängste in der Entwicklung eines Kindes mitbestimmen. Einige Ängste, die ganz natürlich bei allen Menschen auftreten, sind daher in unserem Erbgut sozusagen fest eingeplant. So entwickeln zum Beispiel alle Kinder im Alter von etwa zwei Jahren vorübergehende Trennungsängste.

Leider haben Gene auch Einfluss auf die Entwicklung einer ausgeprägten Ängstlichkeit. So findet man bei Kindern und Jugendlichen, die unter einer Angststörung leiden, nicht selten in der nächsten Verwandtschaft Personen mit Ängsten. Bei Eltern und Geschwistern macht dies etwa ein Drittel aus. Das müssen nicht immer die gleichen Ängste sein. Paul zum Beispiel leidet bei der kleinsten Sache an Lampenfieber. Dinge wie Theaterspielen und Sprechen vor anderen bereiten ihm große Probleme. Sein Vater dagegen hat Angst vor kleinen Räumen. Er setzt sich immer in die Nähe der Tür, meidet den Fahrstuhl und hasst Umkleidekabinen. Die Veranlagung zu einer besonderen Ängstlichkeit kann daher von Generation zu Generation weitergetragen werden. Das muss aber nicht zwangsläufig der Fall sein. Außerdem kann zwar eine Veranlagung vorliegen, aber besonders günstige Lebensumstände führen dazu, dass sich keine ausgeprägte Angst entwickelt. Natürlich gibt es auch Umstände, die eine hohe Ängstlichkeit fördern.

Kritische Lebensereignisse

Als kritische Lebensereignisse werden Erlebnisse bezeichnet, die bei einem Kind oder Jugendlichen besonders viel Stress ausgelöst haben. Man kann sie in zwei Kategorien einteilen.

Zum einen umfassen sie Erlebnisse, bei denen es um einen Verlust oder Schädigung einer nahe stehenden Person oder auch eines Tieres geht. Dies kann zum Beispiel der Tod eines Elternteils, eines Hundes oder Ähnliches sein. Die anderen Situationen betreffen vor allem Erlebnisse, die mit einer starken Veränderung im Leben eines Kindes einhergehen. Darunter fallen Ereignisse wie ein Umzug, ein Schulwechsel, eine Scheidung, die Geburt eines Geschwisterkindes und Ähnliches. Auch Ereignisse, die ein Erwachsener nicht sofort als Ursache erkennt, können Grund für eine höhere Ängstlichkeit beim Kind sein.

Kritische Lebensereignisse

- Tod einer nahe stehenden Person oder eines Tieres,
- Unfall oder Erkrankung einer nahe stehenden oder der eigenen Person,
- Schul- oder Klassenwechsel,
- Umzug,
- Scheidung der Eltern,
- Geschwister verlassen das Zuhause,
- Veränderung im Job der Eltern (geringere Erreichbarkeit),
- Geburt eines Geschwisterkindes,
- traumatische Erlebnisse (Überfall, Verkehrsunfall …).

In der Regel lassen sich kritische Lebensereignisse nicht verhindern. Ein Unfall oder der plötzliche Tod eines Angehörigen ereilen uns unerwartet. Andere Ereignisse, wie der Umzug in einen anderen Stadtteil, lassen sich dagegen manchmal zeitlich mit einem ohnehin anstehenden Schulwechsel abstimmen.

Bei allen stressvollen Lebensereignissen orientiert sich das Kind am Erwachsenen als Modell. Lebt man ihm vor, dass der Tod zum Lebenszyklus gehört, oder verschließt man sich selbst völlig und meidet alle Kontakte? Ist man in der Phase des Umzugs und

47

danach selbst stark gestresst und reizbar, oder schafft man hin und wieder »Ruheinseln«, in denen man für die Sorgen des Kindes, seine Erlebnisse und Beobachtungen offen ist?

Der Einfluss der Umwelt

Viele Ängste können durch die direkte Umwelt beeinflusst werden. Umwelt bedeutet dabei, wie ein Kind oder Jugendlicher aufwächst, wie sich seine Familienmitglieder, Freunde oder Lehrer verhalten und welche Erfahrungen von ihm gemacht werden. Zum Beispiel wird ein Kind, das in seiner Familie mit einem Hund aufwächst, wahrscheinlich keine Angst vor Hunden entwickeln. Es hat jahrelang mit seinem Hund zusammengelebt. Sie haben zusammen gespielt. Es hat den Hund täglich gestreichelt und sich vielleicht sogar sein Eis mit ihm geteilt. Das Kind hat also mit dem eigenen Hund immer wieder die Erfahrung machen können, dass Hunde nicht gefährlich sind. Genauso bewirken aber bestimmte Erfahrungen natürlich auch das Gegenteil.

Anton wächst bei Eltern auf, die ihn über alles lieben. Sie wollen ihn vor jeglicher Gefahr beschützen. So achten sie sorgfältig darauf, dass es ihm an nichts fehlt. Noch mit fünfzehn Jahren gibt es keinen einzigen Nachmittag oder Abend, an dem er allein zu Hause ist. Immer befürchten seine Eltern, dass ihm etwas zustoßen könnte, was ihre Hilfe erfordert. Anton hat sich mittlerweile daran gewöhnt, dass sich seine Eltern immer in seiner Nähe befinden. In den Sommerferien wollen seine Freunde mit ihm einen Wochenendausflug auf einen Campingplatz machen. Auch wenn der Campingplatz nur eine Stunde mit dem Rad entfernt ist, kann Anton sich nicht überwinden mitzufahren. Auf der einen Seite will er dieses Abenteuer mit seinen Freunden sehr gern erleben. Auf der anderen Seite aber fürchtet er sich davor, was alles passieren könnte.

Antons Eltern haben es mit ihm nur gut gemeint. Sie haben sehr viel Aufwand und Energie investiert, damit ihr Kind sicher und behütet aufwächst, und doch hat eines gefehlt: die Möglichkeit für Anton, seine eigenen kleinen Abenteuer zu bestehen. Für Anton wurde eine Umwelt geschaffen, die nur wenige Erfahrungen zuließ, Eigenständigkeit zu erleben, auszuprobieren und zu lernen.

Ängstliches Verhalten wird verstärkt

Auf der Straße steht ein großer brauner Hund neben seinem Herrchen. Wachsam beobachtet er, wie der sechsjährige Tom mit seiner Mutter näher kommt. Tom läuft zielstrebig auf den Hund zu. Er möchte den Hund am liebsten gleich anfassen und streicheln. Erschrocken ruft Toms Mutter ihren Sohn zurück. »Gut, dass du gleich zurückgekommen bist«, sagt sie. »Bei Hunden muss man ganz vorsichtig sein. Es gibt viele gefährliche Hunde, die schnell beißen können!« Als die beiden etwas später einen anderen Hund treffen, rennt Tom nicht auf ihn zu. Dieses Mal geht er ganz dicht an der Seite seiner Mutter. »Prima Tom, jetzt passt du gut auf. Du weißt ja, Hunde können sehr gefährlich sein.« Es dauert nicht lange, bis Tom gelernt hat, sich ängstlich an das Bein seiner Mutter zu klammern, wenn er einen Hund sieht.

Eltern oder andere Erwachsene können Ängste auf Kinder übertragen, selbst wenn sie es gar nicht wollen. Eine der direktesten Formen ist die Bekräftigung von ängstlichem Verhalten. Tom wurde gelobt, wenn er Hunden aus dem Weg ging oder sich ängstlich an seine Mutter klammerte. Tatsächlich waren Hunde seiner Mutter ebenfalls nicht ganz geheuer.

Auch vorhandene Ängste können durch Lernen gefestigt werden. Wenn ein zappeliges Kind ganz besonders viel Unsinn macht, wird vermutlich ein Erwachsener mit ihm schimpfen. Dies mag nicht die angenehmste Art von Aufmerksamkeit sein, aber immerhin ist es eine. Man denke an die Rolling Stones, die ab und zu ein Hotelzimmer zertrümmerten und so im Gespräch blieben. Auch schüchterne Kinder merken, dass man sich mehr um sie kümmert, wenn sie sich besonders ängstlich zeigen. Die Zuwendung der Eltern ist angenehm und sie scheint auch gleichzeitig zu beweisen, dass tatsächlich Anlass zum Angsthaben besteht.

Was sollte man also tun, um ein unerwünschtes Verhalten eines Kindes nicht zu verstärken? Bei unruhigen Kindern ist die Regel einfach: Erwünschtem Verhalten schenkt man Aufmerksamkeit durch Lob, unerwünschtes Verhalten wird ignoriert. Bei schüchternen Kindern ist es etwas schwieriger; schließlich sagt unser Gefühl, dass wir jemandem Zuwendung und Sicherheit bieten sollten, wenn er Angst hat. In richtigen Maßen trifft dies auch voll und ganz zu. Kinder benötigen den Rückhalt ihrer Eltern und das Gefühl der Geborgenheit in ihrer Familie. Erhält jedoch das ängstliche Verhalten eines Kindes zu viel Aufmerksamkeit, wird es verstärkt.

Theresa (8 Jahre) kommt zum ersten Mal in unser Konzentrationstraining. In der Vorbesprechung berichtete die Mutter, dass ihre Tochter sich auf das Training freue. Es habe allerdings schon einige Male Probleme gegeben, wenn sie zum ersten Mal irgendwohin gehen sollte. Als Theresa den Trainingsraum betritt, kullert bereits die erste kleine Träne über ihre runden Wangen. Ihre Mutter verspricht ihr, draußen auf sie zu warten. Bereits nach wenigen Minuten rennt Theresa aus dem Trainingsraum zu ihrer Mutter. Sie klammert sich an ihr Bein und fängt an, herzzerreißend zu schluchzen. Schließlich nimmt ihre Mutter sie auf den Arm und sagt: »Schon gut, du musst nicht daran teilnehmen, wir gehen nach Hause!«

Theresas Mutter ist ihrem Gefühl gefolgt. Kurzfristig war dies für beide Seiten – sowohl für Theresa als auch für ihre Mutter – wahrscheinlich am besten. Theresa musste nicht an dem Training teilnehmen und verhielt sich wieder normal. Theresas Mutter konnte ihre Tochter beruhigen und musste daher nicht mit ansehen, wie es ihr schlecht ging. Allerdings wird Theresa in ihrem Leben vermutlich noch oft unbekannte Situationen durchstehen müssen, die in ihr ein wenig etwas Angst auslösen. Ihr wird es dabei voraussichtlich nicht besser ergehen. Sie wird sich mit hoher Wahrscheinlichkeit wieder sehr ängstlich verhalten. Die Erfahrung, wie es ist, mit fremden Kindern zusammen an einer Aktivität teilzunehmen, hat sie nicht gemacht. Theresa hat gelernt, dass sie sich an ihre Mutter klammern muss, wenn sie sich nicht wohl fühlt.

Leider ist der Grat zwischen angemessener Unterstützung und Überbehütung sehr schmal. Was hätte Theresas Mutter also tun können?

Da Theresa ähnliche Verhaltensweisen bereits früher gezeigt hat, hätte sie die Situation für das Kind schon im Vorfeld erleichtern können. Für Kinder ist es meistens sehr hilfreich, wenn sie bereits jemanden im Kurs kennen. Damit sind sie nicht allein unter Fremden. Genauso kann der Trainingsraum vorher einmal besichtigt werden. Auf diese Weise entwickelt das Kind mehr Sicherheit, weil es sich bereits ein wenig auskennt. Wir haben die Erfahrung gemacht, dass es besser ist, wenn die Mutter erst gar nicht vor der Tür wartet, sondern das Gebäude gleich verlässt. Die meisten Kinder beruhigen sich nach einiger Zeit. Sobald sie die anderen Kinder ein wenig kennen gelernt haben, trauen sie sich immer mehr zu.

Vor einem Training für Kinder mit Schulstress ruft mich eine Mutter an. Sie hat ihren Sohn Philipp (8 Jahre) für das Training angemeldet. Ihr Sohn sei in jeder neuen Umgebung erst einmal sehr ängstlich und zurückhaltend. Sie sei das bereits gewohnt und verlasse dann so schnell wie möglich den Ort. Tatsächlich lässt Philipp seine Mutter vor dem ersten Training nicht aus den Augen. Kaum hat er jedoch seine Jacke ausgezogen, verabschiedet sich seine Mutter von ihm, spricht ihm gut zu und geht aus dem Raum. Philipp sitzt auf einem Stuhl und beobachtet schüchtern die anderen Kinder. Von außen hat man das Gefühl, er ist kurz davor, in Tränen auszubrechen. Es dauert seine Zeit, bis er sich an den Raum und die anderen Kinder gewöhnt hat. Doch bereits beim ersten Spiel macht er mit. Als er auch noch einen Punkt für seine Mannschaft ergattert und alle ihn bejubeln, strahlt er über das ganze Gesicht. Seine anfänglichen Sorgen sind wie weggeblasen. Am Ende des Trainings gibt er mir strahlend die Hand, um sich zu verabschieden. Ich lobe ihn, weil er so tapfer war. Mit einem breiten Grinsen sagt er: »Ich komm wieder!«

In beiden Fällen hatten die Kinder vor der gleichen Situation Angst. Während Theresa ihrer Angst nachgegeben hat, konnte Philipp die Erfahrung machen, dass er in einer Gruppe von fremden Kindern nichts zu befürchten hat.

Lernen am Modell

Die Beobachtung ist eine der wichtigsten Lernarten bei Kindern. Alle Eltern, die gerade ein kleines Kind haben, werden hier lebhaft zustimmen. Gerade in den ersten Lebensjahren schauen sich Kinder viele Verhaltensweisen von Erwachsenen und Geschwistern ab. Kinder imitieren, wie wir uns die Zähne putzen, was wir sagen und welche Meinung wir vertreten. Nick zum Beispiel verbringt einen Nachmittag mit seinem Vater und dessen Freunden. Am Abend liegt der Vierjährige im Bett und sagt zu seiner Mutter voller Überzeugung: »Mama, Bayern spielt scheiße!«

Eines der besten Beispiele, wie Kinder sich Ängste von Erwachsenen abschauen, ist die Angst vor Spinnen. Ob ein Kind Angst vor Spinnen hat oder nicht, hängt in der Regel davon ab, wie nahe stehende Personen damit umgehen. Fürchten sich die Eltern vor Spinnen und beseitigen sie aus sicherer Entfernung mit dem Staubsauger oder zerstören die Spinnennetze, werden auch die Kinder sich mit hoher Wahrscheinlichkeit vor Spinnen ekeln. Nehmen die Eltern dagegen die Spinne ohne ein Anzeichen von Ekel oder Furcht in die Hand und tragen sie nach draußen, wird auch das Kind keine besonderen Ängste vor Spinnen aufbauen. Kinder beobachten also nicht nur die Verhaltensweisen von Erwachsenen, sondern übernehmen auch, ob man sich vor bestimmten Dingen und Situationen fürchten muss oder nicht.

Lena (13 Jahre) reist mit ihrer Familie in den Urlaub. Es erwartet sie ein zehnstündiger Flug. Als sie im Flugzeug sitzt, fängt sie an zu zittern und zu schwitzen. Vor Aufregung wird ihr ganz übel, sodass ihre Mutter einen Brechbeutel zurechtlegt. Ihr Vater meint, er könne das Verhalten seiner Tochter nicht ertragen, und tauscht mit einem anderen Passagier den Platz. Er ist selbst ganz nervös aufgrund des bevorstehenden Fluges.

Die letzte Flugreise hat die Familie storniert. Kurz vorher war ein terroristischer Anschlag mit einer Flugzeugentführung gemeldet worden. Der Vater sah sich außerstande, seine Familie einer solchen Gefahr auszusetzen. Vor dem jetzigen Flug durchsuchte er jeden Morgen die Tageszeitung nach ähnlichen Vorkommnissen. Abends recherchierte er im Internet die aktuellen terroristischen Bedrohungen. Seine Tochter zeigt bereits ähnliche Symptome von Flugangst.

Genauso wie Kinder Ängste von Erwachsenen übernehmen, können sie auch Zuversicht und Selbstvertrauen durch den Umgang mit Erwachsenen entwickeln. Vorbild kann man nicht nur dadurch sein, dass man sich vor Selbstverständlichkeiten nicht fürchtet, sondern auch, indem man seine eigene Furcht angeht und überwindet!

Doppelte Botschaften

Eine häufige Falle bei der Entstehung von Ängsten sind doppelte Botschaften. Dies lässt sich an einem Beispiel aus der Beratungspraxis gut beschreiben:

Ryan ist fünf Jahre alt. Im Kindergarten hat er Freundschaft mit einigen Kindern geschlossen. Ein Kind hat ihn zum Geburtstag zu sich nach Hause eingeladen. Ryan soll bei seinem Freund den Nachmittag und die Nacht verbringen. Während er am Anfang noch ganz Feuer und Flamme für diese Idee ist, verringert sich die Begeisterung, je näher das Ereignis heranrückt. Seine Mutter versucht immer wieder, ihm Mut zuzusprechen. Sie beschreibt, was die beiden kleinen Freunde Tolles machen können. Am Geburtstag verbringt Ryan einen lustigen Nachmittag bei seinem besten Freund. Er wird mit Kuchen verköstigt und lässt es sich richtig gut gehen. Abends ruft seine Mutter an. Sie möchte sich bei Ryan erkundigen, ob alles in Ordnung ist. Als Ryan am Telefon die Stimme seiner Mutter hört, bekommt er Heimweh. An eine Übernachtung ist nun nicht mehr zu denken.

Das Verhalten von Ryans Mutter ist durchaus nachvollziehbar. Sie macht sich Sorgen, ob es ihrem Kleinen auch wirklich gut geht. Ihr Verhalten enthält eine doppelte Botschaft: Zum einen fördert sie die Selbstständigkeit ihres Sohnes, indem sie ihn ermutigt, bei seinem Freund zu übernachten. Zum anderen schränkt sie die Selbstständigkeit durch ihren Anruf gleich wieder ein. Unterstützung bedeutet auch, sich selbst zurückzunehmen. Leider sind doppelte Botschaften im Alltag schwer zu erkennen.

Angst und Erziehung

Zu diesem Thema gibt es mittlerweile sehr viele wissenschaftliche Studien. Immer wieder finden sich vor allem zwei Erziehungsstile in Familien ängstlicher Kinder und Jugendlicher.

Überbehütend

Ein Kleinkind zu erziehen bedeutet, es durch seinen Alltag zu geleiten. Wird es größer, übernimmt es immer mehr Tätigkeiten und Entscheidungen eigenständig. Bei einigen Dingen braucht es keine Hilfe mehr. Andere Dinge müssen immer noch die Eltern regeln. Ein achtjähriges Kind wird zum Beispiel ohne Hilfe des Erwachsenen kein Konto eröffnen können. Besonders schwierig ist es, wenn Kinder bereits teilweise eigenständig handeln, aber noch nicht für alles Verantwortung übernehmen können. In diesen Fällen ist die Gratwanderung zwischen angebrachter Unterstützung und Zurückhaltung besonders heikel.

Überbehütende Eltern neigen dazu, ihre Schützlinge in »Watte« zu packen. Sie helfen ihren Kindern, wo sie nur können, und nehmen ihnen häufig für alles die Verantwortung ab. Manchmal sind es bereits ganz kleine Dinge, die gar nicht mehr auffallen, weil sie zur Selbstverständlichkeit geworden sind. Tom zum Beispiel kann mit sechs Jahren immer noch nicht seine Schuhe allein zubinden, weil ihm dies von seiner Mutter abgenommen wird. Jeden Morgen legt die Mutter der zehnjährigen Alina ihrer Tochter die Kleidungsstücke heraus. Lea (8 Jahre) wird von ihrer Mutter jeden Tag zu der 300 Meter entfernten Schule gebracht. Jule hat mit elf Jahren noch nie einen Nachmittag, geschweige denn eine Nacht allein zu Hause verbracht.

Natürlich könnten Tom und Alina das Zuschnüren oder das Heraussuchen der Kleidung selbst erledigen. Sie sind längst alt genug dafür. Auch Lea und Jule könnten bereits mehr Eigenverantwortung übernehmen. Überbehütete Kinder lernen vor allem eines: Das schaffe ich nicht allein! Wenn die Mutter mit Sorgenfalten auf der Stirn sagt: »Pass auf, wenn du auf der Rutsche bist!«, nimmt das Kind vielleicht mit: »Mama traut mir nicht zu, dass ich allein herunterrutschen kann. Vielleicht kann ich das noch nicht.« Anders wirkt dagegen die folgende Formulierung: »Klasse, da rutschst du schon allein runter. Und du passt so gut dabei auf und stößt dich nicht am Rand!« Durch eine solche Botschaft kommt das Kind viel eher zu dem Schluss, dass ihm seine Eltern vieles zutrauen. Es sind gerade diese kleinen alltäglichen Botschaften, die das Zutrauen in die eigenen Fähigkeiten wachsen lassen. Selbstständige Kinder erleben mehr eigene Erfolge. Denn wenn ich meine kleinen Abenteuer ganz allein bestehe, kann ich den Erfolg auch auf dem eigenen Konto verbuchen. Damit sind es manchmal die kleinen Erfahrungen, etwas selbst zu schaffen, die schließlich »groß« machen.

Kritisch und fordernd

Eltern, die den Fehlern ihrer Kinder viel Aufmerksamkeit schenken, sind häufig sehr kritisch und fordernd. Kommt Tabea mit einer Zwei in Mathe nach Hause, fragt ihr Vater, woran es gelegen habe. Die erste Frage von Philipps Mutter zur benoteten Klassenarbeit ist: »Was haben die anderen?« Schaut Kais Vater seinem Sohn beim Fußballtraining zu, muss sich dieser danach anhören, wie er dieses oder jenes noch verbessern könnte. Der Fokus der Eltern liegt also nicht auf dem, was das Kind bereits gut macht. Der Blick liegt viel eher auf all dem, was das Kind noch nicht kann. Häufig steckt dahinter der Wille, dem Kind zu helfen, sich noch weiter zu verbessern. Nicht selten haben die Eltern Angst um die Zukunft ihres Kindes.

Die Eltern von Felix sind verzweifelt. Ihr Sohn hat arge Konzentrationsprobleme. Bei den Hausaufgaben rutscht er nervös auf seinem Stuhl herum. Immer wieder müssen sie sich neben ihn setzen, damit er überhaupt fertig wird. An manchen Tagen ziehen sich die Hausaufgaben über drei Stunden hin. Andere Kinder verabreden sich schon gar nicht mehr mit Felix, weil er immer zu spät kommt. Als wir uns die Hausaufgabensituation anschauen, haben wir das Gefühl, uns auf einem Kampfplatz zu befinden: Während Felix an seinem Schreibtisch sitzt, umkreist ihn seine Mutter wie ein Komet. Hin und wieder schaut sie auf sein Blatt. Es gibt vieles zu bemängeln: Schöner schreiben, noch einmal nachrechnen, eine andere Farbe nehmen und alles noch einmal ordentlicher machen. Nach einer Stunde fängt Felix wirklich an, seine Hausaufgaben nur noch in die Hefte zu schmieren. Er hat keine Lust mehr und ist völlig demotiviert…

Wir regen an, ihn bei den Hausaufgaben allein zu lassen. Die Hausaufgaben müssen schließlich nicht perfekt sein. Es fällt seiner Mutter sehr schwer, diesem Rat zu folgen. Sie möchte, dass ihr Sohn später viel erreicht. »Es soll etwas aus ihm werden!« Dennoch befolgt sie unseren Rat. Tatsächlich verkürzt sich die Hausaufgabenzeit um die Hälfte. Sie sehen nicht ganz so schön aus und es ist auch nicht immer alles richtig. Aber Felix hat nun wieder Zeit, sich mit Freunden zu treffen. Er ist glücklich. Sogar die Schulnoten verbessern sich!

Ein Teil der Kinder von sehr leistungsbezogenen und kritischen Eltern entwickelt einen ausgeprägten Perfektionismus. Sie haben gelernt, dass Fehler eine Katastrophe sind, und vermeiden sie, wo es nur geht. Nico benötigt für seine Hausaufgaben in der dritten Klasse täglich eineinhalb Stunden. Er sitzt in dieser Zeit konzentriert an den Aufgaben und achtet sehr darauf, keinen Fehler zu machen. Verschreibt er sich, wird das Blatt noch einmal neu abgeschrieben. Als Nico an einem unserer Trainings teilnimmt, reagiert er auf Lob sehr zurückhaltend. Während sich die anderen Kinder über ein Lob sichtlich freuen, schaut er uns eher ablehnend an. Auch dies ist typisch für Kinder, die mit wenig Anerkennung und leistungsorientiert erzogen werden. Hinter einem Lob

erwarten sie ein »Aber ...« und können es daher schlechter annehmen als andere Kinder. In Nicos Fall dauert es drei Wochen, bis er
sich über ein Lob genauso freuen kann wie alle anderen. Kinder,
die es nicht gewohnt sind, auf diese Weise Wärme, Fürsprache
und positive Unterstützung zu erfahren, bauen – bei vielleicht
guter Leistung in der Schule – nur ein geringeres Selbstwertgefühl
auf.

Während also Kinder und Jugendliche unter einem überbe-
hütenden Erziehungsstil nicht lernen, was sie sich schon alles
zutrauen können, erfahren Kinder unter einem eher kritisieren-
den Erziehungsstil, was sie alles nicht können. Beide Gruppen
entwickeln ein geringes Selbstwertgefühl und sind anfällig für
Ängste.

Angst durch Leistungsdruck

Neben der Familie und den Freunden gehört die Schule zu den
bedeutsamsten Lebensbereichen unserer Kinder. Schließlich verbringen sie einen großen Teil des Tages dort. Kein Wunder also,
dass die Schule und vor allem die schulischen Leistungen wichtig
für viele Kinder und Jugendliche sind. In den letzten Jahren hat
der Leistungsdruck immer mehr zugenommen. Noten sind entscheidend und Realschule oder Gymnasium das Ziel vieler Eltern.
Auch die Schule selbst steht vermehrt unter Druck. Nicht zuletzt
durch internationale Vergleiche wie PISA wird von der Schule
mehr gefordert. Manche Kinder haben Probleme mit den zuneh-
menden Erwartungen der Eltern und der Schule.

Anna (14 Jahre) ist die Tochter einer Ärztin und eines Juristen. Beide
Elternteile haben große Pläne für ihre Tochter. Sie soll später entweder die Praxis der Mutter oder die Kanzlei des Vaters übernehmen. Letztendlich wird dies wahrscheinlich vom drei Jahre älteren
Bruder abhängen. Dieser soll Annas Vorbild sein. Auf dem Gymnasium gehört er bisher zu den Besten. Mit etwas Glück und Fleiß
wird er in zwei Jahren als bester Schulabsolvent mit einem Stipendium sein Studium beginnen.
Anna dagegen gehört eher zum Durchschnitt. Sie schreibt Zweien

und Dreien, muss dafür aber auch ziemlich »büffeln«. Die Eltern versuchen, sie durch Vergleiche mit ihrem älteren Bruder anzuspornen. Der Vater scherzt: »Wenn du dich nicht anstrengst, wird dein Bruder noch die Praxis UND die Kanzlei führen und du gehst leer aus!« Was als Witz gemeint ist, trifft Anna hart. Durchschnittliche Leistungen werden in dieser Familie nicht akzeptiert. Annas Schwierigkeiten in Mathematik werden durch zu wenig Fleiß und geringe Motivation erklärt. Dann sitzt Anna abends mit ihrem Vater und am Wochenende mit ihrer Mutter zusammen und paukt. Als es zu einem Lehrerwechsel durch Krankheit kommt, kippt die Situation. Die neue Lehrerin ist strenger und Anna bekommt nun häufiger eine Vier. Zu Hause entwickelt sich Annas Schulleistung zum Thema Nummer Eins. Schließlich fehlt Anna häufiger unentschuldigt in der Schule. Sie meidet den Mathematikunterricht, wo sie nur kann. Die Angst vor schlechter Leistung führt dazu, dass sie immer unsicherer wird. Schließlich schaltet die Schule den Schulpsychologen ein.

Als wir Anna kennen lernen, ist die Situation bereits sehr festgefahren. Annas Eltern sind nur schwer davon zu überzeugen, dass ihr hoher Leistungsdruck mitverantwortlich für das Schulschwänzen ihrer Tochter ist. Auch zu akzeptieren, dass Anna »lediglich« durchschnittlich begabt ist und in der Schule ihr Bestes gibt, bereitet beiden Elternteilen große Probleme. Sie sind resistent gegen jegliche Beratung. Letztendlich entscheiden sich die Eltern, Anna in ein Internat zu geben. Sie erhoffen sich davon eine bessere Kontrolle des Verhaltens ihrer Tochter, um weiterem Schulschwänzen vorzubeugen.

Heute hat Anna weder die Praxis der Mutter noch die Kanzlei ihres Vaters übernommen. Der große Bruder übrigens auch nicht. Während der Bruder sich schließlich dafür entschieden hat, Lehrer zu werden, begeistert sich Anna für den Beruf der Krankenschwester.

Besonders schlimm wird der Leistungsdruck für ein Kind oder einen Jugendlichen, wenn Lernstörungen vorliegen. Dies können beispielsweise eine Lese-Rechtschreibschwäche, eine Dyskalkulie oder auch eine Aufmerksamkeitsstörung sein. Wird die Lernstörung als solche nicht erkannt, fühlt sich das Kind oder der Jugendliche sowohl einem enormen Druck ausgesetzt als auch mit dem eigenem Versagen konfrontiert. Immer scheint das Kind die Erwartungen anderer zu enttäuschen. Stoßen die großen Probleme in der Rechtschreibung oder in der Aufmerksamkeit auf Unverständnis, entwickeln sich zwangsläufig Leistungs- und schließlich auch Schulängste. Das Gleiche gilt für Kinder, die weit über ihre eigentlichen Fähigkeiten hinaus gefördert werden. Das kann zum Beispiel der Fall sein bei einem Kind, das mit stundenlanger Nachhilfe mehr schlecht als recht das Gymnasium schafft und vielleicht in einer Real- oder Fachschule sehr viel besser aufgehoben wäre. Permanente Anstrengung und Überforderung können zu Dauerstress führen, der schließlich in eine Schulangst mündet.

Petra wird von ihrer engagierten Mutter während der gesamten Grundschulzeit sehr gefördert. Jeden Tag arbeitet die Mutter mit ihrer Tochter den Unterrichtsstoff nach. Sie macht mit ihr die Hausaufgaben, erklärt ihrer Tochter, was diese in der Schule nicht verstanden hat, und übt mit ihr, wo sie nur kann. Die Lehrerin ist von dem Fleiß sehr beeindruckt. Schließlich erhält Petra sogar eine Gymnasialempfehlung.

Mit dem Schulwechsel ändert sich jedoch alles. Der Lernstoff wird umfangreicher, das Tempo schneller. Die täglichen Nachhilfestunden bei der Mutter reichen nicht mehr aus. Petra kommt mit dem Stoff nicht nach und die Lücken werden immer größer. Als der Schulstress für Petra zu groß wird, reagiert sie schließlich mit den ersten körperlichen Beschwerden. Vor wichtigen Arbeiten bekommt sie plötzlich auftretende Bauchschmerzen. Diese können sich bis zu Bauchkrämpfen steigern, bis sie sich schließlich übergeben muss. Immer häufiger hat sie nachts Albträume, schläft schlecht und beklagt sich bei ihrer Mutter über eine allgemeine Lustlosigkeit. Alle Beschwerden verschwinden, als die Sommerferien beginnen. Kurz vor Ende der Ferien treten sie dafür umso schlimmer auf. Die Mutter sucht auf Empfehlung des Hausarztes schließlich einen Kinder- und Jugendpsychologen auf, der eine Schulangst diagnostiziert.

So wie Petra geht es mittlerweile zahlreichen Kindern, die unter hoher Leistungserwartung und Schulstress leiden. Es kann sie unter Umständen sehr unter Druck setzen, wenn ihre Eltern eigene Wünsche und Hoffnungen unbewusst auf die Kinder übertragen. Nicht alle Kinder und Jugendlichen wehren sich dagegen, die meisten versuchen den Wünschen ihrer Eltern zu entsprechen. Hier liegt es an den Erwachsenen, sich zu ändern, die eigenen Wünsche zurückzustellen, auf mögliche Enttäuschungen gelassen zu reagieren und dennoch ihren Kindern den Rücken zu stärken.

Mobbing

Claudia (13 Jahre) zahlt ihre »Raten« vor der Schule. Auf ihr Pausenbrot sind die älteren Jungs nicht scharf. Anfangs wollten sie Süßigkeiten, später Geld. Zu protestieren würde sie nie wagen. Sie weiß, was dann passiert. Sie wurde schon einmal geschlagen.
Dennis gehört seit einem Monat zu den Außenseitern in der Klasse. Fast jeder ist einmal »dran«. Eine Clique dominiert und schikaniert so gut wie jeden. Jeder ist froh, wenn er nicht im Kreuzfeuer der Sprüche und Gemeinheiten steht. Man hält lieber die Klappe oder macht mit. Zurzeit ist die Schule für Dennis die Hölle!

Kinder und Jugendliche, die unter Mobbing und Gewalt in der Schule leiden, stehen unter großem Druck. Der Schule können sie nicht entfliehen. Als einziger Ausweg bleibt hier häufig nur, einmal krank zu sein oder die Schule zu schwänzen.

Leider schweigen sich viele Kinder und Jugendliche über Angriffe in der Schule aus. Die Bloßstellung ist ihnen peinlich. Einige Kinder fürchten, dass sich durch Interventionen der Eltern die Situation nur noch verschlimmern könnte. Vor allem wenn Erpressung im Spiel ist, fürchten Kinder die Konsequenzen. Als Dennis' Eltern von den Problemen ihres Sohnes erfahren, wollen sie sofort den Klassenlehrer anrufen. Für Dennis scheint dies fast das Schlimmste zu sein, was passieren kann. Er fürchtet ein offenes Gespräch in der Klasse und damit die totale Bloßstellung. Diese Angst ist verständlich. In den meisten Fällen empfehlen wir trotzdem, mit dem Kind über ein mögliches Gespräch mit dem Klassenlehrer oder dem Beratungslehrer der Schule zu diskutieren. Der Lehrer hat es oftmals in der Hand, eine Veränderung in der Klasse herbeizuführen. Auch ein Gespräch mit dem Schulpsychologen ist denkbar, der dann das genauere Vorgehen plant. Ist die Schule informiert, sollten Sie trotzdem auch zu Hause Ihr Kind ermutigen. Kinder, die in der Schule gemobbt werden, haben häufig viel Angst und wenig Selbstbewusstsein. Ermuntern Sie Ihr Kind immer wieder, an Freizeitaktivitäten teilzunehmen, damit es sich einen festen Freundeskreis aufbauen kann. Auch Freunde schützen gegen Angriffe in der Schule und geben mehr Sicherheit.

In einigen Fällen kann die Teilnahme an einem »sozialen Kompetenztraining« sinnvoll sein. Immer wieder konnte festgestellt werden, dass Mobbing-Opfer Defizite im Umgang mit anderen Kindern haben. Das macht sie für die Täter besonders interessant.

Dominik wirkt auf seine Mitschüler zurückhaltend und schüchtern. Wenn ihn der Lehrer aufruft, spricht er mit leiser, verhaltender Stimme. Im Schulbus verkrümelt er sich in die hinterste Ecke.
Vanessa dagegen ist ganz anders. Sie spielt sich gern in den Vordergrund und steht gern im Mittelpunkt. Von einer Jungenclique wird sie gerade in diesen Momenten, wenn alle auf sie achten, persönlich schwer beleidigt.

Hier kann es helfen, das eigene Auftreten zu üben und zu besprechen. Dafür bieten in der Regel Erziehungsberatungsstellen sowie Kinder- und Jugendpsychologen Unterstützung an.

Monster-Lehrer

Herr M. gehört in der Schule zu den gefürchteten Lehrern. Vor allem seine sarkastischen Sprüche sind in allen Klassen bekannt. In Geschichte lässt er zu Beginn die vorangegangene Stunde von einem Schüler wiederholen. Er fragt so lange, bis er Lücken findet. Für den sechzehnjährigen Patrick war dieser Druck zu viel.

Als er referieren musste, fiel ihm überhaupt nichts ein. »Das war ja klar, Patrick! Außer Fußball passt in deinen Kopf wohl nichts rein. Vielleicht gerade noch unsere Julia hier drüben, zu der du immer rüberschaust!« Als die ganze Klasse in Gelächter ausbricht, ist für Patrick die Sache gelaufen. Für ihn ist Herr M. ein Monster-Lehrer.

Die Fähigkeiten von Lehrkräften sind – wie auch bei anderen Berufsgruppen – unterschiedlich verteilt. Das heißt, es gibt einige wenige außerordentlich gute Lehrerinnen und Lehrer, einige wenige außerordentlich schlechte und ein breites Mittelfeld. Alle Kinder und Jugendlichen erleben im Laufe ihrer Schulzeit Vertreter jeder Gruppe – mit Sicherheit auch viele gute Lehrkräfte. Manchmal kann jedoch bereits eine einzige Lehrkraft den Schulalltag eines Kindes bestimmen. Bei Patrick schlug die Freude an der Schule in eine totale Ablehnung um. Haben Eltern den Verdacht, dass ihr Kind unter einem bestimmten Lehrer leidet, sollten sie sich zunächst bei anderen Eltern informieren, ob deren Kinder über ähnliche Probleme berichten. Ob und wie man letztendlich als Eltern eingreifen möchte, ist eine schwierige Entscheidung. Sie ist vor allem abhängig davon, wie sehr das Verhalten des Lehrers das Kind beeinflusst.

In weniger gravierenden Fällen kann es ratsamer sein, das Kind lediglich zu stärken und ihm zu Hause Rückhalt zu geben. Manchmal hilft es auch, wenn Eltern bei der Lehrkraft einfach präsenter sind. Gehen Sie zum Beispiel auf den Elternsprechtag und unterhalten Sie sich mit der Lehrkraft. Erkundigen Sie sich einfach ganz neutral, wie sich Ihr Kind in der Schule macht. Laut amerikanischen Studien übertragen viele Lehrkräfte, die eine positive Meinung von den Eltern haben, diese unbewusst auch auf die Schüler.

Bleibt die Situation problematisch, muss das Gespräch mit der Lehrkraft gesucht werden. Ist das Kind dazu bereit und alt genug, kann es dieses Gespräch auch allein mit der Lehrkraft führen. Besser bewährt hat sich ein vertrauliches Gespräch zwischen den Eltern und der Lehrkraft. Viele Lehrkräfte können mit dieser Art von Kritik am besten umgehen, weil sie ihr Gesicht nicht verlieren. Vor allem aber sind Lehrkräfte häufig selbst überrascht, wie ihre locker gemeinten Sprüche auf der anderen Seite ankommen.

Wenn mehrere Schüler aus der Klasse betroffen sind, kann auch zuerst ein Gespräch mit dem Klassenlehrer stattfinden. Solche Gespräche gestalten sich oft nicht einfach. Finden die Eltern kein Gehör für ihr Anliegen und verstärkt sich die Angst des Kindes, empfiehlt sich als letzte Möglichkeit ein Wechsel der Schule. Klassenwechsel verändern die Situation oft nur geringfügig.

Leider kommt es immer wieder vor, dass Kinder und Jugendliche unter Lehrkräften zu leiden haben und in der Schule regelrecht schikaniert werden. Für Eltern ist es in dieser Situation meist recht schwierig zu helfen. Vorgesetzte und Dienstaufsichtsbehörden verhalten sich im Konflikt oft sehr zurückhaltend und taktisch. Ihre Unterstützung erweist sich oft als begrenzt, weil sie Auseinandersetzungen häufig meiden. In solchen Fällen empfiehlt es sich, einen Rechtsanwalt einzuschalten, um der eigenen Beschwerde mehr Gewicht zu verleihen. In der Praxis zeigt sich jedoch immer wieder, dass die Erfolgsaussichten für Eltern, etwas zu erreichen oder zu verändern, relativ gering sind.

Körperliche Ursachen

Einige Krankheiten machen die Einnahme von Medikamenten erforderlich. Bei regelmäßiger Medikation des Kindes oder Jugendlichen sollte man den Beipackzettel genau studieren. Manche Medikamente können das Auftreten einer Angstsymptomatik als Nebenwirkung begünstigen. Auch Medikamente, die vom Arzt ursprünglich gegen Ängste verschrieben wurden, verstärken gelegentlich die Symptomatik (siehe S. 112ff.). Des Weiteren gibt es Erkrankungen, die eine erhöhte Ängstlichkeit wahrscheinlich machen. Beispielsweise erhöht eine Schilddrüsenüberfunktion die allgemeine Erregung und Nervosität und kann zu plötzlich auftretenden Panikattacken führen. Die stark anregende Wirkung von Koffein steigert die Aktivierung des Zentralnervensystems. Dies geht mit einer erhöhten Nervosität und Unruhe einher. Auf diese Weise kann sich Ängstlichkeit verstärken. Mittlerweile befindet sich Koffein in vielen Lebensmitteln. Getränke wie Coca-Cola, Pepsi, Eistee etc. enthalten größere Mengen. Koffein ist sogar in Schokolade zu finden. Den Konsum stark koffeinhaltiger Substanzen einzuschränken führt bei einigen Kindern und Jugendlichen bereits zu einer Abnahme einer erhöhten Ängstlichkeit.

Nicht weil es schwer ist, wagen wir es nicht,
sondern weil wir es nicht wagen, ist es schwer.

(SENECA)

Der Schulangst begegnen

Ängstlichkeit und Angst verändern sich nicht von Jetzt auf Nach-
her. Man benötigt dafür eine Portion Geduld, Humor, Vorbild und
Liebe. Viele Methoden verhalten sich wie der Faden einer Spinne.
Ein einzelner Faden trägt eine kleine Spinne – mehr aber nicht.
Kommen dagegen mehrere Fäden zusammen und verweben sich
zu einem Netz, bewirken sie Erstaunliches.

Vorbild und Liebe

Genauso wie Kinder selbstsichere und zuversichtliche Einstellungen von Erwachsenen übernehmen, orientieren sie sich auch am
ängstlichen Verhalten. Eltern, die selbst ängstlich sind, werden als
Modell für ihr Kind fungieren. Bemerken und steuern, was man
an das eigene Kind weitergibt, kann nur, wer sich seiner Ängste
bewusst ist.

Übung: Was möchte ich meinem Kind weitergeben?

- Nehmen Sie einen Zettel und schreiben Sie Situationen auf, in denen
  Sie selbst Angst haben.
- Lassen Sie zwischen den einzelnen Situationen ein wenig Platz für
  spätere Notizen.
- Notieren Sie jetzt hinter jedem Punkt, ob es sinnvoll ist, diese Angst
  an Ihr Kind weiterzugeben oder nicht.
- Schließlich ergänzen Sie bei jeder Situation, wie Sie sich vor Ihrem
  Kind verhalten wollen.
- Heben Sie diesen Zettel an einem sicheren Ort auf. Von Zeit zu Zeit
  überprüfen Sie, ob Sie sich an Ihre Vorsätze halten.

Unbedingte Liebe schenken

Wenn Kinder sich geliebt, geschätzt und akzeptiert fühlen, ist dies etwas Besonderes für sie. Es fällt ihnen leichter, die Wertschätzung anderer zu erkennen. Sie zweifeln und entwickeln nicht ständig Minderwertigkeitsgefühle. Dies verleiht ihnen Sicherheit und Stärke. Beides ist besonders wichtig, um den eigenen Ängsten und Sorgen entgegenzutreten. Selbstverständlich sollten Eltern ihren Kindern ihre Zuneigung offen zeigen. Ein Kind in den Arm zu nehmen, zu loben und ihm zu sagen, wie sehr man es mag, gehört zum Alltag wie das Zähneputzen. Dabei knüpft man Zuwendung nicht an Bedingungen.

Falsch: »Wir lieben dich, wenn du gute Noten nach Hause bringst oder dein Zimmer aufgeräumt hast.«

Richtig: »Wir lieben dich, auch wenn es gerade nicht so gut läuft. Wir lieben dich, so wie du bist!«

Inseln der Kompetenz

Jeder Mensch hat einen oder mehrere Bereiche, in denen er besonders begabt ist. Einige Kinder und Jugendliche spielen gern ein Instrument, andere malen und zeichnen sehr gut und wieder andere profilieren sich im Sport. Zu entdecken, was Spaß macht und was gut gelingt, bringt nicht nur Freude, sondern stärkt auch das Selbstwertgefühl. Es hilft, sich mit seinen positiven Seiten zu identifizieren. Es wird eine Weile dauern herauszufinden, in welchen Bereichen diese »Inseln der Kompetenz« liegen. Um das Richtige zu finden, muss das Kind auch das eine oder andere ausprobieren können. In einigen Familien gilt die feste Regel: Was du angefangen hast, bringst du auch zu Ende! Für ängstliche Kinder auf der Suche nach dem richtigen Hobby ist diese Regel vielleicht etwas zu hart. Man sollte besser ein wenig Freiraum gewähren. Sich in verschiedenen Bereichen auszuprobieren kann für die Entwicklung eines Kindes von Vorteil sein. Das bedeutet nicht, dass man nach der ersten Stunde ein neues Hobby gleich wieder an den Nagel hängen soll, aber dass nach einer Phase des Ausprobierens diese Möglichkeit besteht.

- Helfen Sie Ihrem Kind bei der Suche nach Hobbys, die ihm Spaß machen. Fördern Sie seine Interessen.
- Hegen Sie keine übertriebenen Erwartungen. Hobbys und Freizeitaktivitäten sollen Spaß machen.
- Freuen Sie sich mit Ihrem Kind über seine Erfolge. Oft sind ängstliche Kinder sehr sensibel; sie befürchten, ihre Eltern zu enttäuschen, und achten darauf, ob sich ihre Eltern mit ihnen freuen und ihnen dies auch zeigen können.

Selbstständigkeit fördern

Immer wieder sind wir in der Arbeit mit jüngeren Kindern überrascht, wie sehr sie darauf pochen, alles allein zu machen. Stolz berichten sie, wenn sie allein Fahrrad fahren, allein ihre Schuhe zubinden oder sogar allein bei ihren Großeltern übernachten.

Die sechsjährige Leonie fährt zum Beispiel jedes Jahr (seit ihrem dritten Lebensjahr) zu Weihnachten mit ihrem Onkel zu den Großeltern. Allein fahren die beiden mit dem Zug voraus. Ihre Eltern kommen einen Tag später nach. Bereits zwei Wochen vorher informiert sie den gesamten Kindergarten über dieses Ereignis. Auch wenn sie zu Beginn ihrer kleinen Reise immer erst schüchtern zu ihrem Onkel aufblickt, blüht sie doch nach einiger Zeit auf. Dann ist ihre anfängliche Angst überwunden. Für Leonie ist diese Erfahrung wichtig. Sie lernt, dass sie auch ohne ihre Eltern ein Abenteuer bestehen kann. Stolz berichtet sie anschließend allen von ihrem selbstständigen Verreisen.

Erwachsene sehen der Begeisterung der eigenen Kinder manchmal mit gemischten Gefühlen entgegen. Auf der einen Seite sind sie stolz, wie sich ihre Kinder entwickeln und mutiger werden. Auf der anderen Seite ist das Loslassen auch nicht so einfach.

Zweimal im Jahr fahren wir mit einer Kindergruppen nach Sylt und führen dort ein einwöchiges Training durch. Die Fahrt ist bei den

Kindern immer mit sehr viel Aufregung verbunden. Vor der Abfahrt entsteht auf dem Bahnhof ein lautes Geschnatter, bevor alle Kinder in den Wagon einsteigen. Während der Zug losfährt, winken manche Kinder ihren Eltern nach, andere tauschen bereits Sammelkarten mit ihrem Sitznachbarn aus oder überprüfen ihren Reiseproviant. Die meisten Taschentücher sieht man aber auf dem Bahnsteig – bei den zurückgebliebenen Eltern.

Fehlende Selbstständigkeit spiegelt oft ein sehr geringes Selbstwertgefühl wider. Das trifft bei vielen ängstlichen Kindern und Jugendlichen zu. Sie haben häufig das Gefühl, der Situation nicht gewachsen zu sein. Dabei schätzen sie ihre eigenen Fähigkeiten viel zu gering und die Anforderungen der Situation viel zu hoch ein.

Wenn Jannik an seinen Hausaufgaben sitzt, dauert es keine fünf Minuten, bis er sagt: »Das schaffe ich nicht, Mama!« – jeden Tag. Bereitwillig hilft die Mutter. Schließlich möchte sie, dass ihr Sohn die Hausaufgaben gut macht und am nächsten Tag vollständig und richtig mit in die Schule nimmt. So sitzen sie in der nächsten Stunde zusammen an den Hausaufgaben. Nicht selten beginnt an diesem Punkt ein Teufelskreis. Denn Janniks schnell erfüllter Hilferuf hat Konsequenzen. Am nächsten Tag sitzt Jannik wieder an seinen Hausaufgaben. Und wieder behauptet er, die Hausaufgaben nicht allein zu schaffen. Jannik lernt, seine Mutter sofort in Anspruch zu nehmen, wenn er nicht auf Anhieb weiterkommt. In Bezug auf seine Hausaufgaben wird er immer unselbstständiger, traut sich weniger zu und gibt schneller auf.

Das soll nicht bedeuten, dass es falsch ist, Kindern und Jugendlichen unter die Arme zu greifen. Ganz im Gegenteil, sie brauchen das Gefühl, dass ihnen dort weitergeholfen wird, wo sie es ohne Hilfe des Erwachsenen nicht allein schaffen. Eine Gefahr besteht allerdings darin, zu früh einzugreifen und Dinge abzunehmen, die Kinder eigentlich ganz allein schaffen könnten.

Ein selbstständiges Kind traut sich mehr zu. Es wagt auch, einmal ein Risiko einzugehen, weil es gelernt hat, schwierige Situationen zu bewältigen. Immer wieder konnte das Kind die Erfahrung machen, dass es Dinge selbstständig und mit Erfolg löst. Ein solches Zutrauen in die eigene Person lernt man nicht von heute auf morgen. Es entwickelt sich in kleinen Schritten.

Im Kleinen beginnen

Die Selbstständigkeit fördern bedeutet, im Kleinen zu beginnen. Bei jüngeren Kindern kann dazu gehören, dass diese selbst ihren Ranzen packen, sich selbst anziehen und auch kleinere Aufgaben im Haushalt übernehmen. Unterstützung benötigen Kinder nur, wenn sie nicht allein weiterkommen. Gerade bei jüngeren Kindern lassen sich die Bedingungen vorher so gestalten, dass sie selbstständig handeln können.

> Franziska (1. Klasse) ist immer sehr unsicher, was sie anziehen soll. Sie hat große Angst, sie könne sich falsch entscheiden und deshalb ausgelacht werden. Immer wieder zieht sie sich um und fragt ihre Mutter, ob sie so »schön« genug sei.
> Franziskas Mutter entkrampft die Situation, indem sie nur noch drei Hosen und drei Pullover im Schrank lässt. So wird Franziska nicht durch zu viele Möglichkeiten irritiert. Alle Kleidungsstücke sind der Jahreszeit angemessen und untereinander kombinierbar. Außerdem hält die Mutter die Tochter an, sich schon am Abend vorher die Sachen herauszulegen, damit morgens keine Hektik entsteht. Zusätzlich stärkt sie auch in anderen Situationen Franziskas Vertrauen in die eigene Urteilsfähigkeit: »Schau mal, Franziska, du hast doch einen guten Geschmack. Was meinst du, welche Halskette soll ich heute zum Elternabend tragen, die schwarze oder die grüne?« Die Entscheidung ihrer Tochter lobt und bekräftigt sie.

Manchmal erfordert es viel Geduld, seinem Kind etwas selbstständig zu übertragen. Wenn Franziskas Mutter entscheidet, welchen Pullover ihre Tochter heute anzieht, ihr die Schuhe aus dem Regal holt – kurz, für sie die Entscheidungen trifft, geht es natürlich schneller. Es bedeutet aber auch, dass Franziska viele Dinge abgenommen werden, die sie eigentlich selbstständig erledigen könnte.

Aufgaben übertragen

Ältere Kinder können einzelne Aufgaben im Haushalt übernehmen. Dazu gehört beispielsweise, den Tisch abzuräumen oder zu
decken, das eigene Bett zu beziehen oder eine kleinere Menge
von Lebensmitteln einzukaufen. Das Kind lernt auf diese Weise,
Pflichten zu übernehmen und dafür Verantwortung zu tragen.

Übung: Verantwortung übertragen

- Schreiben Sie auf einen Zettel, welche Aufgaben Sie Ihrem Kind nach
  und nach übertragen können und wollen.
- Fangen Sie mit kleineren Aufgaben an und steigern Sie sie langsam.
- Vergessen Sie nicht, Ihr Kind für die Erledigung der Aufgabe zu loben!
  Dies stellt nicht nur ein kleines Erfolgserlebnis dar, sondern ist auch
  eine gute Prävention gegen ängstliches Verhalten.

Vertrauen schenken

Selbstständigkeit zu fördern bedeutet auch, dem anderen Vertrauen zu schenken. Sie drücken damit aus: »Ich glaube, dass du
das allein schaffst. Und wenn du nicht weiterweißt, bin ich für
dich da!«

Lea möchte mit ihren beiden besten Freundinnen eine Fahrrad-
tour machen. Sie wollen zu den Großeltern einer der Freundinnen
fahren und dort auf dem Bauernhof übernachten. Leas Eltern
verbieten ihr jedoch, mitzufahren. Sie sei mit ihren sechzehn
Jahren noch zu jung. Lea ist sauer. Ihre Freundinnen fahren ohne
sie.

Auch wenn Leas Eltern mit ihren Sorgen nur das Beste für ihre
Tochter wollen, ist die Botschaft eindeutig: Wir trauen dir mit deinen sechzehn Jahren noch nicht zu, dass du auf dich aufpassen
kannst. Sicherlich ist es schwierig zu entscheiden, in welchem
Alter man dem Kind wie viel Vertrauen entgegenbringen kann.
Eltern, die sich in diesem Punkt unsicher sind, tun gut daran,
das Gespräch mit anderen Eltern zu suchen. Damit erhält man

einen recht genauen Überblick, welchen Normen andere Familien folgen, und kann auf dieser Basis neu entscheiden.

Problemlösen unterstützen

Ängstliche und unselbstständige Kinder und Jugendliche sehen sich Problemen häufig völlig ausgeliefert. Sie geben schnell auf und reagieren leicht mit Frustration.

Jannik zum Beispiel hat nicht nur Probleme bei den Hausaufgaben. Ruft ihn ein Freund an, kann er sich nicht entscheiden, ob er lieber allein weiterspielen oder hingehen möchte. Dann fragt er seine Mutter, was er machen soll. Natürlich möchte seine Mutter, dass er mehr soziale Kontakte hat, und schickt ihn zum Nachbarkind. Sie nimmt Jannik somit die Entscheidung ab. Als sie merkt, dass er zusehends mehr Probleme hat, sich zu entscheiden, sucht sie eine Erziehungsberatungsstelle auf. Dort lernt sie, eine andere Strategie anzuwenden. Sie versucht ihrem Sohn mehr Kompetenz im Problemlösen zu vermitteln. Weiß Jannik nicht, ob er zu seinem Freund gehen soll oder nicht, zeigt sie ihm, wie man eine Antwort finden kann. Gemeinsam wägen sie die positiven und negativen Seiten gegeneinander ab. Wie wird es wohl bei dem Freund sein? Was könnten sie dort alles zusammen spielen? Was wird nicht so schön sein? Wie wird es hier allein zu Hause sein? Auf diese Weise lernt Jannik, sich selbst zu entscheiden. Auch bei den Hausaufgaben ändert sich einiges. Janniks Mutter ist nur noch am Anfang und am Ende anwesend. Am Anfang geht sie mit Jannik die Aufgaben durch, um sicherzustellen, dass er alles richtig verstanden hat. Danach bearbeitet Jannik die Aufgaben allein. Zum Schluss kommt seine Mutter wieder hinzu, um die Aufgaben zu kontrollieren. Jannik lernt somit, Probleme eigenständiger anzugehen. Er macht außerdem die Erfahrung, dass er selbst in der Lage ist, Probleme zu lösen – nicht alle, aber doch einige. Die Hausaufgabenzeit verkürzt sich auf diese Weise von über einer Stunde auf eine dreiviertel Stunde. Außerdem hat sich Jannik zusammen mit seinem Freund in einem Tischtennisverein angemeldet.

Ängstliche Kinder und Jugendliche meiden häufig Angst auslösende Situationen. Kurzfristig entfliehen sie damit einem unangenehmen Gefühl. Längerfristig erlernen sie aber eine falsche Strategie. Durch Vermeidung gelingt es nicht, eine Situation zu meistern, und die Angst bleibt bestehen. Aufgabe der Erwachsenen ist es, zu unterstützen, aber nicht Unangenehmes abzunehmen.

Lisa (12 Jahre) möchte einen Kurs für Mundharmonika an der Volkshochschule machen. Sie freut sich schon lange darauf. Sie traut sich aber nicht, im Sekretariat anzurufen und sich anzumelden. Aus Angst, sie könne am Telefon nicht die richtigen Worte finden und sich versprechen, bittet Lisa ihre Mutter, dies für sie zu übernehmen.

Für die Mutter wäre es natürlich ein Einfaches, anzurufen und die Anmeldung für ihre Tochter zu erledigen. Helfen würde dies Lisa längerfristig nicht. Lisa muss die Erfahrung machen, dass ihre Befürchtungen nicht berechtigt sind. Dies wird sie nur feststellen können, wenn sie das Telefonat selbst führt.

Als Lisa sich immer noch weigert anzurufen, bietet ihre Mutter einen Kompromiss an: Sie möchte sich selbst für einen Englischkurs anmelden, und Lisa kann bei diesem Telefongespräch zuhören. Danach lässt sie Lisa alle relevanten Punkte auf ein Blatt schreiben. Nun ist Lisa gerüstet, ihr Telefonat eigenständig zu führen.

Lisas Mutter hat die Situation sehr geschickt gemeistert. Lisa konnte erst ihrer Mutter zuhören, um ihren eigenen Anruf dann selbst zu führen. Beim nächsten Telefonat weiß Lisa, was auf sie zukommt und wie sie sich darauf vorbereiten kann.

Nicht jeder wird die Gelegenheit haben, seinem Kind dies als Modell vorzumachen. In diesem Fall lässt sich die Situation aber auch als Rollenspiel üben. Die Mutter übernimmt die Rolle der Sekretärin und Lisa ruft spielerisch bei ihr an.

Lisas Mutter hat nicht immer auf diese Weise reagiert. Noch vor gut einem Jahr hätte sie das Telefonat sofort übernommen. Als

Lisa ihre Mutter bei den Hausaufgaben und bei alltäglichen Entscheidungen immer wieder um Hilfe fragte, hatte sie genug. Sie erklärte ihrer Tochter in aller Ruhe, dass sie nun alt genug sei, in verschiedenen Situationen mehr Selbstständigkeit zu zeigen – bei gleicher Liebe.

Günstig ist, in allen Situationen zu loben, die ein Kind gut bewältigt. Alle Kinder geraten hin und wieder in beängstigende Situationen, die sie ohne große Anzeichen von Furcht überstehen. Genau in diesen Momenten oder kurz danach lobt man sie. Anfangs bekräftigt man schon kleine Anzeichen von Tapferkeit. Dabei gilt es zu beachten: Viele Situationen, die für Erwachsene selbstverständlich sind, können aus der Perspektive eines Kindes sehr bedrohlich sein.

Mit Empathie ...

Erwachsene besprechen häufig untereinander, wie sie mit ihrer Angst umgehen. Und wer kennt nicht folgende Ratschläge: »Streng dich an, dann kannst du deine Angst überwinden!«, »Warum hörst du nicht einfach damit auf?« oder »Tu's doch einfach!«. In der Regel erweisen sie sich als wenig hilfreich. Sie suggerieren lediglich, dass man sich nicht genügend anstrengt, faul oder unkooperativ ist. Wenn es tatsächlich so einfach wäre, die eigene Angst zu überwinden, dann hätte mit Sicherheit jeder dies längst getan. Schließlich erlebt niemand seine Angst als einen erfreulichen und angenehmen Zustand. Das Gleiche gilt natürlich auch für Kinder und Jugendliche.

Wer seinem Kind wirklich helfen will, sollte sich bemühen, empathisch zu sein. Das bedeutet, sich in das Kind hineinzuversetzen: die Welt aus den Augen des Kindes betrachten und dessen Gefühle ernst nehmen. Kinder und Jugendliche müssen spüren, dass Erwachsene als ihre Verbündete gegen die Angst antreten – und nicht als ihre Kritiker. Erst dann werden sie bereit sein, kooperativ ihre Angst in Angriff zu nehmen.

Über Erlebnisse und Ängste sprechen

Erst wenn man richtig einschätzt, weshalb ein Kind oder Jugendlicher sich Sorgen macht und was den jungen Menschen bewegt, kann man nach Lösungen und Unterstützungsmöglichkeiten suchen. Man sollte sich Zeit nehmen und durch nichts stören lassen, wenn man mit einem Kind über ernste Themen spricht. Bittet ein Kind um ein Gespräch, wenn man selbst gerade wenig Zeit hat, sollte man einen genauen Termin mit ihm absprechen. Dieser Termin muss aber unbedingt eingehalten werden; das Kind muss sich darauf verlassen können.

Die Ängste eines Kindes werden sich nicht in einem einzigen Gespräch klären lassen. Vor allem nicht, wenn man beim »Klärungsgespräch« wenig behutsam vorgeht und durch unablässiges Nachfragen zu starken Druck ausübt. Es liegt letztlich in der Entscheidung des Kindes, ob es von seinen Ängsten erzählen möchte oder nicht.

Kindern und Jugendlichen das Erzählen erleichtern

- Ein Gespräch ist kein Verhör. Vor allem wenn Ihr Kind über Erlebnisse berichtet, die ihm Angst machen, sollten Sie sich zurücknehmen. Zeigen Sie Empathie und geben Sie Ihrem Kind viel Zeit.
- Schenken Sie Ihrem Kind ungeteilte Aufmerksamkeit. Über Gefühle redet man nicht zwischen Tür und Angel, sondern in einem vertraulichen und geschützten Rahmen. Der Abendbrottisch, bei dem alle zuhören, oder ein Besuch bei Verwandten stellt einen sehr ungünstigen Moment dar. Versuchen Sie, die Perspektive Ihres Kindes einzunehmen. In welchem Setting würden Sie jemandem von Ihren schlimmsten Ängsten berichten wollen?
- Wenden Sie sich Ihrem Kind zu und schauen Sie es freundlich und ermunternd an. Blickkontakt vermittelt, dass Sie an dem Erzählten interessiert sind.
- Hören Sie Ihrem Kind aufmerksam zu. Erwachsene spüren häufig den Impuls, sofort gute Ratschläge zu geben oder etwas zu kommentieren. Nehmen Sie sich stattdessen zurück. Lassen Sie das Kind in Ruhe ausreden und erst einmal alles berichten. Zeigen Sie dann durch Nachfragen Ihr Interesse.
- Achten Sie auf Ihre eigenen Reaktionen, wenn Ihr Kind von Ängsten

und Sorgen berichtet. Entsetzen oder Bestürzung vermitteln Ihrem Kind nur, das Problem sei riesengroß und nicht zu bewältigen.

- Nehmen Sie Ihr Kind und seine Sorgen ernst. Kommentare wie: »Das ist doch gar nicht so schlimm!« oder »Das schaffst du doch!« helfen manchmal nicht weiter. Sie drücken aus, dass Sie das Problem als eher belanglos ansehen.
- Ängstliche Kinder haben häufig das Gefühl, dass nur sie ganz allein unter Ängsten leiden. Machen Sie Ihrem Kind bewusst, dass es viele Kinder und auch Erwachsene gibt, die große Angst vor etwas haben. Zu wissen, dass man mit einem Problem nicht ganz allein dasteht, hilft oft schon ein wenig weiter – zumindest tröstet es.

Rituale für zu Hause

Ängstliche Kinder profitieren sehr von Ritualen und gleich bleibenden Strukturen. Sie sind vorhersehbar und geben damit Sicherheit und Ruhepunkte.

Das gemeinsame Mittagessen

Bei einem gemeinsamen Mittagessen haben Kinder und Jugendliche Gelegenheit, von der Schule zu erzählen. Sie können erzählen, müssen aber nicht. Manche Eltern drängen darauf, zu erfahren, wie der Schulvormittag war. Viele Kinder möchten aber nicht alles berichten oder benötigen erst einen gewissen Abstand, bis sie auch kritische oder bedrohliche Erlebnisse erzählen. Je mehr die Eltern drängen, desto eher zieht sich ein ängstliches Kind zurück und berichtet nur noch sporadisch oder überhaupt nichts mehr.

Während Kinder informieren, sollten sie die volle Aufmerksamkeit haben und dies auch spüren. Man zeigt durch Blickkontakt, dass man zuhört. Auch ein gelegentliches zustimmendes Nicken hat sich bewährt. Ein absoluter Gesprächstöter ist ein Fernseher. Dieser wird am besten aus dem Essbereich verbannt.

Gute-Nacht-Geschichten

Gute-Nacht-Geschichten stellen für Kinder ein besonders beliebtes Ritual dar, vor allem für jüngere. Ängstliche Kinder können sehr davon profitieren. Zum einen besteht dabei die Gelegenheit, noch einmal in aller Ruhe und ungestört über Tagesgeschehnisse zu reden. Hier hat das Kind die ungeteilte Aufmerksamkeit des Erwachsenen. Zum anderen ist das Ritual besonders gut geeignet, das Einschlafen zu erleichtern. Der Körper stellt sich während der Geschichte bereits auf den Schlaf ein. Es fällt leichter, bei einer schönen oder spannenden Geschichte einzuschlafen, als mit Sorgen über den nächsten Schultag.

Kinder ziehen in der Regel selbst erzählte Geschichten vor. Sie bieten Gelegenheit, Erfahrungen des Kindes mit einzubauen.

Leonie zum Beispiel hört am liebsten Geschichten, in denen sie selbst vorkommt und ein kleines Abenteuer besteht. Manchmal bezwingt sie den Geist in der Rumpelkammer, ein anderes Mal hilft sie einer verzauberten Fee.

Viele Kinder hören gern dieselbe Geschichte mehrmals. Auch dies gibt ihnen ein Gefühl von Sicherheit. Sie wissen immer, was als Nächstes passieren wird.

Tobias hat es gut. Er bekommt jeden Abend eine Rückenmassage von seinen Eltern. Vor der Gute-Nacht-Geschichte kann er so ganz entspannt von seinem Tag erzählen. Ist alles besprochen worden, hört er der Geschichte zu. So findet er entspannt und ruhig in den Schlaf.

Wochenendausflüge

Wochenendausflüge sind eine gute Gelegenheit für die gesamte Familie, etwas gemeinsam zu unternehmen. Dies stärkt nicht nur den Familienzusammenhalt, sondern gibt auch die Möglichkeit, kleinere Abenteuer zu erleben und damit gegen Ängstlichkeit zu trainieren und Furcht abzubauen. Mögliche Wochenendausflüge sind: eine Bootsfahrt, Drachen steigen lassen, einen Bumerang bauen und fliegen lassen, im Wald Pfeile und Bogen schnitzen, im Garten zelten oder Ähnliches. Von all diesen Erlebnissen kann das Kind in der Schule oder unter Freunden erzählen. Gleichzeitig erprobt es sich selbst und stärkt seinen Mut. Auch eine Übernachtung bei Freunden oder bei den Großeltern gehört dazu.

Wochenendausflüge sollten regelmäßig stattfinden, weil vor allem ängstliche Kinder davon profitieren. Dennoch muss es auch Wochenenden geben, an denen die Kinder nichts vorhaben. In diesen Zeiten können sie sich mit ihren Freunden treffen. Je älter Kinder werden, desto mehr Freiräume brauchen sie und sie werden diese auch in Anspruch nehmen.

Hilfen zum Einschlummern

Auch Erwachsene kennen Tage, an denen sie nicht richtig ausgeschlafen sind. Sie sind dann launischer, anfälliger für äußere Reize und reagieren heftiger. Zu wenig Schlaf macht auch anfälliger für Sorgen und Befürchtungen. Leider ist gerade das Ein- und Durchschlafen bei vielen ängstlichen Kindern und Jugendlichen ein Problem. Manche dieser Probleme verbessern sich durch eine bessere Schlafhygiene.

Hilfen bei Ein- und Durchschlafproblemen

- Legen Sie feste Zubettgeh- und Aufstehzeiten fest. Erlauben Sie kein Mittagsschläfchen.
- Eine Stunde vor dem Schlafengehen ist Ruhezeit. Es wird nicht mehr getobt, kein Computerspiel gespielt, es werden keine aufregenden Filme mehr geschaut und Ähnliches. Stattdessen »fährt das Kind langsam herunter«.
- Großmütter kennen häufig ein Geheimrezept für schnelles Einschlafen: ein Glas heiße Milch. (Die Milch enthält übrigens Tryptophan, was das Einschlafen erleichtert.) Kohlenhydrate und Proteine (wie zum Beispiel in Vollkornbrot, Käse oder Aufschnitt) sollte man dagegen zu sich nehmen, um nachts durchschlafen zu können.

- Vor dem Schlafengehen immer zur Toilette – ob man muss oder nicht. Das verhindert nächtliche Exkursionen.
- Bei kleineren Kindern bewähren sich häufig Gute-Nacht-Geschichten als Einschlafritual. Ältere hören gern Hörspielkassetten. Auch Entspannungsmusik kann bei einigen Kindern eine Einschlafhilfe darstellen.
- Das Bett ist ausschließlich zum Schlafen da. Eltern sollten es vermeiden, dass ihre Kinder tagsüber im Bett lesen, spielen oder toben. So lernt es: Wenn ich im Bett liege, wird geschlafen.
- Bewährt hat sich, feste Zeiten zu vereinbaren, wann das Kind im Bett sein muss.
- Man lobt und belohnt, wenn die Regeln eingehalten werden, und sieht dies nicht als etwas Selbstverständliches an.

Zum täglichen Einschlafritual gehört auch, dass die Eltern das Schlafzimmer ihres Kindes verlassen, bevor es eingeschlafen ist. Hat es erst einmal gelernt, abends alleine einzuschlafen, schläft es auch leichter wieder ein, wenn es mitten in der Nacht aufwacht.

Morgenkämpfe überstehen

In unserer Praxis suchen uns immer wieder Eltern auf, die über morgendliche Kämpfe klagen. Besonders bei ängstlichen Kindern und Jugendlichen ist das morgendliche Aufstehen häufig ein Problem.

Das morgendliche Aufstehen

- Schaffen Sie ein morgendliches Ritual. Das bedeutet, dass jeder Morgen nach einer gleich bleibenden Struktur abläuft.
- Dazu gehört, das Kind rechtzeitig zu wecken. So verhindern Sie, dass der Morgen in Zeitstress ausartet. (Zu welcher Uhrzeit wecken Sie Ihr Kind? Wann muss es spätestens aus den Federn sein, wann angezogen in der Küche erscheinen?)
- Sollte es Probleme beim Anziehen geben, weil zum Beispiel die Auswahl der Kleidung schwer fällt und das Kind dabei trödelt, kann dies

bereits am Abend vorher vorbereitet werden. Lassen Sie Ihr Kind in diesem Fall die Kleidung am Vorabend auf einem Stuhl zurechtlegen. Das gibt mehr Zeit beim Aufstehen und entspannt die morgendliche Situation.

- Vergessen Sie nicht, Ihr Kind zu loben, wenn es rechtzeitig mit allem fertig ist. Am Anfang können Sie auch eine kleine Belohnung versprechen und gewähren.

Die Mutter des elf-jährigen Niklas berichtete uns von folgenden Erfahrungen:

Niklas hat große Probleme, morgens aus dem Bett zu kommen. Er fühlt sich schlapp und müde und würde am liebsten weiterschlafen. Auch beim Anziehen und Waschen holt er jede Minute raus, sodass ich in starke Zeitnot gerate. Wenn ich selbst schon etwas später dran bin, gerät die Situation häufig außer Kontrolle.

Jetzt wecke ich Niklas jeden Tag etwas früher. Damit haben wir weniger Stress, wenn er doch etwas trödelt. Außerdem bekommt Niklas nach dem Wecken eine Eieruhr ins Zimmer gestellt. Er hat nun zwanzig Minuten, aufzustehen, sich zu waschen, anzuziehen und unten in der Küche zu erscheinen. Schafft er es innerhalb dieser zwanzig Minuten, warten unten auf ihn seine Lieblingscornflakes, die er ansonsten nur zu besonderen Anlässen erhält.

Am ersten Tag benötigte er noch eine halbe Stunde. Als er die Küche betrat, habe ich die Cornflakes kommentarlos vom Tisch genommen, ihn ganz freundlich begrüßt und ihm einen guten Morgen gewünscht. Er hat versucht, mit mir zu verhandeln, um die Cornflakes zu bekommen. Ich habe es ignoriert. Am nächsten Morgen ist Niklas innerhalb von fünfzehn Minuten unten. Triumphierend rief er: »Ich hab's geschafft. Und jetzt her mit dem Zeug!«

Eine gute Möglichkeit, das morgendliche Aufstehen mit einem Kind zu trainieren, ist das Arbeiten mit einem Punkteplan.

Punktepläne – die Vitamine im Vanillepudding

Vor einiger Zeit habe ich eine Postkarte mit dem Bild eines etwa fünfjährigen Mädchens gesehen, das vor einem Teller mit Spinat saß und ziemlich lustlos aß. Unter dem Foto stand:»Lieber Gott, mach doch, dass die Vitamine aus dem Spinat in den Vanillepudding kommen.«

Punktepläne sind eine ausgezeichnete Intervention, um mit einem Kind schwierige oder neue Verhaltensweisen zu trainieren. Das Geheimnis liegt in der hohen Motivation, die mit einem Punkteplan erzeugt wird. Sie ermöglichen das anstrengende Training schwieriger Verhaltensweisen – machen »den Spinat« also im wahrsten Sinne des Wortes »schmackhaft«.

Kind und Erwachsene treffen dabei eine Art Vereinbarung. Sie legen ein Ziel fest. Es wird in kleinen Schritten erreicht. Dabei »verdient« das Kind Punkte, wenn es sich Schritt für Schritt dem Ziel nähert. Hat es genügend Punkte angesammelt, kann es diese gegen einen kleinen Preis eintauschen. Der Preis als Belohnung macht letzten Endes die hohe Attraktivität der Punkte aus.

Janina geht ins 1. Schuljahr und besteht darauf, dass ihre Mutter sie täglich auf dem morgendlichen Schulweg begleitet. Zu Beginn fand ihre Mutter dies völlig in Ordnung, da Janina den Schulweg noch nicht genau kannte und schließlich erst seit wenigen Tagen die Schule besuchte. Inzwischen aber gehen alle anderen Kinder der Klasse allein zur Schule, nur Janina nicht. Sie weigert sich jeden Morgen, allein das Haus zu verlassen. Sie schreit und weint, bis ihre Mutter schließlich mitgeht. Janina könnte auch mit einer Freundin gehen, die an ihrem Haus vorbeikommt. Sie lehnt jedoch ab. Schließlich wird es auch der Mutter zu viel. Janina ist nicht zu überzeugen, und das tägliche Gezeter regt die Mutter selbst auf. Sie ist sich sicher, dass es falsch ist, mitzugehen, weiß aber keine andere Lösung. Schließlich setzt sie einen Punkteplan ein. Janina erhält jeden Tag einen Punkt, wenn sie ohne die Mutter zusammen mit ihrer Freundin den Schulweg bewältigt. Ein kleiner Preis winkt schon, wenn sie fünf Punkte angesammelt hat. Janina macht das Ansparen der Punkte sehr viel Spaß, und schon nach vierzehn

Name: ____________ Vorname: ____________

____

____

______________ ______________

Unterschrift Unterschrift

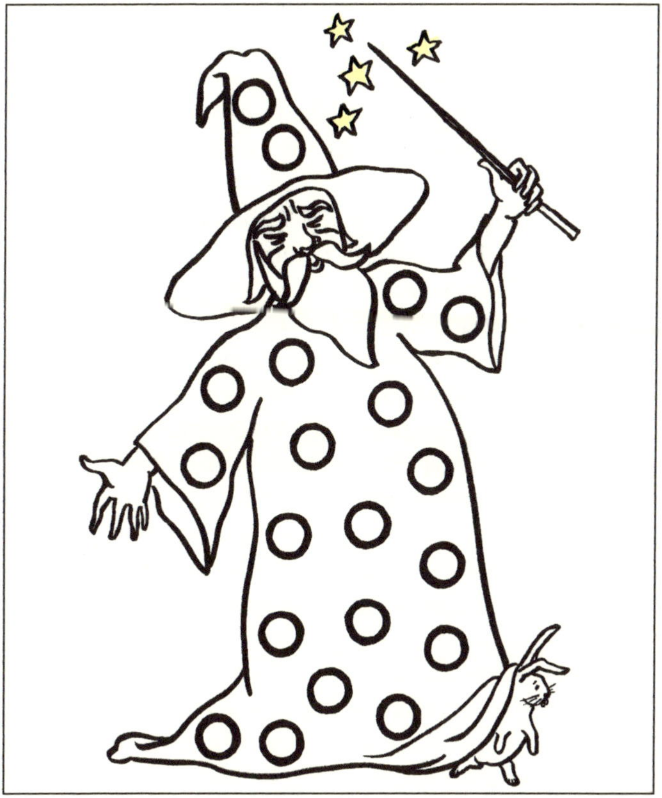

Abb. 2: Punkteplan

Tagen verlässt sie das Haus »ohne Theater«. Nach zwei Monaten kann die Mutter den Punkteplan absetzen.

Mit Punkteplänen trainieren

Punktepläne lassen sich für viele Situation einsetzen.

Sophie zum Beispiel trainiert mit einem Punkteplan, sich morgens allein und zügig anzuziehen. Die Eltern von Hans nutzen den Punkteplan, damit ihr Sohn abends ohne »Verzögerungstaktik« ins Bett geht. Conny verdient sich Punkte, wenn sie nachts allein in ihrem Bett schläft. Camilla lief in der Pause häufig nach Hause. Sie erhält nun Punkte, wenn sie es schafft, in der Schule zu bleiben. Justin hat Schwierigkeiten mit dem Lesen. Ihm werden die täglichen Vorleseübungen mit Punkten »versüßt«.

Mit Punkteplänen lassen sich alle Verhaltensweisen trainieren, die regelmäßig auftreten. Es gibt natürlich auch Grenzen. Sich gut in der Schule zu benehmen oder nie wieder Angst zu haben kann man einem Kind auch nicht mit einem Punkteplan beibringen, weil die zu trainierende Verhaltensweise nicht genau definiert ist. Wie bei anderen Methoden auch, benötigt man etwas Geduld. Man verändert das Verhalten eines Kindes nicht von Heute auf Morgen. Stattdessen geht man in kleinen überschaubaren Schritten voran. Viele kleine Schritte können dafür manchmal Erstaunliches bewirken.

Beim Einsatz von Punkteplänen sind bestimmte Bedingungen zu berücksichtigen, um erfolgreich zu trainieren:

■ *Auswählen einer Verhaltensweise*
Überlegen Sie sich zu Beginn genau, was Sie mit Ihrem Kind trainieren möchten. Eine einzige Verhaltensweise genügt. Alles andere überfordert das Kind, aber auch den Erwachsenen.

Die achtährige Juliane trödelt am Morgen beim Anziehen, beim Zähneputzen, beim Frühstück und auf dem Schulweg. Sie hat

Schulangst und versucht daher, jede Minute vor Schulbeginn herauszuzögern. Daher kommt sie einfach nicht in die Gänge. Jeden Morgen gibt es Auseinandersetzungen zwischen ihr und den Eltern. Die Eltern stehen bereits eine halbe Stunde früher auf, um nicht in Zeitnot zu geraten. Dennoch ist Julianes Mutter stets erschöpft, wenn sich ihre Tochter endlich auf dem Schulweg befindet. In unserer Sprechstunde besprechen wir mit ihr einen Punkteplan. Gemeinsam suchen wir eine einzige Verhaltensweise aus, die sie mit ihrer Tochter trainiert. Julianes Mutter beginnt zunächst mit dem Anziehen und bespricht mit ihrer Tochter folgende Vereinbarung: Wenn Juliane innerhalb von fünf Minuten angezogen ist, erhält sie drei Punkte. Bei zwanzig Punkten kann sie sich einen Preis aussuchen. Das Zähneputzen wird damit noch nicht trainiert, auch nicht das Frühstücken oder Trödeln auf dem Schulweg. Erst einmal wird ausschließlich das Anziehen trainiert.

■ *Erklären der zu trainierenden Verhaltensweise*
Erklären Sie Ihrem Kind ruhig, was Sie mit ihm trainieren möchten. Klären Sie auch, wann es Punkte erhält und wann nicht. Die Vereinbarungen müssen unmissverständlich sein. Es darf später zu keinerlei Diskussion führen, ob ein Punkt verdient worden ist oder nicht. Am günstigsten hält man die Vereinbarung auf einem Punkteplan schriftlich fest. Anschließend unterschreiben beide Parteien (Erwachsener und Kind) den Punkteplan (siehe Abbildung 2, S. 81).

■ *Absprache der Punkte*
Legen Sie fest, wie viele Punkte Ihr Kind bekommt. Juliane erhält zum Beispiel an jedem Morgen, an dem sie schnell angezogen ist, drei Punkte. Für jeden Punkt malt sie einen Kreis auf dem Punkteplan aus (siehe Abbildung 2). Seien Sie bei der Vergabe von Punkten nicht geizig. Ein Kind malt lieber drei Punkte aus als einen einzigen. Dafür kostet der Preis einfach ein paar Punkte mehr.

■ *Auswahl eines attraktiven Preises*
Ein Punkteplan steigt und fällt mit dem Preis. Ein Kind muss

bereits beim ersten Anblick des Preises sagen: »Dafür lohnt es sich zu schuften!« Eltern haben häufig ein gutes Gespür, was ein Kinderherz ›begehrt‹. In der Regel sind es kleine, aber attraktive Dinge – nie etwas pädagogisch Sinnvolles –, die man vielleicht sonst nicht kauft: eine Dose voller Schleimi (eine glitschige Gallertmasse zum Spielen), eine Plastik-Kakerlake, ein kleines ferngesteuertes Auto, ein Computerspiel, eine Wasserspritzpistole, Schmuck, Glitzerstifte etc.

Materielle Preise besitzen in der Regel den höchsten Motivationscharakter. Dennoch gibt es eine Vielzahl an Alternativen: Die Punkte können in Fernseh- oder Computerspielminuten eingelöst werden; in einen Wochenendausflug, einen Kino- oder Schwimmbadbesuch, wobei gemeinsame Unternehmungen – wenn erreicht – dann auch durchgeführt werden müssen.

Als Julianes Mutter den Punkteplan mit ihrer Tochter bespricht, ist Juliane hellauf begeistert. Zusammen überlegen sie, welche Preise in Frage kommen. Dabei suchen sie nach kleinen Preisen für zwanzig Punkte, nach mittleren Preisen für vierzig Punkte und nach großen Preisen für sechzig Punkte. Alle in Frage kommenden Preise schreiben sie auf eine Liste. Die Preise sind nach ihrer Größe geordnet. Diese Liste hängen sie zusammen an den Kühlschrank, an dem auch der Punkteplan klebt.

Unterschiedlich große Preise, wie sie von Juliane und ihrer Mutter verwendet werden, haben sich in der Praxis sehr bewährt. Das Kind entscheidet damit selbst, ob es seine Punkte lieber schnell gegen einen kleineren oder später gegen einen größeren Preis eintauschen möchte. Vor allem jüngere Kinder suchen sich am Anfang noch eher einen kleinen Preis aus. Sie möchten erst einmal testen, ob ihre Eltern sich auch tatsächlich an die Vereinbarung halten. Das Sparen auf einen größeren Preis erhöht zusätzlich die Motivation des Kindes, die erwünschte Verhaltensweise zu zeigen.

■ *Trainieren des Verhaltens*

Haben Sie Ihrem Kind den Punkteplan erklärt, eine Verhaltensweise ausgesucht und mit dem Kind Verhalten und Preise vereinbart, beginnen Sie mit dem Training. Der erste Preis als erste Belohnung sollte vom Kind relativ schnell erreicht werden. Kinder müssen erst einmal feststellen können, dass es sich lohnt, für die Punkte zu »schuften«. Bei Jüngeren (1. bis 3. Klasse) sollte der erste Preis bereits nach wenigen Tagen erreicht werden. Sie haben noch Probleme, längere Zeiträume zu überschauen. Hat sich das Verhalten gebessert, erhöhen Sie die Anforderung.

Juliane erhielt anfangs lediglich Punkte für das schnelle Anziehen. Ob sie morgens nicht richtig aus dem Bett kam, beim Zähneputzen trödelte oder im Frühstück endlos herumstocherte, spielte dabei keine Rolle. Nachdem Juliane beim Anziehen so schnell war, dass sie jeden Morgen ihre Punkte erreichte, veränderte ihre Mutter die Bedingungen:

»Du bist schon richtig schnell beim Anziehen, Juliane. Das machst du sehr gut! Wie ein richtiger Sportler, der immer weitertrainiert, kannst du dich noch verbessern. Du bist jetzt schon so gut, dass wir eine neue Vereinbarung treffen können: Du erhältst nun drei Punkte, wenn du es schaffst, innerhalb von zwanzig Minuten nach dem Wecken unten am Frühstückstisch zu erscheinen. Dafür stelle ich dir jeden Morgen eine Eieruhr in dein Zimmer. Damit kannst du kontrollieren, wie viel Zeit du noch hast.«

■ *Beenden des Punkteplans*

In der Regel verbessert sich das gewünschte Verhalten durch einen Punkteplan relativ schnell. Hat sich die Situation deutlich verbessert, gilt es, den Punkteplan allmählich zu beenden. In dieser Phase erhält das Kind nur noch hin und wieder Punkte. Der Punkteplan wird langsam ausgeschlichen.

Juliane erhält also nicht mehr jeden Tag Punkte, sondern nur noch hin und wieder. Ihr Vater benutzt dafür einen Trick:
»Das Anziehen macht dir kaum noch Probleme. Ich merke schon,

dass es dir immer leichter fällt, dich morgens rechtzeitig anzuziehen. Für dich ist es mittlerweile ganz einfach geworden, Punkte zu verdienen. Ich schlage daher vor, ein Spiel um die Punkte zu machen.« Jeden Morgen darf Juliane aus einer Dose ein Los ziehen. Bei einem Gewinn erhält sie die Punkte, bei einer Niete geht sie dagegen leer aus. Von Tag zu Tag sind weniger Gewinne und mehr Nieten in der Dose. Auf diese Weise wird Juliane auf spielerische Weise wieder von den Punkten »entwöhnt«. Sie selbst hat auch das Gefühl, dass sie die Punkte eigentlich nicht mehr braucht. Es fällt ihr nicht schwer, das Loseziehen zu akzeptieren.

Beim Beenden des Punkteplans ist es besonders wichtig, dass Erwachsene das Kind weiterhin loben! Somit stellen sich auch nach dem Punkteplan viele kleine Erfolgserlebnisse für das Kind ein.

Julianes Eltern haben den Punkteplan »ausgeschlichen«. Jedes Mal, wenn Juliane sich am Morgen beeilt, loben sie ihre Tochter: »Toll, dass es jetzt jeden Morgen so gut klappt!« Juliane freut sich über das Lob, und langsam wird ihr neues Verhalten immer selbstverständlicher. Der Punkteplan hat ihr Spaß gemacht, und sie hat nichts dagegen, ihn jetzt auch für das Zähneputzen einzuführen.

Schritte beim Punkteplan

- Suchen Sie *eine* Verhaltensweise aus, die Sie mit Ihrem Kind trainieren möchten.
- Besprechen Sie den Punkteplan mit Ihrem Kind.
- Definieren Sie ganz genau, wann Ihr Kind Punkte bekommt und wann nicht.
- Legen Sie fest, welchen Preis es bei wie vielen Punkten eintauschen kann.
- Beginnen Sie mit dem Punkteplan.
- Erhöhen Sie allmählich die Anforderungen an das Erreichen von Punkten.
- Schleichen Sie den Punkteplan allmählich wieder aus.
- Loben Sie Ihr Kind weiterhin!

Wird der Punkteplan beendet, können die alten Gewohnheiten hin und wieder erneut auftauchen. Schwankungen sind völlig normal; schließlich haben auch Erwachsene gelegentlich einen schlechten Tag oder eine schwierige Woche. Dennoch hat das Kind gelernt, und das unerwünschte Verhalten wird erheblich seltener auftreten als vorher!

Wenn es nicht klappt

Der Punkteplan ist eine Methode, die bei fast allen Kindern funktioniert. Klappt es nicht, liegt in der Regel ein Trainerfehler vor. Das bedeutet, der Erwachsene muss noch einmal überdenken, ob der Punkteplan richtig eingeführt und angewendet wurde.

Folgende Fehler kommen dabei häufig vor:

- *Die Aufgabe ist zu schwierig*
  Hans hat ein ähnliches Problem wie Juliane. Auch ihm wird schon bei dem Gedanken an Schule ganz flau im Magen. Statt morgens zu trödeln, fällt es ihm jedoch schwer, abends rechtzeitig im Bett zu liegen und die Augen zu schließen. Er dehnt das Wachbleiben jeden Abend so weit wie möglich aus. Bereits beim Zähneputzen beweist er sein schauspielerisches Talent. Mit der Zahnbürste im Mund steht er vor dem Spiegel und schneidet Grimassen. Liegt er endlich im Bett, muss er doch noch mal auf die Toilette, etwas trinken oder Ähnliches. Sein Vater sitzt mittlerweile jeden Abend an der Bettkante und wacht, bis Hans eingeschlafen ist. Mitten in der Nacht kriecht der Junge schließlich zu den Eltern ins Bett. Er ist aufgewacht und kann nicht mehr einschlafen.
  Seine Eltern versuchen, die Situation mit einem Punkteplan zu verbessern. Hans bekommt drei Punkte, wenn das »Zu-Bett-Gehen« ohne »Theater« über die Bühne geht. Am ersten Abend beeilt sich Hans tatsächlich mit dem Zähneputzen. Doch im Bett fängt das alte Spiel von Neuem an. Am zweiten Tag ist wieder alles wie zuvor.

Die Eltern von Hans machen einen Fehler, der in der Praxis häufig auftritt: Sie stecken das Ziel zu hoch und trainieren zu viel auf einmal. Für den kleinen Hans war die Zielsetzung – »ohne Theater« ins Bett gehen – zu schwierig und noch zu umfangreich. Bereits nach einem Tag merkt er, dass er es nicht schaffen wird, seine Punkte zu erreichen, und gibt auf. Seine Eltern haben daraufhin die Zielsetzung verändert und kleinere Ziele ausgewählt.

Bei einem zweiten Versuch trainiert Hans nur noch eine einzige Verhaltensweise. Er soll seine Zähne zügig putzen. Dafür wird ihm eine Sanduhr auf das Regal gestellt. Während der Sand langsam von der oberen in die untere Kammer rieselt, muss Hans seine Zähne putzen – ohne Grimassen. Schafft er dies, bekommt er drei Punkte. Bereits nach zwei Wochen sind die Faxen beim Zähne-putzen kein Thema mehr.

Im Anschluss daran kann Hans Punkte verdienen, wenn er selbst daran denkt, vor dem Zu-Bett-Gehen seinen Toilettengang zu er-ledigen. Schließlich folgt der schwierigste Teil: Hans verdient sich Punkte, wenn er nachts in seinem Bett bleibt. Auch das hat er mit Hilfe des Punkteplans gemeistert.

■ *Der Preis ist unattraktiv oder in zu großer Ferne*
Vor allem bei jüngeren Kindern sollte der erste Preis schnell verdient werden können. Dauert das Erreichen des Preises zu lange, geben sie zu leicht auf.

Völlig enttäuscht über den Punkteplan kommen Leons Eltern in meine Sprechstunde. »Es hat einfach nicht geklappt. Die Methode eignet sich vielleicht bei anderen Kindern, aber nicht bei unserem Leon. Er war von Anfang an nicht bereit mitzuarbeiten.« Als ich sie frage, welchen Preis sie in Aussicht gestellt haben, zeigen sie mir einen bunten Tintenkiller. »Den braucht Leon ohnehin, weil er so viele Fehler macht«, kommentiert der Vater den Preis.

Preise müssen so attraktiv sein, dass ein Kind sie auch tatsäch-lich begehrt. Anstrengung und Preis müssen daher im richti-gen Verhältnis zueinander stehen. Leons Preis ist so wenig begehrenswert, dass er das Training gar nicht erst beginnt.

■ *Die Punkte sind verdient, aber der Preis ist nicht verfügbar*

Ist die vereinbarte Punktzahl erreicht, hat das Kind seinen Teil der Vereinbarung eingehalten. Es erwartet nun, dass auch der Erwachsene seine Versprechung einhält. Möchte das Kind seine Punkte gegen einen kleinen materiellen Preis eintauschen, muss er verfügbar sein. Das Gleiche gilt für vereinbarte gemeinsame Unternehmungen (Kino-, Schwimmbad-, Zoo-, Freizeitparkbesuch, Ausflüge etc.). Die Preise müssen möglichst sofort erhältlich sein, ansonsten verliert der Punkteplan an Wert. Es ist immer wieder zu beobachten, dass Eltern den Preis nicht besorgen oder keine Zeit haben, den Ausflug zu realisieren.

Häufige Fragen und Bedenken bei Punkteplänen

Belohne ich mein Kind durch einen Punkteplan nicht für Selbstverständlichkeiten? Warum sollte ich dafür Punkte geben?

Punktepläne setzt man bei Verhaltensweisen ein, die einem Kind sehr schwer fallen. Sie bedeuten für ein Kind eine kleine Stütze. Nicht alle Verhaltensweisen, die für uns Erwachsene oder andere Kinder Selbstverständlichkeiten darstellen, gelingen allen Kindern. Manche strengen sich außerordentlich an, um bestimmte Verhaltensweisen zu realisieren. Allein schon die Anstrengung ist eine Belohnung wert.

Lernt mein Kind durch einen Punkteplan, sich nur noch für Preise und Belohnungen anzustrengen?

Richtig angewendet geschieht dies nicht. Durch den Punkteplan erhält ein Kind Erfolgserlebnisse, die es motivieren, gewünschtes Verhalten dauerhafter zu zeigen. Manchmal haben Eltern – wie auch Lehrkräfte – Probleme damit, ein Kind zu belohnen, das sich in Teilbereichen schlecht benimmt. Erwachsene denken unter Umständen: »Das Kind, dessen ungesteuertes Verhalten mich nervt, soll ich jetzt auch noch belohnen!« Amerikanische Studien haben ergeben, dass beispielsweise Lehrkräfte aus diesem Grund verhaltensauffällige Schüler lieber bestrafen würden als sie zu belohnen. Eltern denken häufig ähnlich.

Was mache ich mit den Geschwisterkindern, die ebenfalls einen Preis haben möchten?

Nicht alle Geschwisterkinder beschweren sich, dass sie keine Punkte bzw. keinen Preis bekommen. Schließlich sehen sie, dass ein Punkteplan auch bedeutet, hart an einer Sache zu trainieren. Sie erkennen häufig sehr gut, dass es sich dabei um Verhaltensweisen handelt, die ihnen selbst leicht fallen, dem Bruder oder der Schwester jedoch schwer. Dennoch gibt es natürlich auch Kinder, die sich unbedingt auch einen Preis verdienen möchten. Dann wird es das Einfachste sein, die Geschwister ebenfalls mit einem Punkteplan trainieren zu lassen. Man sucht dafür eine Verhaltensweise aus, die dem Geschwisterkind schwer fällt. Julianes Bruder hat zum Beispiel Schwierigkeiten beim Lesen. Er kann sich Punkte verdienen, indem er seinem Vater jeden Abend zehn Minuten vorliest.

Die Aufgabe darf für die Geschwisterkinder nicht zu leicht sein. Sie muss einen vergleichbaren Schwierigkeitsgrad haben.

Trennungsängste überwinden

Trennungsängste bei Kindern kann man gut in den Griff bekommen. Genauso wie bei allen anderen Angststörungen gilt jedoch: Je früher, desto besser.

Im Folgenden sind einige Tipps zusammengetragen, wie Trennungsängste angegangen und verändert werden können.

Was tun bei Trennungsängsten?

- Begrenzen Sie die Häufigkeit von Rückversicherungen (z. B. »Mama, wartest du auch wirklich nach der Schule auf mich?«) auf ein bis zwei Mal.
- Begrenzen Sie Telefonanrufe, wenn Ihr Kind in der Schule oder bei Freunden ist. Schenken Sie Ihrem Kind kein Handy, weil Sie ansonsten die Telefonanrufe nicht mehr kontrollieren können.
- Begrenzen Sie die Möglichkeit für Ihr Kind, die Schule zu verlassen und nach Hause zu gehen.

- Entfernen Sie alle Besonderheiten und Annehmlichkeiten, wenn Ihr Kind nicht zur Schule geht, sondern zu Hause bleibt.
- Üben Sie mit Ihrem Kind realistische Einschätzungen der Wahrscheinlichkeit von Ereignissen. (Wie wahrscheinlich ist das Eintreten der Befürchtungen Ihres Kindes?)
- Üben Sie mit ihm Entspannungsmethoden ein.
- Bringen Sie Ihrem Kind eine beruhigende Selbstinstruktion bei (»Ich schaff das!«).
- Fördern und loben Sie die Selbstständigkeit Ihres Kindes.
- Seien Sie selbst ein positives Vorbild.
- Beginnen Sie mit Ihrem Kind, kurze Zeiten der Trennung zu üben, und weiten Sie diese kontinuierlich aus.
- Suchen Sie nach Möglichkeiten, sich von Ihrem Kind immer mal wieder für eine Zeit lang zu trennen (z. B. Besuch bei den Großeltern).
- Bleiben Sie ruhig und beständig bei alltäglichen Trennungen.
- Seien Sie bei Trennungen konsequent!
- Loben Sie Ihr Kind nach einer Trennungsphase.

Langsam ins Unbekannte

Vor allem neue und noch unbekannte Situationen stellen für ängstliche Kinder ein Problem dar. Ist die Umgebung erst einmal vertraut, nehmen auch die Sorgen und Ängste ab.

> Die achtjährige Lisa hat zum Beispiel große Probleme, mit einem Babysitter allein zu Hause zu bleiben. Damit sie sich an den neuen Babysitter gewöhnt, hat ihre Mutter das junge Mädchen mehrmals in der Woche eingeladen. Zusammen konnten die drei auf dem Spielplatz spielen und sich so kennen lernen. Am entscheidenden Abend war Lisa aufgrund der bevorstehenden Trennung zwar immer noch unruhig, sie konnte diese aber sehr viel besser verkraften. Den Babysitter kannte sie ja schon.

Ähnlich kann man sein Kind an eine bestimmte Örtlichkeit gewöhnen. Vor der Einschulung lässt sich zum Beispiel der Schulhof mit seinen Spielmöglichkeiten erkunden. Möglicherweise hat man auch Gelegenheit, die neue Lehrerin kennen zu lernen.

Zwerge werden Riesen

Keiner wird von einem Zwerg verlangen, einen Riesen zu erschlagen. Man probt daher Trennungen bei möglichst vielen Gelegenheiten und in kleinen Schritten. Dabei kann die Regel helfen: Je länger die Trennung und je weiter die Entfernung von der Bezugsperson, desto größer wird die Angst sein.

Lydia (7 Jahre) schafft es noch nicht, bei Freundinnen zu übernachten. Zu Beginn schläft sie daher zusammen mit ihrem Vater in einem Zelt im eigenen Garten. Sie ist zwar sehr aufgeregt dabei – aber eher, weil sie das Zelten als großes Abenteuer empfindet. Später bleibt sie einige Male über Nacht bei den Großeltern. Sie wohnen in einem benachbarten Dorf, und die Umgebung ist Lydia bereits vertraut. Außerdem wartet bei jeder Übernachtung eine kleine Überraschung auf sie. Ihr Großvater zündet mit ihr den Kamin an, sie backt gemeinsam mit der Großmutter Waffeln oder sie bemalen T-Shirts mit Textilfarbe. Als Lydia sich an das Übernachten bei den Großeltern gewöhnt hat, traut sie sich schließlich auch, bei ihrer besten Freundin zu nächtigen.

Den Schulbesuch ermöglichen

Manche Eltern, die ein Kind mit Schul- oder Trennungsangst haben, fragen sich: Wie schaffe ich es, dass mein Kind auch wirklich hingeht?

Zunächst ist es sinnvoll, dem Kind zu erklären, warum der Schulbesuch wichtig ist und warum ihn auch die Eltern wünschen. Bei jüngeren Kindern lässt sich die Bewältigung der Angst auch gut mit dem Erzählen einer Geschichte (vgl. S. 174 ff.) verbinden. Solche Geschichten geben Kindern ein Modell. Sie erfahren, dass auch andere Kinder ähnliche Probleme haben, und bekommen Ideen, wie man seine Angst überwindet. Dann sagt man dem Kind ruhig, aber mit entschlossener Stimme, dass es in die Schule gehen wird. Darüber werden keine Diskussionen zugelassen. Die bereits beschriebenen Tipps zum Aufstehen und zu den Morgenritualen (vgl. S. 75 ff.) helfen, den morgendlichen Ablauf zu vereinfachen.

Es ist in Ordnung, gerade am Anfang Jüngere auf dem Schulweg zu begleiten und in der Schule abzuliefern. Dann aber verlässt man das Schulgelände möglichst schnell. Nun heißt es am besten: das Kind direkt anschauen, sich freundlich verabschieden und darauf achten, keine dramatischen Abschiedsszenen zuzulassen.

Unter den älteren schulängstlichen Kindern gibt es einige, die erst gar nicht in der Schule ankommen. Sie laufen zurück nach Hause oder schwänzen die Schule.

Robin ist gerade in die 5. Klasse gekommen. Bis vor kurzem hat er eine Grundschule im Nachbardorf besucht. Die Klassen waren dort klein, lediglich fünfzehn bis zwanzig Schüler wurden zusammen unterrichtet. Seine neue Schule erlebt er als einen riesigen Gebäudekomplex, in dem viele Klassen und Schüler untergebracht sind. An den ersten beiden Schultagen wird er von seiner Mutter zur Schule gebracht. Danach soll er mit dem Schulbus fahren. Am dritten Schultag gibt Robin seiner Mutter einen flüchtigen Abschiedskuss auf die Wange und macht sich auf den Weg zur Bushaltestelle. Eine halbe Stunde später ist er wieder zu Hause. Er möchte nicht in die Schule gehen. Seine Mutter ist im ersten Moment völlig verblüfft und weiß nicht, wie sie reagieren soll. Für heute bleibt Robin zu Hause. Sie meldet ihn in der Schule krank.

Am nächsten Morgen wiederholt sich das Spiel. Wieder steht Robin nach einer halben Stunde vor der Haustür. Diesmal fährt ihn die Mutter in die Schule. Als sie am Nachmittag mit ihm darüber sprechen möchte, weicht er nur aus. Er möchte halt nicht zur Schule gehen. Am darauf folgenden Tag bringt sie Robin zum Bus und kontrolliert, dass er auch tatsächlich einsteigt. Nach zwei Wochen erhält sie einen Anruf von der Schule. Robin fehle zu oft. Es dauert eine Weile, bis sie herausfindet, dass Robin an verschiedenen Tagen bei der nächsten Haltestelle einfach wieder aus dem Bus gestiegen ist.

Wie in Robins Fall kommen manche Kinder nicht in der Schule an. Anfangs hatten auch Leos Eltern versucht, ihren Sohn in die Schule zu bringen. Auf dem Schulparkplatz angekommen, beschimpfte er sie oder brach in Tränen aus. Robins Eltern fanden daraufhin eine andere Lösung: Robin wurde von der Mutter eines Klassenkameraden mitgenommen. Tatsächlich konnte sich Robin im Beisein seines Freundes und dessen Mutter zusammennehmen.

In einem anderen Fall holte eine Lehrkraft einen Schüler jeden Morgen ab. Dies ist jedoch keine gute Lösung, wenn nicht begleitend professionelle Hilfe in Anspruch genommen wird.

Eine Lehrerin berichtete von folgender Erfahrung:

Als ich noch in meinem Referendariat war, hatte ich einen schulängstlichen Jungen in der Klasse. Er wollte einfach nicht in die Schule kommen. Anfangs fehlte er immer wieder mit einer unterschriebenen Entschuldigung. Als seine Eltern nicht mehr mitgespielt haben, fehlte er auch unentschuldigt. Die Eltern haben in der Folge versucht, ihren Sohn in die Schule zu fahren, was jedoch in heftige Auseinandersetzungen mündete.

Auf Anraten des Schulpsychologen haben wir uns mit den Eltern auf eine andere Strategie geeinigt. Da ich ganz in der Nähe der Familie wohnte, fuhr ich jeden Morgen bei ihnen vorbei. Anfangs setzte er sich nur unter großen Protesten in meinen Wagen und schwieg während der gesamten Autofahrt. In die Schule ist er mir ohne Widerstand gefolgt, und ich habe ihn kurz vor Stundenbeginn in seiner Klasse abgeliefert.

Gleichzeitig nahm die Familie an einer Familientherapie teil. Über die nächsten Wochen verbesserte sich das Verhalten des Jungen, und auch seine Ängste nahmen ab. Schließlich konnte er allein in die Schule gehen. Dennoch steht er auch heute noch hin und wieder auf dem Bürgersteig und wartet, dass mein Auto auftaucht. Dann streckt er seinen Daumen raus und ich nehme ihn mit. Diesmal nicht wegen seiner Schulangst, sondern aufgrund seiner Bequemlichkeit.

Arztbesuche

Manche Kinder und Jugendliche klagen besonders vor der Schule über Schmerzen, Übelkeit und Ähnliches. Auf jeden Fall sollte eine Untersuchung beim Arzt erfolgen. Dies schafft meistens Klärung, ob eine körperliche Ursache vorliegt oder nicht. Konnte der Arzt keine Ursachen für die Beschwerden feststellen, kommt ein erneuter Besuch während des Schulvormittags eigentlich nicht in Frage.

Jochen war bereits wiederholt beim Arzt. Er klagt spät abends und morgens über starke Schwindelgefühle. Diese können sich zu Übelkeit mit Erbrechen steigern. Sowohl der Hausarzt der Familie als auch ein Facharzt konnten keine eindeutigen Diagnosen stellen. Schließlich stand auch für die Eltern fest: Jochens Beschwerden hängen mit seiner Schulangst zusammen.

Während Jochen vorher bei Übelkeit zu Hause bleiben durfte, muss er nun in die Schule. Am ersten Tag ist Jochen darüber ganz aufgelöst. Auf dem Weg zur Schule erbricht er sich im Wagen des Vaters in seinen Sportbeutel. In den nächsten Tagen klagt Jochen auch über plötzlich auftretende Kopfschmerzen. Als er sich morgens darüber beschwert, sagt seine Mutter: »Jochen, jeder hat einmal Kopfschmerzen. Viele Kopfschmerzen verschwinden plötzlich wieder. Du kannst daher ruhig in die Schule gehen. Heute Mittag sehen wir, ob sie immer noch da sind. Dann legst du dich ein bisschen hin.« Mit diesen Worten schickte sie ihn in die Schule.

Der Arzt kann noch einmal aufgesucht werden, wenn sich die Beschwerden des Kindes oder Jugendlichen verändern. Ist wieder keine ernsthafte Diagnose zu stellen, sollte das Kind zunächst einmal aus Prinzip in die Schule geschickt werden. Eine Abklärung der Ursachen für Schulangst erfolgt später.

Umgang mit Schulverweigerung

Bleibt ein Kind oder Jugendlicher dennoch häufig zu Hause – weil die Situation so festgefahren ist und man das Kind nicht täglich in die Schule bekommt –, können die unten stehenden Tipps hilfreich sein.

Die Mehrzahl der Schulängstlichen macht folgende Erfahrungen: Bleiben sie der Schule fern, dürfen sie länger schlafen und bekommen besondere Privilegien. Sie können fernsehen, erhalten Kleinigkeiten zur Aufmunterung etc. Was nett gemeint ist, verschlimmert jedoch die Situation. Die Annehmlichkeiten führen eher dazu, das Fernbleiben von der Schule zu verlängern. Diese Gruppe von Kindern und Jugendlichen »gesundet« in der Regel am frühen Nachmittag, verspricht abends, bestimmt in die Schule zu gehen, und erkrankt am nächsten Morgen erneut.

■ *Den Schlaf-Wach-Rhythmus des Schulalltags beibehalten*
Vor allem bei längerem Fehlen in der Schule verschiebt sich der Schlaf- und Wachrhythmus. Kranke Kinder schlafen in der Regel aus und gehen vielleicht sogar später ins Bett, wenn sie wieder einigermaßen gesund sind. Steht der nächste Schulbesuch an und sie müssen wieder früh aufstehen, fühlen sich die meisten morgens schlapp und unausgeschlafen. Einige interpretieren dies jedoch als ein Unwohlsein und fühlen sich erneut krank.
Für den Abend gilt: Besonders langes Aufbleiben sollte man vermeiden. Stattdessen geht es zur gewohnten Zeit ins Bett.

■ *Besondere Annehmlichkeiten vermeiden*
In vielen Familien ist es üblich, kranken Familienmitgliedern besondere Aufmerksamkeit zukommen zu lassen. Bei einer echten Krankheit ist dies auch in Ordnung. Liegt offensichtlich keine Krankheit vor, gibt es am besten trotzdem »gesunden« Tee, Zwieback, kein Fernsehen und kein Treffen am Nachmittag mit vielen Freundinnen. Es wird im Bett geblieben.

■ *Hausaufgaben machen lassen*
Das Kind sollte sich bei Klassenkameraden nach den Hausaufgaben erkundigen. Auch dies gehört zur Vermeidung von besonderen Annehmlichkeiten. Genauso wichtig ist jedoch, dass nicht zu große Lücken im Schulstoff entstehen. Die meisten

Schulängstlichen befürchten ansonsten, die entstandenen Lücken nicht mehr aufholen zu können, was wiederum ihre Angst verstärkt.

Je länger ein Kind oder Jugendlicher zu Hause bleibt, desto schwieriger wird es, den Schulängstlichen wieder zu einem Schulbesuch zu bewegen.

Denken – Fühlen – Handeln

Wenn Leon nur an die Schule denkt, malt er sich das Schlimmste aus, fühlt sich ganz schlecht, stochert in seinem Frühstück herum und bekommt schwitzige Hände. Wie bei Leon drückt sich Angst nicht nur als Gefühl, sondern auch in bestimmten Verhaltensweisen und Gedanken aus: Er stochert im Frühstück, er denkt an die schlimmsten Katastrophen.

Wie beeinflussen sich Gedanken, Gefühle und Handlungen gegenseitig?

Viele Menschen glauben, dass ihre Gefühle in erster Linie von außen beeinflusst werden. Wie häufig sagen wir. »Du machst mich wütend«, »Der Film hat mir Angst gemacht« oder Ähnliches? Dies ist eine vereinfachte Sichtweise, die der Realität nicht standhält.

Marco und Leopold sind befreundet und gehen zusammen zur Schule. Auf ihrem Weg begegnen sie einer Frau, die ihren Hund spazieren führt. Der Hund schnüffelt gerade an einem Busch. Er entdeckt die beiden Jungen auf dem Bürgersteig und wedelt mit dem Schwanz. Als Marco den frei laufenden Hund sieht, denkt er: »Oh Gott, der Hund ist nicht an der Leine. Er könnte auf mich zurennen und mich beißen!« Marco verspürt Angst vor dem Hund und wechselt schnell die Straßenseite.

Leopold dagegen denkt: »Ein Hund! Der sieht niedlich aus. Ob man den wohl streicheln darf?« Leopold freut sich über den Hund und geht auf ihn zu.

Beide Jungen erleben die gleiche Situation: Sie sehen einen Hund, der nicht an der Leine ist. Wie aber kommt es, dass dieser Hund bei beiden unterschiedliche Gefühle hervorruft? Marco denkt, was alles Schlimmes passieren könnte. Er fühlt Angst und flieht aus der Situation. Leopold dagegen denkt positiv über die Situation. Er malt sich aus, wie er den Hund streichelt und geht direkt auf ihn zu. Die Art und Weise, wie die beiden gedacht haben, hat also direkt ihre Gefühle und schließlich auch ihr Verhalten beeinflusst.

In unserem Alltag können wir viele solcher Situationen beobachten und auch selbst erleben. Obwohl alle Personen das gleiche Erlebnis erfahren, denken sie sehr unterschiedlich darüber und haben andere Gefühle.

Leider gestaltet es sich als äußerst schwierig, Angst-Gedanken zu verändern. Sie »schießen« ängstlichen Menschen häufig fast automatisch in den Kopf: Wenn Lilly eine Sirene hört, denkt sie sofort, ihrer Mutter könnte etwas zugestoßen sein. Dennis dagegen hat Angst, die anderen Kinder aus der Klasse könnten ihn auslachen. Wird er von der Lehrkraft aufgerufen, denkt er im selben Augenblick: »Oh Gott, bestimmt mache ich einen Fehler! Dann werden alle über mich lachen und keiner will mehr mein Freund sein.« Ängstliche Personen machen in ihren automatischen Gedanken häufig zwei entscheidende Fehler:

- Ängstliche Personen unterschätzen ihre eigenen Fähigkeiten.
- Ängstliche Personen überschätzen die Bedrohlichkeit und die Konsequenzen der Situation.

Der erste Gedanke von Dennis ist: »Bestimmt mache ich einen Fehler.« Dennis geht von einer 99 %-igen Wahrscheinlichkeit aus, dass er einen Fehler macht. Tatsächlich aber ist Dennis sehr gut in der Schule. Fehler macht er genauso häufig bzw. selten wie alle anderen Kinder auch. Er unterschätzt also seine eigene Begabung und überschätzt gleichzeitig die Wahrscheinlichkeit, dass er wirklich einen Fehler macht. Genauso überschätzt er mögliche negative Konsequenzen der Situation. Dennis denkt, dass die Folgen eines Fehlers furchtbar wären. Er würde rot werden, alle würden es bemerken und keiner würde mehr mit ihm reden wollen. Bei solchen Gedanken würde wahrscheinlich jeder von uns Angst bekommen.

Bei Lilly ist es etwas anders. Wenn sie einen Krankenwagen hört, überschätzt sie die Wahrscheinlichkeit, dass ihrer Mutter etwas zugestoßen sein könnte. Fast jeder von uns hat schon einmal solch einen Gedanken gehabt: Die Sirenen heulen irgendwo in der Stadt und wir denken an unsere Liebsten. Im Gegensatz zu Lilly wissen wir aber über die tatsächliche Wahrscheinlichkeit Bescheid und geraten nicht in Panik.

Alternative Gedanken zuzulassen, lässt sich trainieren und ist Bestandteil vieler Therapieprogramme. Diese haben sich als sehr effektiv erwiesen, Ängste zu reduzieren. Eltern und Erzieher sind jedoch keine Therapeuten. Das ist nicht ihre Rolle und sollte es auch nicht sein. Dennoch gibt es einige Methoden, die auch Eltern ihren Kindern vermitteln können.

Eine einfache Methode: Ablenkung

Das Ablenken stellt eine sehr einfache Technik dar. Sie wirkt jedoch nur, wenn die Angst nicht allzu groß ist und keine Konzentration auf eine Aufgabe oder Situation verlangt wird.

> Der vierzehnjährige Julian hat starke Prüfungsängste. Schon in der Nacht vorher kann er kaum schlafen. Am Frühstückstisch rutscht er nervös auf seinem Stuhl hin und her und geht in Gedanken alle möglichen Katastrophenszenarien durch: »Was ist, wenn ich das Falsche gelernt habe? Bestimmt können die anderen das alles! Paul wusste das letzte Mal auch fast jede Antwort. Ich schaffe das heute nicht!« Dies setzt sich auf dem gesamten Schulweg fort. Sitzt er schließlich in der Klausur, kann er sich nur schwer auf die Aufgaben konzentrieren.

Die Methode der Ablenkung ist bei Julian nicht zu jedem Zeitpunkt gleich sinnvoll anzuwenden. *Während* der Klausur würde es ihm nicht viel nützen, sich auch noch von seinen Befürchtungen abzulenken. Dann wäre seine Aufmerksamkeit gar nicht mehr bei den einzelnen Aufgaben. Julian und seine Mutter benutzen die Ablenkung aber *vor* der Klausur. Seine Mutter spricht die anstehende Klausur am Frühstückstisch überhaupt gar nicht an, sondern lenkt das Gespräch auf andere Themen: In der Zeitung sind die neuesten Fußballergebnisse ... Was machen sie am Wochenende? Was wünscht sich Julian zum Geburtstag? etc. Ähnlich verhält sich auch Julias Mutter: Julia ist in der zweiten Klasse und hat starke Trennungsängste. Jeden Morgen wird sie von ihrer Mutter in die Schule gefahren, weil die Familie etwas außerhalb wohnt. Im Auto lenkt die Mutter ihre Tochter spielerisch ab. Sie kreieren in Gedanken die witzigsten Fabelwesen, überlegen sich, welche Attraktionen in ihren Freizeitpark gehören, oder halten Ausschau nach roten oder blauen Autos.

Vor allem bei Kindern, die sich vor angstbesetzten Situationen in panische Gedanken hineinsteigern, erweist sich diese Methode als sehr sinnvoll. Es gibt viele Möglichkeiten, sich abzulenken:

- Kinder, die sich für Mathematik begeistern, können zum Beispiel in Achter-Schritten rückwärts von 50 oder 100 zählen.
- Eine reizvolle Vorstellung kann sein, was man in einem riesengroßen Süßigkeitenladen alles einkaufen würde.
- Oder was man alles mitnimmt, wenn man sich in einem Spielzeuggeschäft zehn Dinge aussuchen darf?
- Was für ein Fabeltier (Kopf vom Schwein, Körper vom Krokodil, Beinchen von einer kleinen Laus ...) ist vorstellbar?
- Was macht man in den nächsten Ferien? Was beim nächsten Besuch bei den Großeltern?

Diese Listen fertigen Kinder vor einer beängstigenden Situation an. So regt man sie mit etwas Humor und Begeisterung zu den witzigsten Spielen und Fantasien an.

Kehren aber bestimmte Angstgedanken immer wieder oder wirkt die Angstsituation zu bedrohlich, reicht die Ablenkungstechnik nicht aus. Hier sollte dann direkt an den Gedanken gearbeitet werden.

Gedankenarbeit

Es gibt verschiedene Techniken, um an Angstgedanken zu arbeiten. Unabhängig davon, welche dieser Techniken für ein Kind oder einen Jugendlichen geeignet ist, bestimmte Rahmenbedingungen sind auf jeden Fall zu beachten: Angstgedanken sind eine sehr persönliche, oft als peinlich angesehene Angelegenheit. Daher ist es wichtig, die Intimsphäre eines Kindes oder Jugendlichen besonders in diesem Bereich zu respektieren.

Man spricht allein mit dem Kind und gibt Inhalte des Gesprächs nur mit ausdrücklichem Einverständnis des Kindes an andere Familienmitglieder weiter. Man sorgt für Zeit und Ruhe. Bei älteren Kindern und Jugendlichen kann es besser sein, die Methode oder Übung nur zu erklären oder zum Lesen anzubieten, ohne selbst mitzuwirken.

In jedem Fall ist es unerlässlich, gut und aufmerksam zuzuhören und sich voll auf das zu konzentrieren, was das Kind zu sagen hat. Alles ist ernst zu nehmen, denn Ängste sind real, auch wenn sie offensichtlich unangemessen stark erscheinen. Gute Ratschläge, wie zum Beispiel »Was, davor hast du Angst? Das ist doch völlig ungefährlich! Da braucht man keine Angst zu haben!« helfen wenig weiter. Besser: »Das muss schlimm für dich sein – so viel Angst. Aber es gibt Methoden, die dir weiterhelfen können.«

Ohne das Kind zu drängen, grenzt man Gespräche zeitlich ein (beispielsweise fünfzehn Minuten nach jedem angstbesetzten Schultag). In der Zwischenzeit schneidet man das Thema nicht an, außer das Kind möchte von sich aus unbedingt darüber reden. In der Familie darf sich keinesfalls alles um die Angst drehen. Unbeschwerte Familienausflüge oder andere Unternehmungen ohne Nachfragen sind nach wie vor sehr wichtig.

Nicht alle Kinder und Jugendlichen können und wollen bereitwillig mit ihren Eltern an ihren Ängsten arbeiten, auch wenn diese es wünschen. Dies akzeptiert man ohne persönliche Enttäuschung und empfiehlt professionelle Hilfe.

Nicht jede der folgenden Methoden eignet sich für jedes Kind oder jeden Jugendlichen. Auf jeden Fall sollte sie dem Alter entsprechend kurz erklärt werden. Es hat sich bewährt, mit einer

Methode zu beginnen, sie in Ruhe einzuüben und durchzuführen und dann erst anderes hinzuzunehmen.

Positives Denken

Eine Methode zur Beeinflussung der angstbesetzten Gedanken ist das positive Denken. Positive Gedanken machen Mut, lenken ab und helfen, beängstigende Situationen in der Schule zu überstehen. Wenn ich denke: »Einen Fehler zu machen ist zwar unangenehm, aber nicht schlimm. Das schaffe ich schon!«, fühle ich mich sicher ruhiger als bei dem Gedanken: »Oh Gott, wenn ich einen Fehler mache, ist das eine Katastrophe!«

Die Mutter der zehnjährigen Lena hat lange dafür gebraucht herauszufinden, wovor ihre Tochter Angst hat. Dafür benötigte sie einige Gespräche, und oft musste sie warten, weil Lena nicht immer bereit war, darüber zu reden. Erst als Lena merkte, dass ihre Mutter die Sorgen und Befürchtungen ernst nimmt und sie ganz in Ruhe darüber reden kann, begann sie zu berichten. Lena hat Angst, in der Schule zu versagen. Immer wieder denkt sie darüber nach, was passieren könnte, wenn sie etwas nicht weiß. Sie denkt: »Alle halten mich für blöd. Vielleicht bleibe ich sogar sitzen.« Von den Schulnoten her ist Lena eine gute Schülerin.
Gemeinsam mit ihrer Mutter schreibt sie alle Befürchtungen auf die linke Seite eines Blattes. Diese Gedanken nennen sie »Monster-Gedanken«. Auf die rechte Seite schreibt sie eine Alternative bzw. einen klugen Gedanken.
Als Lena am nächsten Morgen am Frühstückstisch sitzt, wächst trotz allem ihre Angst. Sie schreibt nämlich heute einen Mathetest. Als sie wieder zu grübeln beginnt, sagt sie sich in Gedanken laut: »STOPP! Ich schaffe das heute. Ich gebe einfach mein Bestes – und das reicht!« Während sie dabei die Augen fest zukneift, lächelt ihre Mutter. Sie weiß, dass ihre Tochter versucht, die Angst vor der Mathearbeit zu überwinden.

Monster-Gedanke	Kluger Gedanke
»Wenn ich einen Fehler mache, ist das schrecklich.«	»Einen Fehler zu machen ist nicht schlimm!«
»Ich schaff es nicht, in die Schule zu gehen.«	»Ich schaffe das. Ich bin stark.«
»Das ist furchtbar. Ich möchte nach Hause. Ich bekomme bestimmt gleich wieder Bauch- oder Kopfschmerzen.«	»Am besten denke ich gar nicht daran. Ich versuche, mich abzulenken und an etwas anderes zu denken: Was mache ich alles, wenn ich das nächste Mal zu Opa und Oma fahre? Ich könnte mit Opa einen Bumerang bauen!«

Manchmal erweist es sich als sehr schwierig, die »Monster-Gedanken« eines Kindes herauszufinden, weil sie schwer zu erkennen und zu formulieren sind. Daher ist ein geringer Zeitabstand zur Angstsituation sehr wichtig. Zum Beispiel versucht das Kind, direkt nach einem Angst auslösenden Ereignis aufzuschreiben, was ihm durch den Kopf ging. Oder man sammelt Gedanken, die direkt vor schwierigen Ereignissen entstehen. Jüngere erinnern sich häufig nicht mehr, was sie in der eigentlichen Stresssituation dachten, dann sucht man nach Gedanken, die davor oder danach bedeutsam sind.

Zu jedem »Monster-Gedanken« gehört ein alternativer positiver Gedanke. Dies kann sein:

- eine positive Affirmation (»Ich bin stark!«, »Ich schaffe das!«, »Ich kann das!«),
- ein beruhigender Gedanke (»Ich bleibe ganz ruhig und gelassen!«, »Heute Nachmittag mache ich es mir gemütlich und schaue meine Lieblingsserie. Da kann ich entspannen!«),
- ein realistischer Gedanke (»Gespenster gibt es nicht!«, »Ich muss nicht perfekt sein. Ich gebe mein Bestes und das reicht!«).

Am effektivsten sind positive Selbstinstruktionen, wenn die Angst sich gerade aufbaut. In solchen Momenten soll das Kind in Gedanken laut »STOPP« sagen. Damit unterbricht es zunächst kurzfristig

103

Angst auslösende Gedanken und aktiviert innerlich den alternativen Gedanken.

Gedankenarbeit ist aber alles andere als einfach. Vor allem jüngere Kinder können häufig nicht genau beschreiben, welche Gedanken ihnen durch den Kopf gehen. So antwortet Peter immer wieder auf die Frage, was er in einer solchen Situation denke: »Nichts!« Findet man keine Gedanken, bewirkt Positives Denken wenig. Mit einem Modell oder einer Verhaltenstechnik erreicht man hier unter Umständen mehr.

Modell sein

Kinder und Jugendliche orientieren sich nicht nur allgemein am Verhalten Erwachsener. Sie beobachten auch genau die Art und Weise, wie diese Probleme und Herausforderungen angehen.

> Wenn Andrés Vater mit dem Auto in einem Stau steht, sagt er laut zu André: »Na, so was kann passieren. Regen wir uns nicht auf, sondern machen wir ein kleines Rate-Spiel!«
> Als Tabeas Mutter das Mehl in der Küche herunterfällt, lacht sie laut: »Nun habe ich eine Schneelandschaft in der Küche. Und das im Hochsommer!« Sie nimmt ruhig ein Kehrblech und bringt das Mehlchaos wieder in Ordnung.
> Wenn Jans Mutter in Terminstress ist, sagt sie: »Mensch, wir müssen uns heute etwas beeilen. Aber wir zwei schaffen das schon, oder?«

Alle drei Eltern versuchen, ihren Kindern ein gutes Modell im Umgang mit Fehlern, Problemen und Ängsten zu sein. Sie haben gelernt, ihre positiven, optimistischen und gelassen machenden Gedanken laut zu äußern. So lernen ihre Kinder am Modell, Schwierigkeiten zu begegnen. Vielen Kindern hilft dies, ohne dass es erklärt oder kommentiert werden muss.

> In unseren Trainingsgruppen mit jeweils fünfzehn überaktiven Kindern backen wir einmal während des Winterhalbjahres Pfannkuchen. Alle Kinder freuen sich auf diesen Tag. Zu Hause werden

sie nur selten in die Küche gelassen, weil ihre Eltern ein Desaster und viel Unordnung befürchten. Umso mehr freuen sie sich, wenn sie bei uns alles allein und selbstständig kochen dürfen. Bei jedem Pfannkuchenbacken geht in jeder Kleingruppe mindestens ein Ei zu Bruch. Dieser Augenblick ist besonders interessant. Mit dem Aufschlag des Eies auf dem Boden scheinen alle Kinder wie zu Eissäulen zu erstarren. Der Raum ist plötzlich totenstill und sämtliche Kinder schauen in eine Richtung – zu den Erwachsenen. Sie verfolgen voller Spannung, ob jetzt ein Donnerwetter folgt oder nicht. Sie entspannen sich erst wieder, wenn ein Erwachsener sagt: »Das ist nicht schlimm. Das kann jedem passieren, da braucht man sich gar nicht aufzuregen. Bring es einfach wieder in Ordnung!« Nun holt das betroffene Kind einen kleinen Besen und ein Kehrblech und schiebt darauf das zerbrochene Ei. Statistisch gesehen schüttet dann ein Drittel der Kinder das Ei in den Mülleimer, zwei Drittel tun es dagegen wieder zurück in den Teig!

Unsere Trainingskinder haben gelernt, dass Fehler keine Katastrophe sind. Zu Hause liegt es in der Hand der Eltern, Vorbild zu sein, und das Kind so zu einem gelasseneren und optimistischeren Denken anzuleiten. Dies gelingt ihnen nicht nur, indem sie sich ruhig und selbstsicher verhalten. Erwachsene können als Hilfe zusätzlich in »kritischen« Situationen die eigenen Gedanken laut verbalisieren, so wie Tabeas Mutter oder Andrés Vater dies taten.

Kluge und dumme Gedanken

Jüngere Kinder sprechen auf Methoden wie positives Denken, Ablenkung oder elterliches Modell in der Regel gut an. Bei Älteren macht es Sinn, Situationen zu besprechen und zu hinterfragen.

Helge (12 Jahre) hat starke Prüfungsängste. Er befürchtet, in der Schule zu versagen. Seine Noten sind im Schnitt befriedigend und ausreichend. Helge erlebt die Klassenarbeiten als sehr belastend. Typische Gedanken sind: »Bestimmt werde ich versagen«, »Wahrscheinlich nimmt Frau S. etwas dran, das ich sowieso nicht beantworten kann!«, »Wenn ich so weitermache, werde ich die Klasse wiederholen. Das ist schrecklich!« oder »Meine Eltern werden über die vielen schlechten Noten, die ich nach Hause bringe, enttäuscht sein!« Äußert Helge einen solchen Gedanken bei seiner Mutter, versucht sie einen klugen Gedanken als Alternative anzubieten:»Helge, du schaffst das. Ich glaube an dich!« Leider zeigt die Unterstützung seiner Mutter keine Auswirkung auf ihn. Helge wirft ihr vor, sie würde seine Situation einfach nicht verstehen. Schließlich mache er doch viele Fehler und Sitzenbleiben sei einfach schrecklich!

Tatsächlich können alle Befürchtungen Helges auch eintreffen. Möglicherweise wird er versagen, vielleicht wird etwas gefragt und überprüft, das er nicht gelernt hat, und eventuell wird er sogar sitzenbleiben. Da Helge weiß, dass diese Möglichkeiten tatsächlich bestehen, wirft er seiner Mutter vor, sie wolle seine Befürchtungen einfach abtun und ihn nicht richtig verstehen.

Doch Helge unterläuft auch ein Fehler: Er überschätzt die Wahrscheinlichkeit für das Eintreten negativer Ereignisse. Helge stellt sich eine mögliche Katastrophe nach der anderen vor. Mit Hilfe des rationalen Denkens soll er nun lernen, sein Katastrophendenken aufzugeben. Prüfungssituationen und die eigenen Möglichkeiten sollen realistischer eingeschätzt werden. Helge soll dabei lernen, aufgrund von eigenen Überlegungen zu dem Schluss zu kommen, dass seine Angst übertrieben ist.

Dafür kann man den Detektivbogen (S. 107 f.) als Hilfe einsetzen. Das Kind schreibt die angstbesetzte Situation und seine eigenen Befürchtungen auf – bei Jüngeren mit Hilfe der Eltern. Anschließend versucht es, Beweise, Gegenbeweise und Alternativen für seine Befürchtungen zu finden.

Andrea (9 Jahre) wohnt etwas außerhalb der Stadt. Deshalb holt ihre Mutter sie jeden Tag von der Schule ab. Sie gerät schnell in Panik, wenn ihre Mutter sich nur um einige Minuten verspätet. Sofort fällt ihr ein, was alles Schlimmes passiert sein könnte: Vielleicht ein Unfall, ein Überfall, eine unerwartete Krankheit. Dann würde ihre Mutter bestimmt sterben und sie müsste vielleicht ins Heim. Andreas Vater setzt sich mit ihr hin, und sie gehen den Detektiv-Bogen durch.

Detektivbogen

Wovor habe ich Angst?	*Mama könnte etwas passiert sein.*
Was denke ich in der Situation?	*Mama hatte bestimmt einen Unfall oder wurde überfallen.*
Was befürchte ich, könnte passieren?	*Sie könnte schwer verletzt oder tot sein und mich allein lassen.*
Wie wahrscheinlich sind meine Befürchtungen? (0–10)	*5*
Welche Beweise habe ich, dass meine Befürchtungen richtig sind?	*Mama ist noch nicht da, um mich abzuholen. Sie holt mich sonst immer ganz pünktlich ab.*
Wie oft ist meine Befürchtung in einer solchen Situation bereits eingetreten?	*Noch nie, meistens war sie noch beim Friseur oder einkaufen.*
Wie oft ist meine Befürchtung in einer solchen Situation *nicht* eingetreten?	*Immer.*
Wie oft ist es anderen Kindern passiert?	*Lenas Mutter hatte mal einen schlimmen Unfall.*
Welche Folgen können entstehen?	*Lenas Mutter muss vielleicht in eine Klinik und trägt einige Wochen einen Gips.*
Was könnte stattdessen passieren?	*Mama hat gar keinen Unfall und kommt gesund nach Hause.*
Wie wahrscheinlich ist es also tatsächlich, dass meine Befürchtungen eintreten? (0–100)	*10*
Was kann ich zu mir sagen, um mich zu beruhigen?	*Mama kommt mich gleich abholen, das war sonst auch immer so.*

Ängstliche Kinder und Jugendliche befürchten häufig das Schlimmste. In angstbesetzten Situationen zeigen sie oft ein Alles-oder-Nichts Denken. So können ängstliche Kinder und Jugendliche beispielsweise eine ausgeprägte Schulangst entwickeln, wenn sie mit hohen elterlichen Anforderungen konfrontiert sind, die sie nicht erfüllen können. Werden sie dann aufgerufen, ohne die Antwort zu wissen, empfinden sie es als eine extreme Katastrophe. Sie denken: »Das ist schrecklich. Das Schlimmste, was mir passieren kann!«

Die Sorgen-Zeit

Die »Sorgen-Zeit« eignet sich für Kinder, die sich häufig Sorgen machen. Zehn Minuten pro Tag ist die Sorgen-Zeit angesagt. In diesen zehn Minuten darf das Kind sich einmal richtig und bewusst Sorgen machen. Dabei kann es seine Sorgen aufschreiben, ein Bild malen oder sie auf ein Tonband sprechen. Für den Rest des Tages gilt: Jetzt ist nicht Sorgen-Zeit! Psychologen nennen dies eine paradoxe Intervention.

Man fordert ein Kind ganz bewusst auf, das zu tun, was es eigentlich nicht soll. Als verblüffender Effekt tritt häufig auf, dass die Angst kontrollierbarer erscheint. Wenn sie vorher das Kind überfiel und es sich kaum gegen seine Sorgen wehren konnte, wird sie nun ganz bewusst und intensiv angesprochen – aber nach einem bestimmten Zeitintervall wieder abgestellt. Das Kind versucht zu lernen, dass es nicht mehr von der Angst beherrscht wird, sondern dass es selbst die Angst beherrschen kann!

Man führt die Sorgen-Zeit spielerisch ein:

- Geschickt ist es, sich zusammen mit dem Kind einen Namen für die Sorgen auszudenken. Eins der ersten Kinder in meiner Beratung nannte sie »Karlo, der Angstkloß«. Ein anderes hatte vorher eine Geschichte über einen Irrwisch gehört, der nachts durch ein Schloss spukte. Daher sprach er über seine Angst als »Irrwisch«, weil sie manchmal genauso plötzlich auftauchte. Bekommt die Angst erst einmal einen Namen, kann sich das Kind leichter von ihr distanzieren. Es muss daher nicht mehr sagen: »Ich hatte wieder Angst!«, sondern es reicht, wenn es sagt: »Karlo war wieder da.« Man merkt an der veränderten Formulierung, dass etwas anders ist: Die Angst wird nicht mehr dem Kind zugeschrieben, sondern steht stattdessen für sich. Nun kann man zusammen mit dem Kind oder aber auch das Kind allein versuchen, den *Irrwisch* oder *Karlo* anzugehen.

- Die Sorgen-Zeit ist ein Ritual. Sie sollte immer ungefähr zur gleichen Tageszeit angekündigt und praktiziert werden. Dies kann zum Beispiel vor dem Abendbrot oder auch vor den Hausaufgaben usw. sein.
- Das Kind berichtet von seinen Sorgen, kann sich aber auch anders ausdrücken. Einige Kinder malen zum Beispiel gern ihre Sorgen-Monster. Besonders beliebt ist es, seine Sorgen auf einen Kassettenrekorder zu sprechen. Eine Mutter berichtete, dass ihr Sohn seine Sorgen wie ein Nachrichtensprecher spricht: »Sehr geehrte Damen und Herren, willkommen zur Sorgen-Zeit, unserem täglichen Mittagsprogramm. Morgen, Dienstag, nimmt der Bademeister den Freischwimmer ab, bei dem sich voraussichtlich wieder das gefürchtete, dreiköpfige Angst-Ungeheuer zeigen wird… In der heutigen Sendung berichten wir, wie es bekämpft wird, und am Mittwoch informieren wir sie dann, ob es besiegt wurde…«

Sportlich gegen die Angst

Dauerhafte Angst erhöht physiologisch unser Erregungsniveau. Sport schafft dabei den besten Ausgleich, die angestaute Energie wieder abzubauen. Sport ist daher eine der einfachsten und auch effektiven Methoden, Ängste zu reduzieren. Körperliche Aktivitäten, die unsere Pulsfrequenz für eine längere Zeit (am besten für mindestens zwanzig Minuten) erhöhen, sind besonders geeignet, den Erregungslevel zu senken.

Für ängstliche Kinder und Jugendliche ist eine sportliche Aktivität im Verein am günstigsten. Hier treffen sie auf andere Kinder und können Freundschaften aufbauen. Sportliche Aktivitäten sind außerdem eine gute Gelegenheit, Erfolgserlebnisse zu verzeichnen. Denn wer Tennis oder Fußball spielt, hat auch die Chance zu gewinnen.

Patrick lernt Karate. Auf jeden neuen Gürtel, den er sich verdient hat, ist er mächtig stolz. Das Training, die Erfolgserlebnisse, aber auch der Kontakt zu den anderen Kindern bauen sein Selbstwertgefühl weiter auf.

Atemübungen

Schon Kinder wissen, dass Angst zu Herzklopfen, flacher Atmung und angespannter Muskulatur führt. Durch eine beruhigende und gleichmäßige Atmung können wir uns suggerieren, dass eigentlich gar keine Bedrohung besteht.

Tiefes Ein- und Ausatmen

In einer beängstigenden Situation können wir die nervöse Reaktion unseres Körpers überlisten, in dem wir ganz bewusst entspannt atmen.

Die folgende Übung ist einfach mit Kindern durchzuführen. Sie werden dabei merken, wie sich der Körper allmählich entspannt.

Für das erste Mal legt man sich besser auf den Fußboden (auf eine weiche Unterlage). Nun atmet man tief in den Bauch hinein, sodass sich die Bauchdecke stärker wölbt als die Brust. Dann zählt man bis drei und atmet danach im Fluss wieder aus.

Beobachtet man die Atmung eines schlafenden Säuglings, entdeckt man, dass schlafende Babys tatsächlich auf diese Art und Weise atmen. Ängstliche Kinder und Jugendliche können ihre Atmung mit einem einfachen Trick trainieren.

Man legt sich für die ersten Male ein Buch auf den Bauch und beobachtet nun, wie sich das Buch bei jedem Einatmen nach oben und bei jedem Ausatmen nach unten bewegt. Anschließend legt man die eine Hand auf den Bauch und die andere auf die Brust. Bewegt sich der Bauch mehr als die Brust, erfolgt die richtige Atmung.

Am günstigsten probiert man die Atemübung einige Male selbst aus, bevor man sie Kindern zeigt. Erwachsene sollten erklären, warum die Übung hilfreich sein kann und wie sie durchgeführt wird. Jüngere Kinder haben es immer gern, wenn sie mit einer Geschichte angereichert wird. Hier ist die Fantasie gefragt. Der folgende Text dient als Beispiel, denn die schönsten Geschichten sind immer die eigenen, weil sie individuell auf das jeweilige Kind zugeschnitten sind.

> »Stell dir vor, du hast einen Luftballon in deiner Lieblingsfarbe.
> Du holst durch die Nase tiiieeef Luft.
> Und nun pustest du den Luftballon in den Himmel.
> Ganz weit fliegt er nach oben. Schau, wie er am Himmel unter den Wolken entlangfliegt. So langsam, wie der Luftballon am Himmel schwebt, atmest du tief durch die Nase ein. Dein ganzer Bauch füllt sich mit Luft. Nun nimmst du den zweiten Luftballon und pustest ihn ganz weit in den Himmel.
> Schau, wie er zu dem anderen Luftballon fliegt ...«

Gelegentlich beklagen sich Kinder über Schwindelgefühle. Sie haben dann in der Regel zu schnell ein- und ausgeatmet. Jeder kennt diesen Effekt, der zum Beispiel durch das schnelle Aufpusten einer Luftmatratze entsteht. Wichtig ist also, langsam ein- und auszuatmen.

Man trainiert die Atemübung auch im Sitzen und Stehen, damit das Kind lernt, in den unterschiedlichsten Situationen ruhig und langsam zu atmen – ob es nun in der Schule sitzt, vor der Klassentür steht oder an die Tafel muss.

Neben Atemübungen können auch Entspannungsübungen Ängste abbauen. Weitere Übungen finden sich auf S. 154 ff.

Medikation

Eine durchaus häufige Art, sich mit Schul- und Prüfungsangst auseinander zu setzen, geht von anderen Prämissen aus: Das Kind wird hier nicht als faul oder desinteressiert, sondern als ein Opfer angesehen. Es ist nicht verantwortlich für schlechtes Abschneiden, auffällige Fehlzeiten und Ablehnung des Schulbesuches. Es gilt als erkrankt. Schul- und Prüfungsangst werden mit Medikation angegangen.

Eltern kommen leicht in Versuchung, ihrem Kind ein »harmloses« Mittel zu verabreichen. Sie hoffen, dass so die Angst abnimmt und es ihren Kindern in der Schule besser geht. Vor allem vor Prüfungen werden diese Mittel gern eingenommen. Längerfristig ist dies leider nicht Erfolg versprechend. Gelernt wird: Wenn es mir schlecht geht und ich Angst habe, schlucke ich einfach eine Beruhigungstablette.

In einem Buch haben wir den Scherz gefunden, dass wir heute in einer Gesellschaft leben, in der Lehrkräfte Prozac® (gegen Depressionen) und Schüler Ritalin® (dämpfendes Psychopharmakon) nehmen sollten. Jeder Scherz enthält ein Körnchen Wahrheit. In der Tat werden mehr und mehr Kinder und Jugendliche wegen Stress und Ängsten in der Schule dem Arzt vorgestellt.

Insgesamt ist eine Medikation bei Prüfungs- und Schulängsten mit Sicherheit nicht unproblematisch, weil sie kaum auf eine Veränderung des Lernverhaltens und der schulischen Situation abzielt. Die Symptomatik als Krankheit steht im Vordergrund.

Der Vollständigkeit halber seien die häufigsten Medikamente aufgelistet:

1. Selektive Serotonin-Reuptake-Inhibitoren (SSRI)

Synonym: Selektive Serotonin-Wiederaufnahmehemmer
SSRI werden am häufigsten bei Kindern und Jugendlichen gegen Prüfungsangst verschrieben. Sie werden in flüssiger Form eingesetzt und gelten schon in kleinen Dosen als erfolgreich. Die volle Wirkung wird oft erst nach Tagen oder Wochen erzielt, von daher müssen sie oft über Wochen, Monate oder länger eingenommen werden.
Als Nebenwirkung treten Schlaflosigkeit, Überempfindlichkeit, Gereiztheit, Impulsivität, Unruhe und Zappeligkeit auf.
Folgende Medikamente beruhen auf SSRI: Fluctin®, Zoloft®, Gladem®.

2. Benzodiazepine (BZ)

BZ setzt man in der Regel kurzfristig ein, um eine sofortige Wirkung zu provozieren. Sie werden oft so lange genommen, bis die SSRI zu wirken beginnen. BZ werden häufig nicht über einen langen Zeitraum verschrieben, weil sie bei höherer Dosis offensichtlich abhängig machen. Sie können Stimmungsschwankungen und impulsives Verhalten hervorrufen. Die häufigsten Nebenwirkungen sind Müdigkeit und Schläfrigkeit. Üblicherweise werden BZ mit zeitlich sehr kurzer Wirkung bevorzugt – wie z. B. Tafil®. Gelegentlich werden auch andere BZ verschrieben wie Valium®, Tavor®, Dormicum® oder Rohypnol®.

3. Trizyklische Antidepressiva (TZA)

TZA werden weniger häufig verordnet, obwohl ihre Wirkung sehr effektiv sein kann. Sie haben unangenehme Nebenwirkungen: Mundtrockenheit, Sehstörungen, Schwindel und Übelkeit. Bei höherer Dosis sind Herzbeschwerden möglich. Sie eignen sich offensichtlich besonders für den Einsatz bei Panikattacken und Agoraphobie (Angst vor großen oder sehr belebten Plätzen). Medikamente sind: Saroten®, Doxepin®, Aponal®.

4. Beta-Blocker

Beta-Blocker führen zu einer Absenkung des Blutdrucks oder Pulses, sind aber mit Nebenwirkungen wie Schwitzen und Schwindel verbunden. Medikamente: Beloc®, Tenormin®, Nebilet®.

5. Andere Medikamente

Zentral wirksame Antihypertensiva wie Clonidin (z. B. Catapresan®) können hilfreich sein.
Ebenso beispielsweise Atarax®, das aber nur abends eingenommen werden sollte, weil es Müdigkeit provoziert.
MAO-Inhibitoren – obwohl sehr effektiv bei Ängsten – werden in der Regel Kindern nicht verschrieben, weil sie starke Nebenwirkungen und Nahrungsauflagen haben, die von Kindern nur sehr schwer beachtet werden können.

6. Medikamente mit indirekten Effekten auf Schul- und Prüfungsangst

Stimulantien wie Ritalin® oder Concerta® wirken indirekt bei Prüfungsangst, weil sie beruhigen. Sie führen zu gesteigerter Aufmerksamkeit, verringern die Impulsivität, Vergesslichkeit und Unordentlichkeit.

7. Homöopathische Medikamente

Kräuter wie Hypericum (Johanniskraut) werden seit Jahren als Antidepressiva eingesetzt.

Baldrian (Valerian®, Valdispert® etc.) ist als Beruhigungsmittel ebenfalls sehr gebräuchlich.

Aber hier, wie überhaupt,
kommt es anders, als man glaubt.

(W. BUSCH)

Klassenarbeiten und Prüfungen kündigen sich an

Der Hase unter dem Mangobaum

Vor Prüfungssituationen entsteht unter Schülern in der Regel
Panik. Manche verursachen sie regelrecht. Anderen gelingt es
nicht, solche Situationen gelassen anzugehen. Es entsteht der Eindruck, dass gerade die gut Vorbereiteten und Leistungsstarken
besonders viel Unruhe erzeugen. Für die Ängstlicheren in einer
Gruppe bedeutet dies natürlich keine große Hilfe. Sie geraten
zusehends mehr und mehr unter Stress. Ihre Angst vergrößert
sich. Von daher gilt als erste Regel – ungeachtet aller Ratschläge:
Ruhe bewahren! Möglichst nicht übermäßig und kopflos reagieren! Nicht jedes Panik verursachende Gerücht begierig auf-
saugen! Gelassenheit entwickeln!

Ein Hase legte sich einst unter einen Mangobaum, um zu
schlafen. Plötzlich hörte er einen Knall. Er dachte, dass dies das
Ende der Welt bedeute, und begann zu rennen.
Als die anderen Hasen ihn so eilen sahen, fragten sie: »Warum
läufst du so schnell?«
Und er antwortete: »Weil die Welt untergeht!«
Als sie das hörten folgten ihm alle auf seiner Flucht.
Die Hirsche sahen die Hasen rennen und fragten:
»Warum lauft ihr denn so schnell?« Die Hasen antworteten:
»Weil die Welt untergeht!«, worauf die Hirsche sich ihnen an-
schlossen. So eilte eine Tierart nach der anderen hinter ihnen her,
bis das ganze Tierreich in eine panische Flucht verwickelt war.
Sie hätte zur Vernichtung aller Tiere geführt.

Nur eine weise alte Schildkröte ließ sich nicht von der Hektik anstecken. Als sie die Tiere in Panik dahineilen sah, fragte sie die letzte Gruppe, die sich der Flucht angeschlossen hatte, warum sie so schnell liefen. Sie antworteten: »Weil die Welt untergeht!«

»Das kann nicht wahr sein«, sagte die Schildkröte, »denn die Welt geht noch nicht zu Ende. Lasst uns herausfinden, warum alle so denken.«

Sie befragte dann eine Tierart nach der anderen und verfolgte auf diese Weise die Spur zurück bis zu den Hirschen und schließlich zu den Hasen.

Als die Hasen der Schildkröte erzählten, dass sie so eilten, weil die Welt zu Ende ginge, fragte sie, welcher Hase ihnen das erzählt habe. Sie zeigten auf denjenigen, der mit der Geschichte angefangen hatte, und die weise Schildkröte wandte sich ihm zu und sprach: »Wo warst du und was hast du gemacht, als du dachtest, die Welt ginge unter?«

Der Hase antwortete: »Ich lag unter einem Mangobaum und schlief.«

Die Schildkröte sagte zu ihm: »Du hörtest wahrscheinlich eine Mangofrucht fallen. Von dem Knall wurdest du aufgeweckt. Du dachtest, die Welt geht unter, und bekamst Angst. Lass uns zu dem Baum zurückgehen, wo du lagst, um zu sehen, ob es so war.«

Zusammen gingen sie zu dem Baum und sahen, dass in der Tat eine Mangofrucht hereingefallen war, wo der Hase gelegen hatte. So rettete die weise Schildkröte das Reich der Tiere vor der Vernichtung.

Prüfungen gehören zum Alltag

Prüfungen, Klassenarbeiten und Tests gehören zum Alltag eines jeden Kindes und eines jeden Jugendlichen. Manche gehen mit Prüfungssituationen absolut locker um. Sie scheinen sich darauf zu freuen, ihr Wissen in einem Test unter Beweis zu stellen. Andere wiederum entwickeln während Prüfungen oder schon bei dem bloßen Gedanken daran große Ängste, der Schweiß perlt ihnen von der Stirn und die Hände sind feucht, der Atem geht schneller ... Sie fühlen sich insgesamt nicht wohl. Von meiner gesamten Schulzeit sind mir die unzähligen Arbeiten noch heute in der Erinnerung ein besonderes Gräuel. Am meisten hat mich nach dem Abitur gefreut, dass ich nun endlich keine mehr zu schreiben hatte.

Daneben gibt es für Kinder und Jugendliche immer wieder auch versteckte Situationen, die nicht als Prüfungssituationen erkennbar sind und dennoch Angst auslösen und einem den Schweiß auf die Stirn treiben. So fällt es vielen schwer, durch ein voll besetztes Lokal zur Toilette zu gehen. Der Raum ist voller Menschen und man denkt, dass alle ihre Blicke auf einen richten, wenn man durch den Raum kommt. Schon eine solche Situation kann bei vielen Menschen Ängste auslösen.

Nach der Lektüre dieses Buches geht keiner begeistert und völlig ohne Angst in Prüfungen. Das wäre auch nicht sinnvoll. Ohne Angst strengt man sich weniger an, die Situation wird unterschätzt. Dementsprechend fällt dann auch die Note aus. Man wird sich daher nicht auf Prüfungen freuen, aber Denkblockaden und Angst verringern sich. Was für die Prüfung gelernt worden ist, kann auch tatsächlich eingebracht werden und selbst der Prüfer löst weniger Angst aus.

Eltern und auch Lehrkräfte betonen immer wieder, dass sie gern etwas zur Bewältigung der Angst- und Prüfungsprobleme ihrer Kinder und Jugendlichen beitragen möchten. Eltern und Erzieher sollten auf erste Signale achten. Dann lässt sich die Schulangst sehr gut bekämpfen. Was können sie also tun?

Prüfungsangst

Wer vor einer Prüfung, einem Test, einer Klassenarbeit steht, kann in unterschiedlichen Bereichen Schwierigkeiten haben und Ängste entwickeln:
1. in der Prüfungsvorbereitung,
2. in der Prüfungssituation.

Viele Eltern haben die folgende Situation schon erlebt, manche sogar mehrfach:

Man geht spät zu Bett. Mitten in der Nacht wacht die Mutter auf und hört ein Geräusch, das zusehends lauter wird. Es ist das Weinen, Klagen und Jammern eines Kindes. Die Mutter geht in das Zimmer des Kindes und die Tochter ruft:»Mama, Mama, ich kann nicht schlafen.«

Die Mutter setzt sich an den Bettrand und fragt:»Was ist los, Susanna?« Keine Antwort. Die Mutter fühlt die Stirn, ob das Kind Fieber hat, und versucht zu klären, ob sie Bauchschmerzen hat. Dann fragt sie nochmals:»Was ist denn los?«

Schließlich sagt das Mädchen:»Ich muss ständig an die Klassenarbeit denken, die wir morgen schreiben. Ich kann nicht schlafen.«

Susanna ist neun Jahre alt, sie ist eine ausgezeichnete Schülerin und hat bis jetzt keine Probleme mit Tests und Klassenarbeiten gehabt. Sie hat immer gut geschlafen und einmal im Bett, schläft sie die ganze Nacht durch.

Die Mutter tröstet die Tochter, spricht ihr gut zu, gibt ihr noch einen Kuss, zieht die Bettdecke zurecht und geht zurück in das eigene Schlafzimmer. Sie fühlt, dass Susanna Angst vor der Klassenarbeit hat oder vielleicht Angst hat, bei der Klassenarbeit zu versagen ...

Wie viele Kinder mögen wohl jede Nacht wach liegen wegen einer Klassenarbeit oder einer Prüfung, die am nächsten Tag ansteht? Leider zu viele, befürchte ich.

Wahrscheinlich wächst die Zahl der Prüfungsängstlichen sogar noch, weil zur Zeit in den Schulen die Tendenz zu beobachten ist, dass die Anzahl der Arbeiten ständig zunimmt. In jedem Fach werden schriftliche Tests verlangt – selbst in Religion. Kinder können natürlich nicht unterscheiden, dass eine Arbeit für das Fach Deutsch unter Umständen viel mehr Bedeutung hat als ein Test für das Fach Erdkunde, Biologie oder Religion. Aber in allen Fächern werden sie gezwungen, Tests zu absolvieren.

Furcht erleben und Angst entwickeln

Um Prüfungsangst besser zu verstehen, ist es wichtig, sie von der Furcht abzugrenzen.

Furcht

Ein Student aus M. hatte schon immer den Wunsch einmal eine Safari mitzumachen, um wilde Tiere zu beobachten. Er sparte sein Geld über Jahre, und schließlich fuhr er nach Südafrika in den Krüger-Nationalpark.

Jeden Tag machte er mit einer Gruppe anderer Touristen Exkursionen mit dem Jeep. Am vierten Tag der Safari hatte ihr Fahrzeug einen Motorschaden. Sie blieben mitten in der Savanne liegen und mussten stundenlang auf einen Ersatzwagen warten.

Die Gruppe hielt sich in der Nähe des Jeeps auf, suchte aber Schutz vor der Sonne in dem Schatten einiger Bäume und Büsche. Aus irgendwelchen Gründen entfernte sich der Student etwas von der Gruppe und machte einen kleinen Spaziergang.

Plötzlich hörte er ein Geräusch, das von einem Hügel in seiner Nähe kam. Dort sah er in etwa hundert Meter Entfernung einen Löwen auf dem Hügel. Dieser hatte ihn bemerkt und fing an, in seine Richtung zu laufen.

Er versuchte, »Hilfe« zu rufen, aber seine Stimme versagte. Er begann zu zittern und wusste, dass es sinnlos war, wegzulaufen. Er konnte dem Tier nicht entkommen. Vor seinem inneren Auge lief sein bisheriges Leben als Film ab. Panik ergriff ihn. Der Löwe kam näher und näher, setzte zu einem Sprung an – zwei Schüsse ertönten. Der Löwe lag tot auf dem Boden. Der Führer der Jagdgruppe hatte ihn erschossen. Der Löwe lag tot vor ihm.

Der Student brach zusammen und fiel in Ohnmacht.

Angst

Etwa ein Jahr später saß derselbe Student gemütlich im Wohnzimmer und verfolgte am Bildschirm einen Dokumentarfilm über den Krüger-Nationalpark.

Da erschien unerwartet ein Löwe auf dem Bildschirm.
Der Student begann zu zittern und zu schwitzen. Sein Herz raste
und er musste die Augen schließen. Wie gelähmt konnte er nicht
einmal das Gerät abzuschalten.

Unterschiede

Die Körperreaktionen zeigen sich in beiden Beispielen als sehr
ähnlich. Aber die erlebte Gefahr während der Safari ist eine reale.
Der Student entwickelte während der Safari eine absolut begrün-
dete Furcht. Da er nicht täglich einem Löwen begegnet, kann seine
Furcht nur zeitweilig und aus aktuellem Anlass auftreten. Als er
jedoch zu Hause saß, einen Film im Fernsehen sah, gab es keinen
realen Grund, sich zu fürchten. Der Löwe agierte lediglich im Fernsehen und hatte nicht die geringste Möglichkeit, ihn zu verletzen,
auch wenn man die Angst des Studenten beim Anschauen des
Films sehr gut nachvollziehen kann, weil man um sein Erlebnis im
Krüger-Nationalpark weiß. Die Angst wird also im Gegensatz zur
Furcht nicht durch eine reale Gefahr, sondern durch unsere Vorstellung hervorgerufen. Sie kann unbegründet, andauernd, nahezu chronisch sein. Ihre Intensität ist häufig unverhältnismäßig.

Viele Leute entwickeln Angst vor Dingen, die sie nie erlebt
haben. So mancher hat panische Angst vor Schlangen, obwohl er
nie eine berührt hat oder je von einer gebissen wurde. Wer ist
schon tatsächlich einmal im Fahrstuhl stecken geblieben? Dennoch trauen sich viele nicht, ihn zu betreten. Manche dieser
Ängste bereiten uns große Probleme im täglichen Leben. Sie
schränken uns ein in dem, was wir tun wollen. Realen Schlangen
und Löwen aus dem Weg zu gehen gestaltet sich oft viel einfacher
als Ängste vor Klassenarbeiten, Tests und Prüfungen in der Schule
zu vermeiden.

Zusammenfassend kann man sagen: Furcht ist etwas Aktuel-
les, aber Zeitweiliges. Eine Person, die Furcht empfindet, weiß
meist auch, warum. Die Reaktion auf die Furcht entspricht in
der Regel der wahrgenommenen Bedrohung. Ist die Bedrohung
vorüber, ist auch die Furcht vorüber. Angst dagegen wird durch
entsprechende Gedanken ausgelöst. Sie ist die Antwort auf eine

vorgestellte Bedrohung. Der Grund für das Angstgefühl ist oft nicht bekannt. Die Intensität der Angstreaktion entspricht in der Regel nicht der Bedrohung.

Unterschiedliche Ängste

Ängste sind Antworten auf vorgestellte Bedrohungen. Es kann aber auch gut sein, dass die Ursachen für die Angst dem Betroffenen gar nicht bewusst sind. Angst ist von daher ein eher allgemeines Gefühl. Und so ist auch die Intensität der Angst nicht unbedingt proportional zur Bedrohung. Angst ist nichts, was gelegentlich passiert und eine Reaktion auf ein bestimmtes Ereignis darstellt, sondern sie ist latent immer vorhanden. Angst spielt in unserem Leben eine große Rolle. Wir empfinden viele Ängste, wahrscheinlich viel mehr Ängste als unsere Vorfahren. Wir kennen finanzielle Ängste, Ängste um den Arbeitsplatz, Beziehungsängste, Ängste um die Gesundheit usw.

Ängste werden in der Regel auch an Kinder weitergegeben. Sie verhalten sich auch in der Schule zusehends ängstlicher, wenn sie immer wieder mit dem Modell Angst konfrontiert werden. Es ist nicht von ungefähr, dass Prüfungsangst sehr stark damit zusammenhängt, dass ständig gefordert wird, in der Schule und im Alltag gute, bessere und mehr Leistungen zu erbringen.

Angeboren oder anerzogen?

Werden Kinder schon mit Prüfungsangst geboren? Wie ist es mit der Angst vor Schlangen, vor hohen oder niedrigen Räumen oder wie mit der Angst, frei vor einer Gruppe zu sprechen?

Wissenschaftler gehen davon aus, dass die Veranlagung, ängstlich zu sein, zu einem gewissen Maß etwas Angeborenes oder Vererbtes ist. Aber unabhängig davon, welche Disposition vorliegt, haben Erwachsene doch einen großen Einfluss darauf, ob Kinder Prüfungsangst entwickeln oder nicht. Ihre Intensität kann von Eltern und Lehrkräften durchaus beeinflusst werden.

Aber auch der Einzelne selbst beeinflusst die Prüfungsangst. Es ist entscheidend, ob er sich selbst etwas zutraut oder ob er nur wenig oder kein Vertrauen in die eigenen Fähigkeiten hat. Wie steht es um sein Selbstvertrauen? Wie stellt sich der Umgang mit den eigenen Gefühlen dar? Gelingt es bei Aufkommen der Angst, sich auch wieder zu beruhigen? Neigt man dazu, jedes kleine Ereignis als Drama zu erleben, oder ist man in der Lage, gelassen auf Probleme zu reagieren?

Natürlich wird die Angst auch durch die Umgebung beeinflusst. Einmal durch die Schule selbst, durch die Lehrer und durch ihren Umgang mit Prüfungsangst. So gibt es Lehrkräfte, die versuchen, Prüfungsängstlichkeit zu mindern, während man bei anderen fast den Eindruck hat, dass es ihnen Vergnügen bereitet, Kindern Angst zu machen. Aber auch Eltern haben Einfluss auf Angst. Üben sie Leistungsdruck aus? Zeigen sie Verständnis? Einfluss nimmt ebenfalls die Peergroup, das heißt die gleichaltrigen Freundinnen und Freunde. Ihre Bewertung ist oft so bedeutsam, dass auch das eigene Verhältnis zur Prüfung hierüber definiert wird. Auf die tieferen Ursachen der Prüfungsangst wird weiter unten noch ausführlicher eingegangen (S. 125 ff.).

Ohne Prüfungsangst

Zu Recht fragt sich mancher, ob man ohne Prüfungsangst bessere Ergebnisse in Klassenarbeiten, Prüfungen etc. erzielt. Schon der Volksmund sagt nicht umsonst: »Angst macht dumm.« Zu viel Angst ist also für Prüfungsergebnisse keinesfalls förderlich. Zu wenig Angst bedeutet aber ebenfalls, dass die Prüfungsergebnisse nicht gut ausfallen.

Entwickelt sich zu viel Angst, besteht die Gefahr, dass der Prüfling blockiert. Das bedeutet, dass ihm überhaupt nichts einfällt, obwohl er gelernt hat. Dieser Blackout kann sich steigern, bis man nicht einmal mehr den eigenen Namen aufsagen kann. Schert man sich dagegen überhaupt nicht um das Ergebnis der Prüfung, erbringt man oft auch keine gute Leistung. Ich kann mich noch daran entsinnen, dass während meiner Examensprüfungen in

Psychologie eine ganze Reihe von Studenten Valium nahmen, um sich nicht zu sehr in der Prüfung aufzuregen und ihren Angstlevel zu senken. Das Valium bewirkte bei einigen, dass sie überhaupt keine Prüfungsangst mehr hatten. Das führte schließlich dazu, dass ihnen völlig egal wurde, welches Ergebnis sie erzielten. Alles schien ihnen gleichgültig zu sein. Sie machten sich eher über ihre Kommilitonen lustig, die versuchten, in den Prüfungen möglichst gut abzuschneiden. Beide Extreme erbringen Ungünstiges für den Verlauf von Prüfungen.

Ein mittlerer Angstlevel dagegen erweist sich als besonders günstig. Bei diesem entwickelt man keine Blockaden, nimmt es nicht zu leicht, setzt aber so viel Energie frei, um ein möglichst gutes Resultat zu erzielen und das gelernte Wissen optimal einzusetzen. Hier kann Angst sogar durchaus förderlich sein. Physiologisch betrachtet gibt es dann einen Adrenalinschub. Dieses Gefühl kennen Sportler, Schauspieler, Musiker etc. – jeder im Grunde genommen, der sich auf einen besonderen Einsatz vorbereitet. So bedeutet etwas Angespanntheit, solange sie nicht überhand nimmt, zunächst einmal nichts Schlechtes, weil sie uns motiviert und unsere gesamte Energie auf ein erfolgreiches Bearbeiten und Abschneiden zentriert.

Unterschiedliche Ausprägungsgrade von Prüfungsangst

Man kann unterschiedliche Ausprägungsgrade von Prüfungsangst folgendermaßen beschreiben:

1. *geringe Angst:* Prüfungsvorbereitungen werden nicht wichtig genommen, in die Vorbereitung und Wiederholung wird wenig Zeit investiert, sie bleiben oberflächlich. Das Testergebnis insgesamt ist dem Prüfling eher gleichgültig.
2. *mittlerer Angstlevel:* Die Vorbereitung auf die Prüfung orientiert sich am Prüfungsstoff. Sie ist angemessen: nicht zu kurz und oberflächlich, aber auch nicht zu umfangreich. Der Prüfungsstoff wird gründlich und ausreichend wiederholt. Das Ergebnis der Prüfung wird als bedeutsam und wichtig akzeptiert.

3. Bei *hoher Prüfungsangst* wird die Prüfung in der Regel sehr umfangreich, ausführlich und schon wochenlang vorher vorbereitet. Man beschäftigt sich ständig mit dem Test. Man verbringt sehr viel Zeit damit, die Prüfung vorzubereiten. Die Zeit entspricht nicht der Menge des zu lernenden Stoffes. Der Stoff wird nahezu überlernt, das Testergebnis überbewertet. Die Vorbereitung verläuft bei vielen jedoch eher ineffektiv.

Eine andere Gruppe von prüfungsängstlichen Schülern vermeidet dagegen das Lernen weitestgehend. Auch sie beschäftigen sich gedanklich viel mit der Prüfung, fangen mit der Vorbereitung jedoch gar nicht an oder unterbrechen sie immer wieder. Für diese Gruppe stellt eine etwas schlechtere Note eine Katastrophe dar und eine gute Note wird ebenfalls für völlig unwahrscheinlich gehalten.

Auswirkungen von Prüfungsangst

Die Auswirkungen von Prüfungsangst sind ganz unterschiedlich:

- Prüfungsangst verringert die Motivation und Fähigkeit von Kindern und Jugendlichen, sich ausreichend auf eine Prüfung vorzubereiten.
- Prüfungsangst beeinflusst sehr stark mündliche Prüfungen, aber auch Tests und Klassenarbeiten werden mit weniger Erfolg bearbeitet.
- Prüfungsangst führt zu schlechten Arbeitsergebnissen. Sie entsprechen nicht dem, was ein Kind oder Jugendlicher wirklich weiß.
- Durch Prüfungsangst verringert sich ständig das Selbstvertrauen, was mit negativen Erfahrungen einhergeht. Dies wiederum führt dazu, dass Prüfungen, Tests und Klassenarbeiten erfolgloser bearbeitet werden.

Vor allem jüngere Kinder zeigen bei Prüfungsangst eher mehr körperliche Symptome: Schwitzen, »taube« Hände, Magenschmerzen, Kopfschmerzen, Kälte- oder Hitzegefühl, Durchfall, Schlafstörungen ...

Einige Ursachen

Es gibt viele mögliche Ursachen für Prüfungsangst, und in den wenigsten Fällen kann man sie auf eine einzige zurückführen. Grob zusammengefasst können Ursachen beim Kind bzw. Jugendlichen selbst, dem Erziehungsstil der Eltern, den Freunden des Kindes oder Jugendlichen und schließlich der Schule liegen.

Ursachen beim Kind oder Jugendlichen

Prüfungsangst ruft man auch selbst hervor. Wer sich nicht auf einen Prüfungsstoff vorbereitet hat, entwickelt zwangsläufig Angst. Kinder und Jugendliche, die im Unterricht nicht aufpassen, den Unterrichtsstoff nicht verstanden haben, ihre Mitschriften nicht durchgearbeitet haben, nicht üben, nichts nachschlagen, sich kaum informieren etc., sind hier betroffen.

Manchmal gebe ich Schülern der Mittelstufe Nachhilfeunterricht in Latein. Sie beherrschen in der Regel die Grammatik nicht und können nicht systematisch übersetzen. Dies erlernen sie in absehbarer Zeit. Trotzdem kommen sie auf keinen grünen Zweig, weil sie kaum Vokabeln können. Es sind Schüler darunter, die so gut wie gar keine Vokabeln beherrschen, weil sie nie welche gelernt haben. Leider.

Das Ergebnis der vorausgegangenen Klassenarbeiten spielt ebenfalls eine Rolle: Gute Leistungen haben hier genauso Einfluss wie schlechte.

Schließlich ist der Einfluss des eigenen Selbstvertrauens nicht zu unterschätzen. Kinder unterscheiden bereits sehr früh, was sie gut können und was ihnen schwer fällt. Sie sagen zum Beispiel: »Ich kann gut lesen«, »Ich kann gut turnen« oder: »Ich bin ganz schwach in Mathe.« Was kann passieren? Sie sind dann tatsächlich schwach in Mathematik und schreiben hier schlechte Klassenarbeiten. Wenn man sich selbst nichts zutraut, ist es auch nicht verwunderlich, wenn die Ergebnisse in diesen Prüfungsarbeiten schlecht sind. Dazu gehören auch Kinder und Jugendliche, die sich andauernd sorgen und ständig darüber sinnieren, welche Note sie wohl erreichen werden.

Ursachen bei der Peergroup

Auch die Peergroup kann Prüfungsangst auslösen. Zum einen kann der Prüfling zu einer Gruppe von sehr leistungsorientierten und strebsamen Schülern gehören, die unter Umständen Druck ausüben. Hier wird ein gutes Abschneiden erwartet und vorausgesetzt. Aber auch das Gegenteil ist möglich: Die Peers vertreten die Auffassung, dass Klassenarbeiten etc. eher unwichtig sind. Es gilt als »ätzend«, wenn jemand lernt, und »cool«, wenn er es darauf ankommen lässt und nichts tut.

> Björn ist ein guter Schüler in der Klasse 8. Vieles interessiert ihn. Er lernt gern und es fällt ihm leicht. Er versteht schnell und kann sich auch den Stoff der einzelnen Fächer gut merken. Er schreibt häufig gute bis sehr gute Noten. Bei seinen Alterskameraden gilt er als »Streber« und »Weichei«. Die anderen machen sich lustig über ihn und hänseln ihn in der Pause. Björn hat sich ernsthaft vorgenommen, jetzt auch einmal ein paar schlechte Noten zu schreiben, damit er wieder mehr Ansehen unter den Gleichaltrigen gewinnt ...

Prüfungsangst kann also auch durch Klassenkameradinnen und -kameraden vergrößert werden. Einstellung und Kommentare anderer Kinder und vor allem Jugendlicher haben eindeutig einen großen Einfluss:

> »Unsere Klassenarbeit morgen macht mich schon heute verrückt.«
> »Ich habe dieselbe Arbeit schon letztes Jahr geschrieben. Man kann nicht für sie lernen, sie ist viel zu schwer.«
> »Du weißt, wenn ich in Mathe eine Fünf schreibe, muss ich am Ende des Schuljahres wahrscheinlich von der Schule.«

So unterhalten sich Kinder untereinander, ihre Aussagen verstärken die Prüfungsangst. Manche machen von daher schon vorher viel Panik – berechtigt oder unberechtigt. Ihre Tests müssen gar nicht so schlecht sein. Diese Gruppe ist für andere wenig hilfreich, weil sie provozieren, dass sich Prüfungsangst bei anderen vergrößert.

Prüfungsangst kann aber auch durch die Botschaften anderer Kinder verringert werden:

> »Wir haben die ganze letzte Woche gelernt. Das reicht. Wir haben genug getan.«
>
> »Mein Bruder hat mir erzählt, dass der Test nicht so schwer war, als er ihn letztes Jahr geschrieben hat.«
>
> »Also, wenn wir die Prüfung jetzt nicht schaffen, müssen wir sie eben wiederholen. Das geht auch.«

Bei den Aussagen oder Meinungen selbst ist also wichtig, ob sie positiv, unterstützend und Angst reduzierend sind. In Bezug auf ihre Bedeutsamkeit spielt das soziale Ansehen der Alterskameraden eine Rolle. Die Aussagen mancher Kinder haben bei den anderen einen großen Stellenwert – andere nicht. Dies hängt viel mit der Akzeptanz und dem Verhältnis untereinander in der Klasse zusammen.

> Als René in die Klasse 8 kam, wurde er mit Hallo begrüßt. Einige hatten schon von ihm gehört. René – obwohl sitzen geblieben – gab sofort den Ton an. Seine Späße fanden viele Bewunderer. René machte keine Hausaufgaben, übte nicht für Klassenarbeiten, lernte keine Vokabeln und störte viel im Unterricht. Seine »Fans« imitierten ihn. Schon die erste Mathearbeit fiel katastrophal für die Mehrzahl der Klasse aus und auch die Englischarbeit war nicht besser. Nach drei Monaten waren schon einige versetzungsgefährdet.
> Ein Teil der Schüler hatte immer mehr Probleme mit den Arbeiten. Sie waren nervös, konnten sich nur schlecht konzentrieren und litten. Einige änderten ziemlich schnell ihr Verhalten und begannen wieder, Hausaufgaben zu machen, zu lernen etc. Die Klassenarbeiten wurden besser und das Halbjahreszeugnis konnte sich sehen lassen. René selbst fuhr fort, Unsinn zu machen. Am Schluss des Jahres blieb er zum zweiten Mal in Folge sitzen und musste die Schule verlassen.

Der Einfluss der Erwachsenen ist sehr gering. Die Eltern versuchen oft einzugreifen, indem sie regeln wollen, mit welchen Kindern das eigene Kind verkehrt, neben wem es sitzt, mit wem es lernt etc. Meist erweisen sich solche Interventionen als nicht sehr hilfreich. Kinder regeln ihren Umgang mit anderen selbst. Sie ziehen selbst Konsequenzen und versuchen täglich, mit ihrer Angst vor Prüfungen umzugehen.

Ursachen bei den Eltern

Wenn Eltern ständig über Schulleistungen reden, nur gute Noten erwarten, alle Prüfungen unangemessen wichtig nehmen, provozieren sie Prüfungsangst. Beobachten sie Prüfungsangst bei ihrem Kind, haben sie einerseits das Gefühl, dass irgendetwas mit ihm nicht stimmt. Andererseits kommen sie aber auch oft zu der Auffassung, dass ihr Kind faul und/oder desinteressiert sei. Sie versuchen zu intervenieren, indem sie ihr Kind zu mehr Arbeit anhalten – oft durch unterschiedliche Strafen: kein Fernsehen, keine Computerspiele, bevor die Hausaufgaben beendet sind, oder: »Du kannst mit deinen Freunden nur ins Schwimmbad, wenn du die Hausaufgaben gemacht hast«, »Kein neues Fahrrad, wenn du nicht anfängst, in der Schule besser zu werden« etc. Sie sind der festen Überzeugung, diese Strategie sei hilfreich. Sie lieben ihre Kinder und sehen es als Teil ihrer elterlichen Verantwortlichkeit an, das Kind zum Lernen zu zwingen – vor allem dann, wenn es sich nicht auf dem »richtigen« Weg befindet. Eltern denken oft, Strafen seien notwendig, um ihr Kind aktiver werden zu lassen. Das Erstaunliche dabei ist, es funktioniert tatsächlich – zumindest eine Zeit lang, aber kaum über einen längeren Zeitraum oder sogar auf Dauer.

Als Schulpsychologe arbeite ich in einer sehr ländlichen Gegend, und häufig stellen mir Eltern eines ihrer Kinder mit der Frage vor: »Kann er nicht oder will er nicht?« Komme ich zu dem Ergebnis, dass er schon könnte, dann gibt es ein Donnerwetter, Sanktionen und meistens die wenig hilfreiche Devise: »Setz dich hinters Buch und lern!«

Die Schüler fragen sich dann, was sie lernen sollen: Wenn man in einem Fach schlecht ist, versteht man den Inhalt des begleitenden Schulbuches auch nicht mehr.

Erwartungen an die Schule

Im Grunde genommen erwarten wir von der Schule, dass sie für das Lernen auch eine geeignete Umgebung schafft. Auch dies gehört zur Prävention von Prüfungsangst. Der Klassenraum sollte freundlich ausgestaltet sein, das Schulgelände so beschaffen und die Aufenthaltsräume für die Schüler so möbliert sein, dass man sich in den Pausen gern dort aufhält. Die vielen Schulen, die ich gesehen habe, haben mich in der großen Mehrzahl sehr enttäuscht. Sie sind spartanisch, wenig großzügig ausgestattet und kaum an den Bedürfnissen der Schüler orientiert. Es ist erstaunlich, dass Kinder sich hier einen ganzen Tag aufhalten können, ohne größere Schäden zu erleiden. Nur wenige Schulen haben ein Ambiente, das Stress eher abzubauen scheint. Besonders bedrückend sind meine Beobachtungen, dass Lernbehinderte, erziehungsschwierige Kinder noch schlechtere Bedingungen in ihrer schulischen Umgebung haben, weil ihre Schulen noch einen Grad hässlicher sind als die anderer Kinder.

Zusätzlich erwarten Eltern, dass Unterrichtsklima und Lehrplan auf die Bedürfnisse von Kindern und Jugendlichen Rücksicht nehmen und dass sensibel mit Problemen umgegangen wird. Die Interaktion zwischen Lehrkraft und Schülern erfolgt – so hoffen sie – mit Empathie.

Natürlich stellen Eltern an das Fachwissen der Lehrkräfte Anforderungen: Gute Methodiker, Didaktiker, souverän im Stoff und ausreichend psychologisch geschult sollen sie sein, um mit Prüfungsängstlichen umgehen zu können.

Günstige äußere Bedingungen und überlegte Lernkonzepte können also Prüfungsstress mindern. Und die Schule bemüht sich auch mehr und mehr.

Erwartungen an die Lehrkräfte

Die Phase vor der Prüfung ist immer die längste. Und gleichgültig welchen Einfluss Eltern, Gleichaltrige, Schule etc. auf diese Phase nehmen, die entscheidende Rolle spielen hier die Lehrkräfte.

Verantwortungsbereiche von Lehrkräften

1. Ausreichende Vorbereitung der bevorstehenden Prüfung.
2. Vermittlung des Inhalts, der abgeprüft wird, und Aufarbeitung der Probleme, die Schüler in einzelnen Bereichen haben.
3. Unterricht, in dem gute Zusammenfassungen und Lernhilfen gegeben werden.
4. Durchführung von Prüfungen zur Probe.

Manchmal erweist es sich in Klassen als wichtig, Prüfungsangst mit Hilfe kleiner informeller Fragebögen zu erfassen (siehe S. 131). Sie zeigen der Lehrkraft, wer unter Umständen Hilfe braucht und ob vielleicht Maßnahmen für die ganze Klasse ergriffen werden sollten. Dies können Gespräche, Übungen zum Umgang mit Prüfungsangst oder der Einsatz bestimmter Techniken sein.

Das gute Abschneiden bei einer Prüfung beginnt damit, dass die Stoffvermittlung im Unterricht inhaltlich, methodisch und didaktisch stimmt. Aufgrund der Lernprobleme vieler Kinder ist es hier unerlässlich, dass der Stoff unterschiedlich dargeboten wird und die Kinder differenziert unterrichtet werden – je nach ihren Bedürfnissen, damit sie Prüfungssituationen gelassen entgegensehen können.

Ankündigung der Klassenarbeit oder Prüfung

In der Schule selbst trifft man häufig auf Lehrkräfte, die über die Prüfungen, Tests und Klassenarbeiten versuchen, Disziplin in die Klasse zu bringen. Sie provozieren vor Prüfungen, Klassenarbeiten und Tests einen solchen Leistungsdruck, dass kaum akzeptable Ergebnisse erzielt werden. Manche scheinen sogar eine solche Situation zu genießen. Glücklicherweise bemüht sich jedoch die

Die Klassenarbeit

Name: _____   Vorname: _____

1. Wenn meine Lehrerin / mein Lehrer eine Klassenarbeit ankündigt, denke ich

_____

_____

Dabei fühle ich _____

2. Auf Klassenarbeiten bereite ich mich folgendermaßen vor:

_____

_____

3. Sorgen macht

_____

_____

4. Die Nacht vor der Klassenarbeit

_____

_____

5. An dem Tag, an dem die Klassenarbeit geschrieben wird, versuche ich

_____

_____

6. Nach dem Test denke ich

_____

_____

Abb. 3: Beispiel informeller Fragebogen: Die Klassenarbeit

große Mehrzahl, Prüfungssituationen zu entkrampfen, Stress abzubauen und Angst zu mindern.

Schon der Ankündigung von Arbeiten und Prüfungen kommt eine besondere Bedeutung zu. Dabei ergeben sich folgende Fragen:

Ankündigung einer Klassenarbeit
1. Wie kündige ich die nächste Klassenarbeit an?
2. Was sage ich über die Bedeutung der Arbeit?
3. Welche Aussagen mache ich zur Benotung?
4. Wie kommentiere ich erfolgreiches und schwaches Abschneiden?

So haben zwei Kolleginnen eine Vergleichsarbeit auf ganz unterschiedliche Art und Weise angekündigt:

Kollegin 1:
»Im Mai schreiben alle Klassen eurer Jahrgangsstufe eine Vergleichsarbeit in Deutsch. Es ist eine sehr wichtige Arbeit, weil sie im Schulamt vorgelegt werden muss. In dem Test könnt ihr unter Beweis stellen, was ihr wisst.

Thema, Inhalt und Dauer der Arbeit beraten alle Deutschlehrer der Jahrgangsstufen und konzipieren die Arbeit gemeinsam.

Alle Deutschlehrer der Klasse 7 möchten, dass ihr in dem Test gut abschneidet. Ich werde euch deshalb in den nächsten drei Monaten auf diesen Test vorbereiten. Wir werden den Lernstoff und Beispiele bearbeiten, die in ähnlicher Form in dem Test vorkommen werden. Und wie ihr ja wisst: Übung macht den Meister. So werdet ihr mit Sicherheit erfolgreich abschneiden. Macht euch keine Sorgen. Es wird schon alles gut laufen. Wenn jemand die Arbeit tatsächlich schlecht schreiben sollte, werde ich dann genau erklären, welche Fehler gemacht wurden.

Wenn es noch Fragen gibt, lasst es mich wissen.

Auf dem nächsten Elternabend wird der Stufenleiter mit den Eltern über die Vergleichsarbeit sprechen. Die Eltern werden dann entsprechende Informationen erhalten, sodass sie wissen, was auf sie zukommt.

Hat jemand von euch noch irgendwelche Fragen hierzu?«

Kollegin 2:

»Wir haben in den letzten Jahren auf ganz unterschiedliche Art und Weise den Stoff für unseren Deutschunterricht erarbeitet. Wir haben Referate gehalten, Gruppenarbeit gemacht, Projekte entworfen, Übungsblätter benutzt und Ähnliches.

Die Deutschlehrer aller Klassen 7 möchten nun gern einmal messen beziehungsweise prüfen, was wir gelernt haben, und werden eine Vergleichsarbeit entwerfen, die allen Schülern gleichzeitig vorgelegt wird.

Wir haben das in den vergangenen Jahren auch schon getan und ich kann euch versichern, dass eigentlich alle Schüler gut oder zufriedenstellend abgeschnitten haben. Obwohl es sich hier um eine ganz besondere Klassenarbeit handelt, bin ich überzeugt, dass jeder sein Wissen erfolgreich einbringen kann.

Damit ihr ganz sicher seid, werden wir in den nächsten Wochen Beispiele so einüben, wie sie in der Arbeit dann in ähnlicher Form vorkommen.

Wenn ihr Fragen habt, wendet euch immer sofort an mich. Manchmal machen die Schüler anderer Klassen ungerechtfertigte Panik. Lasst euch deshalb nicht »verrückt« machen, sondern wendet euch an mich, wenn etwas nicht klar zu sein scheint.

Ihr seid alle in Deutsch sehr bemüht und arbeitet sehr gut mit, deshalb bin ich mir sicher, dass ihr gut abschneiden werdet und euer Wissen auch in dieser Form unter Beweis stellen könnt.

Manchmal macht man sich vor Klassenarbeiten Sorgen und hat auch ein wenig Angst. Das ist ganz normal. Selbst wenn ihr nicht ganz so gut abschneiden solltet, werden wir eine Lösung und einen Weg finden, wie es weitergeht.«

Bei der Ankündigung der Kollegin 1 handelt es ich um eine eher formale, korrekte Ankündigung einer Vergleichsarbeit. Sie enthält kaum positive Botschaften. Die Kollegin kündigt an, aber macht gleichzeitig wenig Mut. Sie vermittelt auch nicht die Sicherheit, dass die Vergleichsarbeit von der Mehrheit der Klasse problemlos bewältigt werden kann. Dabei bemüht sich Kollegin 1 darum, sich positiv und unterstützend auszudrücken. Aber das Beispiel zeigt, wie schwierig es ist, positive Botschaften zu formulieren.

Positive Botschaften	Weniger positive Botschaften
Man kann einen Lernstoff auf unterschiedlichste Art und Weise erarbeiten und lernen.	Dieser Test wird zeigen, was ihr wisst.
Wir werden uns durch viele Beispiele vorbereiten. Ihr könnt euch sicher fühlen.	Üben garantiert den Erfolg.
Bemüht euch, euer Wissen einzubringen. Ich bin überzeugt, dass euch dies gelingt.	Bemüht euch, das ist das, was jeder tun sollte.
Lasst mich wissen, wenn es zu der Vergleichsarbeit Fragen gibt oder andere Schüler beunruhigende Aussagen machen.	Wenn ihr Fragen habt, lasst es mich wissen.
Es ist ganz normal, dass man sich Gedanken um eine Prüfung macht und dass man auch ein bisschen Angst hat.	Macht euch keine Sorgen, alles wird schon in Ordnung kommen.
Wenn ihr nicht so gut abschneiden solltet, werden wir eine Lösung und einen Weg finden, wie es weitergeht.	Wenn jemand die Arbeit tatsächlich schlecht schreibt, werden wir die Fehler genau analysieren.

»Kriminalrat Obermoos rät ...«

Vor vielen Jahren brachte der Hessische Rundfunk eine Sendereihe mit kurzen Kriminalhörspielen. Im Mittelpunkt dieser Hörspiele stand ein Kriminalrat Obermoos. Immer wenn er an einen Tatort gerufen und mit einem Verbrechen konfrontiert wurde, fragte er: *Wo* geschah's? *Wann* geschah's? *Wie* geschah's? *Warum* geschah's?

Jeder Schüler sollte sich beim Üben an der Vorgehensweise von Kriminalrat Obermoos orientieren und so trainieren. Er macht sich Gedanken zu folgenden Fragen:

Wo lerne ich? – zu Hause in meinem Zimmer, im Bett, in der Bücherei der Schule, bei Freunden ...

Wann bereite ich mich vor? – nachmittags zwischen 2 und 3, abends, am nächsten Wochenende, vor der Schule ...

Wie arbeite ich? – allein, mit meinem Freund, in einer Gruppe, mit den Eltern ...

Warum mache ich mir die Mühe? – Eigenantrieb, Gewohnheit, Ansehen vor den Freunden, Interesse, Lehrkraft, Eltern, ohne besondere Gründe ...

Ohne Mitschrift geht es nicht

Das Schlagwort »Methodentraining« ist in aller Munde. Lehrkräfte propagieren es, und dennoch setzen viele Schüler entsprechende Methoden kaum um. Einfachste Dinge scheinen sie nicht zu beherrschen. So sind sie häufig nicht in der Lage, entsprechende Notizen zum Unterricht zu machen und Zusammenfassungen des Lernstoffes zu erstellen. Sind die schriftlichen Notizen dürftig und wenig aussagekräftig, wird auch die Vorbereitung auf die Klassenarbeit entsprechend ausfallen.
Beim Mitschreiben ist zu beachten:

1. Abkürzungen benutzen. Manchmal hat man große Schwierigkeiten mitzuschreiben, weil das Unterrichtstempo sehr schnell ist. Von daher können entsprechende Abkürzungen die Mitschrift erleichtern. Es müssen nicht immer Abkürzungen sein, es können auch Teile von Wörtern sein.

   Im Rahmen unserer therapeutischen Arbeit schreiben wir oft wörtlich mit, was Kinder zu einer Zeichnung erzählen. Sie sprechen oft so schnell, dass man auf Abkürzungen angewiesen ist – wie: »Ich als Rosenbusch« = IaR, »Blüten und Blätter« = »Blü + Blä«. Wichtig ist, dass trotz Abkürzung die entsprechenden Wörter assoziiert werden.

2. Auf Schlüsselwörter achten. Manchmal benutzen Lehrer im Unterricht wichtige Schlüsselwörter. Oft kann man sie bei-

spielsweise daran erkennen, dass die Lehrkraft »erstens, zweitens, drittens« etc. benutzt.

3. Das Tafelbild beachten und übernehmen.
4. Auch Stimmführung, Mimik und Gestik geben Hinweise.
5. Die Mitschrift zu einer Stunde sollte aufgearbeitet werden. Manchmal muss sie ergänzt werden, meistens aber ist vor allem auf Leserlichkeit zu achten. Viele Schüler fertigen ihre Notizen so unleserlich an, dass sie selbst nicht danach lernen können.

Lehrkräfte können beim Mitschreiben behilflich sein, indem sie Folgendes berücksichtigen:

1. Die Zielsetzung der Unterrichtsstunde sollte zu Beginn genau angegeben werden.

Beispiel: »Heute werden wir in der Deutschstunde die vier grammatischen Fälle behandeln. Dabei werden wir die lateinischen Begriffe einführen und als Hilfe werde ich euch auch entsprechende Fragewörter vorgeben und Strategien, wie ihr die entsprechenden Fälle ermitteln könnt.«

2. Der Unterrichtsstoff wird in kleinere Einheiten aufgeteilt.

Bei dem Beispiel »Behandlung der vier Fälle« handelt es sich folgerichtig um vier Abschnitte: Erster Fall, zweiter Fall, dritter Fall, vierter Fall.

3. Ein übersichtliches Tafelbild verdeutlicht den Unterrichtsinhalt.
4. Wichtige Aussagen müssen auf jeden Fall wiederholt und immer wieder durch Beispiele verdeutlicht werden.
5. So häufig wie möglich den Unterrichtsstoff visualisieren und unterschiedliche Medien einsetzen (Overhead, Beamer etc.).

Beim Beispiel Grammatik handelt es sich um einen Stoff, der von Schülern als eher langweilig empfunden wird. Einmal habe ich in der Klasse 5 die vier Fälle mit Laptop, Beamer und einer Power

Point Präsentation eingeführt. Allein die Wahl des technischen Mediums hat hohes Interesse ausgelöst. Jeder wollte gern Beispielsätze eintippen und diese graphisch anschaulich machen. Nach Behandlung der vier Fälle war ein sehr übersichtliches Tafelbild entstanden, das die Schüler mit Hilfe von Power Point erstellt hatten. Ein Schüler hat freiwillig die Präsentation zu Hause überarbeitet und jedem eine CD zur Verfügung gestellt. Ein anderer Schüler fragte am Schluss: »Können wir denn nicht in der nächsten Stunde auch mal eine Einführung in Power Point machen?«

Lernkartei

Die Lernkartei gehört zu den erfolgreichsten Methoden, um Lernstoff dauerhaft abzuspeichern. Sie lässt sich nahezu universell einsetzen. Ihr liegt die Idee zugrunde, dass nur das gelernt werden soll, was noch nicht verankert ist. Während man beispielsweise in einem Diktat auch eine Fülle von Wörtern mit einem Kind übt, die es eigentlich schon kann und nicht mehr schreiben muss, trainiert man hier mit der Lernkartei gezielt die Lücken. Sie ist für jedes Fach einsetzbar, sowohl zu Hause als auch im Unterricht.

Mit der Lernkartei werden Wissensinhalte systematisch wiederholt, bis das Kind sie beherrscht. Man kann sie etwa ab Klasse 3 einsetzen.

Einer der Hauptvorteile besteht darin, dass man mit der Lernkartei eigenständig arbeiten kann.

Sie eignet sich besonders gut für das Erlernen von Vokabeln in allen Fremdsprachen, für das Üben deutscher Rechtschreibung – aber auch für das Erarbeiten eines Wissensgebietes.

Vorderseite	Rückseite
Wie heißt die Hauptstadt von England?	London

- Der zu erlernende Stoff wird auf eine Karteikarte (Format DIN-A 6 oder DIN-A 7) geschrieben. Auf die Vorderseite schreibt man die Frage bzw. Aufgabe und auf die Rückseite die Antwort, die Lösung. Die Karteikarte kommt nun in den Lernkarteikasten. Dieser enthält fünf Fächer in zunehmender Tiefe (siehe S. 139). Sobald sich im ersten Fach ein paar Karten angesammelt haben, beginnt das Wiederholen.
- Das Kind nimmt eine Karte heraus, liest die Frage und sagt oder schreibt die Antwort. Jetzt wird die Karte umgedreht und kontrolliert, ob die Antwort richtig ist. Stimmt sie, wandert die Karte ins zweite Fach. Stimmt die Antwort nicht, bleibt sie im ersten Fach.

  Am nächsten Tag werden wiederum neue Karten angelegt. Beherrscht man sie, wandern sie in das zweite Fach. Die alten Karten aus dem zweiten Fach werden wiederholt. Werden sie gekonnt, kommen sie in das dritte Fach. Werden sie am nächsten Tag wiederum beherrscht, gelangen sie in das vierte Fach.

  Dabei gilt folgende Regel: Gekonnte Karten wandern ein Fach weiter; nicht gekonnte Karten wandern wieder ins erste Fach – ganz gleich in welchem sie sich vorher befanden.
- So werden Tag für Tag die Karten der einzelnen Fächer wiederholt, bis sie in das fünfte Fach gelangen. Jede Karte macht auf diese Weise mindestens fünf Wiederholungen durch. Wird sie im fünften Fach richtig beantwortet, kann sie herausgelegt werden. Sie ist mit großer Wahrscheinlichkeit im Langzeitgedächtnis abrufbar gespeichert.

Als Katharina zu uns in die Sprechstunde kommt, besucht sie die 2. Klasse und hat erhebliche Schwierigkeiten in Deutsch. Das Lesen geht schon ganz gut, aber mit dem Schreiben gibt es große Probleme. Aus der anfangs so begeisterten Schülerin ist ein völlig verängstigtes Kind geworden. Beim Schreiben verweigert sich Katharina immer häufiger.

Da die Defizite immer größer werden, empfehlen wir zur Unterstützung die Lernkartei in Verbindung mit einem Punkteplan (siehe S. 80 ff.). Der Punkteplan soll Katharina zusätzlich motivieren. Die

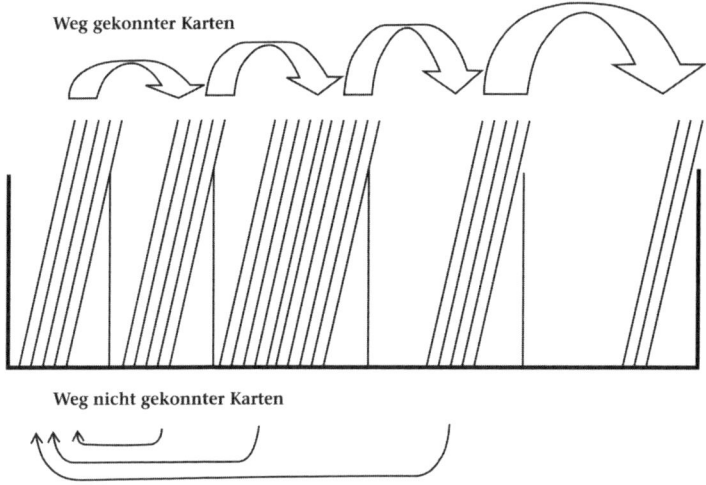

Weg gekonnter Karten

Weg nicht gekonnter Karten

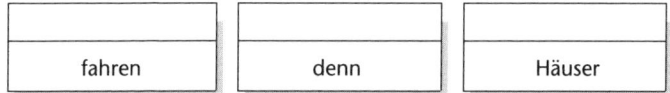

Abb. 4: Die Lernkartei, Querschnitt

Mutter nimmt den Vorschlag an und bespricht die Lernkartei mit ihrer Tochter. Diese willigt sofort ein.

Katharinas Mutter geht dabei folgendermaßen vor:

- Nach dem Sprechstundentermin setzt sie sich zusammen mit ihrer Tochter an den Schreibtisch. Beide nehmen Katharinas Deutschheft und einen Stoß Karteikarten zur Hand. Alle schwierigen Wörter des Schultages schreibt die Mutter einzeln auf eine Karteikarte.

fahren	denn	Häuser

- Die Mutter zeigt Katharina das Wort und diktiert es dann. Kann Katharina es schon richtig schreiben, erhält sie einen Punkt und die Karte wandert in das erste Fach der Lernkartei. Insgesamt übt sie drei Wörter. Katharina ist ganz begeistert und hat alle Wörter auf Anhieb richtig geschrieben. Sie nennt der Mutter von sich aus ein viertes Wort, das man auch auswählen könnte.
- Am nächsten Tag nimmt die Mutter die Karteikarten, die sich von gestern im ersten Fach befinden. Sie diktiert die einzelnen Wörter. Katharina schreibt alle richtig. Sie wandern in das dritte Fach.

- So geht es weiter, bis sich nach mehreren Tagen ziemlich viele Wörter im fünften Fach befinden. Katharina hat sie alle mehrmals richtig geschrieben.
- Jetzt hat sie so viele Punkte angesammelt, dass sie die Punkte gegen einen kleinen Preis tauschen kann. Sie wählt einen kleinen Stoffbären, der ihr neues Kuscheltier wird.
- Die Mutter stellt aus allen Wörtern, die sich im fünften Fach befinden, ein kleines Diktat zusammen. Katharina schreibt die meisten Wörter richtig und ist ganz glücklich – die Mutter übrigens auch. Beide gehen noch am gleichen Nachmittag in die Eisdiele und genießen ein riesiges Eis.

Lesen von Texten und Büchern

Lesetipps
Bevor man einen Text oder ein Buch liest, verschafft man sich einen *Überblick:*

Text	Buch
– Aus welchem Buch stammt der Text?	– Welche Auflage des Buches liegt mir vor? Die neueste? Eine überarbeitete?

- Wer ist der Autor? Weiß ich etwas über ihn? Muss ich mich informieren?
- Wann wurde der Text geschrieben?
- Wie ist das Inhaltsverzeichnis aufgebaut?
- Ist es ein Quellentext?
- Haben die einzelnen Kapitel am Ende eine Zusammenfassung?
- Sind praktische Beispiele in besonderer Weise kenntlich gemacht?
- Bringt mir das Buch / der Text die Informationen, die ich suche?
- Gibt es ein Literaturverzeichnis? Wenn ja – existieren noch andere für mich aktuelle Fachbücher/Texte?

Jetzt folgt das eigentliche *Lesen:*

- Bei kürzeren Texten liest man zunächst einmal über den Text, bevor eine genaue zweite Lektüre folgt. Dabei hat es sich nicht bewährt und ist auch keine Zeitersparnis, über das kleiner Gedruckte hinweg zu lesen. Es enthält oft ganz wichtige Informationen wie Beispiele, genauere Erklärungen und theoretische Ansätze.

- Bei Büchern liest man zunächst ein Kapitel
- Wichtige Textpassagen *unterstreicht* man – keinesfalls den ganzen Text. Die Unterstreichungen sollten nicht mehr als 20 Prozent eines Kapitels ausmachen.

- Man markiert: Definitionen, wichtige Beispiele, Kritik, wichtige Aussagen, Widersprüche, Formeln, wichtige Namen und Daten, kurze Zusammenfassungen theoretischer Ansätze.
- Man fasst den unterstrichenen Text zusammen und überträgt ihn auf Karteikarten. Man beschreibt die Karteikarte nur einseitig und gibt ihr eine Überschrift.
- Zu den einzelnen Karteikarten formuliert man *Fragen und eigene Anmerkungen,* die auf der leeren Seite stehen.
- Man liest sich nun die Fragen oder Überschriften durch und wiederholt den Stoff der Kartei. Man sagt sich die Antwort laut vor, damit man sicherer in den Formulierungen wird, und überprüft anhand der Karte, ob die Ausführungen sachlich richtig sind. Manchmal ist es hilfreich, sich einen zweiten Satz von Karten anzufertigen, die nur die Fragen und/oder Überschriften enthalten, um zu überprüfen, ob die Antworten schon im Gedächtnis eingeprägt sind.

Vorderseite	Rückseite
	Mendel'sche Gesetze
Wie heißen die drei Mendel'schen Gesetze?	1. Uniformitätsgesetz 2. Spaltungsgesetz 3. Neukombinationsgesetz

Übung macht den Meister?

Wer Autofahren oder Klavierspielen lernt, profitiert von ständiger Übung. Es bringt aber oft wenig, einen Prüfungsstoff mechanisch zu wiederholen. Es gibt viele Schüler, die einen Prüfungsstoff immer wieder durchlesen und auch wiederholen und doch in Arbeiten wenig davon profitieren. Wie schon erwähnt hören viele zu Hause als Ratschlag: »Setz dich hinters Buch und lern!« Das Sitzen hinter dem Buch nützt aber noch nichts, wenn man den Stoff nicht verstanden hat oder ihn nicht wiedergeben kann. Er muss also in bestimmter Weise wiederholt werden:

- Text lesen, unter Umständen zweimal,
- dann aus dem Kopf den Inhalt wiedergeben (sich laut vorsprechen, ohne auf den Text oder in das Buch zu schauen),
- überprüfen, ob das Wiederholte korrekt ist, Fehler korrigieren,
- Vorgang in Zeitabständen (nach einer Stunde, nach einem Tag usw.) – unter Umständen mit der Lernkartei – wiederholen.

Der Einfluss der Eltern

Alle Fachleute sind sich einig, dass Eltern wichtigen Einfluss auf die Prüfungsangst eines Kindes haben. Schon bei kleinen Kindern können Eltern Prüfungsangst vergrößern oder mindern. Es kommt darauf an, wie früh sie welchen Leistungsdruck ausüben. Wenn es das Wichtigste in der Familie ist, wie viele Fehler ein Kind im 1. Schuljahr im Diktat macht, ist es nicht verwunderlich, wenn dieses Kind spätere Prüfungen überbewerten wird. Jüngere Kinder orientieren sich an der Einstellung der Eltern. Sie akzeptieren deren Normen und versuchen, den elterlichen Anforderungen gerecht zu werden.

Erst später in der Pubertät orientieren sich Jugendliche an der Gruppe der Gleichaltrigen und deren Einstellung zu Prüfungen, Tests und zum Lernen. Manchmal gelingt es ihnen dann schon zu erkennen, dass sie für sich selbst lernen und nicht für andere. Meist aber entwickelt sich diese Einsicht erst sehr viel später.

Das Selbstbewusstsein eines Kindes entsteht in der Regel auch dadurch, wie stolz seine Eltern auf es sind. Gelingt es, dem Kind zu vermitteln, dass seine Eltern mit vielen Dingen einverstanden sind, dass sie viele Fähigkeiten des Kindes schätzen und dass eine Klassenarbeit nicht das Wichtigste im Leben ist, kann das Kind weitgehende Selbstständigkeit und ein hohes Selbstwertgefühl entwickeln. Es fällt ihm dadurch leichter, mit Prüfungen umzugehen und sie zu bewältigen.

Wenn den Eltern Prüfungen zwar selbst wichtig sind, aber sie vieles andere nebenher auch als bedeutsam und entscheidend einstufen, vermitteln sie dem Kind die Fähigkeit, mit unterschiedlich schwierigen Situationen adäquat umzugehen. Nicht immer gelingt dies.

Etienne kennen wir schon seit dem 1. Schuljahr. Er hatte nie Probleme mit seiner Lehrerin und kam ganz gut mit. Von seiner Begabung her war er durchschnittlich – nicht besser, aber auch nicht schlechter. Schon sehr früh legte seine Mutter viel Wert auf die Noten in Diktaten, Tests und Zeugnissen. Hatte Etienne einmal eine Arbeit »verhauen«, war es eine Katastrophe. Sie schleppte ihn zu allen möglichen Therapien und nahm alle möglichen Hilfsmittel in Anspruch. Etienne selbst wurde immer unsicherer und traute sich bald nichts mehr zu. Das Lernen klappte nur mit seiner Mutter zusammen. Diese entwickelte selbst in den Ferien Arbeitspläne, was in den einzelnen Fächern zu lernen war. Ihr Sohn lernte bald, Vermeidungsstrategien zu entwickeln. Wo er konnte, entzog er sich. Selbstständig arbeiten konnte er nicht. In der Mittelstufe des Gymnasiums schließlich »probte er den Aufstand« und verweigerte alles. Er war nicht mehr bereit, irgendwelche Aufgaben zusammen mit seiner Mutter zu erledigen. Sie versuchte alles – im Guten, aber auch mit Strenge. Es nützte nichts. Schließlich resignierte sie und ließ ihn gewähren – mit dem Kommentar: »Er wird schon sehen, was herauskommt, und die Schule gegen die Wand fahren.« In der Tat scheiterte Etienne. Auch ein Schulwechsel in ein anderes Gymnasium brachte keine Verbesserung.

Vor einigen Jahren haben wir Eltern gefilmt, wie sie mit ihren Kindern Hausaufgaben machen. Dabei ging es vor allem um die Gruppen der flüchtig arbeitenden, aber auch der trödelnden Schüler. Als Kontrollgruppe wurden 25 Mädchen gefilmt, die ihre Hausaufgaben problemlos allein erledigten und nicht die geringsten Probleme im Bereich der Konzentration zeigten. Bei ihnen war auffällig, dass sie besonders viel Wert darauf legten, selbstständig zu arbeiten. Sie ließen sich von ihren Eltern nicht helfen, es sei denn, sie baten von sich aus um Hilfestellung. Es waren durchgängig Schülerinnen, die gewohnt waren, Probleme zunächst allein anzugehen. Sie forderten Hilfe ein, wenn es ihnen notwendig schien. Ihre Prüfungsangst hielt sich in Grenzen. Die Resultate ihrer Klassenarbeiten waren gut. Bei der Überprüfung der Intelligenz zeigte sich, dass sie keineswegs intelligenter waren als die flüchtig oder langsam arbeitenden Schüler. Sie unterschieden sich in Folgendem: früher gefördert, selbstständiger trainiert und selbstbewusster erzogen.

Was Eltern tun können

Natürlich ist auch der Einfluss der Eltern gerade vor der Prüfung groß. Ganz gleich wie alt das Kind oder der Jugendliche ist, man sollte nicht unterschätzen, welche Bedeutung die Botschaften der Eltern haben. Sie sind selten hilfreich und verringern in den wenigsten Fällen die Angst vor Klassenarbeiten:

1. Du solltest lieber für die Mathematikarbeit in der nächsten Woche lernen, ich habe mir sagen lassen, dass sie schwer wird.
2. Nächste Woche schreibt ihr die letzte Lateinarbeit. Im letzten Jahr hat dein Bruder sie total verhauen, weil er nicht gelernt hat. Beinahe hätte er das Latinum verspielt.
3. Du weißt, Englisch ist nicht dein Lieblingsfach und liegt dir auch nicht übermäßig. Also steck deinen Kopf in die Bücher.
4. Du solltest besser für die Deutscharbeit lernen, du weißt genau, dass du die letzte versiebt hast.

Auch wenn Eltern mit ihren Aussagen vielleicht Recht haben, so sind ihre Botschaften doch negativ.

Es empfiehlt sich – statt kritische Bemerkungen zu machen –, eher Fragen zu stellen. Fragen wirken weniger kritisch, provozieren kaum und ermöglichen eher einen Dialog:

1. Weißt du, welches Stoffgebiet in der nächsten Mathearbeit drankommt? Bist du schon genügend vorbereitet oder brauchst du noch Hilfe?
2. Das Latinum ist am Schluss der Jahrgangsstufe 11 sehr wichtig. Weißt du, dass man es für manche Studiengänge nachweisen muss? Wie kannst du dich vorbereiten, auch wenn es nicht dein Lieblingsfach ist?
3. Machst du dir Sorgen um die Arbeit, die ihr in vierzehn Tagen schreiben werdet?
4. Fühlst du dich sicher?

Eltern scheinen ständig aufzufordern, für Prüfungen zu lernen. Aber sie neigen dazu, stets nur in allgemeiner Form zu raten, mehr zu lernen.

Elternhilfe im Vorfeld

Heute zeigen Eltern häufig die Neigung, den Schulen viele Pflichten zu übertragen, die eigentlich Aufgabe der Eltern sind. Schulen ersetzen Eltern nicht und können auch nicht deren Funktion übernehmen – sie wollen das auch gar nicht. Die Schule mag dem Kind helfen, wie es seine Prüfungsangst überwindet, aber aus der Praxis wissen wir, dass die Überwindung der Prüfungsangst genauso stark mit der Unterstützung der Eltern zusammenhängt.

1. Sie sollten wissen, wann ein Test oder eine Klassenarbeit geschrieben wird, um unterstützend eingreifen zu können. Sie müssen ein Minimum an Informationen haben:
   - Wann wird die Klassenarbeit/der Test geschrieben?
   - In welchem Fach?
   - Welches Stoffgebiet wird abgeprüft?

Wenn Kinder und Jugendliche diese drei Fragen nicht beantworten können, müssen die Erwachsenen zumindest bei
Kindern versuchen, die Informationen über andere Quellen zu
erhalten. Egal, wie.

Kinder haben zu lernen und zu erfahren, dass ihr Erfolg in
Klassenarbeiten auch damit zusammenhängt, dass sie sich
selbst engagieren. Ihr Engagement fängt damit an, dass sie die
oben genannten Fakten kennen.

2. Fragen Sie Ihr Kind vor einer Klassenarbeit, wie es sich vor der
   Klassenarbeit/dem Test fühlt. Oft behaupten Kinder, dass sie
   keine Angst haben. Unter Umständen drücken sie die Angst
   aber anders aus. So sagen sie beispielsweise:

   »Klassenarbeiten vermassele ich immer. Sie liegen mir nicht!«
   oder:

   »In der Arbeit kommt bestimmt nicht das vor, was wir in der
   Schule durchgenommen haben.« Oder:

   »Ich hasse Tests, weil ich sie nicht verstehe und nicht richtig
   durchblicke.« Oder:

   »Ob ich lerne oder nicht, ist egal. Es ist eine Zeitverschwen-
   dung, überhaupt für Arbeiten zu lernen.«

   Wichtig ist, bei diesen Äußerungen herauszufinden, was das
   Kind wirklich sagen will.

   Sagt es: »Ich versage immer in Klassenarbeiten«, ist es wichtig,
   die bisherigen Klassenarbeiten und Tests zu analysieren, um
   sich einen Überblick zu verschaffen, ob das tatsächlich der Fall
   ist.

   Wenn es meint: »In der Arbeit kommt bestimmt nicht das vor,
   was wir durchgenommen haben«, handelt es sich oft um eine
   Schutzbehauptung. Es liegt die Vermutung nahe, dass es nicht
   genügend aufgepasst hat. Es versteht den durchgenommenen
   Stoff nicht und fragt auch nicht nach. Bei vielen folgt, wenn sie
   eine Fünf geschrieben haben, als erstes die Begründung: »Der
   Lehrer hat den Stoff nicht richtig erklärt.« In der Regel aber
   fragt es auch nicht nach, wenn es den Stoff nicht versteht.

3. Beschwert sich ein Kind: »Ich hasse Klassenarbeiten und Tests,
   man kann sie kaum gut schreiben«, ist dies ebenfalls ein Hinweis darauf, dass der Unterrichtsstoff generell nicht ver-

standen wurde. Die Aussage deutet aber auch auf starke Prüfungsangst hin.

4. Weiß Ihr Kind die Klassenarbeitstermine im Voraus, richten Sie einen Kalender ein, den Sie offen auslegen, und markieren dort alle Daten, an denen Arbeiten stattfinden. So schaffen Sie einen Überblick und Ihr Kind kann rechtzeitig mit der Prüfungsvorbereitung beginnen. Rechtzeitig bedeutet dabei fünf bis sieben Tage vor der Arbeit mit dem intensiveren Üben anzufangen.

5. Man muss sich immer wieder verdeutlichen, dass es kein Patentrezept gegen Prüfungsängstlichkeit gibt. Eltern probieren am besten aus, was ihrem Kind hilft. Eine Vorgehensweise führt bei dem einen zum Erfolg – bei dem anderen nicht. Unterschiedliches auszuprobieren ergibt sich als Konsequenz, wobei eine gute Vorbereitung immer noch als das beste Gegenmittel gegen Prüfungsängstlichkeit gilt.

6. Bestimmte grundsätzliche Strategien erleichtern das Schreiben von Prüfungsarbeiten. Sie helfen vor allem, planvoll vorzugehen. Dabei gibt es Empfehlungen, die immer wiederkehren, allgemeingültiger Art sind und doch aus der Praxis entstanden sind und viel Wahrheit enthalten. Schon meine Großmutter hat empfohlen, vor Prüfungen stets tief Luft zu holen. Zwar kannte sie die physiologischen Zusammenhänge nicht und wusste genauso wenig über die Auswirkungen der Anreicherung des Blutes mit Sauerstoff, aber sie hat erfahren, dass man durch mehrmaliges tiefes Ein- und Ausatmen zur Ruhe kommt.

Mein Großvater dagegen übermittelte die folgende Strategie an seine Enkelkinder: »Bevor du eine Klassenarbeit beginnst, entscheidest du zwischen:
- Antworten, die du weißt,
- Antworten, von denen du glaubst, dass du sie weißt, und
- Antworten, die du nicht weißt.

Natürlich beginnst du mit Aufgabenstellungen, die du definitiv weißt, dann kommen die, von denen du glaubst, dass du sie weißt und dann erst die, die du nicht beherrschst.«

Ist mein Kind faul?

Immer wieder vermuten Eltern, dass ihr Kind faul oder unmotiviert ist. Es erledigt seine Hausaufgaben nicht, lernt keine Vokabeln und bereitet sich schlampig auf Prüfungen vor. Um zu erreichen, dass es mehr arbeitet, sprechen Eltern häufig Verbote aus. Eltern sprechen diese Verbote aus, um dem Kind zu helfen. Viele wollen gar nicht unbedingt bestrafen. Auch sie lieben ihre Kinder, aber sie denken, dass es zu ihrer Verantwortung gehört, das Kind auf diese Weise zu begrenzen. Sie sind der Auffassung, dass Eltern auf Faulheit ihrer Kinder unbedingt reagieren müssen. Die Engländer kennen die Redewendung: »Show him the guns.« Im Deutschen würden wir eher sagen: »Jetzt werden andere Saiten aufgezogen«, oder: »Jetzt herrscht ein anderer Wind.«

Eltern verwenden also Strafreize, um das Kind zur Arbeit anzuhalten. Eine solche Taktik funktioniert kurzfristig, selten aber langfristig. Eine solche Methode kann letztlich dazu führen, dass dem Kind alles gleichgültig wird und es anfängt, jegliche Anstrengung zu vermeiden. Es ist nicht mehr bereit, Leistungen zu erbringen. Der Umgangston wird rauer, Drohungen werden ausgesprochen, bis sie völlig sinnlos werden. Das Abschneiden in Arbeiten und Prüfungen bedeutet dem Kind nichts oder es verhält sich nervös, arbeitet flüchtig, reagiert panisch und erreicht kein zufriedenstellendes Ergebnis. Die Angst vor der Prüfung wird größer – bis hin zu Panikattacken.

Auch überforderte Kinder und Jugendliche reagieren in Prüfungssituationen häufig sehr ängstlich. Manchmal scheinen Eltern nur sehr ungern zu akzeptieren, dass ihr Kind schwerer lernt als andere. Häufig ist es schwächer begabt und kann vielleicht gerade noch ausreichende Leistungen erzielen. Seine Eltern erwarten aber mehr, üben Druck aus und provozieren so entsprechende Angst:

> Martins Mutter ruft uns aufgeregt an. Sie schildert uns, dass er vor Klassenarbeiten schlecht schlafe, keine Ruhe habe und ständig über Bauchweh klage. Am liebsten würde er gar nicht in die Schule gehen, obwohl er doch gerade erst ins 2. Schuljahr gekommen sei.

Sie berichtet, dass seine Lehrerin ihn ständig ermahne und sie den Verdacht habe, sie könne ihn nicht leiden. Bei einer testpsychologischen Untersuchung stellt sich heraus, dass es Martin sehr schwer fällt zu lernen. Er braucht für die Lösung von Aufgaben sehr lange. Aufgrund der unterschiedlichen Testverfahren kommen wir zu dem Ergebnis, dass Martin eigentlich ein lernbehindertes Kind mit einer geringeren Begabung als andere Kinder ist. Wir teilen der Mutter das Ergebnis mit. Sie weint. Wir versuchen ihr klar zu machen, dass Martin – auch wenn er schwer lernt – doch ein sympathisches und nettes Kind ist. Sie fragt, ob er vielleicht ADS habe oder sogar eine Legasthenie …

Ein Jahr später treffen wir Martin auf dem Schulhof. Er rennt auf uns zu und teilt uns ganz aufgeregt mit, dass er jetzt schon lesen könne. Er hat das Schuljahr wiederholt und noch einmal alle Buchstaben durchgenommen. Bei Tests schneidet er jetzt zufriedenstellend ab. Die Bauchschmerzen sind verschwunden. Durch Zufall treffen wir seine Mutter am selben Tag. Sie berichtet uns, dass Martin die Diagnose ADS habe und dass sie in Kürze mit der Verabreichung des Medikaments beginnen wolle. Martins Mutter sucht nach einer Erklärung für das schwächere Abschneiden ihres Kindes, dabei scheint die Prüfungsangst sekundär zu sein.

Manche Eltern neigen dazu, Lehrkräfte für Prüfungsangst und Versagen ihrer Kinder verantwortlich zu machen – gelegentlich nicht unbegründet. So kann es sein, dass sie eine Lehrkraft für inkompetent, wenig einfühlsam halten oder ihr vorwerfen, überhöhte Ansprüche zu stellen, die Ängste auslösen. Manchmal haben sie Recht. Hier Veränderungen zu erzielen gestaltet sich als außerordentlich schwierig.

Es gibt aber durchaus Schüler, die tatsächlich faul sind. Auch sie reagieren unter Umständen in Klassenarbeiten und Prüfungen hochgradig ängstlich. Ihre Angst ist berechtigt: Sie haben nicht gelernt, ihre Vorbereitung ist schlecht. Es ist wenig wahrscheinlich, dass sie ein gutes Resultat erzielen.

Angst fürchtet sich vor Taten.

(M. HINRICH)

Klassenarbeiten und Prüfungen überstehen

Eine Prüfung kann als Test, Klassenarbeit etc. nur wenige Stunden dauern, sie kann sich aber zum Abschluss einer Schulausbildung über mehrere Tage erstrecken. Prüfungsängstliche Kinder und Jugendliche zeigen Probleme in unterschiedlichen Bereichen, die in enger Beziehung zueinander stehen:

- körperliche Reaktionen,
- Gefühlsschwankungen,
- kognitive Reaktionen.

Körperliche Reaktionen

Körperliche Reaktionen verspürt der Prüfling selbst, aber auch andere können sie in der Regel beobachten.

• Körpertemperatur

Bei Prüfungsangst verändert sich die Körpertemperatur. Viele beginnen zu schwitzen. Aber die Körpertemperatur kann auch sinken. Kinder berichten häufig, dass sie bei Klassenarbeiten frieren. Ihre Hände fühlen sich dann klamm an.

• Atmung

Die Atmung kann bis zum Hyperventilieren gehen. Das Atmen ist ein ganz kritischer Faktor, weil bei Hyperventilation dem Gehirn nicht genügend Sauerstoff zugeführt wird. Aber auch sehr flaches und schnelleres Atmen erweist sich aus demselben Grund als ungünstig.

• Muskeln

Meistens handelt es sich um Muskelversteifungen, um Muskelschmerzen in unterschiedlichen Körperregionen: Schultern-, Nacken- und Rückenschmerzen etc. werden besonders häufig beschrieben. Im wahrsten Sinne des Wortes können Prüflingen aber auch die Knie »weich« werden.

- **Bauch**

Unterleibsreaktionen finden sich häufig bei Kindern. Sie berichten über Magenbeschwerden. Es ist für sie so, als ob sie Schmetterlinge im Bauch hätten.

- **Kopfschmerzen und Reaktionen der Sinnesorgane**

Kopfschmerzen treten häufig auf. Schwindelgefühle kommen vor. Beim Sehen verschwimmen die Bilder.

- **Herz-Kreislaufstörungen**

Herzrhythmusstörungen, Anstieg des Blutdrucks treten zusammen mit Angstgefühlen auf. Manche haben auch »ein Kloß im Hals«.

- **Andere Körperreaktionen**

Typisch sind Hautausschläge. Die Essgewohnheiten verändern sich: Entweder isst der Prüfling zu wenig oder zu viel. Schlafstörungen, Angstträume, hoher Alkoholverbrauch, vermehrtes Rauchen und entsprechende Drogen sind nicht ungewöhnlich.

- **Stimmungsschwankungen**

Besonders Jugendliche zeigen auffällige Stimmungsschwankungen: Jemand, der normalerweise gesprächig und umgänglich ist, verhält sich außerordentlich schweigsam. Kontaktfreudige und in ihrem Freundeskreis beliebte Jugendliche kapseln sich plötzlich ab.

Gefühlsschwankungen

- **Emotional labil**

Manche prüfungsängstliche Jugendliche – aber auch Kinder – weinen häufig und geben an, dass sie mit dem Weinen gar nicht mehr aufhören können. Sie reagieren auf alles extrem empfindlich. Andere entwickeln Panikgefühle. Bei der Prüfung oder in der Klassenarbeit lesen sie die erste Aufgabe und können sie nicht mit Sicherheit lösen. Jetzt gehen sie die anderen Aufgabenstellungen durch, und Panik ergreift sie, weil sie das Gefühl bekommen, der Arbeit überhaupt nicht gewachsen zu sein.

- **Irrationale Gedanken**
Die Prüflinge entwickeln Gedanken und Vorstellungen, die mit der Realität überhaupt nicht übereinstimmen und negative Gefühle auslösen. Hierzu gehört auch die Angst vor dem Versagen.

- **Vergesslichkeit, Erinnerungslücken, Konzentrationsstörungen**
Manche berichten, dass sie plötzlich in der Prüfung oder der Klassenarbeit eine »Blockade« haben: Nichts fällt ihnen mehr ein, keine Lösung ist möglich, so, als hätten sie nicht gelernt. Sie können ihr Wissen nicht aktivieren.

In unserer Sprechstunde haben wir eine ganze Reihe von Schülerinnen und Schülern kennen gelernt, in deren Familie die Mutter oder der Vater so viel Prüfungsangst und Prüfungsdruck verbreitete, dass es nicht verwunderlich war, wenn die Jugendlichen gestresst reagierten. In einer Familie wurden die Klassenarbeiten schon in den Sommerferien thematisiert. Zu diesem Zeitpunkt stand noch gar nicht fest, wer die entsprechenden Fächer in der Klasse des Kindes unterrichten sollte, aber die Mutter legte schon fest, welche Vorübungen für die jeweiligen Prüfungen gemacht werden sollten.

Wer sich nicht selbst helfen will,
dem kann niemand helfen.

(J.H. PESTALOZZI)

Wie man Prüfungsangst verringert

Cool bleiben

Die Klasse 6 schreibt heute eine Mathematikarbeit. Alle sitzen gespannt auf ihren Plätzen. Im Klassenraum wird es stiller und stiller. Spannung liegt in der Luft. Jeder spürt sie. Einige Schüler unterhalten sich, doch sie sprechen leise, und ihre Stimmen wirken gedämpft. Niemand lacht. Die Tür öffnet sich, und Herr M., der Mathematiklehrer, betritt den Raum. Er begrüßt die Klasse und lässt die Arbeitshefte verteilen. Danach kommentiert er mit wichtiger Miene die Aufgabenstellung. Susanne sitzt in der zweiten Reihe. Sie fühlt sich hilflos. Sie weiß nicht, was sie nun tun könnte. Es geht ihr schlecht, sie schwitzt, und alles verschwimmt ihr vor den Augen. Wie soll sie beginnen?

Vorgehen bei einer Klassenarbeit:
1. Aufgabenstellung genau durchlesen, Schlüsselwörter farbig unterstreichen.
2. Die komplette Arbeit lesen. Mit den einfachen Aufgabenstellungen beginnen und die schwierigeren oder momentan scheinbar unlösbaren zurückstellen.
3. Auf die Zeit achten und auch während der Arbeit ein gewisses Zeitmanagement betreiben. Zu Beginn der Arbeit nehmen sich die meisten zu wenig Zeit, um die Arbeit für sich selbst zu konzipieren und zu überlegen, was zu tun ist. So fangen viele Schüler bei Aufsätzen sofort an zu schreiben, statt in Stichworten zunächst festzulegen, worüber sie schreiben wollen. Gut ist, wer schon eine Gliederung machen kann. Auf jeden Fall die Arbeit noch einmal überprüfen und, sofern die Zeit reicht, zur Kontrolle noch einmal lesen.

4. Bei aufkommender Angst einige kurze Entspannungsübungen machen.

Mission possible

1. Bei bestimmten Körperreaktionen (Schwitzen, Hyperventilation, Herzrasen etc.) helfen Atemübungen, eventuell eine kurze progressive Muskelrelaxation oder Bewegungsübungen.
2. Bei emotionalen Problemen wie starken Stimmungsschwankungen oder Angst vor Prüfungssituationen helfen kurze Entspannungsübungen und Suggestionen.
3. Bei übertriebenen Sorgen und unrealistischen Vorstellungen, Blockaden und unkonzentriertem Verhalten wirken Atemübungen und vielleicht ein kurzes positives Selbstgespräch. Bei Blockaden haben vor allem Atemübungen nach einigen Sekunden eine gute Wirkung.

Atemübungen

Prüfungssituationen lassen Kinder und Jugendliche nicht selten fast »atemlos« werden. Sie atmen hektisch und hastig ein, sie halten den Atem »fest« und wollen ihn nicht loslassen. Menschen geraten schnell außer Atem. Unter Umständen hyperventilieren sie sogar. In Belastungssituationen wie Klassenarbeiten und Prüfungen wird durch verkürztes und verkrampftes Einatmen dem Organismus zu wenig Sauerstoff zugeführt. Man nimmt an, dass der Mensch überhaupt nur 50 Prozent des Sauerstoffs einatmet, den seine volle Lungenkapazität gestattet. Jeder Energieaufwand im Gehirn braucht Sauerstoff. Durch bewusstes und richtiges Atmen nimmt der Mensch mehr Sauerstoff auf und verfügt so über mehr Kraft und Energie. Man spricht nicht umsonst von »einem langen Atem« und meint damit mehr Ausdauer und Geduld.

Wer richtig atmet, kann sich aus seinem Stress herausatmen. Richtiges Atmen erfolgt nicht nur in den Brustkorb, sondern vor allem auch in den Bauch. Der wichtigste und größte Atemmuskel ist das Zwerchfell. Es liegt horizontal zwischen Bauch und Brustraum. Bei der so genannten Bauchatmung senkt sich das Zwerchfell tief in den Bauchraum hinein. Der Brustkorb weitet sich. Die Lunge kann sich nun unter dem einfließenden Sauerstoff gut ausdehnen. Bauchatmung ist Tiefatmung. Bei der Brustatmung dagegen senkt sich das Zwerchfell nur flach in den Bauchraum hinein. Die Lunge hat weniger Freiraum und nimmt dadurch weniger Luft auf.

Atemübungen sind im Prinzip unabhängig von Zeit und Raum. Man kann sie sogar in Anwesenheit anderer mit geschlossenen oder offenen Augen machen. Bevor man mit den eigentlichen Atemübungen beginnt, müssen einige Voraussetzungen erfüllt sein. Auch in der Prüfungssituation gilt die Devise: Nichts erzwingen wollen, sondern »geschehen« lassen. Das bringt Ruhe und Konzentration mit sich. Bei allen Atemübungen atmet man in der Regel durch die Nase ein und aus. Durch den Mund ist die Atmung erheblich flacher. Man nimmt sich grundsätzlich Zeit, setzt sich nicht unter Erfolgszwang, hat Geduld und nochmals Geduld.

Für Kinder

- **Müder Hund**

Stell dir vor, du bist ein müder Hund. Du öffnest deinen Mund ganz weit, und weil du ein Hund bist, brauchst du dir auch nicht die Hand vor den Mund halten. Du atmest tief in Brust und Bauch hinein. Beim Ausatmen hechelst du »ah, ah, ah, ah« –
bis keine Luft mehr in der Lunge ist.
Wiederhole die Übung mehrmals und sei ein müder Hund, der gähnt, seine Gesichtsmuskeln dehnt und hechelnd wieder ausatmet. Nach der Übung strecke die Arme, atme noch einmal tief ein und aus und lockere Schultern und Arme.

- **Hummel-Summen**

Atme tief in Bauch und Brust hinein. Halte die Luft ein wenig an und atme dann langsam aus und summe dabei wie eine Hummel, bis du keinen Atem mehr hast.

- **Eisblumen auftauen**

Stell dir vor, du stehst im Winter am Fenster. Es ist zugefroren und Eisblumen bedecken die ganze Scheibe. Atme nun tief in den Bauch hinein. Öffne die Lippen, hauche deinen Atem langsam auf die Eisblumen und taue sie auf.

- **Dampflokomotive**

Atme tief in deinen Bauch hinein. Atme stoßweise aus mit »Sch«-Lauten wie eine alte, eiserne Dampflokomotive.

Für Jugendliche

Einübung der Bauchatmung

Leg die Hände auf den Bauch, sodass sich die Finger gerade noch berühren. Atme tief in den Bauch hinein. Die Bauchdecke hebt sich. Du spürst, wie die Mittelfinger sich nicht mehr berühren. Halt den Atem ein wenig an und atme dann langsam aus, bis sich die Mittelfinger wieder berühren. Wiederhol die Übung mehrmals.

Besondere Fragestellungen

Die folgenden Atemübungen dienen der Beruhigung bei schriftlichen Arbeiten. Sie werden im Sitzen durchgeführt.

- **Aufregung, Unruhe, Nervosität, Ängstlichkeit**
1. Setz dich entspannt hin. Beide Füße stehen auf dem Boden. Atme ruhig und gleichmäßig durch die Nase ein und aus. Ein- und Ausatmen sind gleichmäßig lang. Wiederhol das gleichmäßige Ein- und Ausatmen mehrmals. Versuch dabei, aus dem Bauch heraus zu atmen. Du kannst auch die linke oder rechte Hand unterhalb des Brustkorbs auf den Bauch legen. Die Hand wird angehoben, wenn du tief einatmest. Beim Atmen bewegst du den Brustkorb kaum.
2. Atme ruhig und gleichmäßig ein und aus. Bevor du ausatmest, halt den Atem ein bis zwei Sekunden an. Atme doppelt so lange aus wie ein. Wiederhol dies mehrmals.

3. Atme ruhig ein und aus. Halt die Luft zwei bis drei Sekunden an und atme aus Mund oder Nase langsam aus, bis du das Gefühl hast, dass die Lunge leer ist.
Dann atme wieder ein. Halt die Luft zwei bis drei Sekunden an. Beim Ausatmen lässt du die Luft wieder vollständig aus der Lunge herausströmen. Wiederhol dies mehrmals.
4. Atme ruhig und tief ein und aus. Beim Ausatmen stellst du dir vor, du atmest alle Unruhe, Angst und Aufgeregtheit aus. Und während du dies mehrmals wiederholst, stellst du dir vor, dass du alle Spannung ausatmest und durch das Einatmen neue Energie aufnimmst.

• **Bauchschmerzen und Übelkeit**

Leg deine Hände auf den Bauch (unterhalb deines Nabels) – atme so tief ein, dass sich die Bauchdecke wölbt wie ein Luftballon, den man mit Luft füllt. Atme dann langsam wieder aus, die Bauchdecke senkt sich und die Luft entweicht aus dem Luftballon.
Wiederhol dies mehrmals, ohne Anstrengung und Spannung.
Danach atmest du gleichmäßig weiter.

• **Kopfschmerzen**

Stell dich bequem hin. Atme tief ein und aus und streck dabei beide Arme nach oben. Halt die Luft ein bis zwei Sekunden an. Atme jetzt langsam aus und lass die Arme und den Oberkörper aus der Hüfte heraus locker vornüber fallen. Die Knie lockern und mit den Fingern leicht den Boden berühren.
Jetzt schüttel Kopf, Schultern, Arme und Hände und schüttel dich aus. Bleib einen Moment lang in dieser Haltung.
Lass den Kopf ganz locker nach unten hängen und atme ruhig und tief dabei ein und aus.
Richte dich ganz langsam auf und atme ruhig und gleichmäßig weiter.
Wiederhol die Übung unter Umständen mehrmals.

• **Schlaflosigkeit**

Du legst dich ruhig hin und atmest tief ein und aus. Dabei

konzentrierst du dich ganz auf deine Atmung. Du spürst, wie der Atem durch die Nase einströmt. Du fühlst, wie sich Bauch und Brust mit Atem füllen. Beim Ausatmen strömt die Luft wieder heraus. Du versuchst, mehrmals ruhig ein- und auszuatmen und immer mehr »loszulassen«. Nichts stört dich mehr. Die Atmung geschieht ganz von selbst und ganz ruhig und gleichmäßig.

Muskelentspannung

Die aktive Muskelentspannung (Progressive Relaxation) nach Edmund Jacobson schult die Wahrnehmungsfähigkeit zur Unterscheidung von Zuständen muskulärer Anspannung und Entspannung. Man lernt, Muskeln anzuspannen und zu entspannen, und konzentriert sich dabei auf den Kontrast der Anspannungs- und Entspannungsempfindungen. Diese Methode eignet sich in Kurzversionen (z. B. Entspannung des Gesichts) gut in Prüfungen, Klassenarbeiten etc.

Für Kinder

Die Anweisungen zur Muskelentspannung für Kinder enthalten mehr Bilder. Sie werden vor Klassenarbeiten eingeübt und das Kind entscheidet selbst, welche Teile es praktizieren möchte. Hier ist es keinesfalls notwendig, dass alle Muskelgruppen angespannt und entspannt werden. Man sucht sich ein oder zwei Muskelgruppen aus.

- **Hände** (mit der dominanten Hand beginnen)
  Stell dir vor, du hast einen nassen Schwamm in deiner rechten Hand. Drück ihn aus … fester … noch fester. Bis kein Tropfen mehr herauskommt. Dann lässt du ihn langsam wieder los …
  Drück ihn jetzt noch einmal aus und lasse ihn wieder los.
  Jetzt stellst du dir vor, du hast einen nassen Schwamm in deiner linken Hand. Drück ihn aus … fester … noch fester. Bis kein Tropfen mehr herauskommt. Dann lässt du ihn langsam wieder

los … Drück ihn jetzt noch einmal aus und lass ihn wieder los. Stell dir vor, du hast in jeder Hand einen nassen Schwamm. Drück sie aus … fester … noch fester. Bis kein Tropfen mehr herauskommt. Dann lässt du sie langsam wieder los … Drück die Schwämme noch einmal aus und lass sie wieder los.
Bitte mehrmals wiederholen!

- **Oberarme**

Stell dir vor, du bist eine starke Frau / ein starker Mann. Du zeigst, wie stark du bist. Du lässt deine Muskeln spielen. Du winkelst den rechten Arm an, spannst die Muskeln an, fester und fester. Jetzt lässt du die Muskeln los und genießt das Gefühl der Entspannung. Jetzt spannst du noch einmal an, hältst die Spannung und lässt langsam wieder los.
(Selbstverständlich kann die Übung in gleicher Weise mit dem linken Oberarm durchgeführt werden.)
Bitte mehrmals wiederholen!

- **Stirn**

Stell dir vor, du bist böse auf jemanden. Du runzelst die Stirn, ziehst die Augenbrauen zusammen … Jetzt wird das Gesicht wieder glatt und entspannt.
Bitte mehrmals wiederholen!

- **Mund und Augen**

Spitz deinen Mund, so als ob du jemanden ein Küsschen geben wolltest, und kneif dabei deine Augen fest zusammen und lass wieder los. Bitte wiederholen.
Öffne die Augen ganz weit und reiß den Mund auf. Danach wieder locker lassen.
Bitte mehrmals wiederholen!

- **Füße und Beine**

Zieh die Zehenspitzen deines rechten Fußes weit zu dir hin. Dein Bein wird nun langsam fester und fester. Besonders die Wadenmuskeln spannen sich an. Lass nun langsam los und entspanne.

Zieh die Zehenspitzen deines linken Fußes weit zu dir hin. Dein Bein wird nun langsam fester und fester. Besonders die Wadenmuskeln spannen sich an. Lass nun langsam los und entspanne.
Bitte mehrmals wiederholen!

Für Jugendliche

Der Jugendliche führt die Muskelentspannung in Prüfungssituationen im Sitzen selbst durch. Dabei sollen die Augen möglichst geschlossen werden. Das An- und Entspannen jeder Muskelgruppe wird immer wiederholt.

Die Anspannung dauert fünf bis sieben Sekunden. Dabei konzentriert man sich auf das Anspannungsgefühl der entsprechenden Muskelgruppe und achtet darauf, wie die Muskeln sich anspannen und fest werden. Danach entspannt man die jeweiligen Muskeln.
Man achtet und konzentriert sich auf den Unterschied von An- und Entspannung.
Bei manchen Anspannungsübungen können Assoziationshilfen verwendet werden, damit An- und Entspannung besser klappen:
Hände: Stell dir vor, du drückst einen nassen Schwamm aus.
Stirn: Runzle die Stirn, so als ob du angestrengt nachdenkst, und lass los, wenn dir etwas eingefallen ist.
Augen: Zieh die Augenbrauen zusammen, so als ob du böse blickst und jemanden abschrecken möchtest.
Schultern: Zieh die Schultern hoch, so als ob du mit den Achseln zuckst – wie bei: »Ich weiß es nicht.«
Rumpf: Zieh den Bauch ein. Stell dir vor, du ziehst eine enge Hose an und holst tief Luft, damit der Reißverschluss zugeht.
Arme und Beine: Streck Bein und Zehen von dir weg, so als ob du etwas am Boden Liegendes erreichen und zu dir herziehen möchtest.
Nach der Muskelentspannung erfolgt immer eine Rücknahme:
1. Balle die Hände zur Faust!
2. Streck die Arme und Beine aus!

3. Atme tief ein und aus!
4. Öffne die Augen!

Die ausführliche Muskelentspannung kann nach eigenem Ermessen verkürzt werden. Sie besteht aus vier Teilen, die alle nacheinander zusammenhängend oder als Einzelteile durchgeführt werden können.

- **Hände und Arme**

Setz dich bequem auf deinen Stuhl und entspann dich so gut wie du es jetzt schon kannst.
Atme tief ein und aus und beobachte dabei, wie sich die Bauchdecke beim Einatmen hebt und beim Ausatmen senkt.
Balle die rechte Hand fest zur Faust. Spür für fünf Sekunden die Anspannung der Muskeln. Lass nun wieder los. Du öffnest die Faust. Die Hand liegt locker auf dem Oberschenkel. Auch die Finger entspannen sich und werden locker. Bitte wiederholen.
Balle nun die Hand wieder zur Faust, winkle den rechten Arm an und spann die Muskeln des Oberarmes an (fünf Sekunden). Lass los und lockere die Muskeln. Die Hand liegt wieder locker auf dem Oberschenkel. Auch die Finger entspannen sich und werden locker. Dabei atmest du ruhig und gleichmäßig. Bitte wiederholen.
Führ die gleiche Übung mit der linken Hand und dem linken Arm durch und mach sie dann mit beiden Armen.
Die Entspannung breitet sich mehr und mehr aus.

- **Gesicht**

Runzle die Stirn und zieh die Augenbrauen zusammen. Dabei schließt du die Augen und presst sie für fünf Sekunden fest zusammen. Lass nun los und wiederhol die Übung.
Beiß nun die Zähne für fünf Sekunden zusammen, spür die Spannung und lass wieder los.
Drück die Zunge fest gegen den Gaumen (fünf Sekunden) und lass wieder los.

Press die Lippen fest zusammen und lass los.
Alle Übungen werden wiederholt.
Die Spannung entweicht langsam aus dem Gesicht.

- **Hals, Nacken und Schultern**
Beug den Kopf etwas nach vorne und drück das Kinn auf die Brust
und lass wieder los. Drück jetzt den Kopf leicht nach hinten auf
den Nacken. Nimm die Muskelanspannung wieder für fünf
Sekunden wahr und lockere die Muskeln.
Zieh nun die Schultern fünf Sekunden lang nach oben und lass
wieder los.
Alle Übungen werden wiederholt.

- **Füße und Beine**
Drück beide Füße fest auf den Boden und spür für fünf Sekunden
die Anspannung. Lass nun wieder los. Streck nun die Zehen und
den Fuß vom Körper weg und lockere nach fünf Sekunden die
Muskeln.
Roll die Zehen ein und spür die Anspannung der Wadenmuskeln
für fünf Sekunden. Lass wieder los.

Nach Beendigung der Entspannung vermeidet man ruckartige
Bewegungen.

Stretching

Jeder, der eine längere Flugreise unternommen hat, weiß, wie
unangenehm es ist, mehrere Stunden zu sitzen und sich nicht
bewegen zu können. Bei mehrstündigen Klassen- und Prüfungsarbeiten handelt es sich um eine ähnliche Situation. Auch hier
bauen Bewegungsübungen Stress ab und erleichtern die Situation, weil keiner von uns es gewöhnt ist, dass der Körper stundenlang in einer Position verharrt.

Bei schriftlichen Tests – sitzend auf ungepolsterten Stühlen –
führt man Stretching-Übungen alle 20–30 Minuten durch.

1. Beide Beine gleichzeitig strecken und für wenige Sekunden einige Zentimeter über den Boden heben.
2. Beide Arme ausstrecken, nach vorne strecken und dann zur Seite bewegen.
3. Mit dem Kopf rollen (oder vor und zurück bzw. seitwärts bewegen), die Nackenmuskeln anspannen und wieder locker lassen; das Kinn auf und ab bewegen.
4. Die Schultern vor und zurück bewegen oder hochziehen und langsam loslassen.
5. Eine andere Sitzposition einnehmen.

Beruhigende Bilder

Es kann auch eine Hilfe sein, die Augen zu schließen und sich ein bestimmtes Bild vorzustellen. Manchmal ist es ein Bild einer Situation, die man selbst im Urlaub, auf einem Ausflug oder wo auch immer erlebt hat. Es kann aber auch ein beruhigendes Bild sein, das man sich schon häufiger bei entsprechender Aufregung oder Ängstlichkeit vorgestellt hat.

Wer ein solches Bild für sich entwerfen möchte, sollte folgende Hinweise beachten:

Beruhigende Bilder
- sind ruhig und friedlich,
- sprechen so viele Sinnesorgane wie möglich an (hören, riechen, fühlen, schmecken),
- enthalten positive Vorstellungen,
- können an Orten spielen, wohin man reisen möchte oder wo man schon einmal war,
- erlebt man selbst als angenehm.

Ich selbst fahre sehr gern an die Nordsee und habe bei Tests während meiner Studentenzeit immer Bilder benutzt, die auf der Insel Sylt spielten. In der Regel habe ich mir einen langen Sandstrand vorgestellt und die Wellen beruhigend wahrgenommen, aber auch das Gefühl des warmen Sandes, das Rufen der Möwen und auch der Wind und die Luft, die leicht salzig schmeckt. So konnte ich mir vorstellen, wie die Sonne auf mich scheint und ein leichter Wind mir ins Gesicht weht. Ich konnte die Wellen hören, wie sie sich am Ufer brachen, und auch in einiger Entfernung das Kreischen der Möwen …

Man beginnt solche Bilder in der Regel mit einer Ruhetönung folgender Art:
Du setzt dich bequem hin und atmest ruhig ein und aus.
Du schließt die Augen und beginnst, dich zu entspannen.
Nichts stört dich mehr. Deine Arme werden ganz ruhig. Du fühlst dich sicher und ausgeglichen. Du merkst: Auch deine Beine werden ganz ruhig. Du vergisst alles, was um dich herum geschieht. Du hast den Kopf jetzt frei für ein schönes Bild …

- in einem schönen Garten,
- am Sandstrand,
- an einem See,
- auf einem Berg,
- auf einer Wiese im Frühling,
- unter einem Laubbaum im Herbst,
- am Waldrand,
- auf einem Balkon …

Es hat sich bei Kindern und Jugendlichen gezeigt, dass es hilfreich sein kann, wenn zusätzlich Autosuggestionen – sozusagen als Verhaltensanweisungen – in beruhigende Bilder integriert werden. Solche Anweisungen können sein:

- Ich werde die Prüfung bestehen.
- Ich werde in der Prüfung ganz ruhig sein und mich gut erinnern.
- Ich habe viel gelernt.
- Ich bin ganz ruhig.
- Ich bin gut vorbereitet.
- Ich kann mich darauf verlassen, dass mir in der Prüfung alles wieder einfällt.
- Ich finde die richtigen Antworten.

- Ich kann leicht lernen.
- Ich gebe mein Bestes.

Nach der Vorstellung macht man für sich eine Rücknahme bereit: Man ballt die Hände zur Faust, streckt die Arme nach oben, atmet tief ein und aus und öffnet die Augen.

Die rationale Gedankenschule

Bei einem Tier hängen Angstreaktionen vorwiegend mit Empfindungen zusammen, die durch äußere Reize ausgelöst werden. So verkriechen sich manche Hunde bei einem Gewitter. Wenn es blitzt und donnert, entwickeln sie Angst.

Im Gegensatz dazu kann ein Mensch lernen, bestimmte Situationen und Handlungen zu fürchten, weil er gedanklich die Idee entwickelt, dass diese gefährlich, bedrohlich oder Angst auslösend sind. Dazu benötigt er keinen realen Beweis. Zuerst redet man den Kindern ein, wie schrecklich, entsetzlich und furchtbar es ist, wenn sie bei Klassenarbeiten oder in Prüfungssituationen versagen, Fehler machen oder schlecht abschneiden. Dann wundert man sich, wenn die Kinder sich später selbst sagen, dass es fürchterlich sei zu versagen.

Emotionale Störungen entstehen also nicht primär durch externe Ereignisse, sondern durch so genannte irrationale Gedanken, Einstellungen oder Bewertungen der Wirklichkeit. Dies formulierte schon der griechische Philosoph Epiktet: »Nicht die Dinge beunruhigen die Menschen, sondern ihre Meinungen über die Dinge.« Diese Auffassung bildet bei dem amerikanischen Psychoanalytiker Ellis die Basis seiner bekannten »Anatomy of Emotions«, kurz »ABC der Emotionen« genannt. Hierbei steht
A für *activating event* (auslösendes Ereignis),
B für *believes* (Gedanken, Bilder, Einstellungen, Bewertungen) bezüglich dieses Ereignisses und
C für *consequences* (Gefühls- und Verhaltensreaktionen).
Die Reihenfolge *ABC* soll deutlich machen, dass nicht *A* das auslösende Ereignis ist, welches *C* verursacht. *C* – die Gefühls- und

Verhaltensreaktionen – sind vielmehr die direkte Folge von *B* (Gedanken, Beurteilungen, Einstellungen).

Während eines Ferientrainings auf Sylt haben wir zwei Jungen beobachtet, die in den ankommenden Wellen am Strand badeten. Der eine Junge verhielt sich zurückhaltend und eher ängstlich. Immer wenn eine Welle kam, wich er zurück. Schließlich rollte unerwartet eine höhere Welle heran, überspülte ihn und riss ihn zu Boden. Mit angstverzerrtem Gesicht rannte er aus dem Wasser und begann zu weinen.

Sein Nachbar versuchte, in jede ankommende Welle zu springen, und jauchzte dabei. Als schließlich die unerwartete Welle ihn erfasste, unter Wasser riss und an den Strand spülte, rannte er aus dem Wasser heraus, lachte und schrie vor Vergnügen, machte sofort wieder kehrt und stürzte sich in die nächste Welle.

Beide Jungen wurden von der gleichen Welle erfasst, beide wurden an den Strand gespült – erlebten also als auslösendes Ereignis *(A)* die heranrollende unerwartete Welle. Der eine Junge fühlte sich ausgezeichnet *(C)*, dem anderen ging es nicht gut, als Gefühlsreaktion weinte er vor Angst *(C)*. Als sie unter Wasser gespült wurden, hatten sie unterschiedliche Gedanken und Beurteilungen *(B)*, die dann zu den unterschiedlichen Gefühlen und Verhaltensweisen führten *(C)*.

Auch bei Klassenarbeiten gibt es ähnliche Situationen:

Auslösendes Ereignis – A: Die Hefte werden verteilt.

Gefühls- und Verhaltensreaktionen – *C:* Manche bekommen schon jetzt ein flaues Gefühl im Magen, erblassen, werden nervös, fahrig und haben Angst *(C)*, andere lesen mit Interesse die Aufgabenstellung, sind zuversichtlich und freuen sich, dass der gelernte Stoff tatsächlich drankommt. Es geht ihnen gut *(C)*.

Auch hier werden die unterschiedlichen Gefühle durch unterschiedliche Gedanken *(B)* ausgelöst: Das Austeilen der Hefte ist für alle gleich. Die einen aber denken vielleicht, dass es furchtbar ist, eine Klassenarbeit zu schreiben, dass sie schon die letzte »verhauen« haben oder nicht genügend gelernt haben und unvorbereitet sind – sie entwickeln als Gefühl Angst. Ihre Gedanken sind jedoch unangemessen, weil es nicht zwangsläufig so ist, dass mehrere Arbeiten hintereinander misslingen oder dass man unvorbereitet garantiert eine schlechte Arbeit schreibt. Solche Gedanken nennt man irrational.

Die anderen stellen dagegen erleichtert fest, dass sie das Richtige geübt haben und gut vorbereitet sind, oder sehen der Klassenarbeit gelassen entgegen, weil sie eigentlich immer ganz gut zurecht kommen – sie fühlen sich vielleicht nicht übermäßig glücklich, haben aber wenig Angst.

Nicht das auslösende Ereignis verursacht bei beiden Gruppen verschiedene Gefühle, sondern ihre unterschiedlichen Gedanken. Gedanken, die positive Gefühle auslösen, machen keine Probleme. Aber solche, die negative Empfindungen aktivieren, beeinträchtigen das Wohlbefinden in hohem Maße.

Irrationale dumme Gedanken

»Dumme Gedanken« nennt Ellis zwölf zentrale irrationale Vorstellungen, auf denen fast alle irrationalen Gedanken basieren:

1. Es ist absolut notwendig, von praktisch jeder anderen Person im eigenen Umfeld geliebt oder anerkannt zu werden.
2. Man darf sich nur dann als wertvoll empfinden, wenn man in jeder Hinsicht kompetent, tüchtig und leistungsfähig ist.
3. Bestimmte Menschen sind einfach böse, schlecht und hinterhältig und für ihr übles Verhalten zu kritisieren und zu bestrafen.
4. Offensichtlich ist es schrecklich und kommt einer Katastrophe gleich, wenn die Dinge nicht so sind, wie man sie gern hätte.
5. Menschliches Leiden hat äußere Ursachen. Der Mensch kann wenig Einfluss auf seinen Kummer und seine psychischen Probleme nehmen.
6. Man muss sich über tatsächliche oder eingebildete Gefahren große Sorgen machen und sich ständig mit der Möglichkeit ihres Eintretens befassen.
7. Es ist leichter, bestimmten Schwierigkeiten auszuweichen, als sich ihnen zu stellen.

8. Man muss sich ständig auf andere verlassen können und braucht einen Stärkeren, auf den man sich stützen kann.

9. Die eigene Vergangenheit hat entscheidenden Einfluss auf mein gegenwärtiges Verhalten, und alles, was sich früher einmal auf mein Leben auswirkte, tut dies auch weiterhin.

10. Über schwieriges Verhalten und Probleme anderer Leute muss man sich aufregen.

11. Für jedes menschliche Problem gibt es eine absolut richtige, perfekte Lösung, und es ist eine Katastrophe, wenn keine perfekte Lösung gefunden wird.

12. Es ist unmöglich, mit Wahrscheinlichkeiten oder Unsicherheiten zu leben.

Die aus den irrationalen Ideen 1, 2, 5, 6, 8, 9, 11 und 12 entstehenden Gedanken bewirken Emotion wie Angst und Panik, Schuldgefühle und Zweifel, wobei das Gefühl der Angst dominant ist.

Die Gedanken zu 3, 4, 7 und 10 führen zu Ärger, Aggression und Frustration Sie beziehen sich also eher auf Gefühle, die Feindseligkeit ausdrücken.

Die Frage ist nun, warum viele Kinder und Jugendliche dazu neigen, ihre irrationalen Gedanken nicht aufzugeben, obwohl sie diese als solche erkennen, bestätigen und sich sogar bis zu einem gewissen Grad mit ihnen auseinander setzen. Was könnte ihnen hier helfen? Offensichtliche oder leicht zu verstehende irrationale Überzeugungen können leicht aufgedeckt und aufgegeben werden. Komplizierte irrationale Gedankenkonstrukte – den Betroffenen weitgehend unbewusst und nicht auf den ersten Blick als irrational erkennbar – haben jedoch eine erheblich geringere Wahrscheinlichkeit, erkannt und aufgegeben zu werden. Bei Kindern reicht es oft aus, wenn immer wieder statt des irrationalen Gedankens oder der entsprechenden Aussage eine Alternative formuliert wird.

Wie aus dummen Gedanken kluge werden

Kinder und Jugendliche können lernen, immer wieder positiv zu sich selbst zu reden, sich selbst Mut zu machen und entsprechend irrationale Gedanken und Aussagen in rationale umzuwandeln. Auch Eltern helfen ihnen dabei, wenn sie sich bemühen, die rationale Alternative zu formulieren.

Dumm	Klug
»Wenn ich in der Klassenarbeit eine Fünf schreibe, wird jeder denken, dass ich blöd bin.«	»Es kann mir passieren, dass ich die Arbeit verhaue. Trotzdem bin ich in vielen Gebieten klug, und ich bin als Mensch genauso wichtig und wertvoll wie vorher.«
»Wenn ich die Arbeit verhaue, werden meine Eltern und meine Lehrerin und vielleicht auch meine Freunde nichts mehr von mir halten.«	»Ich bin mir ganz sicher, dass meine Eltern mich mögen. Sie werden nicht begeistert sein, wenn ich eine schlechte Arbeit schreibe, aber grundsätzlich stehen sie immer zu mir. Meine Lehrerin weiß, dass ich mündlich besser bin und auch in den letzten Monaten gut mitgearbeitet habe. Sie wird mir bestimmt helfen, die nächste Arbeit besser zu schreiben. Auch wenn die Arbeit nicht so gut ist, mag sie mich. Und meine Freunde, wenn sie wirkliche Freunde sind: Denen ist es eigentlich egal, wie ich in dem Test abgeschnitten habe.«
»Wenn ich die mündliche Prüfung nicht bestehe, ist das eine Katastrophe.«	»Ich mache mir Gedanken um die mündliche Prüfung, weiß aber eigentlich nicht, ob ich bestehen werde oder nicht. Ich habe mich gut vorbereitet und werde mich bemühen, gut abzuschneiden. Wenn ich nicht bestehen sollte, was ich nicht glaube, ist das keine Katastrophe. Ich kann die Prüfung schließlich wiederholen.«

»Wenn ich an der Tafel stehe, schaut mich jeder an und denkt, ich bin ein Versager.«

»Wenn ich an der Tafel bin, verhalte ich mich tatsächlich aufgeregt. Viele Schüler schauen tatsächlich auf die Tafel, weil ich eine Aufgabe vorrechnen soll. Ich werde mich bemühen, die Aufgabe gut zu lösen. Wenn es nicht gleich gelingt, wird der Lehrer mir eine Hilfe geben. Was die anderen Schüler denken, kann ich gar nicht wissen. Viele passen sowieso nicht auf. Sie denken an etwas anderes. Die meisten in der Klasse mögen mich. Sie wissen, dass ich in vielen Fächern ganz gut bin.«

»Wenn ich mich bei einem Referat vor der Klasse verspreche, lachen die anderen. Ich könnte vor Scham in den Boden versinken.«

»Es gibt niemanden, der sich nicht auch einmal bei einem Referat verspricht. Wenn ich mich verspreche, versuche ich, mich ruhig zu verbessern und weiter vorzutragen. Ich weiß, dass das Lachen nicht persönlich gemeint ist. Schließlich lache ich auch, wenn andere sich versprechen.«

»Bei Arbeiten bin ich so aufgeregt, dass mir vieles nicht mehr einfällt.«

»Ich weiß, dass ich mich gut auf die Arbeiten vorbereitet habe. Ich merke auch bei mir selbst, dass ich sehr aufgeregt bin. Wenn ich mich konzentriere, fällt mir vieles doch noch ein. Ich werde mich bemühen, das nächste Mal ruhiger zu sein. Jetzt kann ich zur Beruhigung eine Atemübung machen. Ich bin mir sicher, dass es dann etwas besser klappt und sich von Arbeit zu Arbeit bessert.«

Dumme Gedanken hinterfragen

Im Unterricht kann man solche Situationen, die irrationale dumme Gedanken hervorrufen, aufarbeiten, indem man so vorgeht:

- Die Schüler denken nach, welche Situationen in der Schule bei ihnen Angst auslösen/ausgelöst haben: der erste Tag in der neuen Schule, ein Referat halten, ein Solo spielen im Weihnachtskonzert etc.
- Jetzt werden die Schüler befragt, welche negativen Aussagen sie zu sich selbst gesagt haben. Zu jeder Situation soll jeder diese Aussagen aufschreiben. Bei Jüngeren gibt man in der Regel einige Beispiele.
- Statt zu schreiben, können Jüngere auch ein Bild malen.
- Wenn die Schüler die Aussagen notiert und erkannt haben, dass diese die Angst fördern, schreiben sie jetzt die Gefühle auf, die ausgelöst werden.
- Manchmal ist es möglich, auch die passenden klugen Gedanken schriftlich zu formulieren. In der Regel aber werden sie im Unterrichtsgespräch als Alternativen erarbeitet.

Marc ist acht Jahre alt und geht in die 2. Klasse. Er weigert sich, in der Schule vorzulesen. Er behauptet, er könne gar nicht lesen. Seine Lehrerin versucht, ihn täglich dranzunehmen und ihn eine Geschichte vorlesen zu lassen. Dies verweigert er, indem er wegläuft, die Lehrerin beschimpft oder bockig ist. Sie hat nun folgendes ABC mit ihm erstellt:

A (auslösendes Ereignis): In der Schule möchte ich nicht lesen.

C (Gefühle und Verhalten): Ich fühle mich schlecht, traurig, bin böse auf mich, zittere und habe Angst, ich habe »Muffe« (starke Angst).

Als sie ihn nach seinen Gedanken befragt, formuliert er zur Überraschung seiner Lehrerin eine ganze Reihe:

B (Gedanken):

1. Ich bin unsicher.
2. Ich finde es schrecklich, dass ich jeden Tag eine Geschichte vorlesen muss.

3. Ich bin schlecht im Lesen.
4. Ich kann mich manchmal nicht konzentrieren.
5. Ich kann nicht lesen und schreiben.
6. Ich will keine Sätze vergessen.
7. Die ganze Klasse beschimpft mich und mag mich nicht.
8. Hoffentlich zittere ich nicht beim Lesen.
9. Hoffentlich lese ich nicht verkehrt.

Der für Marc wichtigste Gedanke war die Nummer 7 (Die ganze Klasse beschimpft mich und mag mich nicht.). Mit Hilfe seiner Lehrerin wurde ihm klar, dass ihn gar nicht alle Kinder beschimpfen und dass er auch damit leben kann, wenn ein anderes Kind ihn kritisiert. Er erkannte, dass er nicht genau weiß, ob ihn wirklich alle nicht mögen. Er gab zu, dass ihn sicher einige auch mögen, und formulierte dann: »Eine ganze Geschichte lese ich nicht. Aber einen Teil oder vielleicht sogar eine halbe Geschichte bin ich bereit zu lesen.« Seine Lehrerin fand dies sehr gut und so las er am nächsten Tag einen Teil einer Geschichte vor. Es gelang ihm sehr gut. Er machte kaum Fehler. Die anderen Kinder klatschten Beifall. Er erkannte, dass er doch ganz gut lesen kann. Seine Lehrerin lobte ihn. Es gab dann kaum noch Schwierigkeiten, wenn er lesen sollte, auch wenn es heute noch nicht zu seinen bevorzugten Tätigkeiten gehört. Keinesfalls aber fühlt er sich beim Lesen schlecht, traurig, wütend und er zittert auch nicht mehr. Er ist noch ein wenig unsicher, genießt aber auch seine Erfolge.

Unsere größte Heldentat besteht nicht darin,
niemals hinzufallen,
sondern jedes Mal wieder aufzustehen,
wenn wir gestürzt sind.

(KONFUZIUS)

Rückschläge sind normal

Ängste treten häufig in zeitlichen Wellen auf. Bei einem Teil der ängstlichen Kinder kommen sie, gehen sie und kommen wieder. Eine neue »Angstwelle« braucht Eltern nicht unvorbereitet zu treffen oder verzweifeln zu lassen. Vielmehr sollten sie vorbereitet sein, der Ängstlichkeit ihres Kindes zu begegnen. Oft vergisst man, dass es auch lange Phasen gibt, in denen alles nahezu problemlos läuft. Stärkung des Selbstvertrauens ist immer noch die beste Methode, Ängste zu mindern, ihnen zu begegnen oder sie überhaupt erst gar nicht aufkommen zu lassen.

Rückschläge kommen vor. Auch sie sind keine Katastrophe.

Manchmal nimmt die Ängstlichkeit eines Kindes einen so großen Raum im täglichen Zusammenleben ein, dass Erwachsene leicht frustriert reagieren. Lösungen erscheinen ihnen so einfach und werden dennoch vom Kind nicht akzeptiert. Das Verhalten lässt sich kaum erklären. Den Erwachsenen fällt es dann zusehends schwerer, sich empathisch und mitfühlend zu verhalten. Manchmal geraten sie sogar in Zorn. Sie fordern das Kind auf, dieses oder jenes nun doch endlich zu probieren, sich nicht passiv zu verhalten und nicht immer so ängstlich zu sein. Sie werden ungeduldiger. Hier empfiehlt sich, dass der Erwachsene versucht, Abstand zur Problematik zu gewinnen, sich abzulenken und Anspannung und Stress etwas abzubauen: sich mit Freunden treffen, ein angenehmes Bad nehmen, ein Buch lesen, Sport treiben, sich selbst belohnen – sich selbst etwas Gutes gönnen, um Kraft zu tanken. Es ist immer besser, mit etwas Gelassenheit die Angst-Problematik anzugehen, statt gereizt, ungeduldig und entnervt Lösungen erzwingen zu wollen.

Anhang

Geschichten gegen die Angst

In unserer therapeutischen Arbeit sind wir immer wieder überrascht, wie gut sich Geschichten bei Kindern – aber auch bei Erwachsenen – einsetzen lassen. Ein wichtiger Grund dafür ist natürlich, dass sie viel unterhaltsamer und somit auch attraktiver sind als ein Informationsbuch. Aber es gibt noch mehr Gründe, die man sich zu Nutze machen kann: In Geschichten lassen sich »kleine Helden« einbinden, die ähnliche Sorgen wie das Kind oder der Jugendliche haben. Damit nutzt man Prinzipien des Modelllernens: Das Kind in der Geschichte steckt in einem ähnlichen Problem, es sucht nach Lösungen und zeigt somit zumindest eine der Möglichkeiten auf, wie man die Situation bewältigen kann. Nicht zu unterschätzen ist auch der Effekt des so genannten »Sharing«: für uns alle ist es eine Erleichterung zu erfahren, dass wir ein bestimmtes Problem, eine bestimmte Angst nicht neu erfunden haben – andere plagen sich genauso damit herum. Schließlich kann eine Geschichte auch eine sehr gute Gesprächsgrundlage für Eltern und Kinder darstellen. Man muss nicht fragen: »Hast du eigentlich Angst und wie merkst du die?« Direkt angesprochen kann dies unter Umständen sofort eine Abwehrhaltung hervorrufen. Liest man hingegen die Geschichte vor und unterhält sich über den Held oder die Heldin darin, kann es ein neutralerer Anfang sein.

Geschichten müssen natürlich immer an das jeweilige Alter und die jeweiligen Sorgen und Probleme des Kindes oder Jugendlichen angepasst werden. Einem ängstlichen Jungen (11 Jahre) haben wir zum Beispiel die Geschichte von Max' Monster-Männchen erzählt, die uns freundlicherweise Frau Dipl.-Psych. Antje Graf aus ihrer therapeutischen Arbeit zur Verfügung gestellt hat.

Max' Monster-Männchen

Max liegt in seinem Bett und starrt an die Wand, wo das Poster
mit seiner Lieblingsband hängt. Sein Blick bleibt wie immer
an dem Gittaristen hängen, seinem großen Vorbild. Inzwischen
sind Max' Haare schon fast genauso lang, und durch das viele
Üben spielt Max auch gar nicht mal so übel. Musik zu machen,
das wäre schon ein Traum …
Diesen Gedanken hatte Max schon sehr oft, und wie jedes Mal
versetzt er ihm einen kleinen Stich. Denn Max denkt, dass es
nie so weit kommen wird. Schlimmer noch, er wird es erst gar
nicht versuchen. Denn erst heute, als er in Erdkunde die Lage der
Sahara auf der Karte zeigen sollte und alle ihn ansahen, wurde
ihm übel. Er könnte stolpern oder eine falsche Antwort geben,
ging ihm durch den Kopf. Dann würden die anderen ihn
auslachen und für einen Idioten halten. An der Karte fing auch
noch seine Hand an zu zittern und es fiel ihm schwer, seine
Stimme fest klingen zu lassen. Wie sollte es ihm also erst ergehen,
wenn fünfzig oder noch mehr Leute bei einem Auftritt seiner
Band zusehen würden? Wie sollte man denn sauber spielen,
wenn die Hand zittert? Frustriert packt Max seine Jeans und wirft
sie unter sein Bett. »Das ist doch eine Riesen-Scheiße!«, schreit er.
»Aua!«, kommt es zurück. Max schweigt erschrocken und glaubt
schon, er habe sich das eingebildet. Aber unter seinem Bett
murmelt etwas nun ganz leise. »Schreit und schimpft, und jetzt
hat er auch noch meinen Eingang verstopft. Was fällt dem denn
eigentlich ein?!« »Ich werde verrückt!«, denkt sich Max. Aber
vorsichtshalber legt er sich doch flach auf den Bauch und steckt
seinen Kopf unter das Bett. Da steht ein kleiner Mann, nicht viel
größer als die beiden Daumen von Max, wenn man sie
aneinander hält. Die weißen Haare werden größtenteils von
einem Hut verdeckt, der so schwarz ist wie der etwas altmodische
Anzug, den das Männchen trägt. Nur das Gesicht, das von einem
länglichen weißen Spitzbart geziert wird, schaut rot vor Ärger
hervor. Der kleine Mann zieht und zerrt an Max' Jeans, bis er sich
davon befreit hat. »Hallo«, sagt Max vorsichtig. Erschreckt hält
das Männchen inne. »Oh nein, nun hast du mich doch entdeckt.

Na schön, na schön. Sag mal, was sollte denn das hier mit deiner Hose? Und diesem Rumgeschreie?« Eigentlich wollte Max das Männchen fragen, wer es sei und woher es komme, doch nun wurde auch er ärgerlich. »Das war doch nicht mit Absicht! Ich war einfach ... traurig, weil ich nicht den Mumm habe, in einer Band zu spielen. Noch nicht mal in der Schulband, obwohl die mich schon zweimal gefragt haben. Und wenn du es genau wissen willst, ich rede noch nicht mal gerne vor anderen, ich spreche keine fremden Leute an, ich ... Ach Mann, ich weiß doch auch nicht, was mit mir los ist!« Max ist ganz erschrocken, was er da eben alles erzählt hat. Noch nie hat er jemandem von seinen Ängsten erzählt. »Ach, so ist das, so ist das«, murmelt das Männchen. »Und zitterst du auch manchmal? Hast Angst, rot zu werden? Oder was Dummes zu sagen? So dass dir manchmal richtig schlecht werden kann?« »Ja, genau«, staunt Max, denn all diese Sachen kennt er sehr gut. »Es ist ... als wäre da manchmal plötzlich ein Monster in meinem Bauch, das mich davon abhält, Sachen zu machen, die ich eigentlich gerne machen möchte. Wie mit anderen reden, was unternehmen, Musik machen.« »Musik, na ja, mein Geschmack ist es nicht, aber ihr seid da heute wohl anders. Aber diese Monster, die ändern sich wohl nie. Ist immer das gleiche mit ihnen.« »Sie kennen sich mit Monstern aus?«, fragt Max erstaunt. »Haben Sie etwa auch eins?« »Oh, bestimmt ein Dutzend inzwischen«, antwortet das Männchen. »Ja, mit Monstern kenne ich mich sehr gut aus. Habe schon unter vielen Betten gelebt, das kannst du mir glauben, und noch niemanden ohne Monster getroffen. Nur die Größen, die sind natürlich ganz verschieden.« Max schaut ihn verwundert an. Was das kleine Männchen alles weiß! Schließlich sagt er etwas schüchtern: »Meins muss sehr groß sein. Ich habe sogar das Gefühl, dass es noch weiter wächst.« Der kleine Mann zieht die Augenbrauen hoch und schaut Max etwas genauer an. Von oben bis unten wird Max nun gemustert, bis der kleine Mann zu ihm sagt: »In der Tat, kein schlechtes Exemplar, was du da hast. Versteh mich nicht falsch, kein Grund, eitel zu sein. Habe schon weitaus größere gesehen, das ist gar nicht so selten. Und nicht nur in deinem Alter, auch bei Leuten in meinem!« »Danke, meins reicht mir«, sagt Max. Aber er ist doch ganz froh, dass es anderen Menschen anscheinend auch so geht wie ihm. Natürlich hat Max noch tausend Fragen an das kleine Männchen. Es gähnt aber nur laut und macht sich auf, wieder unter das Bett zu kriechen. »Hey, wo willst du hin?«, ruft Max empört, als er merkt, dass der kleine Mann wieder verschwinden will. »Für heute habe ich genug erzählt. Eins nach dem anderen. Morgen werde ich dir noch ein wenig mehr erzählen. Über Monster und wie man sie besiegen kann.« Und mit diesen Worten läuft der kleine Mann wieder unter das Bett. Max schaut noch einmal nach, ob er ihn dort irgendwo entdecken kann. Doch er scheint sich in Luft aufgelöst zu haben. Anfangs ist Max noch ganz durcheinander von dieser Begegnung. Als er aber kuschelig warm unter seiner Decke im Bett liegt, fühlt er sich plötzlich ganz wohl. Er merkt, wie er immer müder wird, und während ihm die Augenlieder langsam zufallen, denkt er zufrieden: »Ich bin nicht allein mit meinem Monster ...«

Wie Max den Monsterkampf aufnimmt

Am nächsten Tag stürmt Max gleich nach der Schule ganz ungeduldig in sein Zimmer. Ob der kleine Mann wohl schon auf ihn wartet? Er sucht sein ganzes Zimmer ab: unter dem Bett, im Schrank, auf dem Schreibtisch – nichts! Auch nach dem Abendbrot ist keine Spur von dem Männchen zu finden. Erst als Max sich völlig enttäuscht in sein Bett legen möchte, steht plötzlich der kleine ulkige Mann mit dem spitzen Bart vor ihm. »Hallo, hast mich wohl schon erwartet?«, ruft er Max entgegen. »Natürlich«, sagt Max, »den ganzen Nachmittag sitze ich hier. Ich weiß doch noch gar nicht ...« Das Männchen scheint seine Gedanken zu erraten und unterbricht ihn gleich. »Bist wohl einer von den ganz Ungeduldigen, was? Willst sofort ein Gegenmittel gegen große Monster wissen? Ja, da bist du bei mir schon an der richtigen Adresse. Aber glaub ja nicht, dass es einfach eine Pille gibt oder einen Tee, und dann ist alles wieder gut, wie bei einem Schnupfen. So einfach ist das nicht. Hast es ja auch schließlich selber groß gemacht, dein Monster.« »Ich habe WAS gemacht?!«, ruft Max. »Ich habe es ganz sicher nicht selber groß gemacht.

Früher hatte ich es nicht, und dann war es auf einmal plötzlich da.« »Oh nein«, erklärte das Männchen. »So einfach ist das nicht. Du hattest schon immer eins, doch zunächst war es ganz normal groß. Es hat sich damals eingeschaltet, wenn eine wirkliche Gefahr da war, zum Beispiel eine stark befahrene Straße. Es hat dich dann gewarnt, und du bist lieber nicht bei Rot rübergelaufen. Monster in normaler Größe sind durchaus eine feine Sache. Meins zum Beispiel …« »Also, ich hatte ein Monster in normaler Größe?«, unterbricht Max ungeduldig. »Und dann ist es gewachsen und nun schlägt es schon Alarm, wenn ich mich eigentlich nur im Unterricht melden möchte?« »Ja, genau«, erklärt das Männchen, nur ein ganz klein bisschen beleidigt über die Unterbrechung. »Zu groß gepflegte Monster glauben, sie können alles alleine bestimmen, und machen mit dir, was sie wollen.« »Zu groß GEPFLEGT?«, fragt Max ungläubig. »Das klingt ja, als ob ich extra …«. »Nein, nein, nein«, erklärt das Männchen schnell, nun doch etwas versöhnlicher. »Du wusstest ja noch nicht, wie solche Monster funktionieren, du kannst also gar nichts dafür. Es ist nämlich so«, flüstert es verschwörerisch und kommt etwas näher zu Max hin. »Je mehr du auf die unsinnigen Sachen hörst, die dieses Vieh dir einreden will, desto mehr kann es wachsen. Es ernährt sich nämlich davon, dass du ihm mehr glaubst als deinem Verstand. Je mehr du nach seiner Pfeife tanzt, desto größer und runder wird es, und irgendwann kann es dann so riesig sein, dass du gar nicht mehr versuchst, dagegen anzukommen.« »Moment mal«, sagt Max. »Du meinst also, jedes Mal, wenn ich mich in der Schule nicht melde, aus Angst, meine Antwort könnte dumm sein, oder wenn ich mich nicht verabrede, oder wenn ich ein Schulkonzert ablehne, wächst mein Monster ein bisschen weiter?« »Ja, genau so ist es. Dumm bist du ja wenigstens nicht«, strahlt das Männchen zufrieden und will schon zurück unter das Bett. »Warte mal!«, ruft Max erschrocken. »Was kann ich denn tun, damit es wieder kleiner wird? Bitte, begleite mich doch einen Tag und zeige mir, was ich tun kann. Du passt doch super in meine Hosentasche!« »Hosentasche?« Das Männchen rümpft empört die Nase. »Na, ich hoffe, das bekommen wir auch anders hin. Also, als erstes brauchen wir

einen Schlachtplan. Bring mir doch mal bitte einen Zettel
und den kleinsten Bleistift, den du finden kannst. Monster
bändigen ist nämlich eine Sache der Übung, genau wie dein
Gitarrengeklimper. Also, was macht dir am meisten Angst?«
»Wenn ich mir vorstelle, mit einer Band zu spielen, und wir haben
ganz viele Zuschauer. Und noch schlimmer, wenn ich die meisten
davon auch noch kenne.« »Mhm, verstehe«, murmelt das
Männchen, und schreibt umständlich und mit verschnörkelten
Buchstaben »Bänd-Auftritt« ganz oben auf den Zettel. Max
schmunzelt ein wenig über die Schreibweise, aber er versteht,
dass das Schwerste ganz nach oben muss. »Danach könnte: Vor
der ganzen Klasse etwas vortragen, ein Referat oder vorsingen
oder so«, sagt er. »Das ist schwieriger, als sich in der Schule zu
melden und etwas zu sagen.« Das Männchen schreibt alles auf
den Zettel: »Vor der Klasse etwas vortragen« genau unter dem
»Bänd-Auftritt« und schließlich ganz unten: »Sich melden«.
»Und jetzt?«, fragt Max, und bei dem Gedanken, er müsste sich
sofort eine Band suchen, wird ihm ganz anders. Aber das
Männchen hört ihn gar nicht, denn es ist damit beschäftigt, einen
Wochenplan aufzumalen. »So, und nun wird geübt«, sagt es
zufrieden. »Und Eile mit Weile. Dass heißt, wir fangen erst einmal
ganz klein an. Mit dem einfachsten geht's los. Deine Aufgabe ist es,
dich jeden Tag mindestens einmal in der Schule zu melden.
Hast du dich in der Schule gemeldet, kannst du dir an diesem Tag
ein lachendes Gesicht in ein Kästchen malen. Dann weißt du, dass
alles gut geklappt hat.« »Und das mache ich so lange, bis ich nicht
mehr so viel Angst habe?«, fragt Max gespannt. »Ah, ich sehe, du
hast es verstanden. Wenn es dir nicht mehr so schwer fällt, kannst
du dich jeden Tag mindestens zweimal von alleine melden.«

Montag	Dienstag	Mittwoch	Donners- tag	Freitag
☺	☺			

179

Am Montag ist Max ganz unruhig in der Deutschstunde. Er verspürt ein wenig Angst, sich zu melden. Doch gleich bei der ersten Frage schnellt sein Finger entschlossen in die Höhe. Die Antwort ist sogar richtig. Ganz zufrieden klebt Max am Nachmittag einen Aufkleber auf seinen Plan. Am Dienstag meldet er sich wieder in Deutsch und sogar in Mathe. Tatsächlich merkt Max, wie sein Monster immer kleiner wird. Jeden Tag hat er etwas weniger Angst, sich im Unterricht zu melden. Am Ende der Woche kann er es kaum erwarten, dem kleinen Mann von seinem Erfolg zu erzählen. Stolz zeigt er dem Männchen seinen Plan. Fast bei jedem Tag klebt ein Aufkleber. »Mensch Max«, sagt der kleine Mann zu ihm, »ich bin richtig stolz auf dich! Nun darfst du dir auch etwas als Belohnung wünschen.« Aufgeregt überlegt Max, welche Belohnung er gerne hätte. »Ich möchte zu einem richtigen Fußballspiel gehen«, ruft er begeistert. Noch im selben Augenblick klopft es an der Tür. Sein Vater hält drei Fußballtickets in der Hand. »Max, ich habe eine Überraschung für dich: Heute habe ich drei Fußballtickets gewonnen!« Als sich Max überrascht nach dem kleinen Männchen umschaut, ist es schon verschwunden.

Entspannungsgeschichten für jüngere Kinder

»Das Gespräch mit der Echse (1)«, »Im Land der Zwerge (2)«, »Die Botschaft der Zwergin (3)«, »Im Inneren des Berges (4)« und »Die magische Schale (5)« bilden eine zusammenhängende Geschichte.

Inhalt

Mit dem Zauberteppich besuchen Kinder eine Echse, die in einer Höhle mit glitzernden Edelsteinen wohnt. Sie haben ihre Leuchtkraft verloren. Damit sie wieder richtig funkeln, benötigt die Echse einen besonderen Zauberstaub, der sich im Land der Zwerge befindet. Dort trifft man auf eine alte, weise Frau, die eine wichtige Botschaft mitteilen will. In dieser Botschaft wird verraten, wie man den Zauberstaub finden kann. Die Zwergin bringt die Kinder zu einer Burg, wo der Zauberstaub in einer Schale liegt. Da es sich aber um eine magische Schale handelt, kann man den Zauberstaub nur zu bestimmten Stunden herausnehmen. Dies gelingt den Kindern. Sie bringen den Zauberstaub zur Echse. Die Edelsteine leuchten wieder. Jedes Kind erhält als Belohnung einen ganz besonderen Stein; er verleiht ihm eine Eigenschaft, die es gern hätte.

Durchführungshinweise

Der Handlungsstrang umfasst fünf Entspannungsgeschichten in Fortsetzung. Die Geschichten sind für alle Altersstufen bis hin zur Pubertät gut geeignet. Je nach Alter des Kindes können sie verkürzt werden.

Für Kinder ist besonders das Ende der fünften Geschichte von Bedeutung. Hier können sie darüber sprechen, welche Eigenschaften sie gern hätten und warum diese für sie wichtig sind. Man sollte hier die Kinder frei assoziieren lassen und ihre Vorschläge keinesfalls aus der Sicht des Erwachsenen bewerten und beraten.

Jeweils eine Geschichte wird vorgelesen – am günstigsten abends vor dem Zubettgehen. Manche Kinder schlafen dabei ein, andere wollen noch darüber sprechen.

Auf folgende Dinge sind zu achten:

1. Lärm und Außengeräusche sollten vermieden werden. Von daher ist es sicher ungünstig, die Entspannung in einem Raum durchzuführen, dessen Fenster zu einer Straße mit starkem Verkehr gehen. Es ist jedoch keine Bedingung, dass es »mucksmäuschenstill« sein muss. Wenn Kinder sich an Entspannungsübungen gewöhnt haben, lassen sie sich in der Regel nicht mehr von Geräuschen stören.

Für den Durchführenden ist es wichtig, dass er Geräusche – bzw. Störgeräusche – in die Entspannung integriert, zum Beispiel so:

»Du bist schon ganz ruhig geworden. Draußen hörst du noch Autos vorbeifahren. Aber die vorbeifahrenden Autos stören dich überhaupt nicht, vielmehr führen die vorbeifahrenden Autos dazu, dass du ruhiger wirst. Nichts stört dich mehr.«

Die Frage des Lichts hat für Kinder keine übermäßig große Bedeutung. Der Raum sollte nicht zu hell, aber auch nicht zu dunkel sein, weil man sonst die Reaktionen der Kinder nicht sehen kann.

2. Bei jüngeren Kindern ist vor allem darauf zu achten, dass sie keine gefüllte Harnblase haben, was bei der Entspannung stört.

Viele Kinder leiden unter Allergien, weshalb sie oft einen Juckreiz haben. Tritt dieser in der Entspannung auf, darf man ihnen keinesfalls verbieten, sich zu kratzen. Das Gleiche gilt auch für einen Hustenreiz. Es ist besser, sich zu kratzen oder zu husten, als ständig zu denken, dass man das nicht darf.

So ist es sinnvoll, ein Kind, das sich beispielsweise kratzen muss, während der Entspannung anzusprechen. Man signalisiert ihm, dass man Verständnis für seine Situation hat, z. B.: »Kathrin, geht es wieder?« Das Kind kommt so leichter wieder in den Ruhezustand hinein. Oft ist es mehr Angst des Erwachsenen, dass er sich schlechter auf den Entspannungstext konzentrieren kann, als dass das Kind tatsächlich abgelenkt würde.

3. Die Entspannung wird im Liegen durchgeführt.

4. Die Augen sind geschlossen. Das Schließen der Augen bereitet vielen Kindern große Probleme. Es ist natürlich auch ein Vertrauensbeweis gegenüber dem Erwachsenen.

Machen Sie aus dem Schließen der Augen kein Dogma. Es ist nicht schlimm, wenn das Kind noch einmal kurz die Augen öffnet und guckt, was um es herum passiert. Sie sagen dann freundlich: »Du schließt jetzt bitte deine Augen und wenn du noch einmal kurz gucken musst, tust du das. Doch dann machst du die Augen wieder zu und hörst auf das, was ich jetzt gleich erzähle.«

Das Schließen der Augen ist natürlich insofern wichtig, als alle Kinder bei geschlossenen Augen besser Bilder in der Fantasie entwickeln können.

Es gibt einzelne Kinder, die vorgeben, dass sie die Augen überhaupt nicht schließen könnten. Diese fordert man auf, vor sich hin zu sehen und einen Gegenstand zu fixieren. Versuchen Sie immer wieder vorsichtig zu erreichen, dass sie doch noch die Augen schließen.

5 Lesen Sie langsam und ruhig vor. Möchte das Kind noch über die Geschichte sprechen, lässt man dies für fünf bis zehn Minuten zu und versucht dann zu erreichen, dass es einschläft.

6. Die Geschichten können problemlos bei Entspannungsmusik vorgelesen werden. Diese Musik sollte auf 60 Taktschläge angelegt sein, was einem verlangsamten Herzrhythmus entspricht.

Das Gespräch mit der Echse (1)

Stell dir vor, du unternimmst auf deinem Zauberteppich eine Traumreise. Du setzt dich ganz ruhig hin und atmest tief ein und aus. Nichts stört dich mehr. Du machst es dir ganz bequem. Du vergisst alles, was um dich herum geschieht. Du schließt die Augen und entspannst dich.

Ich zähle jetzt gleich von eins bis zehn, und dabei kannst du dich immer gelöster und entspannter fühlen. Immer sicherer und immer ruhiger. Du schließt die Augen und beginnst, dich zu entspannen.

Eins: Du kannst dich jetzt entspannen.

Zwei: Du vergisst alles, was um dich herum geschieht.

Drei: Du atmest tief ein und aus.

Vier: Du fühlst dich ganz sicher und ruhig.

Fünf: Du bist immer gelöster und entspannter.

Sechs: Du merkst: Meine Arme sind ganz schwer.

Sieben: Auch bei deinen Beinen stellst du fest: Meine Beine sind ganz schwer.

Acht: Du kannst jetzt einfach abschalten.

Neun: Nichts stört dich mehr.

Zehn: Du bist jetzt bereit für die Traumreise auf deinem Zauberteppich.

Du fliegst, zusammen mit anderen Kindern, mit deinem Zauberteppich zu einer Höhle, in der eine Echse mit glitzernden Augen auf dich wartet. Die Augen der Echse funkeln in einem tiefen, ruhigen Grün. Sie liegt schläfrig auf einem glatten, blauen Stein, und du merkst, dass auch dein Körper angenehm schwer wird, je länger du in ihre Augen schaust.

Du merkst es zuerst an deinen Armen. Du merkst:

Mein rechter Arm ist ganz schwer.

Mein rechter Arm ist ganz schwer.

Und auch bei deinem linken Arm stellst du fest:

Mein linker Arm ist ganz schwer.

Mein linker Arm ist ganz schwer.

Meine beiden Arme sind ganz schwer.

Die Echse zieht sich jetzt in das Innere der Höhle zurück. Dort ist es so dunkel, dass du nichts sehen kannst. Aus deinem Rucksack nimmst du eine Kerze und zündest sie an. Der Schein der Kerze erhellt einen langen Gang vor euch. An den Wänden erkennst du überall glitzernde, grüne Edelsteine, die genauso wie die Augen der Echse funkeln.

Du folgst der Echse durch den Gang. Die anderen Kinder kommen hinter euch her. Du befindest dich plötzlich in einer großen Halle mit vielen Bögen und Säulen. Alles, der Boden, die Wände und sogar die Decke bestehen aus grünen Edelsteinen. Um dich herum siehst du ein fantastisches grünes Licht und immer, wenn du die Steine anfasst, wird dir ganz warm. Du spürst, wie das Licht durch deinen Körper fließt und dich mit einer angenehmen, wohligen Wärme erfüllt.

Du merkst es zuerst an deinen Armen. Du merkst:

Mein rechter Arm ist ganz warm.

Mein rechter Arm ist ganz warm.

Und auch bei deinem linken Arm stellst du fest:

Mein linker Arm ist ganz warm.

Mein linker Arm ist ganz warm.

Meine beiden Arme sind ganz warm.

Die Echse sitzt in der Mitte der Halle und fängt zu sprechen an: »Seit Jahrhunderten hat sich kein Menschenkind mehr in diese geheimnisvollen Höhlen begeben. Ihr könnt mir helfen, den Zauber dieser Höhle zu erhalten, wenn ihr mir den Zauberstaub vom Berge Quetzcoatl (sprich: Ketzkoatl) holt. Denn diese Edelsteine verlieren langsam ihre Leuchtkraft, es sei denn, sie werden wieder neu mit dem Zauberstaub bestreut.« Die Echse wendet sich jetzt an dich: »Ich gebe dir einen Beutel voller Edelsteine mit, sie werden dich zu diesem Berg führen. Je näher du zu dem Berg kommst, desto heller und wärmer werden sie leuchten.«

Die Echse gibt dir einen Beutel mit grünen Edelsteinen, den du dir wie einen Rucksack auf den Rücken schnallst. Sie gibt jedem der Kinder einen Beutel mit grünen Steinen. Dann holt sie eine goldene Kiste hervor und öffnet sie. Du siehst die schönsten Steine, die du je gesehen hast. Ein blauer Stein strahlt Mut aus, ein roter blitzt vor Liebe, ein gelber funkelt vor reinem Glück neben vielen anderen Steinen mit unterschiedlichen Farben und Gefühlen. Die Echse sagt zu den Kindern: »Wenn ihr mir helft, dann dürft ihr euch jeder einen dieser Steine aussuchen. Und wenn ihr ihn bei euch tragt, wird seine Eigenschaft euch das ganze Leben begleiten.«

Du und die anderen machen sich sofort auf den Weg. Du setzt dich auf deinen Zauberteppich und spürst, wie die grünen Steine dich zu dem Berg Quetzcoatl ziehen. Doch langsam wird es dunkel, die Sonne geht unter und du weißt, es ist Zeit, zurückzukehren. Du beschließt, auf deiner nächsten Reise den Zauberstaub zu holen.

Du schwebst auf deinem Zauberteppich zurück ins Hier und Jetzt und denkst dabei: Ich bin ganz ruhig, und meine Arme sind ganz schwer und ganz warm. Es ist schön, so durch die Luft zu schweben.

Und wenn ich jetzt gleich von zehn bis eins zähle, ist das für dich ein Angebot, dass du allmählich zurückkehrst ins Hier und Jetzt. Wenn du wach geworden bist, fühlst du dich ruhig, zuversichtlich, ausgeglichen, stark, selbstbewusst und zufrieden.

Zehn: Du kannst zurückkehren ins Hier und Jetzt.

Neun: Du fühlst dich gelassen, ruhig und zufrieden.

Acht:	Du wirst allmählich wieder wach.
Sieben:	Du genießt deine Ruhe, Schwere und Wärme.
Sechs:	Erstaunlich, wie ruhig du dich fühlen kannst.
Fünf:	Es ist schön zu wissen, dass du entspannt sein kannst.
Vier:	Es macht Spaß, seine Fantasie zu entfalten.
Drei:	Du kannst jetzt deine Hände bewegen.
	Du streckst die Arme nach oben.
Zwei:	Du atmest tief ein und aus.
Eins:	Du öffnest die Augen und bist zurückgekehrt ins Hier und Jetzt.

Im Land der Zwerge (2)

Stell dir vor, du unternimmst auf deinem Zauberteppich eine Traumreise. Du setzt dich ganz ruhig hin und atmest tief ein und aus. Nichts stört dich mehr. Du machst es dir ganz bequem. Du vergisst alles, was um dich herum geschieht. Du schließt die Augen und entspannst dich.

Ich zähle jetzt gleich von eins bis zehn, und dabei kannst du dich immer gelöster und entspannter fühlen. Immer sicherer und immer ruhiger. Du schließt die Augen und beginnst, dich zu entspannen.

Eins:	Du kannst dich jetzt entspannen.
Zwei:	Du vergisst alles, was um dich herum geschieht.
Drei:	Du atmest tief ein und aus.
Vier:	Du fühlst dich ganz sicher und ruhig.
Fünf:	Du bist immer gelöster und entspannter.
Sechs:	Du merkst: Meine Arme sind ganz schwer.
Sieben:	Auch bei deinen Beinen stellst du fest:
	Meine Beine sind ganz schwer.
Acht:	Du kannst jetzt einfach abschalten.
Neun:	Nichts stört dich mehr.
Zehn:	Du bist jetzt bereit für die Traumreise auf deinem Zauberteppich.

Du fliegst mit deinem Zauberteppich noch einmal zum Berg Quetzcoatl, um den Zauberstaub für die Echse zu besorgen.

Den Beutel mit den grünen Edelsteinen hast du dir auf den Rücken geschnallt. Je mehr du mit deinem Zauberteppich in Richtung Süden schwebst, desto heller und wärmer leuchten die Edelsteine. Du weißt ganz sicher, dass du auf dem richtigen Weg bist. Das Gewicht der Steine drückt dich angenehm und behaglich in den Teppich hinein. Du merkst, wie dein ganzer Körper von einer wohltuenden Schwere ergriffen wird.

Du merkst es zuerst an deinen Armen. Du merkst:
Mein rechter Arm ist ganz schwer.
Mein rechter Arm ist ganz schwer.

Und auch bei deinem linken Arm stellst du fest:
Mein linker Arm ist ganz schwer.
Mein linker Arm ist ganz schwer.
Meine beiden Arme sind ganz schwer.

Von weitem kannst du schon ein mächtiges Gebirge erkennen. Der größte Berg, den du aus dieser Entfernung sehen kannst, glitzert silbern und weiß in der aufgehenden Sonne, die den Berg wie einen riesigen Diamanten leuchten und strahlen lässt. Die Leuchtkraft der Sonne ist so stark, dass ihre Strahlen, einmal am Berg angekommen, von dort aus in die ganze Landschaft reflektiert werden. Deine Edelsteine fangen immer stärker an zu leuchten. Jetzt haben auch die Sonnenstrahlen deinen Körper erreicht. Wohltuend erwärmen sie dich.

Du merkst es zuerst an deinen Armen. Du merkst:
Mein rechter Arm ist ganz warm.
Mein rechter Arm ist ganz warm.

Und auch bei deinem linken Arm stellst du fest:
Mein linker Arm ist ganz warm.
Mein linker Arm ist ganz warm.
Meine beiden Arme sind ganz warm.

Die Sonne steht jetzt direkt über dem Berg. Du gibst ein Zeichen und versuchst, eine passende Stelle für eine sichere Landung zu finden. Du entdeckst eine kleine Lichtung am Fuße des Berges.

Du landest auf einer kleinen runden Wiese, die auf allen Seiten von riesigen Bäumen umgeben ist. Die Stämme der Bäume sind bestimmt drei Meter breit und so hoch, dass du denkst, sie erreichen die Wolken. Die anderen Kinder sind schon dort. Du überlegst, was ihr tun könntet, als du bemerkst, dass ihr nicht allein seid. Wie auf ein unsichtbares Zeichen hin öffnen sich kleine versteckte Türen in den Stämmen der Bäume. Bevor auch nur einige Sekunden vergangen sind, ist die ganze Lichtung von Zwergen bevölkert. Die Männer und Jungen tragen lange Bärte und silberne, weiße Gewänder. Du siehst, dass auch die Frauen und Mädchen silberne Kleider tragen. Ihre Haare sind so lang, dass sie schon fast den Boden berühren.

Aufgeregt kommen sie immer näher. Du siehst, dass es freundliche Wesen sind, aber ihre Sprache kannst du nicht verstehen. Da tritt eine Zwergin aus der Menge hervor und alle anderen verstummen. Die Zwergin scheint über hundert Jahre alt zu sein. Ihre Haare sind schneeweiß und tiefe Furchen durchziehen ihr Gesicht. Du erkennst, dass diese alte, weise Frau dir etwas mitzuteilen hat. Sie will gerade ihre Stimme erheben, als die Sonne im Begriff ist unterzugehen. Es ist Zeit für dich zurückzufliegen. Du beschließt, auf deiner nächsten Reise zurückzukehren und den Worten dieser alten Zwergin zu lauschen.

Und wenn ich jetzt gleich von zehn bis eins zähle, ist das für dich ein Angebot, dass du allmählich zurückkehrst ins Hier und Jetzt. Wenn du wach geworden bist, fühlst du dich ruhig, zuversichtlich, ausgeglichen, stark, selbstbewusst und zufrieden.

Zehn: Du kannst zurückkehren ins Hier und Jetzt.

Neun: Du fühlst dich gelassen, ruhig und zufrieden.

Acht: Du wirst allmählich wieder wach.

Sieben: Du genießt deine Ruhe, Schwere und Wärme.

Sechs: Erstaunlich, wie ruhig du dich fühlen kannst.

Fünf: Es ist schön zu wissen, dass du entspannt sein kannst.

Vier: Es macht Spaß, seine Fantasie zu entfalten.

Drei: Du kannst jetzt deine Hände bewegen.
Du streckst die Arme nach oben.

Zwei:	Du atmest tief ein und aus.
Eins:	Du öffnest die Augen und bist zurückgekehrt ins Hier und Jetzt.

Die Botschaft der Zwergin (3)

Stell dir vor, du unternimmst auf deinem Zauberteppich eine Traumreise. Du setzt dich ganz ruhig hin und atmest tief ein und aus. Nichts stört dich mehr. Du machst es dir ganz bequem. Du vergisst alles, was um dich herum geschieht. Du schließt die Augen und entspannst dich.

Ich zähle jetzt gleich von eins bis zehn, und dabei kannst du dich immer gelöster und entspannter fühlen. Immer sicherer und immer ruhiger. Du schließt die Augen und beginnst, dich zu entspannen.

Eins:	Du kannst dich jetzt entspannen.
Zwei:	Du vergisst alles, was um dich herum geschieht.
Drei:	Du atmest tief ein und aus.
Vier:	Du fühlst dich ganz sicher und ruhig.
Fünf:	Du bist immer gelöster und entspannter.
Sechs:	Du merkst: Meine Arme sind ganz ruhig.
Sieben:	Auch bei deinen Beinen stellst du fest: Meine Beine sind ganz schwer.
Acht:	Du kannst jetzt einfach abschalten.
Neun:	Nichts stört dich mehr.
Zehn:	Du bist jetzt bereit für die Traumreise auf deinem Zauberteppich.

Du fliegst mit deinem Zauberteppich zurück zur Lichtung, um den weisen Worten der alten Zwergin zu lauschen. Du erinnerst dich daran, dass die alte Frau dir und den anderen etwas Wichtiges mitzuteilen hatte.

Die Zwergin hebt ihren Arm und alle Trolle und Zwerge verstummen. Du bist schon ganz gespannt darauf, was sie wohl zu sagen hat. Die Alte räuspert sich und sagt: »Dies nemmoklliw!«, und schaut dich erwartungsvoll und freundlich an. Aber diese Sprache kannst du nicht verstehen. Da hast du auf einmal eine Idee: »Wenn ich meine Edelsteine berühre, dann können sie mir bestimmt helfen, diese fremde Sprache zu verstehen.« Dir fällt wieder dein Beutel mit Edelsteinen ein, den du auf dem Rücken hast. Das große Gewicht der Steine hat dich während der ganzen Zeit des Fluges in deinen Teppich gedrückt. Du nimmst wahr, wie angenehm schwer dein Körper ist.

Du merkst es zuerst an deinen Armen. Du merkst:

Mein rechter Arm ist ganz schwer.

Mein rechter Arm ist ganz schwer.

Und auch bei deinem linken Arm stellst du fest:

Mein linker Arm ist ganz schwer.

Mein linker Arm ist ganz schwer.

Meine beiden Arme sind ganz schwer.

Du nimmst den Beutel mit den Edelsteinen und legst einige Steine in deine Hände. Du wünschst dir ganz stark, diese fremde Sprache verstehen zu können. Die Zwergin wiederholt ihre Worte: »Dies nemmoklliw«. Und siehe da, es ist ganz einfach, du begreifst, dass dieses kleine Zwergenvolk rückwärts spricht. Du übersetzt: »Seid willkommen!« Nun kannst du die Alte verstehen, sie sagt: »Meine lieben Freunde, es ist Jahrhunderte her, dass das letzte Mal so tapfere und mutige Menschenkinder hier waren, um im heiligen Berg Quetzcoatl nach dem Zauberstaub zu suchen. Kommt zu uns ans Feuer, trinkt und esst mit uns und ich werde euch die uralte Geschichte erzählen.«

Du folgst den Zwergen zu einer kleinen Feuerstelle, an dem ein kleines Feuer eine wohlige Wärme ausstrahlt. Holz und Reisig knistern behaglich, und du setzt dich zwischen diese fremdartigen sympathischen Wesen und schaust ins Feuer. Du fühlst, wie die Wärme deinen Körper erfüllt.

Du merkst es zuerst an deinen Armen. Du merkst:

Mein rechter Arm ist ganz warm.

Mein rechter Arm ist ganz warm.

Und auch bei deinem linken Arm stellst du fest:
Mein linker Arm ist ganz warm.
Mein linker Arm ist ganz warm.
Meine beiden Arme sind ganz warm.

Die alte Zwergin beginnt abermals zu sprechen: »Der alte Berg
steht schon seit Jahrtausenden hier in dieser Landschaft. Schon
meine Urgroßeltern erzählten mir, als ich noch ein Kind war, die
Legenden und Sagen, die sich mit diesem heiligen und
geheimnisvollen Ort verbinden. Anders als die umliegenden
Berge, ist der Quetzcoatl von einer weißen silbernen
Zauberstaubschicht bedeckt. Aus diesem Zauberstaub gewinnen
und spinnen wir auch unsere Kleider und Gewänder. Sie leuchten
ein Leben lang. Doch nur unter größten Gefahren können wir
den Zauberstaub bekommen. Der Weg in den Berg ist schwierig
und beschwerlich, und für uns kleine Zwerge ist es doppelt
beschwerlich und mühsam. Nur wer großen Mut und
Geschicklichkeit hat, schafft es, in den Berg zu gelangen und die
Hauptquelle zu finden. Wenn du bereit bist, kann ich dir den Weg
zeigen, ich muss dich dann aber verlassen.«
Du möchtest so gern der Echse den Zauberstaub bringen, und so
machst du dich, zusammen mit den anderen Kindern, auf den
Weg. Du betrittst wieder die Lichtung und willst gerade der alten
Zwergin auf einem kleinen Pfad folgen, als die Sonne im Begriff ist
unterzugehen. Du weißt, es ist Zeit für dich zurückzufliegen. Du
beschließt, auf deiner nächsten Reise zusammen mit der Zwergin
den Eingang zum Quetzcoatl zu suchen.

Und wenn ich jetzt gleich von zehn bis eins zähle, ist das für dich
ein Angebot, dass du allmählich zurückkehrst ins Hier und Jetzt.
Wenn du wach geworden bist, fühlst du dich ruhig,
zuversichtlich, ausgeglichen, stark, selbstbewusst und zufrieden.
    Zehn: Du kannst zurückkehren ins Hier und Jetzt.
    Neun: Du fühlst dich gelassen, ruhig und zufrieden.
    Acht: Du wirst allmählich wieder wach.
    Sieben: Du genießt deine Ruhe, Schwere und Wärme.
    Sechs: Erstaunlich, wie ruhig du dich fühlen kannst.

Fünf:	Es ist schön zu wissen, dass du entspannt sein kannst.
Vier:	Es macht Spaß, seine Fantasie zu entfalten.
Drei:	Du kannst jetzt deine Hände bewegen.
	Du streckst die Arme nach oben.
Zwei:	Du atmest tief ein und aus.
Eins:	Du öffnest die Augen und bist zurückgekehrt ins Hier und Jetzt.

Im Inneren des Berges (4)

Stell dir vor, du unternimmst auf deinem Zauberteppich eine Traumreise. Du setzt dich ganz ruhig hin und atmest tief ein und aus. Nichts stört dich mehr. Du machst es dir ganz bequem.
Du vergisst alles, was um dich herum geschieht. Du schließt die Augen und entspannst dich.
Ich zähle jetzt gleich von eins bis zehn, und dabei kannst du dich immer gelöster und entspannter fühlen. Immer sicherer und immer ruhiger. Du schließt die Augen und beginnst, dich zu entspannen.

Eins:	Du kannst dich jetzt entspannen.
Zwei:	Du vergisst alles, was um dich herum geschieht.
Drei:	Du atmest tief ein und aus.
Vier:	Du fühlst dich ganz sicher und ruhig.
Fünf:	Du bist immer gelöster und entspannter.
Sechs:	Du merkst: Meine Arme sind ganz schwer.
Sieben:	Auch bei deinen Beinen stellst du fest: Meine Beine sind ganz schwer.
Acht:	Du kannst jetzt einfach abschalten.
Neun:	Nichts stört dich mehr.
Zehn:	Du bist jetzt bereit für die Traumreise auf deinem Zauberteppich.

Du fliegst mit deinem Zauberteppich zurück zum Quetzcoatl. Die alte Zwergin wartet auf dich und winkt dir schon von weitem zu. Du landest mit deinem Zauberteppich direkt auf dem schmalen Pfad, der dich und die anderen Kinder in den geheimnisvollen Berg führen soll. Sicher und behutsam landest

du auf dem Boden. Du spürst den festen Untergrund und ein Gefühl von Sicherheit und Schwere ergreift dich. Diese Schwere ist angenehm und entspannend.
Du merkst es zuerst an deinen Armen. Du merkst:
Mein rechter Arm ist ganz schwer.
Mein rechter Arm ist ganz schwer.

Und auch bei deinem linken Arm stellst du fest:
Mein linker Arm ist ganz schwer.
Mein linker Arm ist ganz schwer.
Meine beiden Arme sind ganz schwer.

An der Felswand links und rechts neben dem schmalen Pfad entdeckst du geheimnisvolle Schriftzeichen. Du erkennst, dass jedes dieser Schriftzeichen eine Wegstrecke oder eine Kreuzung beschreibt, die den geheimnisvollen und schwierigen Weg durch den Quetzcoatl darstellen. Es sind fast an die zwölf Zeichnungen zu sehen. Du schaust dir die Zeichnungen ganz genau an und prägst sie dir gut ein. Dann fordert dich die alte Zwergin auf weiterzugehen Sie sagt: »Wir müssen weiter, die Sonne steht schon nicht mehr hoch am Himmel; wenn wir etwas sehen wollen, müssen wir jetzt gehen.«
Du schaust hoch zur Sonne und wirklich, sie hat ihren höchsten Stand schon überschritten. Aber noch immer leuchtet sie und erwärmt deinen Körper. Du kannst ihre Wärme wohltuend am Körper spüren.
Du merkst es zuerst an deinen Armen. Du merkst:
Mein rechter Arm ist ganz warm.
Mein rechter Arm ist ganz warm.

Und auch bei deinem linken Arm stellst du fest:
Mein linker Arm ist ganz warm.
Mein linker Arm ist ganz warm.
Meine beiden Arme sind ganz warm.

Zusammen mit der alten Zwergin und den anderen Kindern kommst du zu einem Portal, das in den Berg hineinführt. An den

193

Wänden hängt eine dünne Schicht des Zauberstaubs, aber er reicht nicht, um deinen Rucksack damit zu füllen. Jetzt gelangst du an die erste Weggabelung: Zwei Wege führen rechts weiter, einer geradeaus und einer führt eine schmale Treppe hinauf.

Die Stufen der Treppe sind so schmal, dass immer nur eine Person hinaufgehen kann. Oben angekommen gelangt ihr wieder an eine Kreuzung, es ist, als ob du durch ein Labyrinth läufst.

Und jedes Mal wenn ein Weg zu wählen ist, weiß ein anderes Kind den richtigen Weg.

Jetzt sind schon zwölf Kreuzungen hinter euch und du ahnst, dass ihr dem Ziel sehr nahe seid. Vor dir eröffnet sich eine große Halle. Die Wände zu allen Seiten verlaufen meterhoch nach oben, und als du nach oben schaust, siehst du, dass alle Wände ganz hoch oben zu einer Spitze zusammenlaufen. Du bist im höchsten Punkt des Berges. Mitten im Saal steht eine weiße Schale.

Du schaust sie dir näher an und siehst, dass das Gefäß völlig leer ist. Aber ganz unten am Boden dieses Gefäßes blitzt und funkelt ein wenig von dem Zauberstaub. Sie muss einmal bis oben hin gefüllt gewesen sein. Als ihr gerade beraten wollt, was nun geschehen soll, findet ein Sonnenstrahl seinen Weg durch die Spitze des Berges. Dort, wo die Bergwände zusammenlaufen, muss eine kleine Öffnung sein. Der Sonnenstrahl der untergehenden Sonne funkelt genau durch diese winzige Öffnung. Und wie von Zauberhand passiert etwas ganz Ungewöhnliches: Die Strahlen schreiben Buchstaben, Wörter, ja einen ganzen Satz auf den Boden der Halle: »Willst du Zauberstaub besorgen, so kehre zurück am frühen Morgen.«

Du weißt: es ist Zeit für dich zurückzufliegen. Du beschließt, im Morgengrauen wiederzukommen.

Und wenn ich jetzt gleich von zehn bis eins zähle, ist das für dich ein Angebot, dass du allmählich zurückkehrst ins Hier und Jetzt. Wenn du wach geworden bist, fühlst du dich ruhig, zuversichtlich, ausgeglichen, stark, selbstbewusst und zufrieden.

Zehn: Du kannst zurückkehren ins Hier und Jetzt.

Neun: Du fühlst dich gelassen, ruhig und zufrieden.

Acht: Du wirst allmählich wieder wach.
Sieben: Du genießt deine Ruhe, Schwere und Wärme.
Sechs: Erstaunlich, wie ruhig du dich fühlen kannst.
Fünf: Es ist schön zu wissen, dass du entspannt sein kannst.
Vier: Es macht Spaß, seine Fantasie zu entfalten.
Drei: Du kannst jetzt deine Hände bewegen.
         Du streckst die Arme nach oben.
Zwei: Du atmest tief ein und aus.
Eins: Du öffnest die Augen und bist zurückgekehrt
         ins Hier und Jetzt.

Die magische Schale (5)

Stell dir vor, du unternimmst auf deinem Zauberteppich eine
Traumreise. Du setzt dich ganz ruhig hin und atmest tief ein und
aus. Nichts stört dich mehr. Du machst es dir ganz bequem. Du
vergisst alles, was um dich herum geschieht. Du schließt die
Augen und entspannst dich.
Ich zähle jetzt gleich von eins bis zehn, und dabei kannst du dich
immer gelöster und entspannter fühlen. Immer sicherer und
immer ruhiger. Du schließt die Augen und beginnst, dich zu
entspannen.
Eins: Du kannst dich jetzt entspannen.
Zwei: Du vergisst alles, was um dich herum geschieht.
Drei: Du atmest tief ein und aus.
Vier: Du fühlst dich ganz sicher und ruhig.
Fünf: Du bist immer gelöster und entspannter.
Sechs: Du merkst: Meine Arme sind ganz ruhig.
Sieben: Auch bei deinen Beinen stellst du fest:
         Meine Beine sind ganz schwer.
Acht: Du kannst jetzt einfach abschalten.
Neun: Nichts stört dich mehr.
Zehn: Du bist jetzt bereit für die Traumreise auf deinem
         Zauberteppich.

Du fliegst mit deinem Zauberteppich zurück in die magische
Halle des Quetzcoatl. Noch ist es dämmrig hier und du kannst die

Schale, die mitten im Raum auf dem Boden steht, kaum
erkennen. Als du an den Wänden entlangschaust und hoch über
dir die Öffnung im Berg suchst, ist es nicht möglich, dieses
winzige Loch zu sehen; es ist noch zu dunkel. Du bist schon vor
dem Morgengrauen hierher zurückgekehrt, um den Zauberstaub
für die Echse zu holen. Da plötzlich siehst du einen ersten
schwachen Lichtstrahl der aufgehenden Sonne. Schwach scheint
der Strahl in die mächtige Halle, doch von Sekunde zu Sekunde
werden die Sonnenstrahlen stärker und leuchtender. Ein
angenehmes Licht macht sich im Raum breit und du selbst spürst,
wie auch dein Körper angenehm warm wird.

Du merkst es zuerst an deinen Armen. Du merkst:

Mein rechter Arm ist ganz warm.

Mein rechter Arm ist ganz warm.

Und auch bei deinem linken Arm stellst du fest:

Mein linker Arm ist ganz warm.

Mein linker Arm ist ganz warm.

Meine beiden Arme sind ganz warm.

Und auch bei deinen Beinen stellst du fest:

Meine beiden Beine sind ganz warm.

Meine beiden Beine sind ganz warm.

Mein gesamter Körper ist ganz warm.

Der Raum ist jetzt ganz von den Sonnenstrahlen erfüllt. Du gehst
auf die Schale zu und siehst hinein, aber es ist kein Zauberstaub
zu sehen. Du weißt, dass du irgendetwas tun musst, damit sich
das Gefäß füllt. Einer schlägt vor, dass alle Kinder ihre Hände auf
das Gefäß legen sollen, aber auch als ihr das tut, geschieht nichts.
Der Rucksack mit den Edelsteinen auf deinem Rücken, die dir
den Weg zum Quetzcoatl gezeigt haben, drückt dich schwer.
Du schnallst den Rucksack vom Rücken und nimmst eine ganze
Hand voll Edelsteine heraus und je näher du mit den Steinen an
das Gefäß herankommst, desto stärker leuchten sie. Sie
schimmern nicht mehr blassgrün, sondern nehmen in ihrer
Leuchtkraft immer mehr zu. Die Farben wechseln von hellgrün

über lindgrün, werden gelbgrün und schimmern schließlich fast neongrün.

Das Leuchten, das von den Steinen ausgeht, macht deinen Körper ganz schwer. Diese angenehme Schwere entspannt deinen ganzen Körper.

Du merkst es zuerst an deinen Armen. Du merkst:

Mein rechter Arm ist ganz schwer.

Mein rechter Arm ist ganz schwer.

Und auch bei deinem linken Arm stellst du fest:

Mein linker Arm ist ganz schwer.

Mein linker Arm ist ganz schwer.

Meine beiden Arme sind ganz schwer.

Und auch an deinen Beinen spürst du die Schwere:

Meine Beine sind ganz schwer.

Meine Beine sind ganz schwer.

Du legst die Steine in das Gefäß, und als sie gerade das Gefäß berühren, zerfallen sie auch schon zu feinem glitzernden Staub – Zauberstaub. Auch die anderen Kinder füllen das Gefäß mit Edelsteinen aus ihren Rucksäcken, und die Edelsteine zerfallen sofort zu Staub. Das Gefäß füllt sich mehr und mehr bis zum Rand. Das letzte Kind hat gerade seine Steine hineingelegt, da fliegt der Zauberstaub aus dem Gefäß heraus. Er wirbelt durch den gesamten Raum, fliegt in die eine Ecke und von dort wieder in die Höhe. Der Zauberstaub wirbelt durch die Halle. Du siehst kaum noch die anderen Kinder, es ist, als ob durch diesen Wirbelsturm die Luft erfüllt ist von glitzernden leuchtenden Staubkörnchen. Nach und nach legt sich der Sturm und du erkennst wieder, dass du in der Halle bist.

Es ist die Halle, in der die Echse euch den Auftrag gegeben hatte. Sie sitzt genau vor euch mit ihren funkelnden grünen Augen und spricht: »Ich danke euch! Dank des Zauberstaubs kann meine Höhle in ihrem alten Glanz erstrahlen. Die Steine konnten neue Leuchtkraft auftanken, das wird einige hundert Jahre halten. Wie ich euch versprochen habe, darf nun jedes Kind sich aus

meiner goldenen Kiste den Stein heraussuchen, dessen
Eigenschaft es lange Zeit begleiten soll.«
Du schaust in die goldene Kiste und findest sofort den Stein, der
dort nur auf dich gewartet hat. Du steckst ihn in deine Tasche,
bedankst dich bei der Echse und kehrst mit deinem
Zauberteppich zurück ins Hier und Jetzt.

Und wenn ich jetzt gleich von zehn bis eins zähle, ist das für dich
ein Angebot, dass du allmählich zurückkehrst ins Hier und Jetzt.
Wenn du wach geworden bist, fühlst du dich ruhig,
zuversichtlich, ausgeglichen, stark, selbstbewusst und zufrieden.

Zehn: Du kannst zurückkehren ins Hier und Jetzt.

Neun: Du fühlst dich gelassen, ruhig und zufrieden.

Acht: Du wirst allmählich wieder wach.

Sieben: Du genießt deine Ruhe, Schwere und Wärme.

Sechs: Erstaunlich, wie ruhig du dich fühlen kannst.

Fünf: Es ist schön zu wissen, dass du entspannt sein kannst.

Vier: Es macht Spaß, seine Fantasie zu entfalten.

Drei: Du kannst jetzt deine Hände bewegen.
Du streckst die Arme nach oben.

Zwei: Du atmest tief ein und aus.

Eins: Du öffnest die Augen und bist zurückgekehrt ins
Hier und Jetzt.

Literatur

Brown, M. & Ralph, S. (1994): *Managing Stress in Schools*. Plymouth: Northcote House.

Casbarro, J. (2003): *Test Anxiety & What You Can Do About It*. Port Chester: Dude.

DuPont Spencer, E., DuPont, R. L. & DuPont, C. M. (2003) : *The Anxiety Cure for Kids: A Guide For Parents*. New Jersey: Wiley.

Goldstein, S., Hagar, K. & Brooks, R. (2002): *Seven Steps to Help Your Child Worry Less*. Plantation: Speciality Press.

Epiktet (1995): *Wege zum glücklichen Handeln*. Frankfurt a. M.: Insel.

Hennenhofer, G. & Heil, K. D. (1973): *Angst überwinden*. Stuttgart: DVA.

Hess, T. (1989): *Lern- und Leistungsstörungen im Schulalltag*. Dortmund: borgmann.

Klein-Heßling, J. & Lohaus, A. (2000): *Stresspräventionstraining für Kinder im Grundschulalter*. 2. Aufl. Göttingen: Hogrefe.

Krowatschek, D. & Theiling, U. (2006): Mit dem Zauberteppich unterwegs. Entspannung in Schule, Gruppe und Therapie für Kinder und Jugendliche. Dortmund: borgmann.

Last, C. G. (2006): *Help for Worried Kids: How Your Child Can Conquer Anxiety and Fear*. New York: Guilford.

Lotz, N. & Diekstra, R. F. W. (2003): *Rational-Emotive Therapie (RET)*. 3. Aufl. Frankfurt: Klotz.

Makowski, S. (2003): *Die Schulangst besiegen*. Berlin: Cornelsen.

Methia, D. (2004): *Help Your Child Overcome Test Anxiety & Achieve Higher Test Scores*. College Station: VBW.

Müller, E. (1984): *Hilfe gegen Schulstress*. Reinbek b. Hamburg: Rowohlt.

Schmidt, L. W. (2000): *Klausuren und Prüfungen ohne Ängste schreiben*. Norderstedt: Books on Demand.

Schneider, S. (2004): *Angststörungen bei Kindern und Jugendlichen*. Berlin: Springer.

Schuster, M. (2001). *Für Prüfungen lernen*. Göttingen: Hogrefe.

Vester, F. (1993): *Phänomen Stress. Wo liegt sein Ursprung, warum ist er lebenswichtig, wodurch ist er entartet?* Neuaufl. München: dtv.

Wagner, A. P. (2002): *Worried No More: Help and Hope for Anxious Children*. Rochester: Lighthouse.

Wolf, D. & Merkle, R. (2003): *So überwinden Sie Prüfungsängste*. 7. Aufl. Mannheim: PAL Verlagsgesellschaft.

Bildnachweis

Die Zeichnungen auf den Seiten 41 und 81 sind von Ulla Doyen.